»Unterwegs in der Weltgeschichte« lädt zu einer Reise durch das Labyrinth der Weltgeschichte ein. 38 sehr verschiedene Einladungen in die Vergangenheit, in den Garten des Menschlichen, zu den Halte- und Wendepunkten, den Zwischenstationen, aber auch den Meilensteinen der Geschichte. Unterhaltsam, nachdenklich, informativ, humorvoll, anregend, erschreckend.

HANS-CHRISTIAN HUF, Jahrgang 1956, studierte in Deutschland und Frankreich Geschichte und Politik. Er ist im ZDF verantwortlich für zahlreiche erfolgreiche kulturpolitische und historische Serien, darunter die Fernsehserie »Sphinx«. Zuletzt erschienen von ihm »Mit Gottes Segen in die Hölle: Der Dreißigjährige Krieg« und »Imperium: Vom Aufstieg und Fall großer Reiche«.

Hans-Christian Huf

Unterwegs in der Weltgeschichte

btb

MIX
Papier aus verantwor-
tungsvollen Quellen
FSC® C083411

Verlagsgruppe Random House FSC-DEU-0100
Das für dieses Buch verwendete FSC®-zertifizierte Papier *Lux Cream*
liefert Stora Enso, Finnland.

2. Auflage
Genehmigte Taschenbuchausgabe Dezember 2012,
btb Verlag in der Verlagsgruppe Random House GmbH, München
Copyright © der Originalausgabe 2011 by C. Bertelsmann Verlag, München,
ein Unternehmen der Verlagsgruppe Random House GmbH
Umschlaggestaltung: © semper smile, München, nach einem Entwurf
von R·M·E Roland Eschlbeck/Rosemarie Kreuzer
Umschlagmotive: © AKG Images, Berlin; © Michael Nicholson/Corbis;
© Peter Turnley/Corbis; die historische Karte wurde freundlicherweise
zur Verfügung gestellt von Götzfried Antique Maps, Tettnang,
www.vintage-maps.com
Satz: Uhl + Massopust, Aalen
Druck und Einband: CPI – Clausen & Bosse, Leck
LW · Herstellung: sc
Printed in Germany
ISBN 978-3-442-74490-9

www.btb-verlag.de
www.facebook.com/btbverlag
Besuchen Sie unseren LiteraturBlog www.transatlantik.de

Inhaltsverzeichnis

Warum man aus der Geschichte lernen kann

> »Wunderbar war die Entdeckung von
> Amerika. Noch wunderbarer wäre es
> gewesen, wenn man es nicht entdeckt
> hätte.« *Mark Twain*

Die schönsten Pläne, das zeigt die Weltgeschichte immer wieder, können sich unversehens in Staub auflösen. Apropos, sehen Sie dort die Staubwolke? Scheinbar zieht ein gewaltiger Heerzug Richtung Westen. Es ist das Jahr 1241, Niederschlesien, wir sitzen auf einer Anhöhe. Man erkennt Pferde. Eine riesige Horde von Reitern. Eigentlich sogar *die* Horde, denn von ihr stammt das deutsche Wort »Horde« her. Nämlich vom Wort *ordon*, zu Deutsch »Palast«, mit dem das Palastzelt des Anführers dieser reitenden Krieger bezeichnet worden sein soll. Ahnen Sie was? Es sind die Mongolen auf ihrem Weg nach Westen. Sie haben soeben mit ihrem Erscheinen alle Kalkulationen auf ein ruhiges, normales Leben vom Tisch gefegt.

Die einen machen weiter wie immer, die anderen ändern alles im Handstreich. Das sind die zwei wesentlichen Kräfte in der menschlichen Geschichte. Sie kennen das aus Ihrem Büro. Aus dem Aufeinandertreffen dieser Kräfte entsteht Überraschung, das Unvorhersehbare, das Neue, Aufregende, oft auch Tödliche. Es ist ein immer gleiches Geschehen, aber in immer neuen Varianten. Was es so interessant macht, das ist der Nutzwert für die Gegenwart. Wir können von unseren Vorfahren lernen, weil sie uns so ähnlich sind. Gut, vielleicht würden wir ein paar Tische weiterrücken, wenn in unserem Lieblingslokal einer unserer Urahnen aus dem 16. Jahrhundert zum Abendessen erschiene. Schließlich waren die damaligen Deutschen in den zivilisierteren Ländern Europas berüchtigt für ihre ungepflegten Tischmanieren. Grundsätzlich aber wäre unser Vorfahr gar nicht so ungeheuer fern von unserer Welt, nur eben geprägt von seinen sehr viel härteren Lebensumständen und einer anderen Erziehung.

Die Welt insgesamt ändert sich gar nicht so schnell, wie wir das immer denken. Wenn man sich einmal umsieht in unseren Dörfern und Städten, dann erkennt man überall mittelalterliche Stadtplanung. Da ist die Burg, dort das Rathaus, der Markt wurde so breit angelegt, damit die sperrigen Ochsenkarren drauf wenden konnten. Oft stehen sogar die originalen Mauern noch, die von Touristen so gerne besucht und von uns so gerne bewohnt werden. Viele unserer Kirchen stehen seit dem Frühmittelalter auf demselben Platz. Gut, wir haben in den Großstädten die Pferdebahnen des 19. Jahrhunderts elektrifiziert und nennen sie Straßenbahnen, wir haben in unsere Kutschen Explosionsmotoren eingebaut und nennen sie Autos, aber mit den Straßen selber folgen wir immer noch den Wegen unserer Vorfahren aus dem Mittelalter. Die Auswirkungen der Geschichte zeigen sich überall. Bis heute sind wir Deutschen im Ausland dafür berüchtigt, dass wir viel Fleisch und Wurst essen, wenn wir können. Das las man so schon zu Zeiten unseres Urahns vor 500 Jahren. Offenbar hat sich gar nicht so viel geändert.

Es ist kein Zufall, dass die Drehbuchautoren der großen Hollywood-Filme ihre weltweit erfolgreichen Stories noch immer nach den Mustern antiker griechischer Dramen ausrichten. Da gibt es Geschichten von Verrat und Hass, politischen Intrigen und Familienfehden, von Freundschaften und verschmähter Liebe, von Helden, die etwas Verlorengegangenes mit allen Mitteln zurückerobern wollen. Zwar stammen diese Erzählungen aus einer Zeit, als noch leibhaftige Götter in der sonnendurchglühten Wildnis Griechenlands herumspazierten, immer auf der Suche nach einem kleinen Abenteuer mit einer gutwilligen Hirtin, aber in seinen Grundzügen funktioniert das antike Theater noch heute, 2500 Jahre später. Egal, wie verschieden die Ideen vom Leben und Sterben auch gewesen sein mögen, die Grundidee des menschlichen Handelns war und ist doch dieselbe. Wenn man die Aufzeichnungen aus historischer Zeit aufschlägt, sieht man bei allen Unterschieden von Sitten und Gebräuchen immer wieder dasselbe Bild.

Caesar, ohne den es das schöne deutsche Wort »Kaiser« nie gegeben hätte, strebt zur Macht, will sie erringen, nimmt tausend Schwierigkeiten in Kauf, führt Krieg in weit entfernten Weltgegenden, arbeitet sich mit tödlicher Konsequenz nach oben, um endlich den Lorbeerkranz zu tragen. Dann wird er vom Meuchelmörder aus dem Freundeskreis eben deswegen umgebracht. Sie sagen, Sie kennen die Geschichte schon? Jedenfalls so in etwa, nur ohne Mord? Von Ihrem Vorgesetzten, Amtsdirektor, Bekannten? Von einem bekannten Politiker unserer Zeit? Nehmen Sie statt Caesar John F. Kennedy oder einen anderen großen Namen der jüngeren Vergangenheit. Schon passt die Sache. Das Rad der Geschichte dreht sich, aber es kommt dabei nur sehr langsam voran. Paradoxerweise lohnt sich gerade deswegen die Betrachtung. Man kann aus der Betrachtung der Geschichte durchaus Nützliches für die Gegenwart lernen. Zum Beispiel die Grundmuster politischen Handelns.

Wenn man wieder einmal eine nervtötende Politikerrede gehört hat, kann man sich immer noch an den altrömischen Politiker Cato erinnern, der jede, und wirklich jede, seiner zahllosen öffentlichen Reden mit dem Satz abschloss: »Ceterum censeo Carthaginem esse delendam«, also: »Im Übrigen bin ich der Meinung, dass Karthago zerstört werden muss.« Das tat er so lange, bis Rom, vollkommen entnervt von diesem unerträglichen Dauerfeuer, wirklich Karthago bis auf die Grundmauern niederbrannte und alle Karthager versklavte. Es hatte in dem Zusammenhang noch andere, weiter reichende Gründe für diesen verheerenden Kriegszug gegeben, aber Sie können sicher sein, dass Cato selbst sein rednerisches Talent als alleinige Ursache ausmachte. Catos endlose, immer wiederkehrende Formel ist sozusagen ein Urahn allen unerträglichen Politikersprechs und ein Beweis dafür, wie viel man erreichen kann, wenn man sich einfach immer nur wiederholt.

Ach diese Anführer! Alexander, Caesar, Napoleon, wie sie alle heißen. Alle wollen irgendwie nach oben. Und wenn sie dort erst mal sind, herrscht im besten Fall Ratlosigkeit. Das stärkste Gift der Welt, schrieb der englische Dichter William Blake einmal, wurde aus Caesars Lorbeerkranz destilliert. Alle, die nach ihm kamen, wollten davon kosten, meistens auf Rechnung ihrer näheren und weiteren Umwelt. Man muss es einfach akzeptieren: Die Mächtigen unterscheiden sich nicht so wesentlich von uns Normalmenschen, wie man das gerne glauben mag. Gut, manche sind gerissener, skrupelloser, böser, einige wenige vielleicht auch klüger. Sie haben tendenziell bessere Informationsquellen, was aber noch nicht heißt, dass sie aus diesen Brunnen der Weisheit auch schöpfen. Wir sind, wenn man mal ganz ehrlich ist, auch nicht besser, haben aber oft weniger Gelegenheit, Schaden anzurichten. Das ist ein Vorteil, zugegeben, aber an sich noch kein

Verdienst. Wer oben auf dem Deck des Flaggschiffs steht, mitten in einer Seeschlacht, und den Admiralshut trägt, der muss auch als Admiral handeln. Der trägt damit auch das Risiko des Irrtums und des Scheiterns. Dummerweise hat das oft verheerende Konsequenzen.

Trotzdem sollte man aus der Geschichte nicht nur das Misstrauen gegenüber allen Mächtigen, sondern durchaus auch Verständnis für ihre Probleme lernen. Wenn man sich einmal in die Position des Admirals Horatio Nelson versetzt, der im Herbst 1805 vor dem Kap Trafalgar inmitten unerträglichen Lärms vom Dauerfeuer mehrerer hundert Kanonen auf Deck seines passend benannten Schiffs »Victory« steht, ungeschützt im Kugelhagel, inmitten von Pulverdampfschwaden, tödlich umherfliegenden Holzsplittern, umgeben von Toten und schreienden Verwundeten, mit seinem gut sichtbaren Hut eine lebende Zielscheibe, dann gewinnt man schon einen gewissen Respekt für die Leistung dieses Menschen. Mitten im Chaos gibt er noch ganz klare, kontrollierte Anweisungen, die eine Armada von tödlich bewaffneten Segelkriegsschiffen zu einem epochalen Sieg für das *British Empire* lenken.

Die meisten von uns wären längst kreischend über Bord gehüpft, aber nein, dieser kleine, schmächtige Mann, kriegsverwundet und früh gealtert, mit nur noch einem Arm und einem Auge, er steht da, gewinnt die Schlacht für England und lässt sich zur Belohnung von einem feindlichen Scharfschützen totschießen. Man mag das blutige Verblendung nennen, aber eine ungewöhnliche Leistung ist es doch. Angesichts solcher Heldensagen sollte man allerdings nicht vergessen, dass die meisten edlen Taten der Menschheitsgeschichte niemals aufgeschrieben wurden. Von den Matrosen auf Nelsons Schiffen ist beispielsweise deutlich weniger die Rede. Und den vielen Frauen der Geschichte hat ohnehin nie jemand ein Denkmal gesetzt. Haben Sie einmal gezählt, wie viele Statuen unter den Monumenten einer beliebigen europäischen Großstadt real existierende Frauen der langen europäischen Geschichte zeigen? Vermutlich keine einzige! Diejenigen Brunnen und Denkmalssockel, auf denen die Anwesenheit von Damen nur ein Vorwand ist, lüstern entblößte Weiblichkeit zu zeigen, sollen ausdrücklich nicht mitgezählt werden.

Die Eroberung der Welt

Immer gibt es jemanden, den man nicht mag. Diese Barbaren! Auch so ein Wort, das aus dem alten Griechenland stammt. Damals bezeichnete man damit jene ebenso bedauerns- wie verachtenswerten Menschen, die nicht ordentlich Griechisch sprachen. Ihre raue Rede klänge wie »br br«. Daher das Wort *barbaroi*. Interessanterweise sind es ja immer die anderen, drüben, jenseits der Grenze. Man selbst hat selbstverständlich immer recht. Aus diesem sehr eingeengten Blickwinkel auf das Fremde entstehen oft gröbere Irrtümer. Man sieht förmlich einen Politiker der römischen Zeit vor sich stehen, der im vierten Jahrhundert unserer Zeit inbrünstig die ewige Macht Roms beschwört und seine Rede mit den Worten enden lässt: Diese Barbaren werden niemals genug Macht erringen, um Rom gefährlich zu werden, denn sie sind unfähig zu jeder höheren kulturellen Entwicklung. Und wenig später erringen sie dann die Macht, und dann sind sie da. Oft stellt sich in der Folge heraus, dass der vermeintliche Barbar die jetzt Bezwungenen und vermeintlich Zivilisierten selber für Barbaren hält. Merke: Die Barbaren von früher sind gar nicht selten die Herrscher der Zukunft. Dann errichten sie ein neues Reich und missachten neue Barbaren an den Grenzen.

Auch dies kann man aus der Geschichte lernen: wie oft der Mensch darin zu kurz gedacht hat. Wenigen segensreichen Einsichten stehen lange Perioden totaler Verblendung gegenüber. Immer wieder haben Menschen sinnlose Feindschaften gepflegt, Kriege geführt, Mitbürger aus den aberwitzigsten Gründen ermordet. Es ist noch gar nicht so lange her, da konnten Frauen nicht wählen, da waren Arbeiter und Bauern nur dazu da, um den Mächtigen ein angenehmes Leben zu garantieren. Die Geschichte zeigt dem interessierten Betrachter in einem bunten Bilderbogen, was geschieht, wenn man so einfältig denkt. Wie steril und tot eine Gesellschaft ist, aus deren Mitte man die Frauen verdrängt! Wie krisengeschüttelt eine Ausbeutergesellschaft, in der jeder nur seinen Vorteil wahrnimmt und den Schwarzen Peter nach unten durchreicht! Wie aggressiv und am Ende selbstzerstörerisch der Hass auf alles Fremde und Andere sich äußert! Man kann sich angesichts dieser Vorgeschichte immerhin vornehmen, es besser zu machen, auch wenn durchaus nicht sicher ist, dass es einem auch gelingt.

Oft erreicht man ja genau das Gegenteil des ursprünglich Gewollten. Sehen Sie sich einmal um. Wir stehen auf dem Petersplatz, an einem lauen römischen Frühlingstag, und dort drüben, das sind die Mauern des Vatikans. Lange ging es in den ehrwürdigen vatikanischen Palästen trotz der göttlichen Berufung ihrer Bewohner überaus irdisch zu, da wurden Kinder gezeugt, Gifte an Konkurrenten ausprobiert, kurz: Der Papstpalast war ein Abbild der Welt, nur etwas konzentrierter. Machiavelli, der toskanische Theoretiker der Politintrige, dessen Name längst sprichwörtlich geworden ist, hat aus der Beobachtung unter anderem dieser Zustände seine Theorien vom Machterhalt entwickelt. Und über den hatten die Päpste allerdings vieles zu berichten, ebenso wie über die Erweiterung ihrer Macht. Bizarrerweise wandelte sich unter ihrer Herrschaft die friedliche Botschaft des jüdischen Philosophen Jesus zu einem angriffslustigen Dogma. Dieser Leiter einer jüdischen Splittergruppe hatte wenige Jahrzehnte nach dem Jahr eins seine Ansichten immer weiter reformiert und seinen sehr wenigen Anhängern radikale Wahrheiten von der Gnade Gottes und von der Feindesliebe verkündet. Mehr als tausend Jahre später überzogen völlig andere Menschen in seinem Namen die Welt mit Krieg. Ohne Jesus keine Bergpredigt und keine Christen, ohne Christentum kein Papst in Rom, keine Kreuzzüge, keine Ketzerverfolgung und kein europäischer Kolonialismus. So war das doch eigentlich nicht gedacht.

Die großen Eroberungszüge der europäischen Neuzeit boten für alle Beteiligten eine befriedigende Mischung aus heiligem Auftrag, Abenteuerlust, Gier und der Hoffnung auf einen angenehmen Platz im Paradies. Zu einer Zeit, als die irdische Existenz sehr schmerzhaft und kurz sein konnte, war dieser letzte Beweggrund nur zu verständlich. So begann für die Europäer die große Reise nach Übersee mit den mittelalterlichen Kreuzzügen. Ob dabei die eigentlich zu rettenden christlichen Heiligtümer Konstantinopel oder Jerusalem eher geplündert als gerettet wurden, wen kümmerte es. Weiter und weiter wagten sich die Europäer in die Welt hinaus, von der sie seit römischer Zeit immer mehr die Kenntnis verloren hatten. Man nennt es gerne das Zeitalter der Entdeckungen. Dazu sei ausdrücklich gesagt, dass Entdecken und Entdecktwerden zwei sehr unterschiedliche Angelegenheiten sind. So bekamen die Menschen am Rande der europäischen Welt ihre Kenntnis von den Fortschritten der Europäer immer dann, wenn wieder ein Heerzug in ihre Länder einbrach oder ein Kriegsschiff sich ihnen bedenklich näherte. Sehr viele von ihnen haben den wirtschaftlichen Aufschwung Europas mit ihrem Leben bezahlt.

Sie legten vermutlich überhaupt keinen Wert darauf, von uns entdeckt zu werden.

Das mit der Entdeckung Amerikas war am Ende auch so ein Zufall. Was wäre eigentlich passiert, wäre Kolumbus daran vorbeigefahren oder vorher in einen tödlichen Sturm geraten? Wäre er dann so berühmt geworden, dass man – wie Mark Twain schrieb – in einem Museum in Havanna zwei seiner Schädel ausgestellt haben soll, den des jungen Kolumbus und den des erwachsenen? Die Geschichte des Entdeckers Christoph Kolumbus ist so abenteuerlich, dass sie eigentlich nur wahr sein kann. Er fuhr mit der sicheren Gewissheit los, in Richtung Westen den Osten zu erreichen. Die karibischen Inseln hielt er für Vorboten des indischen Festlands. Und bis zu seinem Tod hielt er daran fest, auf dem amerikanischen Festland eigentlich Indien entdeckt zu haben. Zum Dank nennen wir die Menschen, denen er dort begegnete, bis heute Indios beziehungsweise Indianer. Mit Kolumbus' starrsinniger Suche nach den Reichtümern der östlichen Länder begann auf dem amerikanischen Kontinent der Wahnsinn des Goldrausches. Immer mehr Menschen strömten über das Meer, um irgendwo in Urwäldern, Steppen oder auf Bergen Städte aus Gold zu finden.

Reisen durch die Geschichte

Einer der Ideengeber für die Hatz nach der goldenen Stadt war daran vollkommen schuldlos. Er hieß Marco Polo, lebte in Venedig und hatte Jahrhunderte zuvor die Reise immer weiter nach Osten angetreten, weit über die Grenzen der bekannten Welt hinaus. Er war nicht der Erste in der Familie, denn er folgte den Spuren seines Vaters und Onkels, die beide schon Peking erreicht hatten und ihn nach ihrer Rückkehr mit auf eine zweite Reise durch das Reich des mongolischen Großkhans nahmen, der über große Teile Asiens herrschte. Obwohl alle drei wohlbehalten in ihre Heimatstadt zurückkehrten, ist nur Marco Polo der Nachwelt bekannt geblieben. Dafür gibt es einen einfachen Grund: Er hat seine Reise aufgeschrieben für die Nachwelt und von unglaublichen Reichtümern im Osten berichtet. Menschen wie ihn gab es zu allen Zeiten.

Durch das antike Griechenland bis nach Ägypten wanderte Pausanias und schrieb alles auf, was ihm von Bedeutung erschien. Auch die islamische Welt des Mittelalters kannte phänomenale Reisende wie Ibn Jubayr und Ibn Batuta, die wirklich unglaubliche Touren durch ferne Gegenden und Kulturen unternahmen, alle Widrigkeiten und Gefahren überlebten und zu Hause von ihren Erlebnissen berichteten. Stellen Sie sich einmal vor, eine Reise in fremde Länder über viele Jahre zu unternehmen, ohne Reiseführer, Sprachkenntnisse, Reiseleiter, ohne Kreditkarte, Autos, Expeditionsbekleidung, ohne Medikamente oder Ärzte, ohne Landkarten oder Navigationsgeräte, durch Landstriche, in denen wilde Tiere und Räuberbanden den Reisenden erwarten, durch die Staaten verrückter Gewaltherrscher, in denen Krieg und Anarchie herrschen. Können Sie sich nicht vorstellen? Diese Reisenden haben genau das getan.

Mit den Eroberungszügen der Europäer und den verbesserten Verkehrsmitteln zu Wasser und zu Land wurde es dann immer einfacher, die Welt zu umrunden. Der Erste, der das aus rein touristischem Interesse tat, quasi unser aller Urahn im Bereich der Urlaubsreise, war ein heute ziemlich vergessener italienischer Kavalier namens Giovanni Francesco Gemelli Careri. Er startete seine Reise 1693 und brauchte für die Weltumrundung volle fünf Jahre. Nicht ganz 200 Jahre später ging das deutlich schneller. 1872 organisierte der britische Prediger Thomas Cook für eine Touristengruppe die erste kommerzielle Reise um die Welt. Zu sehr stolzem Preis enthielt sie den Dampfschifftransfer über den Atlantik, eine Postkutschenreise quer durch die USA, die Fahrt von der Westküste mit dem Schaufelraddampfer nach Japan und eine anschließende Landpartie durch China und Indien inklusive Rückreise. Thomas Cook und seine Gruppe benötigten dafür genau 222 Tage. Nur ein Jahr später schrieb der französische Abenteuerschriftsteller Jules Verne seinen berühmten Roman »In achtzig Tagen um die Welt«. Klar, woher er seine Inspiration hatte.

Rund um den Globus hatten die staunenden Reisenden Orte gefunden, an denen sich die Geschichte der Weltkulturen ablesen ließ. Was hatten diese Orte zu bedeuten, und wie hing das alles zusammen? Stellen Sie sich einmal vor, wir wären solche Reisende und flögen mit einem Heißluftballon über eine ganz unbekannte Landschaft. Das wäre ein Abenteuer! Nun, wagen wir einmal einen Blick hinunter über den Rand des Ballonkorbes. Hoffentlich sind Sie schwindelfrei. Eine trockene Ebene, darin ein Fluss, der in der Hitze ein bisschen ermüdet daliegt. Der Euphrat. Es ist gewaltig heiß, selbst hier oben im Ballon. In der flirrenden Hitze erkennt man auf einem gewaltigen Areal deutlich Reste von Lehmbauten. Das ist Babylon oder jedenfalls das, was davon heute noch übrig ist. Eigentlich unglaublich, dass ein solcher Mythos wirklich existiert. Aber hier ist der Beweis. Man spricht immer vom »Turmbau zu Babel«, vom »babylonischem Sprachengewirr«. Aber den Ort gibt es, man kann ihn ansehen. In Babylon wurde der erste Gesetzestext festgehalten, jedenfalls der erste, den man bisher gefunden hat. Sie werden lachen, aber letztlich gehen alle unsere Gesetze auf diese ersten Versuche zurück. Ein Grund mehr, sich mit dieser Geschichte konkret zu beschäftigen.

Nur ein Experiment: Stellen Sie sich einmal vor, wir hätten für Sie eine Zeitmaschine gebaut. Sie dürfen den Apparat jetzt ausprobieren. Schnell die Koordinaten von Babylon eingestellt, die Zielanzeige wird auf das Jahr 1680 vor der Zeitenwende fixiert. Gut festhalten, es wird unruhig, immerhin reisen wir fast 3700 Jahre zurück in der Zeit. Ah, das Rütteln hört auf, wir sind offenbar angekommen. Nun die Tür der Zeitkapsel öffnen. Gleißendes Licht, furchtbare Hitze. Und da hinten eine gewaltige Lehmmauer, die sich aus der Ebene erhebt. Sieht aus wie eine Großstadt. Man ahnt die Zinnen vieler Türme. Hinter den Umfassungsmauern scheinen sich noch viel höhere Gebäude zu erheben. Der Weg durch eines der Haupttore, die mit bunt glasierten Ziegeln verkleidet sind, führt hinein in dieses Weltwunder, die Stadt des Gottes Marduk und seiner Könige. Man sieht die Türme der Tempel hoch aufragen, das ist wirklich unvorstellbar.

Noch ein Versuch gefällig? Gut, wir stellen den Apparat auf das alte Ägypten ein. Schon sind wir da. Sehen Sie diese steinernen Spitzen, gewaltige Baukörper, die aus der Wüste ragen? Man sieht Rampen, die hinaufführen, und Heerscharen von Arbeitern, die mit Seilen, Hölzern und Winden Steine über den Abhang nach oben fördern. Das sind die Pyramiden von Giseh, bis heute unbegreifliche Wunder der Ingenieurskunst. Sie bestätigen, dass die Menschen früherer Zeiten nicht dümmer waren, als wir es heute sind. Vielleicht können Sie mit Computern umgehen, aber diese Leute kennen dafür die Gesetze der Mechanik. Die wissen, wie man mit Seilen, Rollen, Schlitten und ein paar Kanthölzern schwerste Lasten bewegt. Die Pyramiden, die wir hier eben im Bau sehen, sind der Versuch, die Unsterblichkeit und unendliche Macht eines einzigen Menschen zu beweisen, des Pharao, des göttlichen Herrschers über ganz Ägypten. Tausende von Jahren besteht das ägyptische Reich mit seiner eigenen Schrift und Sprache, mit seinen Kulten, seiner komplizierten Landwirtschaft, die das Überleben im Niltal sichert. Was sind da schon ein paar Jahrhunderte unserer eigenen Epoche! Babylon und die Pyramiden von Giseh, das sind Monumente der Vergangenheit, die längst selber zu Begriffen geworden sind, zu Mythen unserer Welt. Jeder von uns hat ein Bild vor Augen, wenn man von ihnen spricht.

Das sind die Grundlagen unserer Kultur, in Stein gehauen: die weißen Steine der Akropolis, hoch oben über Athen, die immer noch gigantischen Reste der Bauten des alten Rom. Ohne Athen kein Rom, ohne Rom kein Europa. In Rom zeugen das Kolosseum und der mächtige Vatikan von den beiden Epochen seiner weltumspannenden Macht. Auf dem Tempelberg in Jerusalem, der Juden, Christen und Muslimen heilig ist, sieht man, wie diese scheinbar weit entfernten Religionen zusammengehören, wie sie aus einer gemeinsamen Wurzel stammen. In der Hagia Sophia im heutigen Istanbul, einst Kirche der byzantinischen Welt, dann Moschee, schließlich Gedenkort und Museum, wird die fließende Grenze zwischen dem sichtbar, was wir Orient und Okzident bzw. Westen nennen. In Aachen kann man heute den Kaiserthron bestaunen, auf dem Karl der Große vor 1200 Jahren Platz nahm, jener legendenumwobene Kaiser, der allen späteren Herrschern Europas zum Vorbild diente.

Die italienischen Städte Venedig und Florenz erzählen mit ihren Palästen und Museen noch immer von der Erfindung des modernen Kapitalismus in der italienischen Renaissance. Madrid mit den Goldschätzen der spanischen Könige ist der Ort des vollendeten Kolonialismus, Paris mit dem Palast von Versailles das Zentrum einer vollkommenen Königsmacht. Im Gegensatz dazu war Berlin lange eine verschlafene Kleinstadt, aber als die preußischen Könige das ganze Land zur gut gedrillten Kaserne umfunktionierten, da entstanden Fabriken und Vorstädte in der damals modernsten Stadt der Welt. In London fand die weltumspannende Industrialisierung, die Globalisierung des 19. Jahrhunderts, ihren Höhepunkt. Auf den Schlachtfeldern von Verdun endete dann für Jahrzehnte jede Hoffnung auf eine menschliche Gesellschaft. Und New York, das ist das Symbol unserer Zeit, eine Megacity voller Geschwindigkeit und Größe. Das Wahrzeichen der Stadt waren die sogenannten Twin Towers. Dass ebenso naive wie gewissenlose Verschwörer glaubten, sie müssten nur die Türme zu Fall bringen, um auch die von ihnen verabscheute Modernität abzuschaffen, zeigt, wie mächtig diese Symbole sind.

Der Sichtbarmacher

Nicht alle Zeugnisse der Vergangenheit sind so leicht erkennbar. Was im sogenannten Neolithikum geschah, in der Jungsteinzeit, das war mindestens so revolutionär wie die Industrialisierung der Welt in unserer Zeit. Vielleicht sogar bedeutender. Nur sind die Zeichen jener Epoche längst verfallen, alle Holzhäuser und Hütten verrottet, die Töpferwaren zu Scherben zermahlen, die Steinwerkzeuge unter der Erdoberfläche verborgen. Und kein Korrespondent, kein Reisender hat seine Erlebnisse aus dieser Zeit für uns aufgeschrieben. Dabei hätten uns die Menschen des Neolithikums viel zu erzählen, denn sie vollzogen den Übergang zum Ackerbau und zur Sesshaftigkeit in festen Siedlungen. Wie sie bearbeiten wir immer noch das Land und leben heute in unserem wohlgeordneten Wohnviertel. Wir sind unseren Vorfahren viel näher, als wir denken. Um diese ferne und doch nahe Vergangenheit aufzudecken, braucht man eine ganz andere Art von Reisenden. Er zieht nicht in die Ferne, sondern gräbt sich ganz geduldig und maulwurfsartig großflächig nach unten in Richtung Erdmittelpunkt. Das ist der Archäologe.

In den alten Städten Europas hat man immer wieder bei Bauarbeiten in den Kellergeschossen Überreste von Gebäuden gefunden, auch Statuen, Vasen, Reste von Werkzeugen. In Rom gab und gibt es Stadthäuser, in denen Kellertreppen steil in die Tiefe führen, bis man finstere Räume betritt, die mit geheimnisvollen Wandmalereien bedeckt sind, Tempel und Paläste aus antiker Zeit. Über die Jahrhunderte und Jahrtausende hinweg hatten die Menschen offenbar immer wieder neue Bauten auf die alten gesetzt und dabei immer höhere Schuttberge angehäuft, zu deren unteren Schichten es schließlich nur noch wenige, verborgene Zugänge gab. Es war also logisch, die Zeugnisse älterer Zeiten weiter unten im Erdboden zu suchen. Und was man dort fand, das änderte die gesamte Ansicht der Weltgeschichte. Nicht nur Reste jungsteinzeitlicher Siedlungen wurden sichtbar, sondern ganz unbekannte Kulturen. Die antike Welt von Mykene, mit ihren rätselhaften Kulten und ihren prachtvollen Palästen, wäre völlig im Dunkeln geblieben, hätte man sie nicht Stück für Stück ausgegraben. Unter der Erde lagen völlig neue Einsichten, von den Archäologen aufzublättern wie ein Buch.

Aber was wäre der Archäologe ohne sein Pendant, den Schreibtischtäter der Geschichtsschreibung? Während der Archäologe eine Entwicklung der letzten hundert Jahre ist, gibt es den Historiker schon sehr viel länger, vermutlich schon so lange, wie man miteinander spricht. Im fünften Jahrhundert vor der Zeitenwende lebte der berühmteste aller Geschichtsschreiber, Herodot von Halikarnassos. Schon die Römer kannten ihn als »pater historiae«, das heißt auf Deutsch »Vater der Geschichtsschreibung«. Er beschrieb in seinen sogenannten Historien den Krieg der Perser gegen die Griechen. Selbstverständlich bezog er dabei Partei, nämlich die seines eigenen Volkes, der Griechen. Aber er bemühte sich doch, die ganze Geschichte zu verstehen, auch was dem Angriff der Perser nämlich vorausging und wie das Perserreich überhaupt dazu kam, Griechenland anzugreifen.

Das ist Geschichtsschreibung, das Zusammentragen vieler Berichte, das Bewerten, das Erzählen des Ganzen in einer Geschichte. Bis heute ist allerdings umstritten, ob Herodot überhaupt je, wie er behauptete, seinen Schreibtisch verließ, um an die Orte des Geschehens zu reisen. Immerhin berichtete er von Ameisen in der Größe »zwischen einem Fuchs und einem Hund«, die in Indien Gold ausgruben. Das wirft doch einige Zweifel auf, meinen Sie nicht? Am besten sollten Sie auch dem Historiker nicht einfach glauben, sondern selber weitere Nachforschungen anstellen. Sie würden ja auch Ihrem Chef in der Firma nicht einfach glauben. Wenn man selber Bücher liest, weiß man schon mehr. Vielleicht fährt man auch einfach mal hin an den Ort des Geschehens. Dann sieht man schon, ob die Ameisen dort wirklich so groß sind, wie sie scheinen. Und ob sie wirklich nach Gold graben. Wir haben das gemacht, wir sind einfach mal hingefahren.

Lassen Sie uns, den Aufzeichnungen aus früherer Zeit, den Erkenntnissen aus vielen Ausgrabungen und der Geschichtsschreibung zweier Jahrtausende folgend, einen kleinen Streifzug durch die Weltgeschichte machen. Dabei gehen wir keinen geraden Weg, sondern ziehen durch die Landschaft unserer eigenen Geschichte, wie es uns gerade gefällt. Auf diese Art, da werden Sie mir zustimmen, lernt man doch unbekannte Gebiete am besten kennen. Es geht auf und ab, über Stock und Stein. Ab und zu erreicht man Aussichtspunkte, von denen man die weite Landschaft der Vergangenheit überblickt. Wir werden dabei vielleicht niemals die ganze, unendlich komplizierte Wahrheit und alle ihre Details gleichzeitig sehen können, denn wir haben ja nur zwei Augen, und beide unpraktischerweise auf derselben Seite des Kopfes. Aber wir können dort an unserem Standpunkt beginnen, einen ersten Überblick zu gewinnen. Dann können wir auch anfangen, aus der Geschichte zu lernen.

Und das wäre doch wirklich wünschenswert, meinen Sie nicht?

1. Das Projekt Mensch

Sicher haben Sie schon einmal die eindrucksvollen Tierdarstellungen gesehen, die vor rund 32 000 Jahren an die Felswände der französischen Grotte Chauvet gemalt worden sind. Oder Sie haben die großartigen Panorama-Bilder bewundert, mit denen Steinzeit-Künstler etwa 15 Jahrtausende später die 1940 entdeckte Höhle von Lascaux ausgeschmückt haben.

Was sind gegen solche grandiosen Zeugnisse prähistorischer Kreativität ein paar Fußstapfen in der Vulkanerde von Tansania? Und doch üben die insgesamt 69 fossilen Abdrücke, die sich in der wie Zement erhärteten Asche zu einer 27 Meter langen Fußspur addieren, auf den Betrachter einen merkwürdigen Zauber aus. Wer war es, der hier unterwegs war? Und wohin führt die Spur?

Die Spur führt tief in die Vergangenheit, und der Autor der Fußabdrücke war mit Sicherheit nicht allein. Es waren drei Vormenschen der Gattung *Australopithecus*, die hier in Laetoli in der Nähe des Vulkans Sadiman vor 3,6 Millionen Jahren unterwegs waren und in eine Aschewolke gerieten. Der feuchte Boden und die nachfolgende Sonneneinstrahlung konservierten ihre Schritte wie in einer Zeitkapsel.

Was mögen sie gesehen haben, als sie sich – wie die Abdrücke zeigen – in der Mitte der Spur umdrehten und nach Westen blickten? Wir wissen es nicht, aber wir wissen etwas anderes: dass sie auf *zwei* Beinen durch die Vulkanasche tappten und den Fuß dabei abrollten. Die Trittspuren von Laetoli sind ein einzigartiger direkter Beweis für das aufrechte Gehen in einer noch relativ frühen Epoche der menschlichen Evolution. Das Projekt Mensch war also – wortwörtlich – in *Gang* gekommen.

Dreieinhalb Millionen Jahre zuvor und rund drei Milliarden Jahre nach Entstehung des Lebens auf der Erde hatte die Natur mit diesem Experiment begonnen – ihrem größten und folgenreichsten. Das geeignete geologische Laboratorium dafür war soeben fertig geworden: der 6000 Kilometer lange Afrikanische Grabenbruch, das tektonisch labile »Great Rift Valley«, das in Nord-Süd-Richtung vom heutigen Syrien über Äthiopien und Tansania bis nach Mosambik reicht.

Die überdimensionale Furche, flankiert von feurigen Vulkanbergen, Nahtstelle nahrungsreicher Urwälder auf der einen, offener Savannen auf der anderen Seite, ist das Ergebnis auseinanderdriftender Kontinentalplatten. Die Erdkruste bricht auf, der Dschungel bekommt Lücken und Lichtungen, die Voraussetzungen zum Überleben verändern sich.

So entstehen – vor sieben Millionen Jahren – die idealen Kulissen und die perfekte Probebühne für den aufrechten Gang, mit dem später die Pioniere der Gattung *Homo* den Traditionsbruch zu ihren kletterfixierten Urahnen einleiten werden, um schließlich auf zwei Beinen von Ostafrika aus die Welt zu erobern. Wir werden, wenn es so weit ist, ihren Routen folgen.

Das menschliche Skelett setzt sich aus mehr als 200 Knochen zusammen. Verschwindend klein mutet dagegen das Knochenarsenal der Paläontologen an. Aus höchstens 3000 über den Globus verstreuten Funden versuchen sie die verschiedenen Akte und Akteure des Dramas der menschlichen Evolution zu rekonstruieren. Der Boden ihrer Forschungen hat sich dabei immer wieder als genauso schwankend erwiesen wie der afrikanische Graben selbst.

Doch auch hier gab es Lichtungen, Lichtblicke. Vor allem dann, wenn die Forscher dem folgten, was der reinen Lehre nach eindeutig dem genetisch gesteuerten Verhaltensprogramm unserer tierischen Vorfahren, nicht aber dem vernunftbegabten Handeln des *Homo sapiens* zuzuordnen ist: ihrem Instinkt.

So ließ sich der genialische Dickschädel Louis Leakey, der als Kind britischer Missionare in Kenia aufgewachsen war und dann in Cambridge Anthropologie studiert hatte, auch durch die geballte Missachtung der schädelforschenden Zunft nicht davon abbringen, die Anfänge der Menschheitsgeschichte auf einem zerklüfteten Flecken Erde im Norden Tansanias zu suchen. Seit Anfang der 1930er-Jahre bargen Louis und Mary Leakey an den Steilhängen der Olduvai-Schlucht westlich des Ngorongoro-Kraters Fossil um Fossil.

Nicht immer waren die Funde das, für das die Leakeys sie hielten, aber stets erwiesen sie sich als signifikante Elementarteilchen im großen Puzzle der Evolution. Und, in der Summe, als unwiderlegbares Votum für Afrika als Wiege der Menschheit, als Kontinent des Ursprungs. Das asiatische Modell, das manche Forscher über Jahrzehnte favorisiert hatten, war damit passé.

Das öffentliche Interesse an solch mühsamer anthropologischer Detektivarbeit hielt sich freilich sehr in Grenzen. Während das Katastrophenszenario, das zur Auslöschung der Dinosaurier führte, künstlerische Fantasien jeglicher Spielart beflügelt und nicht nur in den Kinos, sondern selbst in den Museen zu Besucherrekorden geführt hat, ließen die frühen Spuren der Menschheitsgeschichte das Publikum lange Zeit merkwürdig kalt.

Jenseits verständlicher Begeisterung für das unabweisbar Spektakuläre dieses Untergangs der Giganten, die über Jahrmillionen die Erde beherrscht hatten, mag ein feines Gefühl der Trauer und der Anteilnahme dabei mitgespielt haben. Trauer darüber, wie vergänglich auch das Große und scheinbar Unzerstörbare ist, vermischt mit der Ahnung, dass auch dem *Homo sapiens* eine Entwicklung bevorsteht, die auf Abschied und Endlichkeit weist.

Vielleicht waren die eigenen Knochen aber auch einfach nur zu mickrig und zu uninteressant.

Auf jeden Fall hat eine einzige Filmszene aus dem Jahr 1968 das alles geändert.

Sie stammt aus Stanley Kubricks Meisterwerk »2001 – Odyssee im Weltraum«: Der Anführer einer Affenhorde – im Drehbuch heißt er Moonwatcher, im Film bleibt er unbenannt – schleudert einen großen ausgebleichten Knochen in die Luft, den er soeben als Waffe benutzt hat. Die Kamera verfolgt seinen Flug bis zum Umkehrpunkt und darüber hinaus. Dann verwandelt sich das primitive Werkzeug in einen technologisch fortgeschrittenen Erdsatelliten.

Die grandiose Ur- und Urzeitszene wurde zu einer der meistzitierten Bildmetaphern, einem der berühmtesten *Match Cuts* der Filmgeschichte. Und sie sorgte für ein neu erwachendes Interesse des Menschen am Menschen.

Davon profitierte vor allem *Lucy* – verdienterweise, denn sie war und blieb das am besten erhaltene Skelett einer Vormenschenart, das bislang gefunden wurde. Ein amerikanisches Forscherteam um Donald C. Johanson entdeckte die Knochenreste 1974 in der Nähe des Awash-Flusses in Äthiopien und konnte sein Glück kaum fassen: Sie konnten einem einzigen Individuum zugeordnet werden, das mit 23 Prozent Skelettsubstanz eine ungewöhnlich breite Untersuchungsbasis bot.

Der Sensationsfund wurde unter dem Kürzel »A.L. 288«

registriert und entpuppte sich als *Australopithecus afarensis*. Besser und weltweit bekannt aber wurde er als Lucy – eine Reverenz vor dem Beatles-Song »Lucy in the Sky with Diamonds«, den die nimmermüden Anthropologen in den Tagen vor und nach dem Glückstreffer häufig im Radio gehört hatten.

Die sogenannten Australopithecinen (aus lat. *australis* = südlich und griech. *pithekós* = Affe), die sich mit der schönen deutschen Übersetzung »Südaffen« schmücken dürfen, gehören zu den frühesten bekannten Vorfahren des Menschen. Vor vier Millionen Jahren hatten sich in den Landschaften Ostafrikas viele unterschiedliche Arten davon herausgebildet, die eines gemeinsam hatten: Sie gingen aufrecht, auf zwei Beinen, wie die Wanderer in der Vulkanasche von Laetoli oder wie Lucy aus der Region Afar in Äthiopien.

Aber hinter der Namensgebung für die mindestens 3,2 Millionen Jahre alte Vormenschendame steckt mehr als eine Laune. Dahinter verbirgt sich der Wunschtraum, den schon die Leakeys und vor und nach ihnen viele andere Anthropologen und Archäologen träumten: Aus den verstreuten Knochen, den Fußspuren oder Artefakten möge ein Mensch, ein Schicksal, ein Leben hervorblicken.

Dieser Wunsch blieb letztlich unerfüllt. Es gab jedoch, wenn Sie so wollen, eine Art »Ersatzmann«, dem die Sympathien der zuständigen Wissenschaften geradezu in den Schoß fielen und der von einer fürsorglichen Öffentlichkeit gleichsam adoptiert wurde. Allerdings trat er erst viel später in Erscheinung: gut drei Millionen Jahre später, wenn man seine Lebenszeit, und gut anderthalb Jahrzehnte später, wenn man das Entdeckungsdatum betrachtet. Machen wir also einen Exkurs, einen Zeitsprung, und schauen ihn uns an.

Sie ahnen es – es ist der Ötzi. Erst jene Gletschermumie aus dem Neolithikum, der späten Jungsteinzeit, die Urlauber am 19. September 1991 in Südtirol im Bereich der Similaungruppe der Ötztaler Alpen in 3210 Metern Höhe fanden, bot einen Ausgleich für so manche Enttäuschung der prähistorischen Knochensammler. Indem sie – sehr spät, sozusagen in der Nachspielzeit – ihrer Hoffnung entsprach, die Evolution möge ein Gesicht, wenigstens einer unserer frühen Vorfahren möge eine konkrete Biografie haben.

Verschleißerscheinungen am Gebiss, an den Gelenken, an der Wirbelsäule, gebrochene und wieder verheilte Rippen, ausgeprägte Wachstumsstörungen, mehrere bedrohliche Erkrankungen, die dem Tod vorausgingen, darunter möglicherweise ein Magengeschwür, Brot und Fleisch als letzte Mahlzeit – durchgecheckt wie ein verunglückter Bergsteiger des 20. Jahrhunderts, wurde der »Similaunmann« einer von uns.

Und die Steinzeit, die späte Jungsteinzeit, die schon zur Kupferzeit geworden war, verlor ein Stück ihrer kalten, unnahbaren Anonymität.

Den Radiokarbondatierungen folgend, kam der Ötzi um 3300 v. Chr. bei der Überquerung der Alpen ums Leben. Vermutlich hatte er braune (nicht, wie bisher angenommen, blaue) Augen, war 1,60 Meter groß oder vielmehr klein, fünfzig Kilogramm schwer und würde nach heutigen Maßstäben wahrscheinlich Schuhgröße 35 tragen. Er bleibt eine archäologische Sensation, weil er der einzige vollständig erhaltene, auf natürliche Weise konservierte und nicht bestattete Mensch aus vorgeschichtlicher Zeit ist. Und weil außerdem zahlreiche Gebrauchsgegenstände – darunter ein Kupferbeil – erhalten blieben, aus denen sich eine komplette jungsteinzeitliche Ausrüstung rekonstruieren ließ.

Aber zurück nach Afrika.

An eine Ausrüstung war beim *Homo rudolfiensis*, dem ersten

Vertreter der Gattung *Homo*, dem frühesten Menschen der Geschichte, natürlich nicht einmal ansatzweise zu denken. Aber während seine Ahnen einen Teil des Tages noch auf Bäumen zubrachten, ist er bereits stärker an ein Leben in der offenen Steppe Ostafrikas angepasst: Die Stirn ist steiler, die Backenzähne sind kleiner als die der robusten Menschenaffen, Arme und Beine ähneln schon denen späterer Menschen, ermöglichen eine rasche Fortbewegung und die Bewältigung größerer Strecken.

Homo rudolfiensis, benannt nach seinem Fundort am Rudolfsee, dem späteren Turkanasee in Kenia, verfügt über ein beachtliches Gehirn, das auf ein durchschnittliches Volumen von 700 Kubikzentimetern anwächst. Zum *Homo* qualifiziert ihn außerdem die Tatsache, dass er mit seinen Händen bereits Splitter von Steinen abschlägt, um damit zu schneiden. Erstmals stellt also – vor rund 2,5 Millionen Jahren – ein Erdenbewohner planvoll Steinwerkzeuge her und gibt sein Wissen an nachfolgende Generationen weiter. So kommt der technische Fortschritt in die Welt – eine Traditionslinie, die bis zum Ötzi und zu Stanley Kubricks Erdsatelliten reicht.

Aus den ersten Formen der Gattung *Homo*, mit noch relativ langen Armen, entsteht nun vor 1,9 Millionen Jahren in Ostafrika *Homo ergaster:* ein hochgeschossener Savannenläufer, schnell, intelligent und neugierig. Sein Gehirn ist weitaus größer als das seiner Vorgänger, seine Werkzeuge werden raffinierter. Getrieben von einer unbändigen Neugier macht er sich schließlich auf, die Welt zu erkunden.

Der Mensch ist noch lange nicht fertig, aber reisefertig.

2. Die Eroberung des Planeten

Können Sie sich eine Stadt ohne Straßen vorstellen? Wahrscheinlich nicht. Aber auch die Straße musste erst erfunden werden. Zuvor stellten Flachdächer und Leitern die Verbindung zwischen Häusern und Menschen her – wie hier in Çatal Hüyük in Anatolien, einer Siedlung aus dem siebten Jahrtausend v. Chr. Doch schon diese zivilisatorische Etappe bedeutet eine Revolution und stellt alles in den Schatten, was danach kam.

Homo ergaster, den »arbeitsamen« Menschen, haben Sie eben schon kennengelernt. Mit ihm beginnt das Reiseprogramm der Gattung *Homo*. Sie können gern daran teilnehmen, aber Sie sollten wissen, dass es Expeditionen ins Ungewisse sind. Wenn die Formel »Der Weg ist das Ziel« irgendwo zutrifft, dann hier. Und es ist ein weiter Weg aus der afrikanischen Savanne zu den Siedlungen von Çatal Hüyük oder Jericho.

Training und Vorbereitung sind bei *Homo ergaster* in guten Händen. Sie können sich den Clans anschließen, die er, mit stetig wachsendem Aktionsradius, durch die Graslandschaften seiner afrikanischen Heimat führt. Nach dem Exodus wandert er über Generationen nordwärts, erreicht den Kaukasus, und seine Nachfahren dringen vor rund 800 000 Jahren bis nach Zentralasien vor. Aber 40 000 Jahre vor unserer Zeit wird er wieder von der Erde verschwinden.

Falls Sie vorsichtig gewesen und zu Hause, das heißt in Afrika, geblieben sind, haben Sie jetzt zweimal die Chance, Europa zu entdecken – vor rund 1,2 Millionen Jahren mit dem etwas lieblos als »Vorläufer« benannten *Homo antecessor* oder 600 000 Jahre später mit dem *Homo heidelbergensis*, dessen Name auf die frühesten Fundorte seiner Knochen verweist. *Homo heidelbergensis* verfügt bereits über ein Hirnvolumen von 1300 Kubikzentimetern und gilt als der erste Großwildjäger. Er beherrscht das Feuer und konstruiert hölzerne Wurfspeere mit vorzüglichen Flugeigenschaften. Als erster Zweibeiner lässt er ein Fünkchen Kultur aufblitzen, indem er Schmuckgegenstände herstellt und Steinwerkzeuge als Totenbeigaben verwendet.

Berühmt geworden aber ist *Homo heidelbergensis* als der letzte gemeinsame Vorfahr des *Homo sapiens*, der sich in Afrika entwickelt, und des Neandertalers, der aus europäischen Populationen des »Heidelbergers« hervorgeht. Das Verhältnis der beiden ungleichen Verwandten beschäftigt die Wissenschaft bis heute. Die Verteilung der Sympathiewerte hat dabei bisweilen an die Geschichte von Kain und Abel erinnert.

Falls Sie auf den *Homo sapiens*, den »weisen« Menschen, gesetzt haben, müssen Sie vor seinem Siegeszug allerdings einen relativ erfolglosen Aufbruch aus Afrika vor etwa 100 000 bis 95 000 Jahren in Kauf nehmen, der an der Kälte scheitert und ihn in seine Heimat zurückwirft. Immerhin hat ihn der Vorstoß bis in den Nahen Osten und dort zu einem ersten Rendezvous mit den Neandertalern geführt, die aus dem Norden in diese Gegend kamen.

Erst in der letzten – entscheidenden – Auswanderungswelle vor rund 60 000 Jahren kann *Homo sapiens* außerhalb seiner Urheimat Fuß fassen. Noch in Afrika hat er eine immer komplexere Sprache entwickelt und gelernt, symbolisch zu denken. Zudem hat er neue, hocheffektive Distanzwaffen erfunden. Mit ihnen kann er nun Beute aus sicherer Entfernung erlegen und immer mehr Urmenschen um sich herum mit Nahrung versorgen.

Wenn Sie abenteuerlustig genug und bis jetzt dabeigeblieben sind, können Sie sich nun auf einiges gefasst machen. Die Auswanderer überqueren das Rote Meer, erreichen die Arabische Halbinsel und hinterlassen bereits wenige Jahrtausende später ihre Spuren am äußersten Zipfel Südostasiens. Vor 55 000 Jahren überwinden einige Vertreter der Reisegruppe *Sapiens* mit Kanus und Flößen fast hundert Kilometer offenen Ozeans und erreichen erstmals einen noch unbesiedelten Kontinent: Australien. Mit kontrollierten Flächenbränden – so haben Wissenschaftler herausgefunden – locken sie Beutetiere wie Kängurus oder Riesenechsen aus ihren Verstecken und verändern so allmählich Fauna und Flora.

Wie Sie längst gemerkt haben, gibt es keinen vorprogrammierten Reiseablauf. Die Kolonisierung der Erde ist kein planvolles Projekt. Die Migranten folgen einfach den Wildwechseln, suchen jagend und sammelnd neue Tiere und Pflanzen. Mit seiner Anpassungsfähigkeit kann *Sapiens*, der »moderne« Mensch, mittlerweile auch ungünstigen Umweltbedingungen trotzen. Also haben Sie sich für die richtige Reisegruppe entschieden, *Homo sapiens* wird überleben, alle anderen werden aussterben.

Aber zwei Erdteile fehlen noch. In etwas fernerer Zukunft – vermutlich 20 000 bis 15 000 Jahre vor unserer Zeit – werden »moderne« Menschen auch den amerikanischen Doppelkontinent erobern, wahrscheinlich von Sibirien aus. Doch jetzt, vor 45 000 Jahren, ist erst einmal Europa dran.

Hier hat sich inzwischen der Neandertaler einquartiert und mehr als 100 000 Jahre allein auf dem Kontinent existiert. Dank seiner kompakten Anatomie hat er sich immer besser an die Unbilden des Eiszeitalters angepasst und kann selbst Temperaturen von minus dreißig Grad Celsius ertragen. Seine Knochen sind kräftig, die Muskeln gewaltig, der Körperbau ist gedrungen – vermutlich, um möglichst wenig Wärme zu verlieren. Der Neandertaler ist ein Großwildjäger, der sich fast ausschließlich vom Fleisch der erbeuteten Tiere ernährt. Sein Gehirn ist größer als das des Neuankömmlings, aber seine flache Stirn und sein tonnenförmiger Körper haben ihn zum Primitivling gestempelt. Er gilt nicht als Urmensch, sondern eher als Unmensch. Erst in jüngster Zeit sind seine kulturellen, musischen und spirituellen Neigungen entdeckt worden.

Der neue Konkurrent, den er schon früher im Nahen Osten kennengelernt hat und der dann über die rumänischen Karpaten und die Schwäbische Alb nach Mittel- und Südeuropa gezogen ist, bedrängt ihn nun auf Schritt und Tritt. Eigentlich hätte der Neandertaler ein massives Symptom des Verfolgungswahns, eine handfeste Paranoia ausbilden müssen. Dem Homo sapiens wiederum musste es vorkommen wie in dem Märchen von Hase und Igel: Überall, wo er eintrifft, hat sich der Neandertaler bereits etabliert.

Wenig märchenhaft geht die Geschichte weiter. Im Unterschied zu den stagnierenden Alt-Europäern entwickelt Homo sapiens in den folgenden Jahrtausenden immer neue Fähigkeiten und »Begabungen«, stellt schlagkräftige Waffen her, produziert Wandbilder und Schnitzereien. Im Lauf der Zeit drängt er den Neandertaler aus der Evolution, der vor 27 000 Jahren ausstirbt.

An dieser Lesart der Forschung ist wohl nicht mehr zu rütteln, auch wenn einzelne Wissenschaftler die These vertreten, Homo sapiens habe Europa erst erreicht, als der Neandertaler bereits ausgestorben war, weil er sich zu langsam vermehrte und weil extreme Trockenheit seine Rückzugsgebiete zerstörte.

Jener einfältige »grobe Klotz«, auf den er lange Zeit reduziert wurde, war der Neandertaler jedenfalls nicht. Aber er war eben auch kein direkter Vorfahr des modernen Menschen. Dafür liefert seine DNA zu viele Unterschiede, vor allem in jenen kognitiven Bereichen, die das abstrakte und schöpferische Denken, aber auch die soziale Intelligenz und die Realitätskontrolle betreffen. Diese Faktoren waren die genetischen Schubkräfte, die dem *Homo sapiens* den unkündbaren Spitzenplatz in der Entwicklungsgeschichte des Menschen sicherten. Sie waren, sozusagen, seine evolutionäre Extrawurst.

Und dennoch bekommt das alte (Feind-)Bild des Neandertalers Risse.

Von einem ausschließlichen Verdrängungswettbewerb, auch von einem reinen Nebeneinander zwischen Neandertaler und *Homo sapiens* kann offenbar nicht mehr die Rede sein. Selbst eine friedlich-konstruktive Koexistenz, die auch den Austausch von Werkzeugen und Know-how einschloss, trifft die Sache noch nicht. Da war mehr. Mehr als ein Flirt. Mehr auch als ein Techtelmechtel. Neandertaler und *Sapiens* hatten Sex miteinander. Und es gab Nachkommen.

Der schwedische Paläogenetiker Svante Pääbo, Leiter des Max-Planck-Instituts für Evolutionäre Anthropologie (EVA) in Leipzig, hat die bislang eher rare Ausbeute an Neandertaler-DNA aus Knochenresten im Rahmen seiner Forschungen hochgradig steigern können. Etwa siebzig Prozent des Neandertaler-Genoms haben die Wissenschaftler inzwischen entschlüsseln und mit der DNA heute lebender Menschen abgleichen können.

Die Überraschung: Noch heute stecken im Erbgut des modernen Menschen ein bis vier Prozent Neandertaler-Eigenschaften. Noch verblüffter waren die Forscher darüber, dass der bullige Eiszeitmensch nicht nur in Europa, sondern auch in Papua-Neuguinea und in China genetische Spuren hinterlassen hat.

Und wo hat es gefunkt, wo stand das Bett, dem die Wiege folgte? Wohl dort, wo auch die Wiege der Kulturen gestanden hat: im Nahen Osten, vielleicht auch in Israel, wo die beiden Menschenstämme über Jahrtausende in denselben Regionen lebten. Dass es in diesem Nadelöhr, einem geografischen Reagenzglas gewissermaßen, das alle Afrika-Emigranten auf ihrer Weltreise passieren mussten, eben auch »passierte«, wird noch durch einen weiteren Befund gestützt: Heutige Europäer und Asiaten, die von der prähistorischen Familienzusammenführung beeinflusst wurden, stehen dem Neandertaler genetisch näher als die Afrikaner, die »nur« vom *Sapiens* profitierten.

Wir bleiben in Vorderasien. Als die letzte große Kaltzeit vor 11 000 Jahren endet, beginnt *Homo sapiens* damit, hier und später auch in anderen günstigen Klimazonen der Erde sesshaft zu werden. Er schickt sich an, Siedlungen zu gründen, Wildgräser zu kultivieren, Nutzpflanzen anzubauen, Vorräte anzulegen und Haustiere zu halten. Er wird vom Sammler und Jäger zum Landwirt, Viehzüchter und Wirtschaftsproduzenten. Er baut bald nicht mehr nur runde, sondern auch bequemere rechteckige Hütten und Wohnplätze. Er organisiert sich in Gruppen und Familien, er zähmt den Wolf zum Beschützer, er bedient sich der Töpferscheibe. Er verändert das Landschaftsbild durch Rodung, Bodenbebauung und Beweidung. Und er ändert sich selbst: Er plant, prüft, denkt voraus, zieht Schlussfolgerungen und handelt nach dem Prinzip Ursache und Wirkung.

Damit zettelt er eine Revolution an, die erste und historisch folgenreichste. Die Wissenschaft wird sie später die Neolithische Revolution nennen: Der Übergang von der aneignenden Wirtschaft der Altsteinzeit (Paläolithikum) zur produzierenden Wirtschaft der Jungsteinzeit (Neolithikum) ist der wahrscheinlich größte innovative Schub der Menschheitsgeschichte.

Diese »Revolution« geschah nicht von heute auf morgen. Aber schon für ihre Frühzeit lassen sich die ersten Siedlungen und Kultstätten nachweisen. Die steinernen Monumente der Tempelanlage von Göbekli Tepe (um 9500 v. Chr.) in Anatolien sind 6000 Jahre älter als die Pyramiden, lassen aber eine Arbeitsorganisation vermuten, die auf deutlich spätere Epochen vorausweist. In der Oase Jericho im Westjordanland, die einst der Römer Antonius seiner Geliebten Kleopatra zum Geschenk machte und deren Name auch mit dem Tod des Herodes und der Taufe Jesu verknüpft ist, waren schon um 8000 v. Chr. der älteste Steinturm und die erste Treppe der Welt gebaut worden. Sie wurden Teil einer ausgedehnten, mehrere Meter starken Stadtmauer, die später dennoch — nach Lesart der Bibel — durch die viel beschworenen Posaunenstöße zum Einsturz gebracht wurde.

Mit den ersten Städten der Erde und der seit dem sechsten Jahrtausend v. Chr. allmählich einsetzenden Entdeckung der Metalle, der um 3000 v. Chr. die Erfindung des Rades folgt, ist der Weg zu den Hochkulturen vorgezeichnet.

3. Blaues Wunder Babylon

Haben Sie je von Babylon gehört? Der Stadt, die zum Knotenpunkt von Mythen, Wundern und Legenden wurde? Natürlich haben Sie schon von Babylon gehört. Oder zumindest von Babel, das ist der hebräische Name.

Vielleicht ist Ihnen ja das Wort vom »Sündenbabel« begegnet, das auf eine Stätte moralischer Verworfenheit, der Ausschweifung und des Lasters verweist. Der Ausdruck geht auf die »große Hure Babylon« im 17. Kapitel der Offenbarung des Johannes zurück. Gern ist er auch auf Paris als »Seinebabel« umgemünzt worden.

Auch vom »Turmbau zu Babel« haben Sie gewiss läuten hören, vielleicht sogar das berühmte Gemälde des flämischen Malers Pieter Brueghel vor Augen, der bei seiner Konzeption (um 1563) wiederum das Kolosseum in Rom vor Augen hatte. Dann dürften Sie vermutlich auch wissen, dass Gott die Erbauer des Turms, der bis in den Himmel reichen sollte, mit jenem berüchtigten »Kommunikationsabriss« bestrafte, der als »babylonische (Sprach-) Verwirrung« in das Alte Testament (1. Mose 11) und in die Zitatenlexika Eingang fand.

Die ebenfalls sprichwörtliche Wendung von der »babylonischen Gefangenschaft« sparen wir uns noch ein wenig auf, bis wir zur Zerstörung Jerusalems (587 v. Chr.) und zur Deportation der Juden durch König Nebukadnezar II. kommen. Dann lässt sich auch der mythische Knall- und Schlusseffekt dieser historischen Epoche ausleuchten: das berüchtigte Gastmahl des Belsazar, dessen düstere Endzeit-Stimmung Heinrich Heine in einer der bekanntesten deutschen Balladen eingefangen hat: »Die Mitternacht zog näher schon; in stiller Ruh lag Babylon...«.

Nach so vielen geflügelten Worten, nach so viel Babylon vom Hörensagen haben Sie sich einen visuellen Ausgleich verdient. Wir nehmen den prächtigsten und aussagekräftigsten, der sich denken lässt. Ihnen werden die Augen übergehen. Und die Reise ist kürzer, als Sie denken. Seit 1930 liegt Babylon in Berlin.

Tiefblau glasierte Ziegel, die sich im Berliner Pergamon-Museum zum magischen Monument des Ischtar-Tors ergänzen, waren das Erste, was europäische Archäologen von der Metropole des Zweistromlandes wiederentdeckten. Das rief den deutschen Bauforscher Robert Koldewey (1855–1925) nach Mesopotamien. Er sorgte dafür, dass bis Ende der 1920er-Jahre 800 Kisten voll emaillierter Ziegelbrocken auf dem Seeweg von Basra nach Hamburg und weiter über Elbe, Havel und Spree nach Berlin geschickt wurden.

Es war die Zeit, als George Gershwins »Rhapsody in Blue« ihren Siegeszug um die Welt antrat. Viele der Besucher, die den monumentalen Torbogen seit 1930 durchschritten haben, dürften die Komposition als unhörbare Begleitmusik im Kopf gehabt haben.

Aber das Ischtar-Tor ist mehr als ein blaues Wunder. Es öffnet Ihre Sinne für eine untergegangene Welt und führt Sie wie ein »Sesam, öffne dich!« in jene Kernregion des Orients, die einst eine Drehscheibe der Geschichte war.

Seit der Mitte des dritten vorchristlichen Jahrtausends dreht sich zwischen Euphrat und Tigris das Völkerkarussell und lässt unter Sargon von Akkad ein frühes (semitisches) Großreich entstehen, führt Assyrer, Hethiter, Kassiten, Chaldäer und schließlich Perser nach Babylon, wirbelt Mythen und Fakten durcheinander. Aber ohne den Schnee aus den Bergen Armeniens, der die Wüsten Babyloniens zum Blühen brachte, hätte es das Motiv der unterschiedlichen Völker und Mächte, in dieser Region Fuß zu fassen, Hegemonie über die Nachbarn und Herrschaft über ganz Vorderasien zu gewinnen, gar nicht gegeben.

Mit Ägypten teilt sich Mesopotamien die Würde der frühesten Hochkultur der Menschheit. Wie dort der Nil, so bestimmte hier das Zwillingspaar Euphrat und Tigris den Takt und die Frequenz des Lebens. Damals allerdings schnitt das Meer noch viel tiefer ins Land, und die Zwillingsflüsse hatten keine gemeinsame Mündung.

Extrem das Klima: acht Monate Sommer von Mitte März bis Mitte November mit den höchsten Hitzegraden der Erde, kaum zwei Monate Winter, streng, oft mit fußhohem Schnee, zwischen Mai und September kein Tropfen Regen, gewaltige Temperaturunterschiede zwischen Tag und Nacht. Aber zum Ausgleich die periodische Überschwemmung, die sich der Frühjahrsschneeschmelze in den Bergen Armeniens verdankt, beginnend im März, was den Tigris, im April, was den Zwilling Euphrat betrifft, mit Höhepunkten im Juni und Juli, wenn das Land sich von einer glühenden Hölle zuerst in eine riesige Wasserfläche und dann in ein Abbild des Gartens Eden verwandelte.

Die Bewohner Mesopotamiens, insbesondere die Menschen im unteren Drittel des Flusspaares, das — analog zum Nildelta — den Hauptgewinn bei der Schmelzwasserverteilung erzielte, waren nicht nur Ingenieure, sondern wahre Künstler bei der Nutzung der nassen Fracht aus den Schneegebirgen. Dämme, Bewässerungs- und Berieselungsanlagen, Stauseen, Kanalsysteme, die sich wie Adern verzweigten, Abflussgräben, die die sumpfigen Niederungen an zapften, Schöpfräder, die das Wasser in die höher gelegenen Felder füllten: Mesopotamien und speziell das zum Mündungsgebiet sich erstreckende Babylonien hatten sich in eine riesige Oase, eine fruchtbare Getreide- und Gartenlandschaft verwandelt.

Und auch ein dem segenstiftenden Element angemessenes Fahrzeug wurde erfolgreich konstruiert. Die *Guffa*, ein korbähnliches Fortbewegungsmittel, aus den Stielen von Palmblättern geflochten und mit Erdpech abgedichtet, kam dann zum Einsatz, wenn das Land sich auf dem Höhepunkt der Schneeschmelze in eine riesige Wasserfläche verwandelt hatte. Aber auch auf dem Rücken schwimmender Pferde konnte man sich erfolgreich durch das Wasserlabyrinth navigieren. Als drittes mobiles Hilfsmittel wurden nach alter Tradition aufgeblasene Schläuche aus Hammelhäuten verwendet. Wie ein Alabasterrelief aus dem neunten vorchristlichen Jahrhundert zeigt, wurde diese Technik auch militärisch genutzt, um bei Flussüberquerungen Mannschaft und Ausrüstung auf die andere Seite zu bringen; nur die Kriegswagen wurden auf Boote verfrachtet.

Wenn es einen Preis für Völker gäbe, die sich zeitweise in Amphibien verwandeln können – die Menschen im unteren Zweistromland hätten ihn verdient.

Begonnen hatte alles, fast alles mit den Sumerern. Glaubt man ihren Priestern, die sich gern auch als Geschichtsforscher gerierten und das Leben ihrer Könige in ausufernden Listen festhielten, so reicht die sumerische Kultur 432 000 Jahre zurück. Bei realistischer Einschätzung entstand sie gegen Ende des vierten Jahrtausends v. Chr. im südöstlichen Teil Mesopotamiens, also jener historischen Region im heutigen Irak, die von den mächtigen Unterarmen der Zwillingsflüsse umgrenzt wird und im Anklang an die um 1800 v. Chr. erbaute, von den Griechen »Babylon« getaufte Hauptstadt seither als Babylonien bezeichnet wird.

Die Sumerer, das älteste Kulturvolk des Orients, erhielten ihren Namen von ihren Nachfolgern, den Akkadern. Diese tauften sie *sumeru*.

Schon die frühen Zentren der Sumerer – Städte wie Ur, Uruk, Nippur oder Lagasch in der Nähe des Persischen Golfs – fassten bis zu 50 000 Einwohner. Die hoch aufragenden Stufentempel, die sie ihren Göttern widmeten und die als *Zikkurate* (akkad. = Götterberge) bekannt wurden, dürften die späteren Fantasien um den Turmbau zu Babel und die entsprechende Passage im Alten Testament angeregt haben. Vor allem aber dienten sie der Beobachtung der Himmelskörper.

Die sumerische Metropole Eridu am Persischen Golf gilt als eine der ersten Städte der Weltgeschichte. Ihre Vorstufen reichen bis ins sechste Jahrtausend v. Chr. zurück. Nach 2000 v. Chr. wurde die Hafenstadt wegen Versandung der Lagune aufgegeben.

Ab 3500 v. Chr. entwickelte sich Uruk, Hauptkultort der sumerischen Himmelsgöttin Inanna und Sitz des sagenhaften Herrschers Gilgamesch, zur ersten Großstadt der Welt. In der Bibel kommt sie als Erech vor. Im Laufe des dritten Jahrtausends gewinnt Ur an Bedeutung und wird mehrfach Hauptstadt Babyloniens. Nach biblischer Überlieferung war Ur die Heimat Abrahams. Die Königsgräber von Ur mit kostbaren Beigaben an Metall- und Edelsteinarbeiten sind in den 1920er- und 30er-Jahren freigelegt worden.

Die berühmteste Hinterlassenschaft der Sumerer ist aber ihre Schrift. Die sumerische Keilschrift, deren keilförmige Striche mit einem Rohrgriffel in weiche Tontafeln eingedrückt wurden, entwickelte sich genau wie die Hieroglyphen und wie das moderne Alphabet aus der Abstrahierung von Bildzeichen. Bilder mit einfacher Bedeutung standen am Anfang, später wurden komplexere Begriffe mithilfe von Zeichenkombinationen dargestellt, und der

Lautwert wurde allmählich wichtiger, analog der Entwicklung des Alphabets.

Die sumerische Schrift entstand zwischen 3400 und 3200 v. Chr. und wurde bald auch von anderen vorderasiatischen Völkern übernommen. Zeitlich synchron trat auch Ägypten in den Stand der Schriftlichkeit. Erst ein gutes Jahrtausend später entstand die Bilderschrift der ersten europäischen Hochkultur auf Kreta.

In jedem Fall ist die sumerische Schrift eine kaufmännische Erfindung, keine Schöpfung von Dichtern oder Priestern. Ob es nun um Rinder, Getreide, Wein oder Öl ging – es galt Lieferungen zu registrieren und Warenmengen festzuhalten. Während sich die sumerische Schrift, wie die Archäologen feststellen konnten, über Jahrhunderte entwickelte, scheint das System der ägyptischen Hieroglyphen – auch wenn es noch zahlreiche Ergänzungen und Veränderungen gab – von Anfang an fast »fertig« gewesen zu sein. Aber was die Priorität, also das »Erstgeburtsrecht«, und die konkrete Schriftpraxis angeht, könnte jeder neue Fund in Ägypten oder in Mesopotamien das Bild wieder verändern.

Auch das Heldengedicht über den König Gilgamesch, das um 1850 v. Chr. entstand, ist uns in der charakteristischen Keilschrift überliefert. Um den königlichen Halbgott Gilgamesch rankt sich ein Kranz mythischer Erzählungen, in denen er nach gewaltigen Heldentaten den Versuch unternimmt, das ewige Leben zu gewinnen.

Das älteste Großepos der Menschheit ist zugleich die früheste schriftliche Quelle für das Auftreten einer alles vernichtenden Flut – den Mythos der Sintflut, der selbst wiederum eine Sintflut an Mythen in Gang gesetzt und sich tief in das kollektive Gedächtnis eingegraben hat. Wie in der Bibel spielt auch im Gilgamesch-Epos die rettende Arche eine Rolle.

Den Sumerern verdanken wir auch die Einteilung des Kreises in 360 Grad und die der Stunde in sechzig Minuten. Nach diesem Sechziger-System richtete sich auch die sumerische Währung. Mit der »Erfindung« der Sieben-Tage-Woche, die auch die Schöpfungsgeschichte der Bibel geprägt hat, mit den Tierkreiszeichen und der Benennung zahlreicher Sternbilder ragt das altbabylonische Kulturerbe bis tief in den heutigen Alltag hinein.

Lange Zeit galten die semitischen Akkader, deren König und Reichsgründer Sargon sich um 2235 v. Chr. zum »Herrn der vier Weltteile« ausrief, als das älteste Volk des Orients. Sie übernahmen die Kernelemente der sumerischen Kultur, darunter die Keilschrift, und beteten zu den Göttern ihrer Vorgänger. Mit ihrer Hauptstadt Akkad aber entfernten sie sich von den sumerischen Zentren am Persischen Golf und konzentrierten sich dort, wo Tigris und Euphrat erstmals einander nahekommen. Die Gegend um das spätere Babylon gewann an Bedeutung.

Und Babylon selbst? Noch gibt es sie gar nicht, oder sagen wir, sie kommt in der Geschichte noch nicht vor: die Stadt, die stärker als Jerusalem und Rom die Fantasie der Menschen beschäftigt hat, die zum Nabel der Welt und zum Inbegriff eines Schmelztiegels der Zivilisationen geworden ist. Zwar wird das »Tor Gottes«, wie das babylonische Wort *babilu* zu übersetzen ist, erstmals Ende des dritten Jahrtausends v. Chr. erwähnt, aber erst im Verlauf des zweiten Jahrtausends gewinnt es an Bedeutung, und bis zur neubabylonischen Glanzzeit unter dem Chaldäer Nebukadnezar, der das Ischtar-Tor baut, wird noch ein weiteres Jahrtausend vergehen.

Es gehört zu den historischen Merkwürdigkeiten, an denen der Alte Orient so reich ist, dass die eigentliche Gründung Babylons einem — aus sumerisch-akkadischer Sicht — primitiven Kriegervolk zuzuschreiben ist. Der ersten semitischen Einwanderung ins

Zweistromland im dritten Jahrtausend v. Chr. folgte um 2000 v. Chr. eine neue aus der syrischen Wüste. Es sind die Nomadenstämme der Amoriter, die um 1800 v. Chr. die Vorherrschaft im mittleren Mesopotamien gewinnen und eine Reihe von Dynastien gründen, die erste davon in Babylon. Sechster Herrscher der babylonischen Dynastie wird König Hammurabi.

Hammurabi, Feldherr, Politiker und Gesetzgeber, schlug Kapital aus dem Kampf sechs rivalisierender Mächte, die bei seinem Amtsantritt um die Vorherrschaft im Zweistromland stritten. In seiner Regierungszeit (1792–1750 v. Chr.) baute er den kleinen Stadtstaat Babylon zu einem Flächenstaat und zur führenden Macht in Mesopotamien aus. Die Erlasse an seine Stadthalter in Nord- und Südbabylonien bezeugen Energie und Umsicht eines Herrschers, der die von den Akkadern konzipierte Vergöttlichung des Königtums ablehnt.

Ob der vielseitige und weitsichtige König auch ohne seinen Gesetzeskodex, der 1902 auf einer Dioritstele in Susa gefunden wurde, zu einem der bedeutendsten altorientalischen Herrscher geworden wäre, steht freilich dahin. Der in Keilschrift verfasste und vollständig erhaltene »Codex Hammurabi«, Dokument der Sorge und Fürsorge des Königs um Leben und Eigentum seiner Untertanen, gilt auch heute noch als das berühmteste Gesetzeswerk der vorrömischen Antike.

Sie brauchen nicht nach Paris, in das »Seinebabel« zu reisen, um einen Blick auf die Steinstele mit den Gesetzen zu werfen. Sie können im Bannkreis des Ischtar-Tors bleiben, denn eine Kopie befindet sich im Pergamon-Museum in Berlin. Ein Flachrelief über dem Text zeigt an, wie der Großkönig die Gesetze von dem Gott Schamasch entgegennimmt.

Aus heutiger Sicht fällt es allerdings schwer, das hier kodifizierte Talionsrecht als Reform zu bezeichnen. Möglicherweise ist es aber in seiner – zuvor extrem martialischen – Auslegung abgeschwächt worden.

Nachdenklich stimmt auch der Vergleich mit der Rechtspraxis der Hethiter, die zwei Jahrhunderte später die Dynastie Hammurabis auslöschen werden. Die hethitische Kultur zeichnete sich durch eine auffallende Milde aus. Das alte Talionsprinzip nach dem Grundsatz »Auge um Auge, Zahn um Zahn«, das im ganzen Orient galt, war hier bereits vollständig überwunden.

Ihr feinsinniges Rechtssystem, das eine in der Antike einzigartige und dem Orient sonst eher fremde Achtung vor dem Individuum offenbart, hat die Hethiter natürlich nicht daran gehindert, aus ihren Kerngebieten an den Flüssen Halys und Chabur heraus aktive Eroberungspolitik zu betreiben. Ihr Königreich Hatti erstreckte sich um die Hauptstadt Hattusa herum in Zentralanatolien, aber zwischen dem 17. und 13. Jahrhundert v. Chr. verschoben sich seine Grenzen ständig. Zeitweilig reichte es bis nach Syrien, zum Schwarzen Meer und zur Ägäis.

Der Zugriff auf Babylon erfolgte 1530 v. Chr. unter dem hethitischen König Mursili. Nach der Einnahme plünderten die Hethiter die Stadt und setzten sie dann in Brand. Aber die Eroberung brachte ihnen kein Glück. Einige Zeit nach der Rückkehr wurde Mursili ermordet, und die hethitische Politik wurde durch Machtkämpfe zwischen rivalisierenden Zweigen der königlichen Familie geschwächt.

Der Überfall der Hethiter hatte ausgereicht, um das altbabylonische Reich zu Fall zu bringen. Jahrhunderte hindurch herrschten nun im Gebiet Babylons die Kassiten, kriegerische Halbnomaden aus den iranischen Bergen. Um 900 v. Chr. gelang es dann den Assyrern, deren Zentrum Assur schon seit einem Jahrtausend Drehscheibe des Handels gewesen war, ein neues Großreich aufzubauen und die Vormacht im Alten Orient zu übernehmen. Das glänzende, luxuriöse, mondäne Ninive am Oberlauf des Tigris löste das traditionsreiche Assur als Metropole ab.

Die Armeen der wegen ihrer beispiellosen Brutalität berüchtigten Assyrer verfügten über Streitwagen, Fußsoldaten, Reiter und auch schon über die neuen Eisenwaffen. Ihre Feinde terrorisierten sie mit Massenhinrichtungen und Verschleppungen. Die Strafen waren barbarisch, von Zwangsarbeit zum Ausbau der Städte und ihrer Riesenpaläste angefangen.

In der Regierungszeit von Assurbanipal (668 – 627 v. Chr.) eroberten die Assyrer auch Teile Ägyptens, darunter die Pharaonenhauptstadt Theben mit dem Tempel von Karnak. Dies war die größte Ausdehnung des Reiches, aber damit hatten sich die Assyrer übernommen. 612 v. Chr. stürmten Meder und Babylonier gemeinsam die Hauptstadt Ninive.

Die berühmte Bibliothek von Ninive bewahrt das andere Antlitz der assyrischen Herrschaft. König Assurbanipal, der sie ab 650 v. Chr. erbauen ließ, war aufgeschlossen für Literatur und Wissenschaft. Ohne seine Initiative müssten viele Dokumente aus der frühen mesopotamischen Geschichte als verloren gelten. Unter den 25 000 Keilschrifttafeln des Archivs von Ninive findet sich auch das Gilgamesch-Epos.

Nach der Zerschlagung des assyrischen Imperiums setzten die südmesopotamischen Chaldäer die Großmachtpolitik ihrer Vorgänger fort. Nebukadnezar II., der das Neubabylonische Reich gründet und den gesamten Nahen Osten von der Euphrat-Mündung bis zum Mittelmeer beherrscht, wird zum bedeutendsten Feldherrn und Staatsmann seiner Epoche.

Seinen guten Ruf hat er dennoch nicht retten können. Das liegt vor allem an der Bibel. Massendeportationen und Umsiedlungen großer Menschengruppen gehörten zwar sowohl bei den Assyrern als auch bei den Babyloniern zum Herrschaftssystem, und allein in assyrischer Zeit sollen viereinhalb Millionen Menschen verschleppt worden sein. Aber dass Nebukadnezar nach der Eroberung Jerusalems 587 v. Chr. nicht nur den Salomon-Tempel zerstörte und ausraubte, sondern auch die Angehörigen der jüdischen Oberschicht als Geiseln mitnahm, hat ihm die Geschichte nicht verziehen. Ausführlich hält die Bibel im Buch Daniel das Sündenregister Nebukadnezars fest und beschreibt die »Babylonische Gefangenschaft« des Volkes Israel, das sich seiner Religion beraubt fühlte und sich nun damit wehrte, die eigenen Überlieferungen schriftlich festzuhalten.

Auch die geheimnisvolle Hand, die bei einem wüsten Ess- und Trinkgelage des Nebukadnezar-Nachkommen Belsazar in Erscheinung tritt und rätselhafte Worte an die Wand schreibt, wird im Alten Testament erwähnt. Während die einheimischen Gelehrten bei der Deutung des *Menetekels* versagen, kann der nach Babylon verschleppte Jude Daniel, der für seine Weisheit bekannt ist, dem gottlosen Gastgeber auf die Sprünge helfen. Er übersetzt die Drohung als Hinweis auf den bevorstehenden Untergang von Belsazars Reich: »gewogen und zu leicht befunden.«

»Belsazar ward aber in selbiger Nacht / von seinen Knechten umgebracht«, notiert Heinrich Heine lakonisch und endgültig.

Babylon aber darf noch einmal eine schmale Zeit glänzen. Nebukadnezar hat die Stadt wieder größer und prächtiger ausbauen, neue Kanalsysteme und gewaltige Stadtmauern errichten lassen. Ihre Länge schätzte der Babel-Spezialist Koldewey auf etwa 18 Kilometer und blieb damit deutlich hinter den Angaben der meisten antiken Autoren zurück. Man vermutet heute, dass sie eine zweite babylonische »Mauer« einrechneten, eine Art Schutzwall von nachweislich etwa fünfzig Kilometern Länge, die nördlich der Stadt zwischen den Flüssen Euphrat und Tigris verlief und so den Zugang aus dieser Richtung abriegelte.

Allein das Zentrum der altorientalischen Metropole, die Jahrtausende lang als größte Stadt der Welt galt und in der zwischen 50 000 und 80 000 Menschen gelebt haben, nahm einst mehr als zweieinhalb Quadratkilomer ein. Die Ummauerung könnte eine Höhe von bis zu dreißig Metern erreicht haben. Angesichts der riesigen Fläche der Ruinenstätte und der Dichte der archäologischen Schichten war an eine vollständige Ausgrabung Babylons nie zu denken.

Auch der legendäre Hochtempel des Stadtgottes Marduk, gewissermaßen der spätbabylonische Anteil am Turmbau-Mythos, entsteht unter Nebukadnezar neu. Mit insgesamt sieben übereinander gestellten Plattformen überragt er das Zwischenstromland. Und ein weiterer Mythos darf sich entfalten, der es sogar bis in die offizielle Liste der antiken Weltwunder schafft. Es sind die Hängenden Gärten der Semiramis, von denen mehrere Autoren der Spätantike überschwänglich berichten.

Die Bibel allerdings schweigt sich darüber aus. Auch zeitgenössische Quellen oder eindeutige archäologische Funde sind nicht vorhanden. Wahrscheinlich handelt es sich um die begrünten Terrassen babylonischer Hochbauten oder um eine im Königspalast versteckte Park- und Blumenlandschaft. Auf jeden Fall aber um eine weitere schöne Spätblüte des mythischen Babylon.

Als letzter König des Neubabylonischen Reiches unterliegt Nabonid 539 v. Chr. dem Perserkönig Kyros II. Ihm verdanken die Juden die Befreiung aus der Gefangenschaft und die Rückkehr in ihr Land. Viele der Geiseln, darunter erfolgreiche Kauf- und Geschäftsleute, verbleiben aber in Babylon, das nun für anderthalb Jahrtausende ein blühendes Zentrum jüdischer Kultur wird.

Gehen Sie nicht nach Babylon. Dort finden Sie nur Ruinen. Und einen zweifelhaften Archäologiepark, mit dem sich der prestigesüchtige irakische Diktator Saddam Hussein als neuer

Nebukadnezar feiern lassen wollte. Diese Nachbauten können zwar ein Bild von den einstigen Dimensionen vermitteln, gefährden aber die antiken Mauerreste und blockieren weitere Untersuchungen.

Gehen Sie lieber noch einmal durch das Ischtar-Tor in Berlin. Und bewundern Sie, bevor Sie sich verabschieden, die Tierfiguren, die die babylonischen Götter darstellen. Am besten nehmen Sie die Löwen, die einst die 230 Meter lange Prozessionsstraße der untergegangenen Metropole geschmückt haben. Schon 1902 konnte der erste Babel-Ausgräber Robert Koldewey einen von ihnen aus den glasierten Ziegelfragmenten, die er in den Ruinen Babylons gefunden hatte, rekonstruieren.

Seither haben die makellos komponierten blau-gelben Mosaiken der Raubtiere Millionen Menschen aus aller Welt fasziniert. Schon auf den ersten Blick ist zu erkennen, wie präzise die antiken Künstler auf die Fugenverteilung achteten, um alles Bruchstückhafte zu vermeiden und das anmutig-majestätische Tier – ein Symbol der Göttin Ischtar – möglichst wenig zu zerschneiden.

Babylon leuchtet, noch immer.

4. Das Lächeln des Sphinx

Mischwesen, männlich, liegend, Löwenkörper, Menschenkopf: Was ist das? Auch wenn Sie es erraten – das Geheimnis bleibt.

Er ist der Vater aller Rätsel, er ist *das* Rätsel schlechthin, kein offizielles Weltwunder, das hatte er nie nötig, aber weltberühmt und weltweit der Erste und Mächtigste seiner Art: der große Sphinx von Giseh, 74 Meter lang, zwanzig Meter hoch, sechs Meter breit.

Seit über vier Jahrtausenden ragt das Kalksteinwesen aus dem Sand der ägyptischen Wüste und bewahrt trotz der beschädigten Nase königliche Haltung. Es scheint zu lächeln, aber es verrät nicht, was in ihm vorgeht. Noch immer erweckt es den Eindruck, als sei es im Besitz aller Geheimnisse dieser Erde.

Auch wenn Sie ganz nahe an ihn herantreten und ihn ansprechen, wird der Löwenmensch nicht antworten. Vielleicht ist das auch gut so. Wenn Sphingen zu sprechen beginnen, sprechen sie oft in Rätseln. Und auch wenn Sie das Rätsel lösen, nimmt das Verhängnis meist seinen Lauf. So ging es Ödipus, der Ihnen vielleicht nicht ganz unbekannt ist. Aber der gehört nicht hierher, sondern nach Griechenland. Und dort war das Mischwesen weiblich.

Dieser Sphinx, *der* Sphinx, eine Verkörperung des Sonnengottes

Re-Harachte, soll nur einmal gesprochen haben. Ein gutes Jahrtausend nach seiner Errichtung durch den Pharao Chephren, den Sohn des Cheops, um 2500 v. Chr. hatte ihn der Sand fast begraben. So versprach er dem, der ihn davon befreien würde, den ägyptischen Thron. Sein Retter war – noch im Prinzenalter – der spätere König Thutmosis IV. Er legte den unglücklichen Sphinx frei, und die Prophezeiung wurde erfüllt.

Das war zu Beginn des 14. Jahrhunderts v. Chr. Ägypten war zur maßgebenden Macht im Mittelmeerraum und in Vorderasien geworden und hatte seine größte territoriale Ausdehnung erreicht – rund 1700 Jahre nach dem Zusammenschluss des nördlichen (Unterägypten) und südlichen Landesteils (Oberägypten), der als Gründungsdatum des ägyptischen Einheitsstaates gilt.

Der sagenumwobene König Menes soll diese erste politische Fusion um 3000 v. Chr. zustande gebracht haben. Der Name des wirklichen Reichseinigers bleibt allerdings unbekannt, und die blutige Unterwerfung der Bewohner des Nildeltas, die Zehntausende von Gefallenen forderte, sollte noch mehrere Jahrhunderte in Anspruch nehmen.

Erst als um 2734 v. Chr. Pharao Chasemui den Thron besteigt, gelingt es ihm, den letzten Widerstand in Unterägypten zu brechen. Als das Jahrhundert zu Ende geht, sind die wesentlichen Grundlagen der pharaonischen Zivilisation etabliert: ein Gottkönig an der Spitze des Territorialstaates, der vom ersten Katarakt und der Nilinsel Elephantine im Süden bis zum Mittelmeer reicht; eine effiziente Beamtenschaft und eine ertragreiche Landwirtschaft; ein vielschichtiger Götterglaube und ein aufwendiger Totenkult, der zum Bau großartiger Monumente führen wird.

Aber das ist noch nicht alles. Schon ein halbes Jahrtausend zuvor hatte ein einfacher Beamter, dem Kontrolle und Registrierung der für den Pharao angelieferten Waren über den Kopf wuchsen, eine revolutionäre Idee gehabt. Da die mündliche Verständigung nicht mehr ausreichte, setzte er die Gegenstände, Lebewesen, Vorgänge und Begriffe, mit denen er zu tun hatte, in konkrete Bildzeichen um, die durch Zeichen für den Lautwert und die Bedeutung des jeweiligen Wortes ergänzt wurden. Die Hieroglyphen, die die Ägypter als »Schrift der Gottesworte«, die Griechen als »heilige Zeichen« benannten, waren erfunden – der entscheidende Schritt zur Hochkultur.

Dennoch wurden die wichtigsten, die existenziellen Voraussetzungen für die Entfaltung der ägyptischen Geschichte und Kultur wesentlich früher geschaffen. Kaum ein anderes Land der Erde ist durch die geografischen Gegebenheiten so geprägt worden wie das Reich der Pharaonen.

Mit Herodots unsterblicher Formel, dass Ägypten, das Reich der Unsterblichkeit, ein »Geschenk des Nils« sei, ist im Grunde alles gesagt. Flusskilometer für Flusskilometer und über Tausende von Jahren hinweg hat der größte Strom Afrikas, mit 6671 Kilometern zugleich der längste der Erde, Leben geschaffen, Kultur gestiftet und Kontinuität gelehrt.

Hochkulturen sind Menschenwerk. Aber die Natur ist es, die dieses Werk ermöglicht. Für Ägypten gilt dies auf einzigartige Weise. Erweisen wir also dem *Natur*raum, in dem sich der Staat der Pharaonen so glanzvoll entfalten konnte, ein Stück Reverenz. Unternehmen wir, weil es so selten geschieht, den Versuch einer Landvermessung.

Ägypten hat Kontur. Man hat seinen Umriss vor Augen. Viel leichter als andere Mächte der Geschichte lässt es sich lokalisieren. Auf dem Atlas stellt es sich als ungefähres Viereck dar, dessen Seiten grob gerechnet je tausend Kilometer lang sind. Die Nordgrenze und die Ostflanke sind durch das Mittelmeer und die Küste des Roten Meeres klar bestimmt, die Grenzen im

Westen und im Süden führen durch kaum besiedelte Wüsten-landschaft.

Diesen riesigen Wüstenraum trennt das schmale Bewässerungs-band des Nils in zwei ungleich große Teile: die eintönig-flache libysche Westwüste und das ebenfalls wüstenhafte, aber bis über 2000 Meter ansteigende östliche Randgebirge, das sich jenseits des Golfs von Suez auf der Sinai-Halbinsel fortsetzt. Es ist eine auf der Erde einmalige Situation, dass ein wasserreicher Fluss, so-zusagen ein aus dem äquatorialen Afrika kommender Fremdling, den Trockengürtel von Süden nach Norden in seiner ganzen Aus-dehnung durchquert und dort eine meist nur wenige Kilometer breite, aber rund 1200 Kilometer lange Stromoase ermöglicht. Ihr kompletter Flächeninhalt erreicht nicht einmal die Ausdeh-nung Belgiens.

Die Kraft, diesen lebensfeindlichen, insgesamt fast 2000 Kilometer langen Trockengürtel zu durchbrechen, bezieht der Nil aus einem riesigen Einzugsgebiet im zentralafrikanischen Hoch-land. Dort entwässert der als »Weißer Nil« definierte Stromarm mit seinen Zubringern und Verzweigungen ein innertropisches Gebiet, das mehrere hundert Kilometer über den Äquator nach Süden und somit in die Zone dauerhafter Niederschläge reicht.

Die für das alte Ägypten lebenswichtige Flut- und Schlamm-welle rollt aber über den »Blauen Nil« heran, der sich bei Khar-tum in den weiß-gelben Hauptstrom ergießt, welcher hier schon die Hälfte seines Laufs hinter sich hat. Blauer Nil und, in geringe-rem Maße, auch der Altbara, ein weiterer Nebenfluss, entwässern das äthiopische Hochland, das im Sommer heftigen Regenfällen ausgesetzt ist. Der äthiopische Regen spült viele mineralische Nährstoffe aus basisch-vulkanischem Gestein in die Flüsse, die dann in feinsten Teilchen über mehr als tausend Kilometer bis in die ägyptischen Oasen transportiert werden.

Dort wird das Wasser in den zu flachen Becken gestalteten Feldern zum Stillstand gebracht, so dass die Schwebstoffe absinken können. Auf diese Weise legte der Nil jährlich eine fruchtbare Decke aus düngendem Schlamm auf die Felder des Flusstals: die Lebensgrundlage der antiken Hochkultur. Und Ägypten wurde »das schwarze Land«. Das griechische Wort *aigyptos* ist bei Homer der Name des Nils.

Die drei unterschiedlichen Vegetationsbereiche, die es in pharaonischer Zeit (ebenso wie im heutigen Ägypten) gab, beeinflussten die Herausbildung typischer Bestandteile der altägyptischen Kultur. Die weite Wüste, in der die gefährlichen Tiere dominierten, war die Heimat vieler Tiergottheiten. Der mediterrane Küstenstreifen vermittelte Ägypten Anschluss an die Welt der Mittelmeerländer in wirtschaftlicher und geistiger Hinsicht. Das fruchtbare Niltal erhielt und regenerierte das Leben jedes Jahr und prägte die Vorstellungen von der Wiedergeburt.

Im Gegensatz zur mesopotamischen Geschichte, die aus lauter Episoden bestehe, so befand der geniale Kulturhistoriker Egon Friedell, gehöre zur ägyptischen Geschichte das Gleichmaß, das Modell der Stromlinie, die sich in der Wiederkehr findet und erneuert.

So entstand aus der verlässlichen Wiederkehr der Nilschwemme nach ungefähr 365 Tagen der ägyptische Sonnenkalender, der auf die Einteilung des Monats in rund 30 Tage hinausläuft und auch die Schalttage berücksichtigt, die am Jahresende platziert wurden. Er könnte noch vor den Hieroglyphen entstanden sein, wurde im Römischen Reich übernommen und bestimmt weltweit auch das heutige kalendarische System.

»Hilf dir selbst, so wird dir der Nil helfen«, war eine der Standardformeln im Alltag dieser Stromkultur. Vom Fluss lernten Bauern und Baumeister, der Fischer wie der Pharao. Gemeinsam schufen sie das Faszinosum Ägypten, in dem die Pyramide zum Monument, aber auch zum Modell einer breit gefächerten, arbeitsteiligen Gesellschaft mit dem Gottherrscher an der Spitze wurde, in dem Arbeit an der Unsterblichkeit ein Handwerk war und schon antike Touristen das Staunen lernten.

Wie viele schon vor ihm staunten, ist unbekannt. Um 450 v. Chr. jedenfalls starrte Herodot, den man den »Vater der Geschichte« und Begründer der Geschichtsschreibung genannt hat, in viel zitierter, aber historisch nicht verbürgter Fassungslosigkeit die himmelwärts steigenden Pyramiden an. Nicht ganz so demütig und ehrfürchtig gegenüber der grandiosen Kulisse umarmten sich hier Jahrhunderte später Antonius und Kleopatra. Vorher war schon Caesar da gewesen. Um das Jahr 200 belebte der strenge römische Kaiser Septimius Severus die Tradition des Staunens. Und irgendwann kam ein anderer Hierarch, dem fast die Augen herausfielen: der kleine Korse Napoleon, für den sich Bewunderung und Plünderung keineswegs ausschlossen.

Pech für ihn, dass er die 146 Meter hohe Cheops-Pyramide, die 2 521 000 Kubikmeter Mauerwerk umfasst, nicht einpacken und mit nach Hause nehmen konnte. Dafür hielt er sich an anderen ägyptischen Kunstwerken schadlos, öffnete das Land aber zugleich für die europäische Wissenschaft.

Vor dem Weltwunder der Pyramiden, das alle anderen Weltwunder noch überragt, spürten alle, vom schlichten Nilbauern bis zu den neugierigen Reisenden der Antike und der Moderne, vom einfachen Arbeiter bis zum umjubelten Kriegsherrn, vom begeisterten Forscher bis zum kalten Despoten, den Hauch der Ewigkeit. »Alle Welt fürchtet sich vor der Zeit«, sagt eine arabische Weisheit. »Aber die Zeit fürchtet sich nur vor den Pyramiden.«

Sie entstanden Mitte des dritten Jahrtausends v. Chr. in der Blütezeit des Alten Reiches, das heißt in der vierten der insgesamt dreißig Dynastien, in die nach dem Vorbild des Priesters und Chronisten Manetho (um 280 v. Chr.) die ägyptische Königsgeschichte eingeteilt wird. Ihr Name stammt von den Griechen. *Pyramis* nannten sie einen turmartigen Weizenkuchen. Die Ägypter sprachen von *mer*, wenn sie die Pyramiden meinten, die sie als eine Erscheinungsform des Sonnengottes Re betrachteten.

Die Herrscher der ersten beiden Dynastien hatten gewaltige Grabanlagen aus Ziegeln im oberägyptischen Abydos am westlichen Nilufer und in Sakkara bei Memphis errichtet. In der dritten Dynastie erfolgte unter König Djoser (2707–2687 v. Chr.) und seinem genialen, noch in der Spätzeit Ägyptens als Gott verehrten Baumeister Imhotep der Übergang zum massiven Kolossalbau und zur Anfertigung lebensgroßer Statuen aus Stein, Holz und Metall, die dem Weiterleben des Königs und seiner Beamten in der jenseitigen Welt dienen sollten.

Das Grabmal des Pharaos Djoser, die sechzig Meter hohe, mit Kultbauten umrahmte Stufenpyramide bei Sakkara, gilt als erster monumentaler Steinbau der Welt und als wegweisender Vorläufer der »echten« Pyramiden, die seit König Snofru (2639–2604) errichtet werden. Seine »Rote Pyramide« in Dahschur machte den Anfang. Dann wurde die königliche Begräbnisstätte nach Giseh verlegt. Die monumentalen Friedhöfe mit rund siebzig Pyramiden für Pharao Cheops und seine Nachfolger erstrecken sich vom Rand der heutigen Metropole Kairo über neunzig Kilometer weit bis zur Oase Faijum in der Libyschen Wüste.

Die Pyramiden und auch die Gräber, die sich die Könige nach 2000 v. Chr. in den Fels hauen ließen, waren als Festungen gedacht, die den Körper des Verstorbenen vor jedem nur denkbaren Feind schützen sollten. Denn der Tote lebte nach ägyptischem Glauben im Jenseits weiter. Nur durfte sein Körper nicht zerstört werden, damit die Seele zu ihm zurückfinden und sich im erhaltenen Leib stärken konnte. Zu diesem Zweck wurde ein Tisch mit Speisen und Getränken in der Grabkammer aufgestellt.

Wichtigste Voraussetzung für das jenseitige Leben war es allerdings, durch kunstvolle Balsamierung den Prozess der Verwesung zu verhindern. Die Branche, die vom Leben nach dem Tod lebte, sehr gut lebte, hielt dafür Angebote in verschiedenen Preisklassen bereit. Besonders kostspielig war die Reinigung des Leichnams, die Entfernung der Eingeweide, das Ausspülen und Desinfizieren der Bauchhöhle, das in der Regel siebzig Tage dauernde Natronbad und schließlich das Einwickeln in Baumwollbinden, die mit Pech aus der Libanonzeder getränkt worden waren. Viele dieser Mumien boten und bieten noch immer Stoff für abenteuerliche Geschichten vom Unterhaltungsroman bis zum Hollywood-Kino.

In der Tat hat die hohe Kunst der Grablegung und der Einbalsamierung gerade manchen ranghohen Toten den Sieg über Verfall und Verwesung und oft auch die Wiederbeatmung durch die Wissenschaft ermöglicht. Aber auch ein ganz anderes Schicksal war an der Tagesordnung: die Plünderung der Gruft, in der der große Pharao vielleicht eine Goldmaske trug und mit einem großen Teil seiner Schätze bestattet worden war. So schnell der Tod auch manchmal war, die Grabräuber folgten ihm auf dem Fuße. Und auch die Löwen oder Löwenfamilien, die gelegentlich mit dem Pharao beerdigt wurden, konnten ihn nicht mehr schützen.

Die unbestritten berühmtesten Totentempel sind die drei majestätischen Pyramiden von Giseh am Rand der Libyschen Wüste, erbaut von König Cheops, seinem Sohn Chephren und seinem Enkel Mykerinos. Prunkstück der monumentalen Trias ist das Grabmal des Cheops, dessen Regierungszeit – wie die seiner beiden Nachfolger – in die vierte Dynastie fällt und etwa von 2580 bis 2555 v. Chr. dauerte.

Die Cheops-Pyramide als höchste je gebaute Pyramide gilt als das Symbol des Pharaonenreichs schlechthin. Um sie herum wurden vier Schiffe deponiert, von denen eines nach der Ausgrabung vollständig rekonstruiert werden konnte. Ihr Holz kam aus dem Libanon. Ihr Auftrag war es, dem toten König die Fahrt durch die Himmelsgewässer zu ermöglichen. Es darf vermutet werden, dass auch die Planung für den sogenannten Sphinxtempel in Giseh und für den geheimnisumwitterten Sphinx selbst, der aus einem Felskern der für den Pyramidenbau benutzten Steinbrüche modelliert wurde, noch auf König Cheops zurückgeht.

Der Friedhof um das Weltwunder von Giseh spiegelt den straff organisierten Beamtenstaat, seine Ausrichtung auf den König und auf das jenseitige Reich der Götter. Dieser Götterhimmel, das Pantheon der Ägypter, präsentierte sich schon früh als bunt und reichhaltig. Zuerst traten die göttlichen Mächte in Gestalt von Tieren und Fetischen auf, bevor sie ab etwa 3000 v. Chr. menschliche Züge annahmen, wobei zahlreiche Attribute aus der Tierwelt auch weiterhin verwendet wurden, so der falkenköpfige Horus oder der widderköpfige Amun. Rund 1500 Götter lassen sich heute unterscheiden.

Immer wieder hatten Perioden der Ordnungs- und Rechtlosigkeit, der inneren Machtkämpfe und der Auseinandersetzung mit ausländischen Invasoren das ägyptische Reich vor historische Herausforderungen gestellt. Epochen des Niedergangs, des Zerfalls und der Auflösung, als »Zwischenzeiten« bezeichnet, wechselten mit den Glanzzeiten des Alten (2850–2150 v. Chr.), des Mittleren (2050–1650) und des Neuen Reiches (1570–1085).

Eine der größten Bedrohungen für den Pharaonenstaat waren Invasoren von Nordosten gewesen, die dank einer neuen, von Indogermanen übernommenen Waffe tief nach Ägypten eindrangen und dem Reich eine bis 1570 v. Chr. dauernde Fremdherrschaft aufzwangen. Es waren die ersten Streitwagen der Militärgeschichte – eine primitive Plattform mit Rädern, auf der zwei bewaffnete Soldaten Platz finden konnten –, die Panik bei den ägyptischen Verteidigern auslösten. Einer der beiden Angreifer lenkte das Pferd, der andere war mit Pfeil und Bogen oder einem Speer ausgerüstet. Mühelos überrannten sie die Soldaten des Pharao, die der neuen Kampftechnik nichts Entscheidendes entgegensetzen konnten. Nur flussaufwärts in Theben konnten die Ägypter ihre Herrschaft bewahren und selber den Umgang mit der neuen Waffe lernen, um allmählich die *Hyksos* (ägypt. = Fürsten der Fremdländer) wieder aus dem Land zu vertreiben.

Kraftvolle, eigenwillige Persönlichkeiten kennzeichnen insbesondere die 18. Dynastie. Königin Hatschepsut, die ab 1490 v. Chr. als erste Frau den Pharaonenstaat regierte, verstand sich vor allem als Friedensstifterin. Sie sorgte aber für die Aufrüstung des stehenden Heeres und führte einige Feldzüge nach Vorderasien und Nubien. Ihr lang gestreckter, terrassenförmiger Totentempel mit Säulenhallen und Altären im Deir el-Bahari, einem Talkessel von Theben-West (heute Luxor), gehört zu den eigenwilligsten Bauwerken der ägyptischen Architektur.

Dagegen wurde ihr Stiefsohn Thutmosis III. (1490–1436 v. Chr.) zum großen Kriegshelden des Neuen Reiches. In 17 Feldzügen eroberte er Teile Vorderasiens und stieß bis zum Oberlauf des Euphrat vor. An der strategisch wichtigen Handelsstraße zwischen Ägypten und Mesopotamien schlug Thutmosis III. um 1460 v. Chr. einen Aufstand kanaanäischer Fürsten und phönizischer Stadtstaaten nieder. Dem endgültigen Sieg ging eine monatelange Belagerung der Festung Megiddo im heutigen Israel, vielleicht gleichbedeutend mit dem biblischen Armageddon (Offenbarung 16, 16), voraus.

Im Süden erweiterten die Pharaonen ihre Herrschaft bis zum vierten Katarakt. Ägypten war auf dem Zenit seiner Macht, stand

an der Spitze der Völker der damaligen Welt, empfing die Gold-
lieferungen Nubiens, die Luxusgüter aus dem Weihrauchland
Punt, die Tribute des Vorderen Orients, die Gunstbezeigungen
des babylonischen Königshofes. Die ägyptische Sonne erreichte
den Höhepunkt ihrer Strahlkraft.

Und der Sphinx meldete sich zu Wort. Sie erinnern sich. Er
war dankbar, dass er vom Sand befreit wurde. Und er erlebte eine
Revolution.

Schon unter Cheops und seinen Nachfolgern war die Sonne
mehr und mehr zum Leitgestirn des Götterhimmels geworden.
Der Sonnengott Re beherrscht die Szene, wird identisch mit
dem Pharao, dessen Nachkommen sich als Söhne des Re fühlen
dürfen. Unter dem Titel *Aton* (ägypt. = Sonnenscheibe) ruft ihn
schließlich Amenophis IV. (1364–1347 v. Chr.), Gatte der Nofretete, zur alleinigen Gottheit aus und begründet damit den ersten monotheistischen Ansatz der Religionsgeschichte. Er lässt die
Tempel der anderen Götter schließen, um den radikalen Bruch
mit der Vergangenheit deutlich zu machen.

Aber die neue – eher spirituelle, einzig auf das Sonnensymbol
gestützte – Religion findet wenig Anklang. Möglicherweise weil
sie zu wenig anschaulich ist. Nach dem Tod dieses revolutionären Pharaos, der seinen ursprünglichen, dem von ihm verachteten
Reichsgott Amun nachgebildeten Namen abgelegt hatte und sich
Echnaton (»Diener Atons«) nannte, kehrt man schnell zur Götter-
vielfalt zurück. Auch die von Echnaton degradierte Hauptstadt
Theben, die er durch seine Neugründung Achetaton (heute Tell
el-Amarna) ersetzte, gewinnt wieder an Bedeutung. Neue Residenz wird nun aber das nordägyptische Memphis.

Dafür sorgt Echnatons Sohn, der 1347 v. Chr. als Neunjähri-
ger den Pharaonenthron besteigt und in einer programmatischen
Geste seinen Namen von Tutanchaton in Tutanchamun ändert,

um den alten Gott wieder zu installieren. Obwohl er nur 18 Jahre alt wurde, zählt er zu den berühmtesten Pharaonen, seit Howard Carter am 4. November 1922 seine goldgeschmückte Grabkammer entdeckte.

Mit Echnatons Tod waren auch die denkmalstürzenden Impulse erloschen, mit denen er nicht nur die Religion, sondern das gesamte geistige Leben seiner Zeit verändern wollte. Sein Name wurde aus den Königslisten gestrichen, seine Inschriften getilgt, seine Bauten abgerissen. In den Ruinen der mittelägyptischen Stadt Amarna, wo Amenophis IV. seine dem Gott Aton geweihte Residenz errichtet hatte, fanden Ausgräber 1912 eines der berühmtesten Zeugnisse der ägyptischen Kunst: die um 1340 v. Chr. aus bemaltem Kalkstein und Gips gefertigte Modellbüste der *Nofretete* (ägypt. = die Schöne ist gekommen) mit ihrem charakteristischen hohen Kopfschmuck, nach ihrem Aufenthaltsort »Berliner Nofretete« genannt und in unzähligen Kopien verbreitet, welche sie zur bekanntesten Herrscherin Ägyptens machten.

Der Sphinx von Giseh sah sein Land nun durch ein anderes Volk bedroht, das den Sphingen in seiner Baukunst und seiner Mythologie großen Raum gewährte. Es waren die Hethiter, die im zweiten Jahrtausend v. Chr. im Osten Kleinasiens ihr Reich Hatti mit der Hauptstadt Hattusa gegründet hatten.

Ihre Heerführer waren bereits über den Taurus nach Nordsyrien gezogen, hatten dort Aleppo, eine der ältesten und bedeutendsten Städte des Orients, erobert und einen Kriegszug in das südliche Mesopotamien unternommen. Die dritte Großmacht ihrer Zeit neben Ägypten und Babylon richtete den Blick nun zur Mittagssonne und bedrohte das Land am Nil, das seinerseits im vierten Jahr der Regierung von Ramses II. einen Vorstoß nach Vorderasien unternommen und somit den hethitischen Gegenschlag provoziert hatte.

Die entscheidende Schlacht in der Nähe der für den Nord-Süd-Handel wichtigen Stadt Kadesch am oberen Orontes, die im Jahr 1275 v. Chr. stattfand, hat Ramses II. auf vielfache Weise dokumentieren lassen, nicht nur auf amtlichen Papyri, sondern auch für alle sichtbar auf großformatigen Tempelwänden. Muwatalli, der Hethiterkönig, hatte ein beeindruckendes Heer aus eigenen Truppen und Hilfsverbänden aufmarschieren lassen, darunter 2500 Streitwagen und 37 000 Fußsoldaten.

Der ägyptische Pharao, der auf Zeugenaussagen zweier Beduinen hereingefallen war, die in Wirklichkeit Spione der Hethiter waren, stieß in der irrtümlichen Erwartung, der Feind sei noch weit entfernt, mit einer kleinen Vorhut bis in den Nordwesten von Kadesch vor. Diese völlige Fehleinschätzung der hethitischen Position führte dazu, dass er sich nach dem überfallartigen feindlichen Angriff nur durch erbitterte Gegenwehr bis zum Eintreffen der Verstärkung halten konnte.

Es waren nicht die vier Elitedivisionen unter den Götterzeichen Amun, Re, Seth und Ptah, die die Situation entschärften, sondern eine Truppe von Spezialeinheiten, welche dem König vom nahe gelegenen Amurru her zu Hilfe eilten. So endete die Schlacht von Kadesch nicht mit einem Desaster für die ägyptische Armee, sondern mit einem Patt und einem Waffenstillstand. Da der Gottkönig Pharao stets zu siegen hat, wurde das knappe Remis in einen großen Triumph umgemünzt.

Es folgte eine Friedensperiode von sechzig Jahren, die 1259 v. Chr., also im 21. Jahr der Regentschaft von Ramses II., durch einen – in Hieroglyphen und Keilschrift überlieferten – Staatsvertrag abgesichert und eine kluge Heiratspolitik der beiden Mächte gefestigt wurde.

Nicht nur durch die Auseinandersetzung mit den Hethitern, sondern auch als einer der größten Bauherren Altägyptens ist

Ramses in Erinnerung geblieben. Vier kolossale, 22 Meter hohe Sitzfiguren des Pharaos bilden die Fassade des Großen Tempels von Abu Simbel, den Ramses in Nubien nördlich des zweiten Katarakts am Ufer des Nils, noch ohne Verwendung des Eisens, in den gewachsenen Felsen hauen ließ. Den Amuntempel in Karnak stattete er mit einem dreischiffigen Saal aus, in dem sich 134 als Papyrusbündel gestaltete Säulen erheben, jede mit einem Umfang von mehr als zehn Metern. Das Ramesseum, der mit einem Königspalast verbundene Totentempel des Pharaos, steht in Theben-West.

Gibt es über Ramses II. ein Höchstmaß an gesicherter Kenntnis, so gilt genau das Umgekehrte für einen Mann, der häufig als sein ärgster Widersacher genannt wird: Moses, Prophet und späterer Gesetzgeber der Israeliten, der sein Volk, das nur an einen einzigen Gott – Jahwe – glaubt, nach Südpalästina in das gelobte Land Kanaan führen wird. Nach biblischer Überlieferung verhandeln Moses und sein Bruder Aaron mit dem Pharao – bei dem es sich auch um Merenptah, den Sohn von Ramses II., handeln könnte – über die Freilassung der im Nildelta zu Zwangsarbeiten eingesetzten Israeliten. Wir wissen, wie es weitergeht, und Sie kennen die wunderbaren Geschichten von den sieben (oder zehn) Plagen, die Jahwe über Ägypten verhängt, von der Flucht durch das Schilfmeer und den Zehn Geboten, die Moses während des Exodus auf dem Berg Sinai empfängt.

Historisch ist die Gestalt des Moses nicht fassbar, und auch für die Anwesenheit der Israeliten in Ägypten gibt es keinen nachprüfbaren Beleg. Gesichert ist zwar, dass die Stämme, die später das Volk Israel bilden, um 1200 v. Chr. nach Kanaan einwandern, nicht aber ihre Herkunft. Der Name Israel taucht erstmals auf der ägyptischen Stele des Merenptah um 1220 v. Chr. auf. Die Ereignisse um Moses und den Auszug der »Kinder

Israel« sind somit Teil der biblischen, nicht aber der ägyptischen Geschichte.

Rund 400 Jahre nach der Vertreibung der Hyksos und ein knappes Jahrhundert nach der Schlacht von Kadesch kündigten sich neue Invasoren an: indogermanische Seevölker, denen es gelungen war, die Staaten des östlichen Mittelmeerraums zu zerschlagen und die mit libyscher Unterstützung nun auch Ägypten existenziell bedrohten. In zermürbenden Schlachten und Abwehrkämpfen konnte Ramses III. (1184–1153 v. Chr.) den ägyptischen Königsthron zwar noch einmal gegen die Eindringlinge sichern, aber es war nur noch eine Frage der Zeit, wann fremde Völker sich des Niltals bemächtigen würden.

Sie standen, um es unwissenschaftlich auf den Punkt zu bringen, bereits Schlange: Libysche Söldnerfürsten waren 200 Jahre nach den Pyrrhussiegen der späten Pharaonen die Ersten, ihnen folgten Kuschiten (Nubier), Assyrer, Perser, Makedonier und Römer, alle mit dem Ziel, das Land auszubeuten. Die Kultur des alten Ägypten lebte weiter, aber ihre Tage waren gezählt.

Noch ein letztes Mal beschwor eine neue, sehr schöne, sehr lebendige, sehr kluge und ehrgeizige Sphinx die Erinnerung an den Gottesstaat der Pharaonen: die ägyptische Königin Kleopatra VII., die Große. Sie wollte eine machtpolitische Allianz mit Rom schmieden und zog zumindest die beiden Römer Caesar und Antonius so in ihren Bann, dass ein altes ägyptisches Sprichwort wahr wurde: »Wer in den Nil schaut, vergisst sein Vaterland.«

Ein drittes Mal, bei Oktavian, gelang dies nicht mehr. Mit dem Selbstmord Kleopatras 30 v. Chr. endet es endgültig, das jahrtausendealte Imperium der Pharaonen. Die altägyptische Kultur aber endete erst mit der Christianisierung im 4. Jahrhundert.

5. Die Herren der See

Sie haben es gern antik, aber auch großzügig und komfortabel, vielleicht sogar luxuriös? Sie haben gern alles unter einem Dach – Wohnung, Arbeitsstätte, Ämter, Supermarkt, Freizeitpark? Dann empfehlen wir ein Objekt in Knossos auf Kreta, fünf Kilometer südlich von Heraklion: palastähnliches Gebäude, 20 000 Quadratmeter, vier Etagen, 1400 Räume, zahlreiche Festräume und Bäder, exklusive, ruhige Lage, Baubeginn ab 2000 v. Chr., mehrfach renoviert, ein kleines Königreich, der Stolz eines jeden Immobilienmaklers.

Sie wollen sich vor Ort informieren? Gern, auch unverbindlich. Ihr neues Heim wird Ihnen gefallen. Aber Vorsicht, seien Sie darauf gefasst, unglaubliche Geschichten zu hören. Von einem Labyrinth zum Beispiel und vom Minotaurus, einem blutrünstigen Monster. Sie brauchen etwas, das Ihnen hilft, solche Gerüchte von der Wahrheit zu unterscheiden. Sie brauchen einen Führer. Nicht nur einen Reiseführer und ein Geschichtsbuch, Sie brauchen auch einen Mythenführer, damit die Welt, in die Sie eintauchen, nicht zum Irrgarten wird.

Wir empfehlen deshalb nicht den Direktflug nach Kreta. Machen Sie einen Umweg über die Schwäbische Alb. Dort bekommen Sie, was Sie brauchen. Damit können Sie trennen, was Dichtung und was Wahrheit ist.

Es war eine Herkules-, manchmal sogar eine Sisyphusarbeit, beschwerlich ohnegleichen und mitunter vergeblich. Nicht selten verspürte er Tantalusqualen, sah das Schwert des Damokles über sich schweben oder fühlte sich ins Labyrinth gesperrt wie Theseus, ohne über den berühmten Ariadnefaden zu verfügen, der den kühnen Griechen wieder ans Tageslicht geführt hatte. Immer wieder kam er den Sagenhelden, mit denen er sich beschäftigte, gefährlich nahe.

Die Rede ist von einem schwäbischen Theologen, der in einer Kraftanstrengung ohnegleichen, die getrost auch als Geniestreich bezeichnet werden darf, die griechische Götterwelt dem Hades, dem Untergang, dem Vergessen entriss.

Sein Name: nun selber fast vergessen, sein Buch: fast noch immer ein Bestseller. Während Schiller, Goethe und ihre Dichterkollegen die griechische Antike vor allem für die geistige Elite wiederentdeckten, brachte Gustav Schwab die klassische Erbschaft unters *Volk*, vor allem unters Jungvolk. 1838 erschien die erste Ausgabe seiner »Sagen des klassischen Altertums«, die seither von den Geschenktischen nachfolgender Konfirmandengenerationen nicht mehr wegzudenken waren.

Was der Schwabe Schwab dem lesenden Publikum zurückschenkte, war weitgehend verschüttet und fast verloren. Zwar hatte Johann Heinrich Voß ein halbes Jahrhundert zuvor die Öffentlichkeit mit der Übersetzung von Homers »Odyssee« und »Ilias« beglückt, aber der Gesamtkosmos der griechischen Mythologie war nur noch bruchstückhaft zugänglich und auf eine verwirrende Fülle von Quellen verstreut.

Schwabs mühselige Mosaikarbeit machte es nicht nur möglich, bestimmte Sagen, Sagenkomplexe und ganze Sagenzyklen endlich vollständig und im Zusammenhang zu lesen. Sie brachte auch den geografisch-historischen Raum, in dem die zeitlos-ewigen Helden ihre Einmischung in irdische Angelegenheiten betrieben, eindrucksvoll in Erinnerung: das Mittelmeer, die mythische und die sehr reale Ursprungslandschaft der europäischen Kultur.

Den mediterranen Himmel über sich, die Sagen des Altertums im Kopf und im Koffer, folgte Ende des 19. Jahrhunderts der englische Archäologe Arthur Evans der Spur einiger Schmucksteine, die er in Athen erworben hatte und deren Gravuren ihn schließlich nach Kreta führten.

In grauer geologischer Vorzeit, vor mehr als zehn Millionen Jahren, hatte sich die Insel vom Festland gelöst. In mythischer Frühzeit soll dann der liebestrunkene Supergott Zeus – in Gestalt eines weißen Stiers – die schöne phönizische Königstochter Europa nach Kreta entführt und hier seinen Sohn, den legendären König Minos, gezeugt haben. Ihm zu Ehren hat Arthur Evans den Begriff der *minoischen* Kultur geprägt, wobei »Minos« eher ein Herrschertitel als ein Eigenname ist.

Der britische Archäologe, der einen Teil seiner Ausbildung in Deutschland absolviert hatte, war ein glühender Verehrer Heinrich Schliemanns. Jetzt stand er dort, wo auch der Troja-Ausgräber noch kurz vor seinem Tod gestanden hatte: auf einem unscheinbaren Stück Land bei Knossos, das als Spekulationsobjekt allerdings hoch im Kurs stand, weil hier die Ruinen des archaischen Kreta vermutet wurden.

Schliemann war die Zeit weggelaufen. Er hatte sich mit den Eigentümern nicht über den Preis des ominösen Grundstücks einigen können. Arthur Evans kam, kaufte und grub. Was er ab 1900 in Knossos freilegte, war kein Jahrhundert-, eher schon ein Jahrtausendfund. Seine Bedeutung ging über den monumentalen, freskengeschmückten Palast, den Evans besagtem König Minos zuordnete, weit hinaus.

Was der Engländer entdeckt hatte und dann Stück für Stück

ans Licht brachte, war nichts anderes als die erste genuin europäische Hochkultur. Wie eine verwunschene Fee tauchte sie nun unvermittelt aus dem Nebel der Geschichte auf, und keiner, der sich auf sie einließ, konnte sich ihrem Zauber entziehen. Europa, nun hochkulturgekrönt, gab sich berauscht. Und Evans wurde 1911 zum Ritter geschlagen. Das ermutigte ihn zu weiteren Grabungen, aber auch zu zweifelhaften Rekonstruktionen, die Knossos den Titel »Disneyland der Antike« eingebracht haben.

Die Bilderwelt der minoischen Kultur schwelgt in Farben. Stillstand scheint tabu, alles ist in Bewegung, pulsierende Lebensfreude, wohin man sieht – von den kokett-ungezwungenen kretischen Frauen mit dem offenen Mieder bis zu springenden Delfinen, die eine Schiffsprozession begleiten, oder akrobatischen Turnübungen auf dem Rücken von Stieren, den dominierenden Kultobjekten auf der Insel.

Den Göttern, die solche Lebensfreude ermöglichten, dankte man mit großen und reichen Opferritualen, heiligen Spielen und aufwendigen Inszenierungen an besonderen Orten, in Hainen, Kultstätten und Gipfelheiligtümern.

Nimmt man die prachtvollen Villen und vor allem die säulengestützten, lichtdurchfluteten Paläste hinzu, die wie eine Stadt für sich die Bühne des politischen, religiösen und gesellschaftlichen Lebens bildeten, Herrschafts- und Wirtschaftszentrum zugleich waren, dann ist das verklärte Ideal einer friedvollen, auf Schönheit, Luxus und Lebenskunst gestimmten Kultur so gut wie vollständig. Zumal da wehrhafte Bauten mit Befestigungswällen oder Verteidigungsgräben völlig fehlen.

Wer das Meer hat und das Meer beherrscht wie die Kreter, braucht keine Burgen und Mauern. Schwimmender Schutzschild der Insel war die Flotte. Während andere Hochkulturen dieser Zeit, etwa die der Ägypter oder der Bewohner Mesopotamiens, nur einfache Flussboote kannten, verfügten die Minoer bereits über hochseetüchtige Schiffe. Sie waren so schnell, dass sie in anderthalb bis zwei Tagen alle Küsten des östlichen Mittelmeers erreichen, aber in kurzer Zeit auch weit nach Westen vorstoßen konnten. Ausgangspunkt für den Warenexport waren insbesondere die beiden Häfen Amnissos und Heraklion, die zu Knossos gehörten.

Dieses Seefahrtsmonopol machte Kreta, das durch seine Lage am Schnittpunkt dreier Kontinente ohnedies eine geopolitische Schlüsselposition innehatte, über ein Jahrtausend lang zur beherrschenden Handelsmacht der Antike. Doch wer sich so nachhaltig mit der Natur verbündet, erfährt auch ihre Nacht- und Schattenseiten. Immer wieder sollen Feuer und Erdbeben die Blütephasen der minoischen Kultur zerstört haben. Aber immer wieder bauten ihre Bewohner die glanzvollen Paläste erneut auf.

So ist auch der gewaltige Vulkanausbruch, der im späten 17. Jahrhundert (vermutlich 1628) v. Chr. die Nachbarinsel Thera (heute Santorin), Stützpunkt und florierende Filiale der minoischen Kultur, buchstäblich in die Luft sprengte, von der Forschung lange Zeit überschätzt worden. Immerhin soll der Explosionsdonner dieser Naturkatastrophe von Zentralafrika bis nach Skandinavien und vom Persischen Golf bis zu den Felsen von Gibraltar zu hören gewesen sein.

Fast noch beeindruckender war das kulturelle Echo, das bis heute nachwirkt, sich angesichts fehlender Augenzeugenberichte und anderer authentischer Überlieferungen aber ausschließlich auf eine, freilich höchst prominente Quelle stützt: Platons Erzählung über das versunkene Inselreich Atlantis.

Beharrlich und in sich wiederholenden Anläufen von der Antike bis zur Moderne ist dieses Filetstück abendländischer Fantasie mit historischen Ereignissen in Verbindung gebracht worden.

Für Kreta indessen gilt: Die Katastrophe von Santorin markierte höchstens einen Einschnitt, nicht aber den beginnenden Untergang der minoischen Kultur. Auf den Fundamenten der alten Paläste wurden neue und größere errichtet. Knossos blühte wieder auf und wurde endgültig zum religiösen Zentrum der Insel; diese sogenannte zweite Palastzeit wird auf etwa 1625 bis 1400 v. Chr. datiert. Und da wir gerade bei der Faktenprüfung sind: War Kreta überhaupt jemals die Insel der Seligen, der oft berufene Hort ansteckender Friedfertigkeit und Freizügigkeit.

Schon der minoische Haus- und Grundmythos lässt daran zweifeln: die blutrünstige Sage vom Minotaurus, jenem kannibalischen Ungeheuer, das – man nehme den Schwab zur Hand – durch einen sodomitischen Akt der kretischen Königin Pasiphaë zur Welt gekommen war. Der Unhold, halb Mensch, halb Stier, hauste im Labyrinth des Minos.

Es dürfte die *labrys* genannte Doppelaxt gewesen sein – *das* Symbol der kretischen Kultur schlechthin –, welche dem irrgartenähnlichen Bau den Namen gab. Dem Monster, das darin lauerte, wurden alljährlich sieben Jungfrauen und sieben Jünglinge aus Athen geopfert. Bis es den Athenern zu bunt wurde und sie Theseus gen Kreta in Marsch setzten. Er stöberte den Minotaurus in den Irrgängen des Labyrinths auf und tötete ihn. Den Weg zurück wies ihm der ausgerollte Wollfaden, den er zuvor von der Minos-Tochter Ariadne erhalten hatte.

Mag schon diese Episode, zumal da sie denn doch – siehe Schwab – kein richtiges Happy End hat, nachdenklich stimmen, so brachten jüngere Ausgrabungen die kretische Idylle endgültig ins Wanken. 1979 legten Archäologen einen Kultbau in Anemospilia bei Archanes frei, vierzig Kilometer südlich von Knossos. Das Gebäude scheint kurz nach einem Menschenopfer durch ein Erdbeben eingestürzt zu sein.

Das Dach begrub einen auf dem Altar liegenden jungen Mann, eine Priesterin und einen Priester sowie einen Diener, der das mit dem Blut des Getöteten gefüllte Gefäß trug. In Knossos fand man zudem Kerb- und Schabspuren auf den Knochen von vier Kindern, die auf rituellen Kannibalismus hindeuten.

Es gibt sie also doch — und wen könnte das wundern? —: die andere, die dunkle Seite der minoischen Kultur.

Vielleicht wird sich ja auch der Griff des griechischen Festlands nach dem immer wieder aufblühenden minoischen Kreta einmal als nicht mehr so friedlich erweisen, wie er gern dargestellt wird. Denn dort sitzen die Achäer, die seit 2000 v. Chr. zusammen mit anderen indoeuropäischen Griechen auf die Halbinsel eingewandert waren und sich in Mykene niedergelassen haben. Sie sind Krieger, haben bereits seit Langem zur Insel hinübergeschielt. Und dass eine Kultur, die von einer anderen stark geformt und beeinflusst wurde, diese Leit- und Mutterkultur nun zu Fall bringt, hat schon *a priori* etwas Kannibalisches.

Vorerst aber gilt die These noch, dass es den (minoisch vorinfizierten) Mykenern nicht etwa mit einer Invasion, sondern gleichsam auf einer Art Sonntagsspaziergang gelungen sei, Kreta in Besitz zu nehmen. Kampfmaßnahmen oder Zerstörungen sollen dabei keine Rolle gespielt haben. Die Vernichtung der Flotte wird einer weiteren Naturkatastrophe — einem Erdbeben mit nachfolgender Flutwelle um 1400 v. Chr. — zugeschrieben.

Seit dem 17. Jahrhundert v. Chr. hatte sich auf dem griechischen Festland, in der Argolis im Nordosten der Peloponnes, der Fürstensitz Mykene als neuer Machtfaktor etabliert. Homer hat ihn als das »goldreiche Mykene« besungen. Es wurde beherrscht, was allerdings durch keinerlei Fakten beglaubigt ist, von der unheilvollen Dynastie der Atriden, deren Kapitalverbrechen die Dichter aller Zeiten zu Höchstleistungen im Fach der Tragödie angetrieben haben. Ihr mythologischer Führer weiß ein Lied davon zu singen.

1841 lässt der gerade neu entstandene griechische Staat die weitgehend verschüttete Akropolis von Mykene ausgraben, und das majestätische, aus riesigen Quadern errichtete Löwentor feiert Wiederauferstehung. 1876 fördert der Troja-Triumphator Heinrich Schliemann in einem Steinkreis hinter dem Löwentor sechs Schachtgräber zutage, die bis zu vier Meter tief in den weichen Fels gegraben wurden. Er stößt auf 19 Skelette von Männern, Frauen und Kindern.

Die Grabbeigaben sind von atemberaubender Pracht: Goldmasken auf den Gesichtern der Männer, kostbare Halsketten und funkelnde Diademe als Zierde der Frauen, weiterer luxuriöser Schmuck, zahlreiche Waffen mit kostbaren Tauschierungen, insgesamt über 14 Kilogramm Gold.

Schliemann ist überzeugt davon, die Gräber der Atriden gefunden zu haben. In einer der aus feinem Goldblech getriebenen Totenmasken, geborgen im fünften Schachtgrab, glaubt er die Züge Agamemnons zu erkennen, der die Griechen nach Troja geführt haben soll. Aber es wird sich erweisen, dass sie einem mykenischen Fürsten zuzuordnen ist, der bereits um 1500 v. Chr. lebte, also deutlich vor der Belagerung Trojas und dem Fall der Stadt Ende des 13. Jahrhunderts.

Monumentale Burgen und Paläste wie in Mykene, Pylos und Tiryns, für deren Bau eine erhebliche Anzahl an Sklaven Voraussetzung war, bildeten die Zentren der mykenischen Kultur. Ihr Wesen wird nicht nur fassbar in den goldüberladenen Schachtgräbern, sondern auch in den später angelegten Rundbauten der Kuppelgräber.

Berühmtestes Beispiel ist das »Schatzhaus des Atreus« in Mykene. Wie das Löwentor stammt auch dieses Königsgrab aus der

Spätphase der mykenischen Kultur um 1250 v. Chr. Ein langer, aus wohlgeschichteten Quadern bestehender Gang führt zu einer fünf Meter hohen Pforte mit einem Sturz aus zwei gewaltigen, über hundert Tonnen schweren Blöcken. Ein 14,5 Meter hohes Kuppelgewölbe beherrscht den Innenraum der kreisförmigen Begräbniskammer. Möglicherweise enthielten diese Rundbauten, sogenannte »Tholoi«, ähnliche Schätze wie die Schachtgräber, die aber bereits in der Antike geplündert wurden.

An fast 400 Fundstellen in Griechenland sind bronzezeitliche Relikte entdeckt worden, die als »mykenisch« gelten können. Sie verweisen auf eine überragende Handwerkskunst, die sich auch an Materialien bewährt, welche im eigenen Land nicht vorhanden sind: Elfenbein, Kupfer für die Herstellung von Bronze, Gold, Glasfluss, Edelsteine und Halbedelsteine. Lapislazuli ist beliebt, Bernstein, der aus Jütland kommt, noch begehrter. Auch er findet sich in den Schachtgräbern.

Das Leben der Herrscher in den weitgehend autonomen Fürstentümern des mykenischen Griechenland, die ihren Reichtum auch aus Textilmanufakturen sowie aus der Oliven- und Ölproduktion bezogen, bestand aus Krieg, Jagd und höfischen Festlichkeiten. Streitwagen und Langschwert waren die bevorzugten Waffen. Ihre Sicherheit sollten gigantische Befestigungsanlagen garantieren, die in immer neuen Bauphasen nachgerüstet wurden — neben den eher schlicht gehaltenen Palästen auffälligster Gegensatz zur Architektur der Insel.

Aber der Glanz der minoisch-mykenischen Kultur wird schwächer, je weiter das Jahrtausend vorrückt. Dafür beginnt weiter im Osten der Stern der Phönizier zu strahlen. Nach dem Zusammenbruch der kretisch-mykenischen Herrschaft übernehmen sie von ihren Stadtstaaten Tyros, Sidon und Byblos aus den Mittelmeerhandel. Die wichtigsten Ausfuhrgüter sind Glaswaren, pur-

purgefärbte Gewebe, Zedernholz und fabrikmäßig hergestellte Metallarbeiten.

Ihr folgenreichster Exportartikel ist aber eindeutig nicht materieller Art: das phönizische Alphabet, das sich im Laufe des zweiten Jahrtausends v. Chr. aus der Kommunikation mit den Schriftsystemen der benachbarten Hochkulturen herauskristallisiert und später von den Griechen übernommen wird. Aus dem griechischen bildet sich dann das lateinische Alphabet, die Grundlage unserer heutigen *Antiqua*.

Als die Assyrer im achten Jahrhundert v. Chr. die phönizischen Mutterstädte unterwerfen, wird das westliche Mittelmeer zum Kerngebiet. Unter den Kolonien der Phönizier ragt Karthago (»Neustadt«) hervor. 814 v. Chr. gegründet, besitzt es seit 650 v. Chr. eine eigene Flotte und eigene Heere und wird Schutzmacht für die phönizischen Neugründungen. In Karthago gilt eine aristokratische Verfassung. Den obersten Göttern werden auch Menschen geopfert.

Mit dem Aufstieg Karthagos ist ein Grundkonflikt vorgezeichnet, der im dritten und zweiten Jahrhundert v. Chr. in den Punischen Kriegen des römischen Imperiums eskaliert.

6. Weltreise anno 1500 v. Chr.

Egal, ob Sie Pferde mögen oder nicht, Sie werden einige kennenlernen in diesem Buch. Die Geschichte kommt nicht an ihnen vorbei. Dieses ist aus Bronze. Es ist am Himmel unterwegs und zieht die Sonne. Inzwischen dürfte es fast dreieinhalb Jahrtausende alt sein. 1902 wurde es im Moor von Trundholm in Dänemark gefunden. Es ist die älteste Version der Vorstellung, dass die Reise der Sonne über den Tages- und Nachthimmel mithilfe eines göttlichen Pferdes vonstattengeht. Und es ist eines der schönsten Beispiele für die Religion des bronzezeitlichen Nordens, die eine Sonnenreligion war.

Eine solche Himmelsfahrt können wir Ihnen natürlich nicht bieten. Wir bieten Ihnen stattdessen etwas sehr Irdisches an: eine Weltreise zur Bronzezeit. Wir nehmen die runde Zahl 1500 v. Chr. als Zeitmarke und schicken Sie einmal um den Globus. Sie dürfen ein echtes Kontrastprogramm erwarten. Es geht, wie gesagt, ausgesprochen irdisch zu.

Beginnen wir im Fernen Osten. Wenn Sie den Indus passieren, können Sie noch die letzten Lebenszeichen einer Hochkultur entdecken, die sich soeben aus der Geschichte verabschiedet hat. Erst Mitte des 19. Jahrhunderts, wenn die Eisenbahnlinie von Lahore nach Karatschi gebaut wird, werden englische Ingenieure sie wiederentdecken.

Die nach dem Städtchen Harappa benannte Zivilisation entfaltete sich im Einzugsgebiet des Indus und seiner Nebenflüsse. Wie in Mesopotamien und Ägypten war das Überleben abhängig von regelmäßigen Überflutungen sowie von Brunnen, Kanälen und Bewässerungsanlagen, die das Wasser für den täglichen Bedarf, für die wirtschaftliche Nutzung und ein ausgeklügeltes Hygiene-System verfügbar machten. Schon in der frühen Harappa-Kultur (um 3000–2800 v. Chr.) entwickelte sich eine blühende Handwerkskunst, deren Produkte auf weit verzweigten Handelswegen exportiert wurden. Aus dieser Zeit stammt auch die älteste Form der Indus-Schrift, die bis heute nicht entziffert werden konnte.

Die aufgefundenen Artefakte deuten darauf hin, dass die Indus-Kultur von ständisch gegliederten Gesellschaften getragen wurde, deren führende Klasse reich genug war, um solche Kunstwerke in Auftrag zu geben.

Zwischen 2600 und 1900 v. Chr. erreichte die Indus-Kultur ihren Höhepunkt. Mohenjo-Daro, die zweite Hauptsiedlung dieser Zivilisation, war eine der ersten planmäßig angelegten Städte der Geschichte. Breite Straßen und schmale Gassen bildeten ein Gitternetz, an dem geräumige Häuser standen.

Auf einem zwölf Meter hoch aufgeschütteten Erdhügel lag die Zitadelle von Mohenjo-Daro, die wahrscheinlich aber als Ort öffentlicher Versammlungen diente und nicht als Befestigungsanlage. In diesem Komplex fand man das »Große Bad«, einen geschlossenen Wassertank oder Teich, der möglicherweise zu rituellen Zwecken benutzt wurde. Mohenjo-Daro wurde neunmal durch das Hochwasser des Indus zerstört und stets an derselben Stelle wiederaufgebaut, bis die Bewohner ihre Stadt endgültig verließen.

Konnten Sie am Indus das Ende einer Hochkultur beobachten, so können Sie weiter östlich am Hwangho die Anfänge einer anderen miterleben, die auf 1500 v. Chr. datiert werden. Der Hwangho, der »Gelbe Fluss« Chinas, ist mit fast 5000 Kilometern der zweitlängste Strom im Reich der Mitte und hat dank seiner Schlammführung, der höchsten von allen Flüssen der Erde, hier eine Art Klein-Ägypten hervorgebracht.

Wenn Sie weiterhin als antike Globetrotter unterwegs sein wollen, werden Sie im Fernen Osten auch auf die ältesten Zeugnisse der chinesischen Schrift stoßen. Sie finden sich auf sogenannten »Orakelknochen«, Schulterblättern von Rindern, die für Wahrsagezwecke benutzt und als Grabbeigaben verwendet wurden. Es ist die Zeit der Shang, die um 1650 v. Chr. den ersten zentral gelenkten Staat in China errichten, bis ihr Herrscher und ihr Reich, die zweite chinesische Königsdynastie, um 1050 v. Chr. untergehen.

Siebenmal sollen die Shang, die die Bronzekunst zur Perfektion trieben, ihre Hauptstadt gewechselt haben. An den Wällen der legendären zweiten Metropole, circa sieben Kilometer lang, zehn Meter hoch und im Durchschnitt mehr als zwanzig Meter breit, sollen 10 000 Menschen mit einem täglichen Pensum von zehn Stunden an 330 Tagen im Jahr über ein Jahrzehnt lang gearbeitet haben. Andere Berechnungen für dieses Verteidigungswerk, das ein Areal von 3,2 Quadratkilometern umschloss, kommen sogar auf 18 Jahre.

Die große Zahl, die Dominanz des Maßlosen und das Prinzip der gänzlichen Verfügbarkeit des Menschen fallen bei der Betrachtung der Shang-Zeit immer wieder ins Auge. Auch in höchst blutiger Hinsicht.

So war es Aufgabe der königlichen Soldaten, nicht nur die militärischen Verteidigungs- und Eroberungsfeldzüge zu bestreiten, sondern auch regelrechte Menschenjagden zu veranstalten, um den Nachschub für die rücksichtslosen rituellen Schlachtungen zu gewährleisten. 400 Menschen für ein einziges Ahnenopfer, 600 Hinrichtungen anlässlich einer Palasteinweihung und zwischen 150 und 200 Totenbegleiter für einen nicht einmal hochrangigen Verstorbenen lassen auf einen beängstigenden Bedarf an »Nachschub« schließen.

Das Spektrum der Tötungsarten war groß: Kopfabschlagen, Halbieren, lebendig Begraben waren die geläufigsten Spielarten.

Da Sie sich nun vom rasenden Reporter in einen »Schlachtenbummler« im ursprünglichen und unangenehmsten Sinne des Wortes verwandelt haben, dürfte es zweifelhaft sein, ob Sie nach der Begegnung mit den Shang noch Appetit auf weitere fernöstliche Kulturkontakte haben. Das Tafelsilber der chinesischen Geschichte, das Sie vielleicht wieder versöhnlich gestimmt hätte, wäre Ihnen ohnehin nicht zugänglich gewesen.

Denn die weltberühmte, bis zu 10 000 Kilometer lange Große Mauer wurde erst im dritten Jahrhundert v. Chr. begonnen und erhielt ihre heutige Form und Ausprägung noch viel später, in der Ming-Dynastie (14.–17. Jahrhundert n. Chr.). Und die legendäre Terrakottaarmee, jene einzigartige Leibgarde aus hundert Quadrigen, 500 Pferden und 8000 Soldaten, die das Mausoleum des ersten Kaisers Qin Shi Huangdi bewachen soll, wird ebenfalls erst Ende des dritten Jahrhunderts v. Chr. aus der Erde gestampft.

Sehr wohl aber hätten Sie Aufregendes über eine Zivilisation berichten können, die sich im zweiten vorchristlichen Jahrtausend in einer ganz anderen Weltgegend entfaltete: in den Ebenen des südlichen Mexiko. Sie wurde zum Nährboden der großen mittelamerikanischen Hochkulturen, insbesondere der Maya.

Die Rede ist von den Olmeken. Die Erkennungszeichen ihrer Kultur waren widerstandsfähig genug, um bis heute allen Unbilden, aller Willkür der Zeiten zu trotzen: tonnenschwere, gedrungene, aus Basalt geformte Kolossalköpfe, die körperlos auf ein Steinfundament gesetzt wurden. Möglicherweise wurden die Blöcke aus weiter Entfernung, etwa aus den Bergen des heutigen Veracruz herangeschafft – per Schiff, da die Wasserläufe die bequemsten Transportwege waren.

In den beiden Zentren San Lorenzo und La Venta haben sich Relikte reetgedeckter Häuser aus Holzpfählen, Tempelpyramiden, Altarbauten und Tierskulpturen erhalten, Letztere vor allem dem Jaguar gewidmet, dem auch die späteren mexikanischen Hochkulturen mit fast heiliger Ehrfurcht begegneten. Auch mit dem vermutlich ältesten Schriftsystem in Mittelamerika und dem frühen Gebrauch des Kalenders setzten die Olmeken, die sich bis weit in das erste vorchristliche Jahrhundert behaupten konnten, Maßstäbe.

Als Teilnehmer unserer bronzezeitlichen Fernreise dürften Sie inzwischen gemerkt haben, dass der Norden und der Westen und Europa überhaupt sträflich vernachlässigt worden sind. Dort angekommen, sehen Sie die Monumente der Megalith-Kultur vor sich aufragen, die nach drei Jahrtausenden nun in Europa zu Ende geht. In Stonehenge (in Südengland) bewundern Sie den riesigen Kalenderkreis aus maßgerecht behauenen Sandsteinblöcken und Blausteinen, der der Anzeige von Winter- und Sommersonnenwende dienen sollte und – wie alle Megalith-Stätten – zugleich ein Begräbnisort war.

Wenn Sie in Ihrer Funktion als prähistorische Korrespondenten Glück haben und zur richtigen Zeit (um 1600 v. Chr.) am richtigen Ort (in Mitteldeutschland) sind, können Sie jetzt beobachten, wie ein anderes, deutlich kleineres kalendarisches Objekt in der Erde versenkt wird. In den Jahrhunderten zuvor ist der mysteriöse Gegenstand unter Verwendung von Kupfer aus dem Ostalpenraum und silberreichem Gold aus dem Fluss Carnon im englischen Cornwall mehrfach bearbeitet worden und dann über lange Zeit in Gebrauch gewesen – vielleicht bei einem Fürsten. Mehr als dreieinhalb Jahrtausende später wird er sich als einer der spektakulärsten archäologischen Funde des 20. Jahrhunderts erweisen.

Es ist die Himmelsscheibe von Nebra.

Die Bronzescheibe von Nebra ist die weltweit älteste konkrete Darstellung astronomischer Phänomene, die wir kennen. Dass diese bislang früheste handwerkliche Himmelsprojektion der Menschheitsgeschichte nicht auf dem Boden der klassischen Hochkulturen, sondern in Mitteleuropa gefunden wurde, kommt einer Sensation gleich.

Im Bildprogramm der Scheibe ist ein Goldbogen das rätselhafteste Detail. Er lässt sich als Barke, als Himmelsschiff deuten, das zwischen den Horizonten entlangfährt und zwischen Sonnenuntergang und Sonnenaufgang über den Himmelsozean pendelt. Wie ein Schlaglicht taucht hier frühzeitig ein berühmtes Bildmotiv auf, das zu den zentralen Symbolen der Bronzezeit werden wird – nicht nur im Norden, sondern auch am anderen »Ende« der damals bekannten Welt, in Ägypten vor allem.

Die Himmelsscheibe ist Teil eines Bronzeschatzes, der um 1600 v. Chr. deponiert wurde. Wie unzählige weitere Metalldepots von der Atlantikküste bis zum Schwarzen Meer, von Südschweden bis zum Mittelmeer, die um diese Zeit an ausgewählten Orten niedergelegt wurden, drückt er den Wunsch aus, mit den Göttern – wie im Gebet – in Kontakt zu treten, sie zu beeinflussen und günstig zu stimmen, sie um etwas zu bitten oder ihnen zu danken.

Bevor wir zum Ausgangspunkt unserer Reise zurückkehren, empfehlen wir übrigens einen Abstecher zum Kultplatz von Goseck, einer Kreisgrabenanlage von 71 Metern Durchmesser, kaum zwanzig Kilometer vom Versteck des Nebra-Schatzes entfernt.

Hier könnten Sie, am konkreten Beispiel einer der berühmten »Kathedralen der Steinzeit«, die Anfänge der systematischen Himmelsbeobachtung nachempfinden: 2500 bis 3000 Jahre vor Fertigung der Bronzescheibe – und damit auch deutlich vor dem Baubeginn von Stonehenge oder den astronomischen Aktivitäten der Babylonier und der Pharaonen.

Wir kehren zurück zum Sonnenwagen von Trundholm, Meisterwerk des Nordens, was Bronze- und Goldschmiedetechnik angeht, gefertigt um 1400 v. Chr., also wesentlich später als die Himmelsscheibe von Nebra, aber durch das Bildmotiv des Sonnenkreislaufs markant mit ihr verbunden.

In der Bronzezeit wächst Europa, wächst die antike Welt zusammen. Aber der neue Werkstoff ist nur ein Glied in der Kette der Gemeinsamkeiten. Das zweite Element ist die Religion. Der Norden wird in dieser bronzezeitlichen Weltordnung nicht durch stolze Herrscher oder mächtige Reiche vertreten. Aber er ist auf einzigartige Weise innovativ und hält mit dem Sonnenschiff von Nebra und dem Sonnenpferd von Trundholm das Copyright für zwei religiöse Bildmotive, die Kulturgeschichte schreiben werden.

7. Ein Gespenst kommt selten allein

S ie zieht sich wie ein Schatten, ein düsterer Nebel durch die Geschichtsbücher – jene Epoche zwischen 1200 und 800 v. Chr., die man das »dunkle Zeitalter« nennt. Man könnte auch von einem Bermuda-Dreieck der Geschichte sprechen, da es nur spärliche schriftliche Zeugnisse aus dieser Zeitphase gibt. Ihr Merkzeichen: Völkerwanderungen, Machtverschiebungen, kriegerische Auseinandersetzungen und Umwälzungen vor allem im östlichen Mittelmeerraum, die auch die gewaltigen Imperien des Nahen Ostens erschüttern.

Das Beziehungsgeflecht der bronzezeitlichen Weltordnung, die auf gesicherten diplomatischen Kontakten und weitgespannten Handelsbeziehungen zwischen den verschiedenen Staaten beruhte, wird zerrissen. Es ist eine unheimliche, gespenstische Epoche.

Und ein Gespenst gibt es auch.

Immer wieder ist die Szenerie beschrieben worden, immer von Neuem berührt sie jeden, der sich auf sie einlässt. Am besten, Sie mischen sich unter die trojanischen Krieger, die in der Morgendämmerung auf den Wehrgängen der Stadtmauer ihren Dienst tun, und betrachten das Geschehen von dort.

Die Wachen auf den hohen Befestigungsmauern Trojas trauen bei Tagesanbruch ihren Augen nicht: Der Strand, an dem gestern noch die Zelte der griechischen Armee standen, ist leer, und auch die feindlichen Schiffe sind offensichtlich verschwunden. Stattdessen blickt ein merkwürdiges Ungetüm, das bei Sonnenaufgang als ein riesiges Holzpferd erkennbar wird, von dort, wo sich das langjährige Kriegslager der Griechen befand, in Richtung Stadt.

Die Nachricht verbreitet sich wie ein Lauffeuer, und Sie sollten die trojanische Stadtmauer jetzt wieder verlassen, denn dort wird es bald ungemütlich. Allen Warnungen, Befürchtungen, Prophezeiungen zum Trotz und obwohl sie allen Grund haben, eine griechische Täuschung zu vermuten, ziehen die Trojaner das verdächtig aussehende Monstrum, eine Erfindung des listenreichen Odysseus, in die Stadt. Die im Bauch des Pferdes verborgenen Soldaten klettern, als die Nacht kommt, aus ihrem Versteck und öffnen das Stadttor. Der Zorn der griechischen Truppen, die ihren Rückzug nur vorgetäuscht hatten und nun – nach zehnjähriger Belagerung – über die Trojaner herfallen, entlädt sich in einem Blutrausch ohnegleichen.

Blutrausch hin, Blutrausch her. Der Trojanische Krieg – ein Gemeinschaftswerk von Menschen und Göttern, mit einer Teilnehmerliste klingender Namen von Achilles und Agamemnon bis zu Hektor und Paris – ist nicht nur zentrales Ereignis der griechischen Mythologie. Er wurde durch die beiden großen Versepen »Ilias« und »Odyssee«, in denen der Dichter Homer seine entscheidenden Phasen und sein Ende schildert, auch so etwas wie die Gründungsurkunde der europäischen Kultur. Das hölzerne Ross, das zum berühmtesten Pferd der Geschichte, aber auch zum Paradebeispiel für die »Torheit der Regierenden« (Barbara Tuchman) geworden ist, gehört ebenso zum allgemeinen Bildungsgut wie die Irrfahrten des Odysseus. Die Sensationsfunde Heinrich Schliemanns in den 1870er-Jahren taten ein Übriges, um den Mythos Troja stark und schillernd zu machen.

Versuchen wir zu sortieren und schieben dabei eine der verzwicktesten Fragen der abendländischen Philologie – ob es denn den blinden Dichter Homer als den gemeinsamen Autor von »Ilias« und »Odyssee« wirklich gegeben hat – gleich mal beiseite.

Homers Troja aber hat es, mit hoher Wahrscheinlichkeit jedenfalls, wirklich gegeben. Schliemann fand seine Überreste – darin ist sich die Fachwelt mittlerweile einig – in dem 15 Meter hohen Hügel Hisarlik, der strategisch günstig an der Nordwestspitze Kleinasiens nahe dem Eingang der Dardanellen liegt. Erwiesen ist damit auch, dass es nicht nur das *eine* Troja gab, dem das Pferd den Untergang brachte, sondern dass der Ort in vielen verschiedenen Epochen der Geschichte präsent war, mehrfach erobert, durch Feuer und Erdbeben beschädigt, von seinen Bewohnern verlassen und immer wieder neu aufgebaut wurde. Zehn Siedlungsschichten wurden bisher nachgewiesen, die bis ins dritte, nach jüngsten Funden vielleicht sogar bis ins fünfte Jahrtausend v. Chr. zurückreichen.

Der berühmte (sogenannte) »Schatz des Priamos«, den Schliemann als Indiz und Zeitzeichen für den Trojanischen Krieg betrachtete, wird heute der Siedlungsschicht II (2600–2300 v. Chr.) zugeordnet. Damit ist er ein Jahrtausend älter als die offenbar von gravierenden Zerstörungen betroffene Schicht Troja VII b, die nach Meinung der meisten Experten den historischen Hintergrund für Homers Dichtungen abgeben könnte. Sie wird auf ungefähr 1200 v. Chr. datiert.

Das westlich zentrierte Troja-Bild Heinrich Schliemanns, der den Trojanischen Krieg fast für eine Art innergriechischer Angelegenheit hielt, ist inzwischen gründlich korrigiert worden. Stattdessen richtete sich der Blick der Forscher nach Osten: auf die Hethiter, neben Assyrern und Ägyptern die dritte Großmacht der Bronzezeit, die den größten Teil Anatoliens beherrschte und frühzeitig über Eisenwaffen verfügte.

In hethitischen Texten ist mehrfach von einer Stadt namens Wilusa die Rede. Wilusa aber, folgt man den Sprachwissenschaftlern, ist identisch mit Troja, das die Griechen zeitweise auch *Wilios*, *Ilios* oder *Ilion* nannten, woraus wiederum der Titel von Homers »Ilias« abgeleitet ist. Außerdem wurde 1995 am Hügel Hisarlik ein Siegel in luwischer Sprache gefunden, die auch bei den Hethitern üblich war.

Das Ilion der späten Bronzezeit, so lässt sich schlussfolgern, lag also in direkter Nähe, genauer gesagt am Westrand des hethitischen Reiches. Möglicherweise war Wilusa ein vom starken Nachbarn abhängiger Vasallenstaat oder ein kleines autonomes Königtum. Auf jeden Fall befand es sich in der Einflusssphäre der Hethiter und gehörte eher dem anatolischen als dem mediterranen Kulturkreis an.

Gegen die verheerende und diesmal endgültige Zerstörung Trojas war das kein Schutz. Im Rückblick zeigt sich eher eine Schicksalsgemeinschaft. Die Auslöschung des kleinen, aber wehrhaften Ilion und der Untergang des großen Hethiterreiches gehören beide zu jenem umfassenden Katastrophenszenario, das die ominösen »dunklen Jahrhunderte« einleitet. Die Welt des östlichen Mittelmeerraums gerät aus den Fugen. Und der Name Troja wird später – durch die Epen Homers – zur markantesten Chiffre für eine Welt, die sich in Auflösung befindet.

Die Bösewichte, die dieses Chaos zu verantworten haben, gelten seit Langem als ausgemacht. Es sind die »Seevölker«. Aber da sie schwer zu identifizieren und eher ein »Phänomen«, um nicht zu sagen ein Seegespenst, geblieben sind, ist der Steckbrief unvollständig geblieben.

Auf jeden Fall leisten sie ganze Arbeit, auch wenn nicht alles, was umstürzt oder auseinanderbricht, auf ihr Konto geht. Oft wirken mehrere Faktoren zusammen, aber stets stehen sie mit auf der Täterliste. Und es geht Schlag auf Schlag.

Um 1200 v. Chr. wird das hethitische Hattusa, die Hauptstadt mit dem Löwentor, von seinen Bewohnern verlassen. Das Reich Hatti, wie sie es nannten, geht unter. Mit grandiosen Bildwerken, einer fortschrittlichen Rechtsprechung, einem maßvollen Umgang mit fremden Menschen und Göttern sowie einer Reihe lautmalerisch-zungenbrechender Herrschernamen wie Hattusili, Mursili, Telipinu, Tudhalija oder Suppiluliuma, die – zugegeben – immer schon schwer zu behalten waren. Schon in der griechischen Antike sind die Hethiter vergessen. Ihre Königsgräber harren immer noch der Entdeckung. Die Debatte über innere und äußere Bedrohungen als Ursache des Untergangs hält an.

Ungefähr zur selben Zeit beginnt auch die mykenische Kultur, deren Kriegsherren Homer nach Troja schickt, zu verfallen: Überfälle, Plünderungen und Brände zerstören ihre wichtigsten Zentren auf dem griechischen Festland und auf Kreta. Andere Stätten erleiden einen längeren, qualvollen, glanzlosen Niedergang. Die letzten mykenischen Paläste werden 1070 v. Chr. aufgegeben.

Die kassitische Dynastie, deren Könige seit über vier Jahrhunderten in Babylon regiert haben, erlischt 1154 v. Chr.

Das assyrische Reich in Mesopotamien, das vom Kupferhandel mit Anatolien profitierte und um 2000 v. Chr. zur Großmacht aufgestiegen war, leidet unter zermürbenden Kleinkriegen. Erst später, im ersten Jahrtausend v. Chr., werden die Assyrer wieder an Macht und Einfluss gewinnen.

Die indogermanischen Philister, seit der Bibel bis heute schlecht beleumdet, fallen in – das später nach ihnen benannte – Palästina ein und setzen sich dort fest.

Auch das ägyptische Reich gerät in arge Bedrängnis, als die

Schiffe unbekannter Aggressoren die nordafrikanischen Küsten erreichen. Aber in zwei siegreichen Schlachten, die die Könige Merenptah und Ramses III. 1208 und 1177 v. Chr. führen, gelingt es den Ägyptern, die Angreifer aufzuhalten. Das Ende des Neuen Reiches ist dennoch vorprogrammiert.

Da verschiedene antike Quellen erwähnen, dass die Eindringlinge auf dem Seeweg gekommen waren oder sogar »auf Schiffen lebten«, haben die Historiker sie als *Seevölker* bezeichnet. Und ihre verheerenden Attacken auf die Mittelmeerländer – als handle es sich um ein Naturereignis – als Seevölkersturm. Organisierte Piraterie und Freibeuterei dürften allerdings kaum ausgereicht haben, um die gewaltigen gesellschaftlichen und kulturellen Umwälzungen am Ende des zweiten Jahrtausends v. Chr. hervorzurufen.

Wer also waren, woher kamen die Seevölker?

Eine indogermanische Invasion vom Balkan oder von Mitteleuropa aus, ein Zusammenschluss ägäischer, anatolischer und vorderasiatischer Völker, eine von Mykene ausgehende Aggression (womit Homer wieder ins Spiel käme) – die Erklärungen für den Seevölkersturm fielen bisher eher diffus als konkret aus und haben es schwer gemacht, Ursache und Wirkung voneinander zu trennen.

Konsens herrscht aber zumindest darüber, dass es sich um Wanderbewegungen höchst unterschiedlich zusammengesetzter bronzezeitlicher Kriegerverbände handelte. Ihre Routen führten auch – aber wahrscheinlich nicht nur – über das Meer, das Mittelmeer. Der Blick der Historiker richtet sich dabei, was den Ausgangspunkt angeht, zunehmend mehr nach Westen als nach Osten.

So oder so ähnlich könnte es sich abgespielt haben: Im italischen und im ägäischen Raum gerieten verschiedene Stämme während des 13. Jahrhunderts v. Chr. in Bewegung und setzten in der Folge die Nachbarvölker unter Druck. Diese waren dann zum Teil wiederum gezwungen, in andere Gebiete auszuwandern – ein Dominoeffekt mit epochalen Auswirkungen, wie die österreichischen Historiker Reinhard Jung und Mathias Mehofer aufgrund neuer Forschungsansätze bilanzieren: Die Seevölker lösten eine dauerhafte Krise im östlichen Mittelmeerraum aus.

Diesem Modell zufolge nahm der Seevölkersturm seinen Anfang in Italien und griff dann in einem längeren Prozess nach Osten über, zunächst auf das mykenische Griechenland, dann auf die Imperien Vorderasiens und Afrikas. Wo immer die Seevölker auftauchten, stifteten sie Unruhe, wiegelten sie die Einheimischen auf, provozierten Unruhen und Aufstände. Überall kam es zu ähnlichen Entwicklungen: Provinzen fielen ab, Stämme erhoben sich, Bevölkerungsgruppen setzten sich in Bewegung, Auflösungsprozesse begannen. Schritt für Schritt entstand so der Seevölkersturm, der das Gespenst des »dunklen Zeitalters« heraufrief.

Da historische Quellen für diese Zeitphase fehlen, hat man umso mehr die dichterische Quelle – das Werk Homers, das erste Zeugnis vom Gebrauch der Schrift bei den Griechen – nach Anhaltspunkten durchsucht. Das ist plausibel, denn zwischen dem Fall Trojas um 1200 v. Chr. und der Entstehung von »Ilias« und »Odyssee« im achten Jahrhundert v. Chr. liegen eben jene ominösen und »sprachlosen« Jahrhunderte, an deren Kenntnis es den Historikern mangelt. Und in der Tat lassen sich am Widerschein des brennenden Ilion die brüchigen Konturen der Epoche erkennen. Homer ist deshalb prompt zum Dichter des »dunklen Zeitalters« gekürt worden. Aber ein Dichter ist kein Berichterstatter.

Dennoch gibt sein Werk Hinweise, vor allem im Hinblick auf jene Region, in der frühzeitig die Dominosteine gefallen waren: auf die sich neu entwickelnde Welt der Griechen. Die alte Palastkultur der Mykener, definiert durch den hohen Rang und die Aura ihrer Krieger, deren Heldentaten es zu rühmen gilt, schimmert zwar in der »Ilias« noch deutlich durch. Aber in der »Odyssee« darf auch das einfache Volk, vertreten durch Hirten und Bauern, den Lauf der Dinge mitbestimmen. Und die militärischen Führer treffen ihre Entscheidungen nicht mehr selbstherrlich allein, sondern Homer lässt sie Krieger- oder sogar Volksversammlungen einberufen, was im mykenischen Zeitalter nicht möglich war.

Das Griechenland Homers ist zwar in kleine Königreiche eingeteilt. Aber deren Herrscher sind eher Grundbesitzer als Machtträger, und der Alltag der Könige verläuft kaum anders als der ihrer Untertanen: »Für Odysseus ist es selbstverständlich, sein Feld zu bestellen, Nausikaa, Tochter des Königs der Phäaken, wäscht gemeinsam mit den Sklavinnen die Wäsche der Familie, und die Königinnen verbringen den Tag mit dem Spinnen von Wolle« (Catherine Salles).

»Ilias« und »Odyssee« sind als ein Gemisch aus sehr unterschiedlichen Epochen zu lesen. Homer beschreibt Ereignisse, die er im 12. Jahrhundert ansiedelt, und lässt dabei Bräuche seiner Zeit wie auch sehr viel ältere Wirklichkeiten einfließen. Die beiden Versepen tragen die Erinnerung an das heroische Zeitalter der mykenischen Kultur in diese neue Zeit einer sich festigenden Welt des Griechentums hinüber. Eine Welt, in der die Machtstellung der Könige allmählich schwindet. An ihre Stelle tritt eine Art Selbstverwaltung der Bürger in kleinen autonomen Gemeinschaften, die durch den Adel und durch Grundeigentümer gelenkt werden. Das System der Polis entwickelt sich.

Und die griechische Glaubens- und Götterwelt gewinnt ihre endgültige Gestalt. Auf dem Olymp nehmen, um Vater Zeus herum, die einschlägigen mythologischen Verdächtigen Platz, denen

Homer das Spielfeld zuweist: Sie sind weder allmächtig noch all-
wissend, denn auch die Götter bleiben – wie die Menschen – der
Moira, der Allgewalt des Schicksals, unterworfen.

Und das Trojanische Pferd? Vielleicht ist es ja gut, dass es
in der Mythologie geblieben und nicht in die reale Geschichte
galoppiert ist. Dort hätte es seinen Ruhm ein knappes Jahrtausend später an einem hochkarätigen Konkurrenten messen müssen: an Bukephalos, dem Pferd Alexanders des Großen.

8. Die Frösche am Teich und die Demokratie

Schöner, heiterer, anmutiger als auf dieser idealen Ansicht des Malers und Architekten Leo von Klenze aus dem Jahr 1846 ist die Akropolis, Wahrzeichen und einst auch religiöses Zentrum der Stadt Athen, wahrscheinlich nie porträtiert worden. Dem Hofbauintendanten des bayerischen Königs Ludwig I. wird nicht umsonst nachgesagt, er habe nicht nur München in ein Athen des 19. Jahrhunderts verwandeln, sondern anschließend wiederum Athen in ein zweites München verwandeln wollen.

Als Ludwigs Sohn Otto 1832 den Thron Griechenlands bestieg, war diese Chance da. Aber die städtebauliche Umgestaltung Athens blieb weitgehend Vision. Wegweisend waren dagegen Leo von Klenzes Pläne für den Schutz und die Restaurierung der Akropolis, die er denn auch so liebevoll malte, dass der Betrachter unmittelbar in das Gemälde und damit zugleich in die griechische Geschichte eintreten möchte.

Sie beginnt nicht hier, diese Geschichte, sie kommt, wie Sie sehen werden, eher hierher zurück. Aber der Blick auf die alles dominierende Burg und die hoch aufragenden Tempel, Standbilder und Säulenhallen ruft schon jetzt die Frage in Erinnerung, die es so lange nicht gab, bis die Griechen sie endlich und erstmals in der Geschichte stellten: die Frage, wer eigentlich herrschen soll und darf – ein König, ein Monarch, der Adel oder vielleicht sogar das Volk?

Aber zuvor musste erst einmal jemand zu fragen anfangen.

Er kam aus der Hafenstadt Milet im südwestlichen Kleinasien, Zentrum altgriechischer Kultur und wichtigster Umschlagplatz für den Handel mit dem Orient. Er liebte die zerklüftete, buchtenreiche Küste seiner ionischen Heimat und den Blick über das Meer nach Westen, aber ebenso vertraut war ihm der Fluss aus dem Osten, der Mäander, der allen Stromschleifen der Welt den Namen geben sollte und nach windungsreichen 584 Kilometern hier bei Milet sein Ziel fand: die Ägäis.

Er war der Erste, der nach der Ordnung der Dinge, nach dem großen Ganzen und seinen Teilen fragte. Er war der Erste, der überhaupt Fragen stellte. Nach der dichterischen Gründungsurkunde der abendländischen Kultur, die um 750 v. Chr. durch Homers Versepen »Ilias« und »Odyssee« geschaffen worden war, stiftete er fast 200 Jahre später ihr philosophisches und wissenschaftliches Fundament.

Allen, die nach ihm kamen, gab er die Frage nach dem Urstoff mit auf den Weg. Dabei hatte er sie längst – und sehr plausibel – beantwortet: Das Wasser ist es, aus dem alles andere hervorgeht. So leuchtete Thales von Milet (um 600 v. Chr.), mit dem das Denken beginnt, allen voraus, die ihm folgten und an ihm Maß genommen haben, ob in der griechischen Philosophie oder in der Moderne.

Die ersten seiner Nach-Denker, die das Leuchtsignal auffingen und ihrerseits weitertrugen, gingen als ionische Naturphilosophen oder auch als sogenannte Vorsokratiker in die Geschichte ein.

Allesamt waren sie keine Wolkenschieber, sondern Praktiker, Mechaniker, Techniker, Erfinder. Über Anaximander, der den unvergänglichen Urstoff hinter der Vergänglichkeit, der Wandlungsfähigkeit der Natur suchte, und Anaximenes, der ihn in der Luft gefunden zu haben glaubte, spannt sich die Kette der Denker bis zu Pythagoras, der in den Zahlen die Bausteine und das eigentliche Geheimnis der Welt erkennt, zu Parmenides, der über Schein und Sein philosophiert, und schließlich zu Heraklit, der aus dem Urfeuer des Logos, der Weltvernunft, die Vielfalt und den Wettstreit der Dinge hervorgehen sieht.

»Der Dunkle« wurde Heraklit aus dem ionischen Ephesus genannt, und entsprechend verrätselte Zitate werden ihm zugeschrieben: »Zeit ist ein brettspielendes Kind, Königsmacht die eines Kindes.« Dass alles fließt (*panta rhei*) und in Bewegung ist, nichts von Bestand, hat er uns gelehrt. Und uns aufgegeben, die »Einheit der Gegensätze« zu suchen. Aber darüber sollten wir Demokrit nicht vergessen, der die Atome, die kleinsten Einheiten alles Bestehenden, in die Philosophie und die Naturwissenschaft einführte.

Ihnen allen wies Thales den Weg – und ermunterte sie, selber unterwegs zu sein.

So wie Jahrtausende später auf europäischem Boden die »Grand Tour« die Bildungshungrigen aus dem Norden zu den klassischen Stätten des Südens führte, so zog es die frühen griechischen Denker in die Kulturoasen der damals bekannten Welt: nach Ägypten vor allem, wo Thales die Höhe der Pyramiden nach der Länge ihres Schattens berechnet haben soll, aber mehr und mehr auch in den babylonisch-phönizischen Nahen Osten.

Reisende bringen in der Regel Souvenirs mit nach Hause. Bei den Vorsokratikern waren es sprachliche, biologische, geografische, mathematische, astronomische Kenntnisse. Die erste Karte der bewohnten Erde, die Einteilung des Sonnenjahres in 365 Tage, die Idee der Sonnenuhr und andere Kulturgüter fanden auf diese Weise den Weg nach Westen. Und die erste wissenschaftliche Erklärung einer Sonnenfinsternis, der vom 28. Mai 585 v. Chr., durch Thales von Milet, woraus man später eine »Vorhersage« machte.

Die Heimatstadt der Naturphilosophen Thales, Anaximander und Anaximenes, im Grenzbereich griechischer und persischer Einflussnahme, unterschiedlicher Rassen, Sprachen und Religionen gelegen, hatte sich seit Beginn des ersten Jahrtausends v. Chr. zu einer reichen und mächtigen Handelsmetropole entwickelt. Hier endeten die großen Karawanenstraßen, die aus dem Innern des asiatischen Kontinents kamen, hier wurden die von dort ankommenden Waren auf Schiffe in Richtung Westen verladen. Wer zur Zeit des Thales von Hellas sprach, meinte in der Regel dessen reichste Stadt: Milet.

Athen musste noch warten, bis es geschichtsträchtig wurde. Und die Akropolis, wie Leo von Klenze sie malte, war noch gar nicht gebaut.

Dafür war inzwischen das gesamte Mittelmeer in Bewegung geraten. Es wurde zum Schauplatz einer gewaltigen friedlichen Mobilmachung. Und das Musterbeispiel Milet wurde vervielfältigt. Im Zuge einer weitgespannten Expeditions- und Expansionswelle gründeten die Griechen zwischen dem achten und dem sechsten Jahrhundert v. Chr. an den Mittelmeerküsten und am Schwarzen Meer fast 200 neue Kolonien. Manche von ihnen wurden erfolgreicher als ihre Mutterstädte.

Zu den ersten neuen Stützpunkten gehörte das 733 v. Chr. auf Sizilien gegründete Syrakus, ein Ableger von Korinth. In Süditalien errichteten die Griechen ein so dichtes Netz von Neuansiedlungen, dass die Region später *Magna Graecia* (lat. = Großgriechenland) genannt wurde. Um 630 v. Chr. entstand in Nordafrika die Kolonie Kyrene, gegründet von Griechen aus Thera, die vor der Trockenheit und einer Hungersnot geflohen waren. Kyrene entwickelte sich zu einer der blühendsten Städte des Altertums.

Im Osten erreichten die Siedler das Schwarze Meer, breiteten sich von Byzanz bis nach Kertsch auf der Halbinsel Krim und Trabzon, das alte *Trapezunt*, an der Nordküste der anatolischen Halbinsel aus. *Massalia*, das heutige Marseille, gegründet um 600 v. Chr., und *Neapolis* (griech. = Neustadt), das heutige Neapel, wurden zu Metropolen der Antike und des Mittelalters. Bis in die Gegenwart sind die beiden ehemals griechischen Kolonien bedeutende Großstädte geblieben.

Übervölkerung und Landnot im griechischen Kernland und auf den Inseln, aber auch handfeste Handelsinteressen waren die wesentlichen Ursachen der Kolonisation. Flucht aus der Armut, der Versuch, eine neue Existenz aufzubauen, aber auch Neugier, Abenteuerlust und andere individuelle Motive kamen hinzu. Im Ergebnis milderte die Auswanderungswelle nicht nur die sozialen Probleme im Mutterland, sie schenkte den Griechen auch einen neuen, selbstbewussteren Blick auf die mediterrane Welt und vermittelte ihnen ein stärkeres Gemeinschaftsgefühl.

Aus Zerstreuung wuchs Zusammenhalt. Aus Vielfalt Einheit. Den besten Kommentar zur neuen geografischen Lage gab später – wer sonst? – Platon: Die Griechen in den Küstenstädten, befand er, säßen nun wie Frösche um einen Teich, ihren Teich.

Er war eine Art Ersatz für den fehlenden Flächenstaat, den Griechenland im Altertum nicht bilden konnte. Die zerklüftete, gebirgige Landschaft, in der große Flusssysteme fehlten, war einer Reichsbildung hinderlich. Verbindend und Zusammenhang stiftend waren nur die gemeinsame Sprache und Schrift sowie Götter- und Sagenwelt einschließlich der Befragung des Orakels neben sportlichen und künstlerischen Wettbewerben. Dazu gehörten insbesondere die nach ihrem Austragungsort Olympia auf der Peloponnes benannten gesamtgriechischen Spiele, die zu Ehren des Zeus seit 776 v. Chr. im Vierjahresrhythmus stattfanden, und regelmäßige Dionysos-Feste, gewidmet dem Gott des Weins, der Fruchtbarkeit und der Ekstase.

Dieses Gefühl einer überregionalen Gemeinsamkeit wurde nach außen durch die Bezeichnung »Hellenen« bekundet – in bewusster Abgrenzung zu allen Völkern, die ihre Sprache nicht beherrschten und von den Griechen »Barbaren« (Stammler, Plapperer) genannt wurden.

Das spezifisch griechische Modell des Zusammenlebens, den topografischen Gegebenheiten des Landes perfekt angepasst, war die *Polis* (Plural: *Poleis*) – der Staat im Kleinen. In der mykenischen Kultur war die Polis die Burg einer Stadt, später wurde daraus der Kernbegriff für die griechischen Stadtstaaten und ihre typische Organisationsform. Politische Unabhängigkeit (*Autonomie*), eigene Verwaltungsstrukturen und wirtschaftliche Autarkie waren die Kennzeichen – manchmal aber auch nur die Ziele oder Hoffnungen – dieser kleinen Staatswesen, von denen viele nur einfache Landgemeinden waren.

Die mittleren bis größeren Poleis hatten eine durchschnittliche Ausdehnung von fünfzig bis hundert Quadratkilometern und rund 2000 bis 3000 Einwohner, die in soziale Gruppen unterteilt waren. Politisches Mitspracherecht besaßen nur Vollbürger (erwachsene freie Männer, die sich selbst ausrüsten konnten), nicht jedoch Frauen, Sklaven und Zuwanderer (*Metöken*). Die Poleis besaßen einen ummauerten städtischen Kern, der meist von landwirtschaftlichen Flächen umgeben war, die das Staatsgebiet bildeten. Auf einer Anhöhe befand sich die *Akropolis* (griech. = Oberstadt).

Hunderte dieser Kleinstaaten bildeten sich bis zur Mitte des ersten Jahrtausends v. Chr. in Griechenland heraus. Auch auf den Inseln und in den griechischen Kolonien rund um das Mittelmeer fasste das Erfolgsmodell Fuß. Das Nebeneinander der um ihre Selbständigkeit ringenden Poleis war durch Rivalitäten und Machtkämpfe, aber auch durch Allianzen und Zweckbündnisse geprägt.

Auch wenn ihre Ideale nur in wenigen Stadtstaaten – vor allem in Athen – verwirklicht wurden, ist das Wort Polis fast zu einem magischen Begriff geworden. Es liegt unserem Wort »Politik« zugrunde, steht für die Urzelle der Demokratie und wurde fast zu einem Synonym für das antike Griechenland.

Athen war nicht nur der mächtigste, sondern nach Sparta auch der territorial größte Stadtstaat mit einer Fläche von circa 2600 Quadratkilometern. Die Stadt liegt auf der Halbinsel Attika in einer Ebene, die zum Meer hin offen und von Gebirgszügen umgeben ist. Die Lage bot eine ideale Voraussetzung für die Errichtung eines Machtzentrums: Von einem befestigten Palast auf der Akropolis aus – einer Vorstufe der späteren »klassischen« Bebauung – kontrollierten die Herrscher die Stadt und das Umland, zu dem nicht nur die gesamte Halbinsel Attika, sondern auch die Insel Salamis gehörte. Die fruchtbaren Ebenen Attikas waren Hauptanbaugebiete für die wichtigsten landwirtschaftlichen Produkte wie Getreide, Wein und Oliven.

Kehren wir also zurück in den Bannkreis der Athener Burg.

Im Verlauf des siebten Jahrhunderts v. Chr. gerieten die adligen Familien und Gruppierungen in Athen, die vom Sklavenhandel und von der Schuldknechtschaft profitierten und mit einer ungeheuren Machtfülle ausgestattet waren, zunehmend unter Druck. Von der politischen Mitsprache ausgeschlossen, durch Wucherzinsen geknebelt, durch bestechliche Richter (Archonten) gemaßregelt und von buchstäblich drakonischen Strafen bedroht (benannt nach Athens Gesetzgeber *Drakon*), begann ein Teil der Bevölkerung aufzubegehren: verarmte Bauern, Handwerker, Fischer, Hirten, Tagelöhner. Ein Bürgerkrieg schien unvermeidlich.

Es bedurfte der Weisheit und der Sprachfähigkeit eines Solon, um den sozialen und politischen Zündstoff zu entschärfen, den Konflikt zwischen Adel und Bauernschaft zu schlichten und ein erstes Reformpaket zu schnüren. Der »Staatsweise«, wie man ihn genannt hat, verfügte 594 v. Chr. eine allgemeine Schuldentilgung und die Abschaffung der Schuldknechtschaft, die häufig direkt in die Sklaverei geführt hatte.

Grunderwerb sollte nach Solons Regelwerk nur noch bis zu einem bestimmten Grade möglich sein. Außerdem war die Vergabe von Ämtern nicht mehr an die soziale Herkunft eines Bewerbers gebunden, sehr wohl aber an sein Einkommen. Um die Regelung handhabbar zu machen, wurden die Bürger in vier verschiedene Vermögensklassen eingeteilt.

Die Macht des *Areopags* (Adelsrat) wurde durch ein Volksgericht eingeschränkt. Die sogenannte Popularklage verschaffte jedem Einzelnen das Recht, Anzeige zu erstatten und als ungerecht empfundene Urteile einer Berufungsinstanz vorzulegen. Ein verbessertes Bürgerbewusstsein im Sinne einer Mitgestaltung des Staatswesens zu schaffen war das zentrale Motiv der solonischen Reform.

Der große Schlichter starb 560 v. Chr. in Athen. Die Adelsherrschaft hatte er immerhin zu einer Art *Timokratie*, einer Dominanz der Vermögenden, abgeschwächt. Das Gleichheitsprinzip und die Vermeidung von Privilegien, essenzielle Elemente der Demokratie, waren darin noch nicht vorgesehen. Ohnehin argwöhnten die Reichen, zu viel abgegeben, die Armen, zu wenig bekommen zu haben. Und – die Handhabung der neuen Gesetze erwies sich als sehr kompliziert.

Was folgte, waren Jahrzehnte einer neuen *Tyrannis*, versüßt durch wirtschaftlichen und kulturellen Aufschwung. Der adlige Alleinherrscher Peisistratos führte um 560 v. Chr. das Münzwesen in Athen ein, stiftete rauschende Feste wie die Dionysien, aus denen die antike Tragödie hervorging, gab den Bürgern seines Sonnenstaates ein neues Selbstgefühl und so etwas wie eine *corporate identity.*

Aber während in Sparta nach wie vor eine kleine Oberschicht eine Masse von Untertanen – die *Heloten* – ausbeutete, ließ sich in Athen das erstarkte Bürgerbewusstsein nicht mehr auf Dauer zurückdrängen. Hatte Solon noch einem idealisierten, am Allgemeinwohl orientierten Menschenbild vertraut, so war sein Nachfolger Kleisthenes pragmatischer und realistischer. Ihm kam es darauf an, die naturgemäße Verführbarkeit des Bürgers durch die eigenen Machtansprüche, aber auch seine Gefährdung durch die Machtausübung anderer mit demokratischen Mitteln abzufangen.

Mit einer Territorialreform für das attische Staatsgebiet und einer daraus abgeleiteten Neuordnung der *Phylen,* der Stammesverbände, wie auch der dominierenden Einflussgruppen wurde die Einwohnerschaft Athens staatsrechtlich neu gemischt. Auf diese Weise konnte sich der erweiterte Rat der Fünfhundert, das wesentliche Regierungsorgan, zu einer echten Volksvertretung entwickeln.

Auf Kleisthenes geht auch die Einrichtung des sprichwörtlich gewordenen Scherbengerichts, des *Ostrakismos,* zurück, dessen Anwendung erstmals für das Jahr 487 v. Chr. belegt ist. Als eine Art Verfassungsschutz erlaubte es dem Volk, einzelne Bürger, von denen eine Bedrohung für den Staat ausging, auf zehn Jahre zu verbannen. Der Name des zu Verbannenden wurde auf Tonscherben *(Ostraka)* geschrieben. Der letzte Ostrakismos fand 416 v. Chr. statt.

Die Verfassung des Kleisthenes war getragen vom Gedanken der Gleichheit, der Mitsprache der Bürger und der Kontrolle der

Regierenden. Es blieb einem anderen großen Athener vorbehalten, diese demokratischen Tendenzen zu einer Linie zusammenzuführen und die Macht des Areopags endgültig zu brechen: Perikles, der über eine lange Zeit hinweg (443–429 v. Chr.) immer wieder zum Strategen gewählt wird und dessen Zeitalter als Höhepunkt der klassischen griechischen Kultur gilt, von der Baukunst eines Phidias bis zu Sokrates – der mit seinem Schüler Platon und Aristoteles zu den Gipfelstürmern der antiken Philosophie gehört.

Die Historiker sind sich allerdings nicht recht einig darüber, ob das, was da im fünften Jahrhundert v. Chr. stattfand, von den Griechen zu Recht schon als Demokratie bezeichnet wurde. Unbestreitbar gab es nach heutigen Maßstäben Defizite: Niemand in Athen dachte etwa an die Abschaffung der Sklavenhaltung oder auch nur an die Einbindung der Frauen und der Metöken. Träger des Systems war letztlich nur ein kleiner Teil der attischen Bevölkerung: rund 10 000 wehrfähige Männer über dreißig Jahre.

Dennoch bleibt festzuhalten, dass kein anderer antiker Staat bei der konkreten Umsetzung der Werte »Freiheit« und »Gleichheit« und bei der Beteiligung der Bevölkerung an der Gestaltung der Polis, des politischen Gemeinwesens, so weit ging wie Athen.

Das alles ist Ergebnis eines komplexen Prozesses. Ausnahmepersönlichkeiten wie Solon, Kleisthenes oder Perikles trafen dabei auf Situationen und Entwicklungen, die auf den unterschiedlichsten Ebenen stattfanden.

Hinzu kam ein Faktor von entscheidender Bedeutung, nicht nur für die attische Demokratie selbst, sondern für die Etablierung eines ganzen Kontinents: Europas. Der Erfolgsweg des demokratischen Modells ist unverbrüchlich verbunden mit dem

griechischen Sieg über die Perser bei Marathon, in den Schlachten von Salamis und Platää und mit der Gründung des Attischen
Seebundes.

9. Perser ante portas

Großes war erreicht. Die erste Weltmacht der Menschheitsgeschichte war entstanden. Nun galt es, ihr eine Hauptstadt zu bauen.

König Dareios I., dessen Vorgänger den Vielvölkerstaat geschaffen hatten, entschied sich 518 v. Chr. für das auf einer Hochebene gelegene Persepolis, achtzig Kilometer nordöstlich von Schiras im heutigen Iran. Zunächst ließ er eine riesige festungsähnliche, etwa 125 000 Quadratmeter große Plattform anlegen. Auf ihr sollte ein gewaltiger Gebäudekomplex errichtet werden, der durch ein monumentales Tor an der Nordostecke der Terrasse betreten werden konnte. Die Schatzkammer des Perserreichs gehörte dazu, aber auch die Wohnräume des Königs und des königlichen Harems.

Als die Hundertsäulenhalle und die anderen Audienzsäle fertig waren, boten sie bis zu tausend Menschen Platz. Die Achämenidenkönige liebten es, ihre Macht zu zelebrieren. Die Schlange der Untertanen aus allen Ecken des Großreichs, die ihren Tribut die Treppen zur Ratshalle von Persepolis hinauftragen, wurde immer länger. Damit sie die Residenz verkehrsgünstig erreichten, wurde die Hauptstadt zum Knotenpunkt eines effizienten Netzes von Königsstraßen.

Aus provinziellen Anfängen hatte sich die Dynastie der Achä-

meniden in Persien mit beeindruckendem Tempo zu einer Großmacht entwickelt, deren Herrschaftsraum sich von der Mittelmeerküste bis nach Nordwestindien erstreckte. Als Dareios I.
Persepolis gründete, hatte das Reich seine größte Ausdehnung
erzielt. Und der Großkönig fügte der Politik seiner Vorgänger
einen neuen — maritimen — Akzent hinzu. Er ließ die Seewege
von der Indusmündung zum Persischen Golf und weiter zum
Roten Meer erkunden und brachte das alte ägyptische Projekt
eines Kanals vom Roten Meer zum Nil endlich zum Abschluss.

Dann richtete er den Blick nach Westen — und stieß mit dem
Angriff auf Griechenland erstmals an seine Grenzen. Die sogenannten Perserkriege in der ersten Hälfte des fünften Jahrhunderts v. Chr. gehören zu den dramatischsten Konfrontationen des
Altertums.

Bereits im sechsten Jahrhundert v. Chr. hatten die Perser auch
die griechischen Stützpunkte in Ionien an der kleinasiatischen
Westküste unterwerfen können. Aufgrund der Eroberung Thra-
kiens, Makedoniens und der Meerenge von Bosporus und Hellespont (Dardanellen) durch Dareios I. ab 516 v. Chr. waren
außerdem die Griechenstädte rund um das Schwarze Meer vom
Mutterland und von anderen griechischen Kolonien abgeschnitten. Vor allem die Handelsbeziehungen mit den lebenswichtigen
Getreidelieferungen gerieten nun unter persische Beobachtung.

Die Perser waren bekannt dafür, den Unterworfenen ein ver-
hältnismäßig großes Maß an Autonomie zu gewähren, was den
Einsatz brutaler Gewalt aber nicht ausschloss. Damit der König
in seinem Weltreich der weiten Wege nicht den Überblick verlor,
setzte er in den Provinzen Satrapen ein. Sie waren mit höchster
administrativer, richterlicher und militärischer Macht ausgestattet. Die Griechenstädte wurden häufig von Tyrannen dominiert,
die ihre ganz eigene Politik machten. Ihre Typologie lässt sich

aus den großen schillerschen Balladen »Der Ring des Polykrates« und »Die Bürgschaft« bestens ablesen, auch wenn deren Handlung nicht in Kleinasien spielt.

Die griechischen Siedlungen an der kleinasiatischen Küste empfanden die Last der persischen Unterdrückung zunehmend als unerträglich. Das Signal zum Aufstand ging von der Stadt des Thales, der ionischen Metropole Milet, aus. Aber auch der Satrapensitz Sardes, einst Sitz des lydischen Königs Krösus, der als Erfinder des Münzgeldes in Erinnerung geblieben ist, wurde in die Rebellion einbezogen.

In Milet hatte sich um 500 v. Chr. der wankelmütige Tyrann Aristagoras an die Spitze der aufbegehrenden Griechen gestellt und suchte nun im Westen nach Verbündeten. Die Suche nach Waffenbrüdern zeitigte bei Kleomenes I., dem König von Sparta, keinen Erfolg. Sparta war – wie die meisten anderen griechischen Stadtstaaten – ausreichend damit beschäftigt, Kriege in unmittelbarer Nähe zu führen. Aktuell war ein Angriff gegen den Erzfeind Argos in der Argolis geplant, der die Aktivierung sämtlicher Ressourcen erforderte.

In Athen hatte Aristagoras mehr Glück; man war bereit, zwanzig Schiffe zur Verfügung zu stellen. Aus Eretria an der Westküste der Insel Euböa kamen weitere fünf dazu. In der Seeschlacht bei der kleinen Insel Lade vor Milets Küste erlitten die Griechen nach hoffnungsvollem Auftakt eine empfindliche Niederlage (494 v. Chr.). Zwar hatten sie sich zuvor durch Flottenverbände von den Inseln Chios, Samos und Lesbos deutlich verstärken können, waren aber trotz der Waffenhilfe den 600 Schiffen der Perser klar unterlegen.

Die Uneinigkeit und mangelnde Geschlossenheit der Bündnispartner auf griechischer Seite trug zu der Niederlage bei. Die Perser dagegen konnten sich auch auf Einheiten aus Phönizien,

Kilikien, Zypern und Ägypten verlassen, die dem Weltreich angehörten.

Der milesische Tyrann Aristagoras war schon vor der persischen Gegenoffensive nach Thrakien geflüchtet und kam dort um. Die Perser konnten mit der Zerstörung von Milet den Aufstand zu ihren Gunsten beenden. Die Stadt, die bis dahin das kulturelle Zentrum des griechischen Ostens, wenn nicht ganz Griechenlands gewesen war, wurde 479 wieder aufgebaut.

Der eigentliche Dorn im Auge der Weltmacht blieb aber Athen, das den ionischen Aufstand nach Kräften unterstützt hatte. Dareios I., der in Ägypten als Pharao anerkannt war, sah die Zeit gekommen, den Griechen einen Denkzettel zu verpassen und – im besten Fall – Hellas zu einer persischen Satrapie zu machen.

Zunächst aber versuchte er es mit einer Art Drohdiplomatie und schickte Gesandte gen Westen, um die griechischen Poleis zur Unterwerfung zu bewegen. In Mittel- und Nordgriechenland konnte er auf diese Weise einige Gebiete und diverse Bundesgenossen hinzugewinnen. Es kann allerdings nicht verwundern, dass in Athen wenig Neigung bestand, sich erneut in eine Tyrannis zu begeben, und dass Sparta um keinen Preis bereit war, seine Vormachtstellung auf der Peloponnes aufzugeben. An beiden Orten wurden die Gesandten getötet.

Damit war, aus persischer Sicht, das Maß voll. Der Großkönig schickte eine Expeditionsflotte in die Ägäis, um die Unterwerfung Griechenlands nun – möglichst rasch – mit militärischen Mitteln durchzusetzen.

Der Feldzug begann verheißungsvoll. Zunächst traf es Eretria, den anderen Bündnispartner der ionischen Rebellen. Die Stadt wurde zerstört, die Bevölkerung verschleppt. Erstmals traten nun die Perser im griechischen Mutterland in Erscheinung.

Im Spätsommer 490 v. Chr. näherte sich die gewaltige persische

Armada der Nehrung von Schoinias, einer Landzunge nahe der Ebene von Marathon, 37 Kilometer nördlich von Athen, wo 20000 Infanteristen und Reiter an Land gingen. Die Stadt war unmittelbar bedroht und schickte Eilboten nach Sparta, um Unterstützung einzufordern. Dort weigerte man sich allerdings mit dem Hinweis auf die gerade stattfindenden Festlichkeiten zu Ehren des Gottes Apollon, die eine gleichzeitige Teilnahme an kriegerischen Handlungen verboten. Erst Tage danach wurden Hilfstruppen auf den Weg gebracht.

Verstärkung kam nur aus Platää. Die Stadt schickte tausend Hopliten – schwer bewaffnete Fußtruppen, die in der geschlossenen *Phalanx* kämpften. Mit nur 9000 eigenen Hopliten sah sich das Athener Bürgerheer einer erdrückenden Übermacht gegenüber. Aber unter der klugen Schlachtregie ihres Heerführers Miltiades, der die Gegebenheiten des Geländes geschickt für seine Taktik ausnutzte und auch den Frontalangriff nicht scheute, erkämpften die Griechen einen völlig überraschenden Sieg.

Die persischen Bogenschützen, im Besitz der wichtigsten Fernwaffe ihrer Zeit, zeigten sich der anstürmenden Phalanx der Athener, die den Pfeilhagel weitgehend unterlief, nicht gewachsen. Außerdem hatte Miltiades die Flügel seiner Schlachtreihen verstärkt, weil hier die gefürchtete persische Reiterei erwartet wurde, die aber nicht rechtzeitig Position bezog. Auf diese Weise konnten die Seiten der griechischen Phalanx kampfentscheidend zur Mitte schwenken.

Die Perser flohen auf ihre Schiffe; ihre Verluste sollen hoch gewesen sein, während die Athener wohl tatsächlich nur 192 Soldaten verloren hatten. Dies jedenfalls ist die Zahl der »Vollbürger«, die gefallenen Sklaven und die Toten aus Platää wurden nicht mitgerechnet.

Der unerwartete Triumph war nicht nur ein militärisches Ereignis, er war auch ein Sieg der athenischen Verfassung, wie sie Kleisthenes geschaffen hatte. Ein neues Gefühl der Zusammengehörigkeit war entstanden, das sich durch die Mischung der zehn Phylen-Regimenter auch auf das Schlachtfeld übertrug.

Athens Selbstbewusstsein war markant gestärkt. Auch deshalb, weil der epochale Sieg ohne die Spartaner zustande gekommen war. Diese trafen so spät ein, dass sie gerade noch das Schlachtfeld besichtigen und mit betretenen Mienen zu Hause davon berichten konnten. Ein empfindlicher Rückschlag für Spartas Hegemonialansprüche auf der Peloponnes, ein spürbarer Machtzuwachs für Athen, ein kräftiger Vitaminstoß für die attische Demokratie.

Erst später, im vierten Jahrhundert v. Chr., entsteht die Legende vom Marathonlauf. Ein Krieger in voller Rüstung soll bis in das entfernte Athen gelaufen und nach dem Ruf »Wir haben gesiegt!« tot zusammengebrochen sein. Wie zahlreiche andere Mythen und Erzählungen, die der Schlacht bei Marathon gewidmet wurden, ist auch diese Anekdote nicht belegt. Richtig ist freilich, dass bei der neuzeitlichen Wiederbegründung der Olympischen Spiele im Jahr 1894 der »Marathonlauf« als eigenständige Disziplin eingeführt wurde – in der Tat unter Bezugnahme auf dieses Schlüsselereignis antiker Geschichte, bei dem, wie es der Philosoph Georg Wilhelm Friedrich Hegel ausdrückte, »der Lauf der ganzen Weltgeschichte zitternd in der Schwebe hing«.

Für den persischen Expansionsdrang war die Niederlage gegen einen als zwergenhaft empfundenen Gegner ein Dämpfer, für die Großmacht selbst eine Demütigung, ein Pfahl im Fleisch der Achämenidenherrscher, der sie nicht zur Ruhe kommen ließ. Einer allerdings hatte seine Ruhe inzwischen gefunden, in einer Felswand sechs Kilometer nördlich von Persepolis: Großkönig Dareios I., der im Jahr 486 v. Chr. starb, wählte sie als Grabstätte. Sein Sohn Xerxes I. folgte ihm auf den Thron.

Zehn Jahre nach Marathon steht erneut ein riesiges persisches Heer vor Griechenlands Toren. 100 000 Mann sind aufgeboten, 600 Schiffe liegen vor der Küste im Norden. Auf beiden Seiten hatte zwischenzeitlich ein enormes Aufrüsten stattgefunden. In eigenwilliger Interpretation des delphischen Orakelspruchs »Sucht Schutz hinter hölzernen Mauern!« steckte der Athener Staatsführer Themistokles das Geld aus kürzlich entdeckten Silbervorkommen in den Bau einer Flotte. Piräus wurde Kriegshafen, und auf den 200 neuen Schiffen mussten nach demokratischem Prinzip alle Männer Athens als Ruderer Dienst tun.

Auf persischer Seite wollte sich Xerxes mit keinerlei Halbherzigkeiten mehr abgeben. Er hatte soeben einen ägyptischen und einen babylonischen Aufstand unterdrückt, fühlte sich frei für den entscheidenden Feldzug Richtung Westen und ließ das gesamte Reichsheer aufmarschieren. Im Sommer 480 v. Chr. überschritt Xerxes mit seinen Truppen auf Pontonbrücken den Hellespont, die persische Flotte fuhr durch den eigens angelegten Athoskanal.

In Griechenland war es zwar nicht gelungen, eine geschlossene Koalition gegen die persische Bedrohung aufzubieten, aber immerhin hatten sich zahlreiche Poleis im Hellenenbund unter Führung Spartas zusammengeschlossen. Das Abwehrbündnis stellte sich der persischen Flotte am Kap Artemision an der Nordspitze Euböas entgegen, zu Lande sollte eine kleinere Truppeneinheit am Engpass der Thermopylen in Thessalien den Gegner aufhalten.

Die Stelle war gut gewählt und konnte tagelang gegen die anrückenden Perser gehalten werden. Dann aber verriet ihnen ein Einheimischer den versteckten Umgehungspfad, und sie erschienen im Rücken der Verteidiger. Tapferkeit, Heldenmut und Untergang der rund 300 Spartaner, die sich mit ihrem König Leonidas dem persischen Heer entgegenstellten, sind – wie die Schlacht bei Marathon – zum Mythos geworden.

Athen lag nun offen vor den persischen Truppen, die auch das bedeutende Theben auf ihre Seite gezogen hatten. Frauen und Kinder konnten mit Hilfe der neuen griechischen Flotte rechtzeitig auf die vorgelagerte Insel Salamis evakuiert werden. Xerxes ließ Athen plündern und niederbrennen. Die Akropolis, deren älteste Befestigungen bis in mykenische Zeit zurückreichen und die im sechsten Jahrhundert v. Chr. zum Heiligtum der Pallas Athene ausgebaut worden war, wurde zerstört. Erst Phidias, Athens berühmtester Bildhauer, wird sie ab 447 v. Chr. in neuem Glanz errichten, beginnend mit dem Parthenon und den Propyläen.

Die Truppen der Eroberer zogen weiter in den Süden und hinterließen eine Spur der Verwüstung. Schließlich traf auch die – allerdings sturmgebeutelte und deshalb dezimierte – persische Flotte im Sund vor Salamis ein. Vom Festland aus, auf einem prunkvollen Thron sitzend, verfolgte der persische König die fast zwölfstündige Entscheidungsschlacht, die sich der kluge Themistokles genau an dieser Stelle erhofft hatte.

Xerxes erlebte ein Desaster. Die Meerenge ließ eine Entfaltung der persischen Übermacht nicht zu. Die numerische Überlegenheit der Angreifer erwies sich als nichtig, mehr noch: als ausgesprochen hinderlich. Denn die Manövrierfähigkeit der persischen Flotte war stark eingeschränkt. Schnelligkeit und Wendigkeit der griechischen Schiffe, die sich an den Flanken des Gegners immer wieder in vorzügliche Gefechtspositionen brachten, gaben nun den Ausschlag. Die Schlacht war verloren, auch der zweite groß angelegte Versuch der persischen Supermacht, das kleine, erneut unterschätzte Griechenland in die Knie zu zwingen, war gescheitert.

Athen feierte, feierte vor allem den Retter Themistokles. Selbst die Spartaner erwiesen ihm höchste Ehren.

Mit Recht ist der griechische Sieg bei Salamis als vollständig, aber nicht endgültig bezeichnet worden. Der Kampf ging bekanntlich auf dem Festland weiter. Und doch wirkt der 479 v. Chr. unter Führung des Spartiaten Pausanias erzielte Erfolg in der Schlacht von Platää, bei der drei Söhne des Dareios ihr Leben ließen, nur wie ein Epilog der Ereignisse aus dem Vorjahr.

Nach der gescheiterten persischen Invasion gingen die Griechen zur Gegenoffensive über und befreiten die Städte an der kleinasiatischen Küste. Sie traten dem 478 v. Chr. gegründeten Delisch-Attischen Seebund bei, der es Athen in der Folgezeit ermöglichte, ein bedeutsamer Machtfaktor im Mittelmeerraum zu werden. In der Schlacht am Eurymedon im südlichen Kleinasien gelang dem Bund 466 v. Chr. ein Doppelsieg über Flotte und Heer der Perser.

Mit dem »Kalliasfrieden«, ausgehandelt 449/448 v. Chr. zwischen dem Athener gleichen Namens und König Artaxerxes, Nachfolger des ermordeten Xerxes I., galten die Perserkriege als beendet. Die Initiative zu diesem Vertragswerk wird Perikles zugeschrieben. Historisch gesichert ist es nicht.

Gesichert ist aber eine historische Provokation, die bis heute einen kräftigen Theaterdonner auslöst. In seiner Tragödie »Die Perser«, dem ältesten erhaltenen Drama der Welt, schildert der Dichter Aischylos, der selbst im Jahr 480 an der Seeschlacht von Salamis teilgenommen hatte, den Krieg nicht etwa aus der Sicht der siegreichen Griechen, sondern aus der Perspektive des unterlegenen Gegners. »Die Perser« gelten damit als frühestes und – noch immer – bestes Beispiel dafür, wie der im Triumph geschlagene Feind, ungeachtet des Siegerstolzes der Griechen, nicht herabgesetzt, sondern durch kunstvolle Spiegelung in der Tragik seiner Niederlage gesehen werden kann.

An der Tendenz der Geschichtsschreibung, die über Jahrhunderte aus der Sicht der griechischen Gewinner erfolgte, hat das Stück nichts geändert. Aber es stimmt tröstlich, dass es bei seiner Uraufführung, die 472 v. Chr. noch im Siegestaumel von Salamis erfolgte, den ersten Preis der Dionysien, der jährlich stattfindenden Theaterwettbewerbe, erhielt.

Am Ende dieses großen Ost-West-Konflikts Mitte des fünften Jahrhunderts v. Chr. hatten jedenfalls die Griechen ihre Freiheit und die Athener ihre Demokratie erfolgreich verteidigt. Die Grenze zwischen Europa und Asien war neu markiert, der Unterschied zwischen Okzident und Orient bekräftigt worden.

Damit war das Perserreich aber nicht in seiner Substanz gefährdet, es existierte weitere hundert Jahre als Großmacht und spielte später als Sponsor der Spartaner im sich anbahnenden Peloponnesischen Krieg mit Athen eine nicht unwesentliche Rolle. Erst die Feldzüge Alexanders des Großen in der zweiten Hälfte des vierten Jahrhunderts v. Chr. veränderten die Herrschaftsbereiche grundlegend.

10. Bis an das Ende der Welt

E s gibt nicht viele Orte, wo Sie ihm direkt in die Augen schauen können. Kommen Sie mit nach Neapel und besuchen Sie das Archäologische Museum. Dort treffen Sie auf Alexander den Großen in dem berühmten Mosaik aus Pompeji: Sie sehen ihn entschlossen, konzentriert und zielstrebig auf seinem Pferd Bukephalos während der Schlacht bei Gaugamela 331 v. Chr. Er bedroht Dareios III., den persischen Herrscher, der in ihm die tödliche Gefahr erkennt, seinen Streitwagen wendet und flieht. Angeblich sollen sich die Blicke der beiden Könige für einen Moment getroffen haben.

Diesen Alexander kannten die Athener 340 v. Chr. noch nicht. Mit Vergnügen hörten sie sich stattdessen die Ausführungen von Demosthenes an, einem ihrer großen Redner und Agitatoren: »Dumm und aufgeblasen« sei der junge Prinz am Hofe zu Pella in Makedonien. Und sie waren zu gern bereit, dieser Einschätzung Glauben zu schenken. Auch die Tatsache, dass Alexander, Sohn Philipps II., vom berühmten Aristoteles erzogen wurde, vermochte wenig daran zu ändern. Zudem galt Makedonien als primitiv und unkultiviert, angeblich sollten sich nur die Insekten aus den zahlreichen Sümpfen da wohlfühlen.

Die Athener mussten sich eines Besseren belehren lassen. 338 v. Chr. brachte ein makedonisches Heer, das von Philipp II.

bei Chaironeia in den Kampf geführt wurde, den Hellenen eine empfindliche Niederlage mit weitreichenden Folgen bei. Es war der gerade 18-jährige Alexander, der die Angriffsflügel befehligte und mit taktischem Geschick und einer neuen »schiefen« Schlachtordnung entscheidend für die Niederlage der Griechen sorgte. Fortan gehörten bis auf Sparta alle griechischen Städte des Kernlandes zum »Korinthischen Bund«, der Philipp als seinen *Hegemon*, als seinen Bundesfeldherrn, anerkannte. Die Zeit der Polis, der freien griechischen Stadt, war bereits ein Jahr nach Chaironeia vorbei. Wenn Sie heute an diesen Ort kommen, können Sie dort einen monumentalen steinernen Löwen besichtigen; er steht als Symbol für das Ende der griechischen Unabhängigkeit.

Wie war es dazu gekommen, was war geschehen?

Als Philipp II. 359 v. Chr. von der makedonischen Heeresversammlung zum König gewählt wurde, bot sich ihm tatsächlich keine ermunternde Ausgangssituation für das, was sich in den nächsten zwanzig Jahren abspielen sollte: Das Heer war in einem desaströsen Zustand, von Infrastruktur oder einer funktionierenden Verwaltung konnte keine Rede sein. Doch der raubeinige König hatte Großes vor, er war ehrgeizig, und mithilfe der reichhaltigen Goldvorkommen in Thrakien begann er mit einer beeindruckenden Aufrüstung. Seine Armee sollte die schlagkräftigste in ganz Griechenland werden. Die Adelsreiterei, die *Hetairen*, wurde zur Elitetruppe ausgebildet, die Fußtruppen organisierte er in starren Phalanxen mit vier bis fünf Meter langen Speeren aus besonders stabilem Zedernholz, für deren Einsatz ein intensives Training nötig war.

So ungehobelt Philipp gewesen sein mag, zeigte er sich doch auch als geschickter Diplomat. Zur Stabilisierung seiner Bündnispolitik soll er – sich an seinen aktuellen strategischen Plänen orientierend – die jeweils dazu passende Frau geheiratet haben. Um 357 v. Chr. ging Philipp seine vierte Ehe mit Polyxena, einer Prinzessin aus Epirus, ein, die nach der Hochzeit den Namen Olympias bekam. Ziel dieser Eheschließung war es, die Allianz zwischen Epirus und Makedonien zu besiegeln.

Olympias' königliches Elternhaus leitete seine Abstammung von dem mythischen Helden Achilles her, sie selber behauptete außerdem eine direkte Linie zur schönen Helena.

Olympias galt als exzentrisch, herrschsüchtig, stolz und auch grausam. Religiös exaltiert, war sie eine begeisterte Anhängerin des Dionysos-Kultes und trat bei den orgiastischen Feiern zu Ehren des Gottes schon in ihrer Heimat Epirus als Tänzerin und Bacchantin auf. Laut Plutarch spielten bei diesen Kulthandlungen Schlangen eine wichtige Rolle, was bei Philipp wohl zu Irritationen führte und auch dazu beigetragen haben soll, dass die Ehe nicht besonders harmonisch verlief. Peter Bamm sagte zur Hochzeit dieser beiden: »Es heiratete der Wolf eine Löwin.«

356 v. Chr. wurde Alexander, der gemeinsame Sohn, geboren, und eine weltumstürzende Geschichte nahm ihren Lauf. Ob seine Kindheit glücklich war, lässt sich kaum entscheiden. Auf jeden Fall war sie sehr bewegt: Philipp befand sich seit Alexanders Geburt fast ununterbrochen auf Kriegszügen. Er gewann 352 v. Chr. den Krieg gegen die Phoker, auf deren Gebiet sich die Stadt Delphi mit dem Orakel befand, besetzte Thessalien und eroberte 342 v. Chr. Thrakien.

Alexander blieb in der Zeit von Philipps Feldzügen in der Obhut seiner Mutter Olympias, die in ihm den einzig rechtmäßigen Thronerben sah und ihn zu ihrem Geschöpf machen wollte. Zeit seines Lebens hatte sie einen starken Einfluss auf ihn und brachte ihm wohl auch den Glauben an eine göttliche Abstammung nahe. Auf dem Jungen lagen also von Anfang an ein starker Druck und hochgesteckte Erwartungen: hier seine ehrgeizige Mutter, dort der machtbesessene Vater, dazu noch das kriegerische Volk. Nicht zu unterschätzen waren auch Alexanders eigene hohe Ansprüche.

Er wuchs am Hof von Pella auf und wurde dort auf die Rolle als Nachfolger seines Vaters gut vorbereitet. Philipp engagierte, als Alexander dreizehn Jahre alt war, den berühmten Philosophen Aristoteles als Lehrer, der zuständig sein sollte für Bildung und Erziehung nach griechischem Ideal. Alexander erwies sich als talentiert, neugierig und intelligent. Worin genau Aristoteles ihn unterrichtete, weiß man nicht. Fest steht, dass er Alexanders Interesse an griechischer Kultur und Literatur, an Forschung und Wissenschaft geweckt hat. Der junge Prinz wurde ein Verehrer Homers; ein Exemplar der »Ilias«, aus der er auswendig rezitieren konnte, lag später angeblich immer zusammen mit einem Kurzschwert unter seinem Kopfkissen.

Doch auch die militärische Ausbildung sollte nicht zu kurz kommen: Philipp selber übernahm hier die Überwachung. Stellen Sie sich einen selbstbewussten jungen Mann vor, der sehr gegensätzliche Züge in sich vereinigte. Am hervorstechendsten waren jedoch Alexanders urwüchsiger Elan und eine beispiellose Willenskraft, die sich in unermüdlich tätiger Energie äußerte. Mit ihr hingen auch Schnelligkeit und Zähigkeit seines Handelns zusammen, die bereits den Jugendlichen kennzeichneten. In diese Zeit fiel auch die Begegnung Alexanders mit einem Freund, der ihn zwanzig Jahre begleiten sollte: mit seinem Rappen *Bukephalos* (griech. = der Stierköpfige).

Das temperamentvolle Pferd war ursprünglich das Geschenk eines Freundes an Philipp, den es aber immer wieder abwarf. Erst Alexander gelang es, den Willen des Tieres zu brechen und auf ihm zu reiten. Philipp soll daraufhin tief beeindruckt gesagt haben: »Mein Sohn, such dir ein Reich, das deiner würdig ist.

Denn Makedonien ist zu klein für dich!« So weit die Legende. Was allerdings feststeht, ist: Alexander liebte dieses Pferd so sehr, dass er in Schlachten oft ein anderes ritt, um Bukephalos zu schonen. Es begleitete Alexander bis nach Indien, wo der Rappe während einer Schlacht am Hydaspes-Fluss starb. Alexander gründete daraufhin ihm zu Ehren die Stadt Bukephala, das heutige Jhelam in Pakistan.

Alexander wurde seit 340 v. Chr. von seinem Vater zunehmend in die Regierungsgeschäfte mit einbezogen und unter anderem zum Statthalter gemacht, ein Amt, das er mit Erfolg ausübte. Kurz darauf entschied Philipp, dass sein Sohn bereit sei zum Kampf. In der (eingangs erwähnten) Schlacht bei Chaironeia 338 v. Chr. standen sich 30000 makedonische Männer einem Heer von ebenfalls 30000 Soldaten aus Athen und Theben gegenüber, das vor allem 10000 Hopliten und die berühmte thebanische »Heilige Schar« – das waren 300 Elitesoldaten – umfasste. Alexander kommandierte die Reiterei auf der linken Flanke und erkämpfte zusammen mit seinem Vater einen ersten großen Sieg. Es war damit etwas eingetreten, was keiner erwartet hatte und was noch niemandem vorher gelungen war: Ganz Griechenland, außer Sparta, wurde von den Makedoniern beherrscht.

Doch der eigentliche Feind stand im Osten: Dareios III., der persische Großkönig, dessen Reich zwar nicht mehr so stark und mächtig war wie vor 150 Jahren, aber immer noch bedrohlich. Zudem hatte er im Hintergrund die griechischen Stadtstaaten unterstützt, Waffen und Soldaten geliefert. Die Kriegsvorbereitungen Makedoniens gegen die Supermacht der Antike begannen.

Philipp war 45 Jahre alt und auf dem Gipfel seiner Macht. Und Sie können glauben: Es war ihm tatsächlich alles zuzutrauen. Doch es sollte anders kommen. Philipp heiratete noch einmal. Diesmal war es eine zwanzigjährige Makedonierin aus altem

Adel, Eurydike. Was nicht verwundert: Es kam zum Zerwürfnis mit der wütenden Olympias, die mit der möglichen Geburt eines weiteren Sohnes einen neuen Konkurrenten um den Thron befürchtete, und auch zum Bruch mit Alexander. Beide verließen den Hof und flohen nach Epirus. Alexander kehrte allerdings recht bald und halb versöhnt mit seinem Vater nach Pella zurück.

Das nächste große Fest, das Philipp ausrichten wollte, die Vermählung seiner Tochter Kleopatra, Alexanders Schwester, wurde dem König zum Verhängnis: Der Anführer seiner persönlichen Leibwache, Pausanias, erstach Philipp vor den Augen der versammelten Gäste. Es gibt um diesen Mord und sein Motiv zahlreiche Gerüchte, Geschichten und Spekulationen, viele mögliche Anstifter kommen in Betracht, einschließlich der Olympias. Aufgeklärt wurde das Verbrechen nie und bleibt so im Dunkel der makedonischen Geschichte.

Der König ist tot. Es lebe der König! Alexander begann seine Regentschaft mit, wie Sie vermutlich finden werden, brutalen Maßnahmen: Drei Verwandte, die Thronansprüche erhoben oder erheben konnten, ließ er töten.

Die Nachricht von der Ermordung seiner Rivalen verbreitete sich überall wie ein Lauffeuer. Trotzdem glaubten die Griechen und andere Stämme, dass es jetzt, nach Philipps Tod, der richtige Zeitpunkt sei, um gegen die makedonische Herrschaft zu rebellieren. Mit einer unvermuteten und beeindruckenden Schnelligkeit erschien Alexander daraufhin vor Korinth, wo man ihm ängstlich und eiligst huldigte. Dann ging es weiter zum Balkan, über die Donau: Die makedonischen Truppen, die dem Charisma ihres jungen und entschlossenen Führers offensichtlich begeistert anhingen, unterwarfen die Illyrer, die Triballer, die Geten, die Kelten und die Thraker. 335 v. Chr. schließlich eroberte Alexander, der sich einmal mehr als souveräner Taktiker und Feldherr erwies, das abgefallene Theben. Ein Exempel sollte statuiert werden als Zeichen für alle anderen Griechenstädte: Theben wurde niedergebrannt, seine Einwohner als Sklaven verkauft. Die Maßnahme verfehlte ihre Wirkung nicht, und Alexander konnte es sich deswegen erlauben, mit Athen erheblich milder zu verfahren. Man einigte sich bei Verhandlungen auf die Ausweisung der Aufrührer.

Das alles geschah innerhalb eines Jahres, in dem gleichzeitig in Makedonien eine gewaltige Aufrüstung stattfand, die nur ein Ziel hatte: Dareios und sein Perserreich zu besiegen.

Alexanders Plan war kühn, das Perserreich riesig, an seiner Ostseite – so glaubte man – lag das Ende der Welt. Nichts wurde dem Zufall überlassen, Alexander konnte auf den Plänen seines Vaters aufbauen. Die Generalstäbe tagten schon lange, Spionagedienste waren seit Monaten unterwegs. Schließlich überschritt Alexander 334 v. Chr. mit 37 500 Makedoniern, 7000 Griechen und einigen tausend Söldnern den Hellespont, die Meerenge, die Europa von Asien trennt. Zum Heer gehörten 5000 Reiter mit Helm, Halsschutz, Panzer und Beinschienen, ausgerüstet mit Stoßspeer und Schwert, auch die Pferde trugen einen Panzer an Kopf und Brust. Außerdem zählten dazu die bewährten kretischen Bogenschützen und Fußvolk.

Alexander nahm aber auch einen ganzen Hofstaat mit: Philosophen, Künstler, Schauspieler, Musiker, Ärzte und Priester; daneben Beamte, Ingenieure, Techniker, ebenso seine persönlichen Berater, Freunde und Gefährten. Sein Heerzug glich einer kleinen Völkerwanderung. Und Sie müssen wissen: Der 21-jährige König sollte seine Heimat nie wiedersehen. 20 000 Kilometer in zwölf Jahren lagen vor ihm: von Makedonien über die heutige Türkei und Palästina nach Ägypten, quer durch die Wüste bis zur Oase Siwa; dann wieder zurück durch Palästina und über Syrien nach Persien und ans Kaspische Meer; weiter durch Afghanistan, über den Hindukusch und durch das heutige Pakistan bis nach Indien – und wieder zurück bis Susa und Babylon.

Bei Ilion, am Strand des berühmten Troja, stieg er an Land und wandte sich unmittelbar dem von ihm so vergöttlichten Achilles zu: Nachdem er sich gesalbt hatte, lief er nackt zu dessen vermeintlichem Grab und bekränzte die Säule. Hephaistion, sein geliebter Gefährte, lief genauso um das Grab des Patroklos, des besten Freundes von Achill. Als Alexander im Tempel der Athene seine Kriegsausrüstung geopfert hatte, fühlte er sich seinem homerischen Helden gleich. Er sollte auch in Zukunft auf seinem Weg kaum eine Orakel- oder Tempelstätte unbesucht lassen.

Doch vernachlässigen wir Alexanders kultische Handlungen und schauen nach Babylon. Dort, in der großen Metropole des Perserreiches, war man über den Aufbruch der Makedonier noch nicht beunruhigt. Dareios, der sich darum nicht so recht kümmern wollte, ging davon aus, dass seine Satrapen, die kleinasiatischen Statthalter, den jungen Wilden schon aufhalten würden. Der Großkönig übernahm deshalb nicht selbst das Kommando, sondern überließ es Memnon, einem griechischen Söldner aus Rhodos, die Verteidigungsstellungen zu etablieren. Am kleinen Fluss Granikos in Nordwest-Anatolien trafen Ende Mai 334 Makedonier und Perser das erste Mal aufeinander. Wir können davon ausgehen, dass die Truppen Alexanders sehr erschöpft gewesen sein müssen, sie hatten an diesem Tag in glühender Hitze schon 16 Kilometer zurückgelegt. Doch der junge Feldherr trieb seine Männer an, lenkte geschickt die verschiedenen militärischen Abteilungen gegen die sich heftig wehrenden Perser, exponierte sich selbst ungestüm mit seiner Reiterei und führte sein Heer damit schließlich zum ersten Sieg über die Großmacht. Die Satrapen und Memnon flohen, Tausende griechische Söldner wurden getötet oder als Sklaven in die makedonischen Bergwerke geschickt.

In den folgenden Monaten war Kriegspause. Dareios wusste, dass er nun selber eingreifen musste, und zog ein Heer von 60 000 bis 70 000 Mann zusammen. Im November 333 v. Chr. war es so weit: Bei Issos standen sich die beiden Heere und auch die beiden Feldherren gegenüber. Eine Neuauflage von Granikos wurde die Schlacht allerdings nicht. Diesmal war der Gegner stärker, schien seine Lehren gezogen zu haben aus der Niederlage ein Jahr zuvor.

Doch von einem Moment auf den anderen wendete sich das Blatt. Gegen alle Regeln der Kriegskunst brach Alexander mit seiner Reiterei mitten in die persischen Reihen. Dareios sah sich plötzlich umzingelt von makedonischen Kriegern, verlor die Nerven und floh. Seiner Führung beraubt, brach das persische Heer zusammen und folgte seinem Führer in ungeordnetem Rückzug. Dareios' Familie – seine Mutter, seine Frau und die Kinder – fielen in Alexanders Hände. Ein Lösegeldangebot schlug er in einem Brief als »Herrscher von Asien« aus, behandelte seine Geiseln aber gut.

Die Schlacht bei Issos gehört zu den großen weltgeschichtlichen Wendepunkten. Alexander sah sich nun als König von Persien, aber von Zufriedenheit keine Spur: Es gab neue große Ziele.

Zunächst verfolgte Alexander nicht Dareios, sondern zog an der Küste entlang Richtung Süden, wo sich ihm alle Städte ergaben. Nur Tyros, die Mutterstadt der Karthager, widersetzte sich, und Alexander brauchte mit enormem taktischen und technischen Aufwand acht Monate, um den Einwohnern eine verheerende und blutige Niederlage beizubringen: 2000 Menschen ließ er – so die Legende – entlang der Küste kreuzigen, 30 000 schickte er in die Sklaverei.

Begleiten wir das makedonische Heer nach Ägypten, dessen Einwohner Alexander einen freundlichen Empfang bereiteten, sahen sie ihn doch als Befreier von der persischen Unterdrückung. Alexander ließ Architekten, Ingenieure, Wissenschaftler und Künstler ins Land bringen, gründete Alexandria, heute mit 4,54 Millionen Einwohnern nach Kairo die zweitgrößte Stadt Nordafrikas. Als Dank machten die Ägypter ihn zu ihrem Pharao, zu ihrem Halbgott. Beflügelt durch diese Ehre und bestätigt durch das Orakel der Oase Siwa in der Libyschen Wüste, fühlte sich Alexander zu weiteren Feldzügen angestachelt. Sie dürfen nicht vergessen: Da gab es immer noch Dareios, der die Zeit inzwischen genutzt hatte, um erneut ein gewaltiges Heer aufzustellen.

Schlachtfeld am 1. Oktober 331 v. Chr. war diesmal Gaugamela im heutigen Irak. Dareios erhoffte sich durch das flache Gelände Vorteile für seine Streitwagen, und eigentlich hätte alles gutgehen müssen für das persische Heer, das wesentlich größer war als das makedonische. Wir machen es kurz: Es geschah das, was niemand für möglich gehalten hatte. Wieder einmal gelang es Alexander, durch geschicktes Manövrieren und taktisch kluge Entscheidungen den Sieg zu erringen. Dareios verlor auch diesmal die Nerven und floh.

Alexander ließ ihn ziehen und begab sich ungehindert nach Babylon, dessen Bewohner ihm zujubelten und den umfangreichen Staatsschatz auslieferten. Er zeigte sich freundlich und tolerant. Den von den Persern zerstörten babylonischen Turm befahl er wieder aufzubauen. Die orientalische Art zu leben und zu herrschen gefiel ihm, und er nahm seinen Regierungssitz in Susa ein. Doch nicht überall lief es so friedlich: Persepolis, die alte Königsstadt der Achämeniden, gab Alexander zur Plünderung frei – vermutlich als Rache für die Zerstörung Athens

480 v. Chr. und auch auf Druck seiner Soldaten – und ließ dann alles niederbrennen.

Alexander veränderte sich seitdem: Aus dem stürmischen, selbstbewussten jungen Mann, der seine Soldaten begeistert hatte, wurde ein skeptischer, zusehends selbstherrlicher Halbgott. Kaltblütig ließ er tatsächliche und vermeintliche Verschwörer – darunter langjährige und verdiente Vertraute – im eigenen Heer ermorden. Und er rüstete seine Streitmacht für die nächsten Feldzüge. Wir erinnern uns: Dareios war immer noch auf der Flucht. Was Alexander nicht wusste: Der Perser war längst entmachtet. Er war seinen Begleitern lästig geworden und wurde schließlich von Bessos, dem Satrapen von Baktrien, getötet. Alexander fand die Leiche des alten Rivalen abseits des Marschweges in seinem Reisewagen und ließ ihn standesgemäß beerdigen. Bessos hieß nun der nächste Gegner.

Es war der Zeitpunkt für eine markante Wende: Bei Alexanders Soldaten rührte sich erstmals Unruhe ob der tollkühnen Pläne ihres inzwischen 24-jährigen Feldherrn. Eigentlich hatten sie ja alles erledigt, wofür sie gekommen waren. Was einigen von ihnen zunehmend als Wahnsinn erschien, wurde für Alexander immer stärker zur Mission. Er trieb seine Männer unaufhaltsam nach Osten; es begann das, was man den eigentlichen Alexanderzug nennt.

Nach heftigen Partisanenkämpfen in Ostiran ging es nach Afghanistan. Dort vermählte sich Alexander 327 v. Chr. zum Entsetzen seiner makedonischen Begleiter nach persischer Sitte mit Roxane, einem sehr jungen, sehr attraktiven Mädchen, Tochter eines Stammesfürsten in Sogdien. Auch wenn er bei der späteren Massenhochzeit noch zwei weitere Frauen heiraten sollte, blieb Roxane die wichtigste Frau in seinem Leben. Sie begleitete ihn auf allen folgenden Feldzügen.

Im selben Jahr noch ging es bis ans Ende der Welt, wie Alexander und sein Lehrer Aristoteles glaubten: über einen 3000 Meter hohen Pass des verschneiten Hindukusch auf nach Indien. Im Frühjahr 326 v. Chr. überschritt der Makedonier mit seinem Heer den Indus und stieß auf die Streitmacht des Fürsten Poros, dessen hochgerüstete Krieger und Elefanten er nur unter äußerster Anstrengung besiegen konnte. Poros wurde sein Vasall.

Alexander wollte den Ganges und das dahinterliegende Weltmeer, nach damaliger Vorstellung das Ende der Welt, erreichen, wurde aber mit der Weigerung seiner Soldaten konfrontiert, noch weiterzuziehen. Sie waren nach Tausenden von Kilometern erschöpft und ausgebrannt. Alexander war entsetzt und zog sich für drei Tage zurück. Schließlich musste er einsehen, dass es tatsächlich nicht mehr weiterging. Er verkündete den Rückzug, seine Soldaten jubelten. Mit einer Flotte von tausend Schiffen fuhr er den Indus abwärts zum Meer. Der Rückweg durch die Gedrosische Wüste (Belutschistan) nach Westen wurde für die Soldaten zum Albtraum. War Indien für viele in Alexanders Zug schon eine Qual gewesen, steigerten sich die Strapazen in der glühenden Hitze ins vollends Unerträgliche. Gerade ein Viertel seiner Männer erreichte Susa. Dort kam es erst einmal zu Racheakten an den Satrapen, die während Alexanders immerhin fünfjähriger Abwesenheit rebelliert und ihn verraten hatten. Danach inszenierte Alexander 324 v. Chr. ein einzigartiges Fest: die berühmte Massenhochzeit von Susa, gedacht als Akt der Verschmelzung von Persern und Makedoniern zu einer neuen Herrenschicht. Neunzig seiner höheren Offiziere sollten sich mit persischen Frauen verbinden. Dazu kamen noch rund 10 000 Soldaten.

Alexanders Traum von der Verschmelzung der Völker sollte nie Wirklichkeit werden. Im selben Jahr musste er zunächst einen für sein Leben dramatischen Verlust verkraften. Im Oktober verstarb sein Freund, Berater und Geliebter, Hephaistion, der – erschöpft durch die Feldzüge und auch durch die hemmungslosen Gelage – einer fiebrigen Krankheit erlag. Alexander trauerte tagelang, war für niemanden zu sprechen. Er schien gebrochen und zog in seinen Palast nach Babylon.

Ein Jahr hielt er sich dort auf und schmiedete – wieder zu Kräften gekommen – neue Pläne. Nearchos, sein Admiral, bekam den Auftrag, den Persischen Golf zu erkunden. Gleichzeitig sollte in Babylon ein riesiger Hafen mit einer gigantischen Flotte von tausend Schiffen entstehen. Seeleute mussten angeworben werden. Alexanders maritime Aktivitäten dienten dem Ziel, Seewege zum Indus und zu den Gewürzen Asiens zu eröffnen. Die Erforschung und Unterwerfung der Arabischen Halbinsel war geplant, Karthago sollte angegriffen werden.

Doch es kam alles ganz anders. Es begann Ende Mai mit einem leichten Fieber: Alexander erkrankte. Er versuchte trotz zunehmender Schwäche noch, seine Regierungsgeschäfte aufrechtzuerhalten, traf sich mit seinen Generälen, gab Anweisungen. Dann – nach einer Woche – war der König nicht mehr ansprechbar. Der Herrscher über fast die ganze damals im Westen bekannte Welt starb am 13. Juni 323 v. Chr. 33-jährig in Babylon, vermutlich an Malaria oder einer Lungenentzündung. Sein Grab fand er in Alexandria, wo es die Archäologen noch immer suchen.

Erst jetzt nach seinem Tod wurde deutlich, wie alles auf Alexander zugeschnitten war, sich alles nur um ihn gedreht hatte. Die makedonische Heeresversammlung wählte zwar noch Alexanders geistesschwachen Bruder Arrhidaios und seinen Sohn, den Roxane noch gar nicht geboren hatte, zu seinen Nachfolgern. Aber der Versuch, das riesengroße Reich unter den Hetairen und Reichsverwesern aufzuteilen, scheiterte. Die Verwalter traten in den nächsten Jahren in den sogenannten »Diadochenkriegen«

gegeneinander an, Roxane und ihr Sohn wurden getötet – wie auch alle anderen Verwandten –, Alexanders Reich zerfiel.

Was bleibt?

Mit Sicherheit die beeindruckende Geschichte eines jungen Mannes, der schon zu Lebzeiten eine Legende war. Die unzähligen historischen Urteile decken das ganze denkbare Spektrum ab: vom größenwahnsinnigen Feldherrn, dessen Erfolge nur auf der Unfähigkeit seiner Gegner beruhten, bis zum charismatischen Genie, das seinen Träumen von einer vereinten Welt gefolgt ist. Seine Idee verwirklichten die Römer.

Alexander der Große in der Schlacht, wagemutig und stets an der Spitze seiner Truppen, unverwundbar mitten im ärgsten Kampfgetümmel – dieses Bild entzündet seit der Antike die Fantasien. Der Alexanderroman, von Island bis Malaysia verbreitet, machte Alexander zum Volkshelden bei Christen, Juden und Muslimen.

Der Alexander-Mythos lebt. Tatsächlich streiten sich seit 1991, der Auflösung des Staates Jugoslawien, die Republik Mazedonien und Griechenland um den Namen »Mazedonien«. Während die Mazedonier ihr Land mit dem antiken Makedonien in einer kulturellen Kontinuität sehen, empfinden die Griechen diese Behauptung als Anmaßung, reklamieren sie doch den Namen »Mazedonien« exklusiv für ihre eigene gleichnamige Provinz. Die Alexander-Tradition gehöre allein in das griechische Erbe. Haben die griechischen Bürger doch gerade 2009 bei der Umfrage eines Fernsehsenders Alexander zum größten Griechen aller Zeiten gekürt.

Die Mazedonier lassen sich davon nicht beeindrucken: Viele Straßen und Plätze sind inzwischen nach Alexander benannt, seit 2006 trägt der Flughafen von Skopje, der Hauptstadt, seinen Namen: Aerodrom Skopje Aleksandar Veliki. Und wenn die

Streitereien darum es nicht noch verhindern, werden Sie dort bald eine Reiterstatue besichtigen können: Alexander auf Bukephalos. 22 Meter hoch soll sie werden. Finden Sie nicht auch: Das ist nun wirklich groß!

11. Alle Wege führen nach Rom – wirklich?

Glauben Sie nicht, was auch heute noch gern behauptet wird! Hannibal auf dem Rücken des Elefanten Surus ist eine Legende. Tatsache ist: Hannibal führte im Frühjahr 217 v. Chr. vom heutigen Bologna aus 26 000 karthagische Soldaten in Richtung Rom. 36 Dickhäuter, von denen lange angenommen wurde, dass sie die strapaziöse Alpenüberquerung zunächst überlebt hätten, waren zu diesem Zeitpunkt bereits gestorben – ob wegen der feuchtkalten Witterung im winterlichen Oberitalien oder infolge der wütenden Attacken der Angreifer, lässt sich indes heute nicht mehr herausfinden.

In Rom verbreitete sich inzwischen panische Angst vor dem jungen Feldherrn aus Karthago, dem etwas gelungen war, was bis dahin unmöglich schien: die Überquerung der Alpen mit einem riesigen Heer, das Eindringen auf italischen Boden und – kurz darauf – die Vernichtung zahlreicher römischer Legionen.

Klein angefangen hatte dieses Weltreich. Betrachtet man die Rekonstruktionen der ersten Siedlungen auf den sieben Hügeln am Tiber, kann man kaum glauben, dass aus dieser idyllisch anmutenden Landschaft mit Pferden, Rindern und Schafen später einmal das Imperium entstehen sollte, das sich zum Zeitpunkt seiner größten Ausdehnung unter Kaiser Trajan im Jahr 116 n. Chr. über drei Kontinente erstreckte: von Gallien und großen Teilen

Britanniens über den Nordrand Afrikas bis zu den Gebieten rund um das Schwarze Meer. Damit beherrschte Rom den gesamten Mittelmeerraum und hatte ungefähr sechzig Millionen Einwohner auf einer Fläche von fast sechs Millionen Quadratkilometern. Sie hätten vom Atlantik bis zum Euphrat und von der Sahara bis zum Rhein und zur Donau reisen können, ohne – was nach Ende des Imperium Romanum bis heute eine Utopie bleiben sollte – Staatsgrenzen überschreiten und Zoll entrichten zu müssen. Es galt dieselbe Währung und dasselbe Recht, *lingua franca,* die gemeinsame Verkehrssprache, war im Westen das Latein Ciceros, im Osten das Griechisch des Apostels Paulus.

Doch noch war es nicht so weit, noch führten nicht alle Wege nach Rom. Der Tiber trennte das Gebiet der Latiner von dem der Etrusker, die um 600 v. Chr. ihre Siedlungen zu einer Stadt zusammenführten, deren Könige von da an die »Sieben-Hügel-Gemeinden« regierten. Die Bezeichnung »Rom« stammt wahrscheinlich vom Namen einer etruskischen Familie, den *Romuliern.* Die Gründungszwillinge Romulus und Remus und ihre zunächst anrührende, später martialische Geschichte müssen wir der Sagenwelt überlassen – auch wenn die beiden mit der Markierung 753 v. Chr. die Basis für die römische Zeitrechnung geliefert haben: *ab urbe condita* (lat. = im Jahr seit der Stadtgründung).

Viele archäologische Funde bezeugen den Rang dieser ersten Hochkultur in Italien. Die Etrusker hatten sich orientalische Elemente aus Assyrien, Ägypten, Zypern und Phönizien angeeignet. Ihre Statuen und Skulpturen, zum Beispiel der Hermes von Veji und der Krieger von Orvieto, sehen wie Geschwister griechischer Helden- und Götterfiguren aus. Sie zeigen ein geheimnisvolles Lächeln, als ob sie einer inneren Stimme lauschten, die ihnen vom Glück erzählt. Es muss eine heitere Lebensauffassung gewesen sein, die die Kunst der Etrusker inspiriert hat.

Der letzte römisch-etruskische König Tarquinius Superbus wurde im Jahr 509 v. Chr. vom Volk unter Führung von Lucius Iunius Brutus aus Rom vertrieben. Doch die Römer waren so klug, die etruskische Kultur nicht zu zerstören, sondern für sich fruchtbar zu machen. Sie behielten die etruskischen Zahlen bei und die griechisch-etruskische Schrift, aus der sich das lateinische Alphabet entwickelte. Sie übernahmen die Goldschmiedekunst und etliche Musikinstrumente. Etruskische Gottheiten wurden dem Personal ihrer eigenen Religion hinzugefügt, und wie ihre Vorgänger pflegten sie die Leber- und Vogelschau. Auch das Begräbnisritual – ein Schwerterkampf zwischen zwei Männern –, das später in den Gladiatorenkämpfen eine grausame Spätblüte fand, wurde übernommen. Die Römer ließen sich von den Etruskern in der Architektur, in der Kleidermode und in der Bewaffnung anregen und lernten viele Zivilisationstechniken: von der Wasserversorgung bis zur Trockenlegung von Sümpfen, vom Straßenbau bis zur Landvermessung.

Deutlich eingeschränkt wurden indessen die römischen Frauen in ihren Möglichkeiten, sich in der Öffentlichkeit zu bewegen. Das Niveau der Selbstbestimmung, auf dem sich die etruskischen Frauen hatten entfalten können, sollte über Jahrhunderte nicht mehr erreicht werden.

Das römische Staatswesen wuchs über die Jahre und änderte sich laufend. Polybios (circa 200–120 v. Chr.), ein griechischer Gelehrter, charakterisierte es als Mischung aus Monarchie, Adelsherrschaft und Demokratie. Zum historischen Symbol für dieses heranwachsende Imperium wurde – neben dem Gründungsmythos von der Wölfin, die Romulus und Remus säugt – das *Forum Romanum*, der Marktplatz des antiken Rom. Dieser Platz in einer Talsenke zwischen den Hügeln – ursprünglich ein unwegsames Sumpfgebiet – war während der Etruskerherrschaft im neunten und achten Jahrhundert v. Chr. und in der anschließenden Epoche des Königtums (753–510 v. Chr.) als Friedhof genutzt worden. In republikanischer Zeit, ab dem fünften Jahrhundert v. Chr., entstand hier das Zentrum des religiösen, gesellschaftlichen und politischen Lebens: ein Versammlungsplatz, ein Rathaus, eine Basilika, der Amtssitz der beiden Konsuln, Tempel und Heiligtümer, Triumphbogen und Denkmäler. Hier war der Sitz des *Pontifex Maximus*, der die religiösen Zeremonien leitete. Hier war der Mittelpunkt eines großen Reiches. Hier wurde ein goldener Meilenstein in der Erde eingelassen, der die Entfernungen zu den großen römischen Städten angab.

Von späteren Epochen aus betrachtet, ist das Forum Romanum aber nicht nur das Symbol für den Aufstieg des römischen Imperiums, sondern auch für seinen Niedergang. Immer wieder zerstörten Angreifer, Naturgewalten oder die Römer selbst die Gebäude des Forums. Am Ende war das ehemalige Zentrum des römischen Erdkreises nur noch ein Steinbruch. Und tatsächlich trug es zeitweilig den Namen *Campo Vacchino* (Kuhweide), aus der – wie zur wehmütigen Erinnerung – die Trümmer vergangener Pracht hervorlugten. In der Renaissance gingen die Reste der meisten Bauwerke durch Plünderung und als Baumaterial, unter anderem auch für den Petersdom, verloren.

Das alles ist mehr als Erinnerung. Zu viel hat Rom der Welt geschenkt, als dass man es vergessen könnte: eine herausragende Kultur; eine Verfassung, die auch die sozial Schwachen an der Politik beteiligt (*participatio*); einen Sittenkodex, der die traditionellen Werte zur Grundlage des Zusammenlebens macht: Tugend (*virtus*), Glaubwürdigkeit (*fides*), Zucht (*disciplina*), Ehrerbietung gegenüber Göttern und Menschen (*pietas*), Gerechtigkeit und kodifiziertes Recht (*iustitia*) und nicht zuletzt die Güte (*clementia*), ohne die auch die beste Rechtsstruktur ihr Ziel verfehlt.

Selbst in scheinbar abfälligen Wendungen wie »Jägerlatein« oder »Küchenlatein« klingen die Verdienste der Römer nach: Latein war lange Zeit die internationale Wissenschaftssprache, auf die zahlreiche Pflanzen- und Tiernamen, aber auch viele medizinische Termini zurückgehen. Und unsere kulinarische Palette ist durch so unterschiedliche römische Mitbringsel wie Wein, Pflaumen, Knoblauch, Dill oder Esskastanien, die später auch in der germanischen Fremde heimisch wurden, deutlich bereichert worden.

In der Erinnerung bleiben auch die Leistungen der Römer für die modernen zivilisatorischen Standards beim Bau von Straßen, Wasserleitungen und Gebäuden. Wenn wir heute wie selbstverständlich Wände verputzen oder Steine setzen können, haben wir das der Entwicklung von *opus caementitium* zu verdanken, einem Gemisch aus Bruchstein oder Ziegelschrot, Bindemittel und Wasser. Es gilt als Vorläufer von Zement und Beton, und die Römer hatten damit eine Art Mörtel zur Verfügung, der sogar für die Konstruktion von Gewölben geeignet war. Sie waren Meister im Umgang mit Marmor, konstruierten die Wand- und Fußbodenheizung und entwickelten Vermessungsgeräte vom Winkelmesser bis zu einer Vorform der Wasserwaage. All dieses trugen die Römer zum Nutzen der Völker Europas in die Welt hinaus.

Das Vehikel dieser Vermittlung war, was leicht vergessen wird, das Militär. Am Anfang eroberten kleine Kohorten die Siedlungen in der Umgebung von Rom. Dann besetzten wohlausgebildete und gut bewaffnete Legionen die Städte der italischen Halbinsel und schließlich die Länder rund um das Mittelmeer, das in Rom *mare nostrum*, »unser Meer«, hieß. Diese Heere erzwangen nicht nur Unterwerfung und Tribut, sie brachten den Nachbarvölkern oft auch Wohlstand und Teilhabe am Funktionieren des Weltreichs. Wenn ein Territorium zur römischen Provinz wurde, konnten die Einwohner römische Bürger mit allen Rechten und Pflichten werden. Dieses Bürgerrecht war begehrt, denn es ging mit wirtschaftlichen und rechtlichen Vorteilen einher.

Trotzdem zog es ein Teil der Völker vor, von Rom unabhängig zu bleiben. Aber die Großmacht forderte Gehorsam und Gefolgschaft. Der römische Staat versprach zwar, seine Bürger zu schützen, aber jede Eigeninitiative fasste er als Angriff auf. Der Riese war empfindlich und reagierte auf Unabhängigkeitsbestrebungen gereizt.

Das tat er auch, als die Karthager als starke Seemacht im westlichen Mittelmeer mit ihren Dependancen Sizilien, Korsika und Sardinien aufbegehrten. Sie griffen das mächtige Rom an, verloren aber die entscheidenden Schlachten im Ersten Punischen Krieg (264–241 v. Chr.). Das Ergebnis war ein Vertrag, den Hamilkar Barkas, der Vater Hannibals, mit den Römern aushandelte. Die Bedingungen waren für Karthago nur mit Mühe zu verkraften. Das Heer fiel auseinander, die Reparationszahlungen waren enorm, und die Inseln vor der Westküste wurden dem Römischen Reich zugeschlagen. Dennoch konnte Karthago seine Rolle als Großmacht bewahren, blieb den Römern auch deswegen ein Dorn im Auge.

Um den Verlust der Inseln zu kompensieren, begann die nordafrikanische Stadt ihren Einflussbereich auf der Iberischen Halbinsel auszubauen. Besonders aktiv tat sich bei diesem Kolonisierungsunternehmen der Karthager die Familie der Barkiden hervor: Hamilkar Barkas, Feldherr im Ersten Punischen Krieg, und dessen Söhne Hannibal und Hasdrubal Barkas sowie der Schwiegersohn Hasdrubal der Schöne. Der Zweite Punische Krieg (218–201 v. Chr.) begann, als Hannibal (246–183 v. Chr.), ein junger Mann mit außergewöhnlichen strategischen Fähigkeiten, sich zu einer offensiven Kriegführung entschloss: Um einem römischen Angriff auf Spanien oder Nordafrika zuvorzukommen, plante er die Überquerung der Alpen mit den Elefanten, die Sie schon kennengelernt haben, und Tausenden von Soldaten.

Und tatsächlich stand er Ende 218 v. Chr. mit seinem Heer in der Po-Ebene und versetzte die Anhänger Roms auf der ganzen Halbinsel in Angst und Schrecken. Dazu hatten sie auch allen Grund: 216 v. Chr. brachte Hannibal den Römern in der Schlacht von Cannae die schwerste Niederlage ihrer Geschichte bei.

Sein Kriegsziel reichte allerdings weiter: die Reduzierung des Imperiums auf eine latinische Mittelmacht. Dazu galt es aber zunächst, das starke Bundesgenossensystem der Römer zu zerstören. Deshalb marschierte Hannibal nach seinem sensationellen Triumph eben nicht gegen Rom, wozu seine militärischen Kapazitäten auch kaum gereicht hätten, sondern konzentrierte sich auf wankelmütige Partner der Weltmacht. Doch auch wenn die Kelten Oberitaliens und andere untreue Nachbarn Roms in der Folgezeit zu Hannibal übertraten, blieb der Kern des römischen Einflussbereichs erhalten. Entscheidend war, dass Rom sich – anders als die Perser im Kampf gegen Griechenland – als ausgesprochen zäh erwies und zu keinem Zeitpunkt bereit war, auch nur über einen Frieden mit Hannibal zu verhandeln.

Schon bald sollte sich zeigen, dass Hannibal trotz seiner großen militärischen Erfolge nur wenige Optionen hatte. Das Imperium ging zu einem langjährigen Abnutzungs- und Zermürbungskrieg über, der die Karthager aufrieb und mit dem Sieg des älteren Scipio bei Zama in Nordafrika (202 v. Chr.) den Kampf um die Vorherrschaft im Mittelmeerraum endgültig zugunsten Roms entschied, das seine Oberherrschaft über Spanien und im Osten über Syrien ausbauen konnte.

Hannibal sollte nach dieser Schlacht – wie es in vielen Biografien so schön heißt – noch ein »bewegtes« Leben bevorstehen, aber er war wohl ein Weltenbummler wider Willen: Er engagierte sich über mehrere Jahre erfolgreich beim Wiederaufbau und in der Politik Karthagos, musste aus dem römischen Machtbereich fliehen, wurde Feldherr in Syrien, baute eine Flotte in Phönizien und floh erneut – diesmal nach Kreta. Danach wurde er als Flottenkommandant in Bithynien (heute: nördliche Türkei) eingesetzt. Als der bithynische König 183 v. Chr. einem römischen Auslieferungsbegehren zugestimmt hatte, entzog sich Hannibal der Gefangennahme dadurch, dass er sich in der Festung von Libyssa mit Gift das Leben nahm.

Die wenigsten wissen etwas über diese letzten zwölf Jahre in Hannibals Leben. Sein Name bleibt wohl auf ewig verbunden mit den verschneiten Alpen und vor allen Dingen mit den Elefanten. Im heutigen Tunesien sehen ihn viele als Helden, insbesondere in der Stadt Karthago ist der Name Hannibal Barkas sehr beliebt. Auch zu Werbezwecken eignet er sich offensichtlich ausgezeichnet; nicht umsonst wurde der erste private Fernsehsender in Tunesien nach ihm benannt.

Blicken wir noch einmal auf das historische Karthago, für das ab 190 v. Chr. eine politische und wirtschaftliche Erholung, eine Regeneration des Staatswesens zu verzeichnen war. Den Römern konnte das nicht gefallen, es ließ das Misstrauen und die Skepsis gegenüber den Nordafrikanern wieder aufleben. Ein römischer Politiker galt als besonders entschiedener Befürworter der Vernichtung Karthagos: Marcus Porcius Cato (234–149 v. Chr.). Bis in unsere heutige Zeit gilt er als Musterbeispiel eines römischen Konservativen. Er soll jede seiner Reden im Senat mit den Worten: »Ceterum censeo Carthaginem esse delendam« (»Im Übrigen bin ich der Meinung, dass Karthago zerstört werden muss«) beendet haben, auch wenn sie ein ganz anderes Thema hatte. Historische Belege gibt es dafür allerdings nicht.

In Catos letztem Lebensjahr kam es dann tatsächlich zum Ausbruch des Dritten Punischen Krieges (149–146 v. Chr.), in dessen Folge Karthago durch den jüngeren Scipio vollständig vernichtet wurde. Auslöser war ein militärischer Schlag der Karthager gegen das aufsässige Numidien (Landschaft im heutigen Algerien/Tunesien), was Rom als Bruch des Vertrags von 201 v. Chr. betrachtete und zu einer grausamen Strafexpedition veranlasste: Nach heftiger Gegenwehr ergaben sich von den geschätzten ehemals 500 000 Einwohnern Karthagos 50 000 Überlebende und wurden in die Sklaverei verkauft. Rom ließ die Stadt nach der Eroberung schleifen. Karthago existierte nicht mehr und wurde zur römischen Provinz *Africa proconsularis*. Augustus dann baute Karthago wieder auf, größer und schöner als je zuvor.

Der Sieg der Römer über Karthago markiert den Höhepunkt einer beispiellosen Expansion von der beschaulichen Bauern- und Hirtensiedlung zu einem Weltreich. Die Macht des römischen Staates wuchs ins Unermessliche – trotz innerer Krisen wie zum Beispiel der catilinarischen Verschwörung im Jahr 63 v. Chr. Sie war ein misslungener Umsturzversuch des Senators Lucius Sergius Catilina, mit dem dieser den Senat ins Schwanken brachte und die Macht in der römischen Republik an sich reißen wollte. Bekannt ist der Putschversuch besonders durch Ciceros »Reden gegen Catilina«, sie gelten bis heute als rhetorische Meisterstücke.

12. Felsen des Todes

So hatten sich die Römer die Einnahme der jüdischen Felsen-
festung, die sie zwei Jahre lang belagert hatten, gewiss nicht
vorgestellt: Als die Soldaten den Gipfel stürmen, finden sie nur
sieben Frauen und Kinder, die noch am Leben sind. Alle anderen
haben sich selbst getötet. Seither gilt Masada nicht als eine Stätte
römischen Triumphs, sondern als ein Ort, der untrennbar mit jü-
dischem Selbstgefühl und mit der Identität des jüdischen Staates
verbunden ist.

In der antiken Welt des Nahen Ostens hatte sich seit dem späten zweiten Jahrtausend v. Chr. eine Religion entwickelt, deren
Anhänger sich zugleich als Volk verstanden: der jüdische Glaube
an einen Gott, der alle anderen Götter überragt. Von diesem Gott
wird in einer jahrhundertelangen Überlieferung gesagt, er habe
die Welt und den Menschen aus dem Nichts erschaffen und be-
gleite sein Volk durch die Geschichte bis zur endgültigen Errichtung der absoluten Gottesherrschaft.

Am Anfang steht die Vorstellung, dass dieser Gott unter allen
Göttern und Geistern der Stärkste ist. Auf ihn kann man sich
verlassen, wenn es gilt, Gegner zu besiegen oder einfach zu überle-
ben. Aber der jüdische Gott verlangt Gefolgschaft und Gehorsam.
Der Bund zwischen dem stärksten aller Götter — man nennt ihn
Jahwe (»Ich bin, der ich bin«) — und seinem Volk wird von Pries-

tern ausformuliert. Die Tradition erzählt dann die Geschichte Israels mit allem, was dem jüdischen Volk wichtig ist.

Im Ringen um die eigene Identität und um Lebensraum entstehen Verhaltensregeln wie die jüdischen Speisevorschriften oder die Sabbatruhe, Riten wie die Beschneidung der männlichen Kinder, spezifische Opferbräuche und vor allem die zentralen Gründungsmythen wie die Erzählungen von Abraham oder Moses, außerdem die Gebote und Gesetzesvorschriften und schließlich die verbindliche Darstellung der Geschichte, die als Zusammenwirken Gottes mit seinem machtlosen, aber auserwählten Volk erfahren und in der Bibel schriftlich fixiert wird.

Am Anfang dieser Geschichte steht Abraham, der Erz- und Stammvater aller Israeliten, der nach der Legende um 1700 v. Chr. mit Familie und Herdenbesitz aus Ur in Mesopotamien aufbricht und auf einem langen Weg über Syrien und Ägypten am Ende seines Lebens das ihm von Gott Jahwe verheißene gelobte Land Kanaan erreicht. Hier erfüllt sich die göttliche Prophezeiung einer reichen Nachkommenschaft, was sich auch in Abrahams Namen ausdrückt, der »Vater der Vielen« oder »Vater der Völker« bedeutet. Abraham könnte ein Zeitgenosse des babylonischen Königs Hammurabi (1728–1686 v. Chr.) gewesen sein. Aber so wenig wie Moses, der ein halbes Jahrhundert später das Volk Israel aus der Knechtschaft in Ägypten wieder zurückführt in das Land, in dem Milch und Honig fließen, ist Abraham eine historische Person. Dafür betrachten ihn nicht weniger als drei Religionen – Juden- und Christentum, aber auch der Islam – als ihren Stammvater. Sie werden deshalb auch unter dem Begriff *abrahamitische* Religionen zusammengefasst.

Blicken wir noch einmal zurück: Die Hebräer (der biblische Name für das Volk Israel) müssen sich im Herrschaftsgeflecht der vorderasiatischen Großmächte unter schwierigen Bedingungen behaupten: Die Siedlungsgebiete des nomadischen Hirtenvolks und später sein Territorium und seine staatliche Existenz sind von Anfang an umstritten. Der Siedlungsraum liegt im schmalen Streifen zwischen Wüste und Meer, aber auch zwischen den Interessensphären der Großmächte Ägypten, Assur und Babylon. Das kleine Volk der Hebräer muss sich ständig bedroht fühlen.

Im 14. Jahrhundert v. Chr. wandern nach späterer biblischer Überlieferung hebräische Sippenverbände nach Ägypten aus, um im fruchtbaren Niltal eine Existenzgrundlage zu finden. Sie werden von den Ägyptern als Gastarbeiter aufgenommen und leisten, im Schatten der Pyramiden, Frondienste. Ihr Status gleicht dem von Sklaven. Um 1250 v. Chr. glückt mit dem charismatischen »Moses« der Auszug der jüdischen Sippen aus Ägypten und damit der Beginn eines gigantischen Selbstwerdungsprozesses. Es gelingt der Aufbau einer halbnomadischen Existenz, die Begründung eines religiösen Kults und umfangreicher Verhaltensvorschriften – darunter die später so genannten Zehn Gebote – und schließlich die Ansiedlung der Sippen in Judäa, worauf auch die Bezeichnung »Juden« zurückgeht.

Um die spätere Hauptstadt Jerusalem herum wachsen die jüdischen Stämme allmählich zu einer staatlichen Einheit zusammen, die sich ab 1000 v. Chr. unter den Königen Saul, David und Salomo und nach siegreichen Kämpfen gegen Philister und Ammoniter zu einem palästinensischen Machtzentrum entwickelt. Allerdings nur kurzfristig. Um 926 v. Chr. teilt sich das kleine Reich in zwei Teile, einen Nordstaat Israel unter dem Einfluss der Assyrer und den Südstaat Juda, der unter ägyptischem Einfluss steht. Der Staat Israel wird im Jahr 722 v. Chr. von den Assyrern ausgelöscht. Juda wird von den Babyloniern unter Nebukadnezar II. bei einem Feldzug gegen Ägypten überfallen, der König Zedekia wird geblendet, die Oberschicht 587/586 v. Chr. nach Babylon deportiert. Der Tempel in Jerusalem als jüdisches Zentralheiligtum wird zerstört. Erst in den Jahren nach 539 v. Chr., als die Perser die Babylonier besiegen, ist die Rückkehr in die Heimat möglich. Viele Juden bleiben in Babylon.

In Judäa entsteht nach der Rückkehr aus dem Exil eine *Theokratie* (Gottesherrschaft) mit einem Hohen Priester und einem Hohen Rat an der Spitze. Der Perserkönig Kyros finanziert den Wiederaufbau des salomonischen Tempels. Die religiöse Überlieferung wird aufgeschrieben und die Bibel das Heilige Buch, das im Mittelpunkt des gesamten Lebens steht und anstelle von Kultbildern verehrt, beschützt und als Offenbarung Gottes verstanden wird.

Gleichzeitig mit dieser Religion des Buches bildet sich der *Monotheismus* aus: Jahwe wird nicht nur als der stärkste, sondern als der einzige Gott verkündet, zum Beispiel vom Propheten Jeremia, der nach 585 v. Chr. starb. Die Propheten als öffentliche Mahner spielen eine wichtige Rolle im Leben des jüdischen Volkes, weil sie es sind, die zu Besinnung und Reformen aufrufen und damit die öffentliche Diskussion und eine ständige Überprüfung des Glaubens in Gang halten.

Als sich im ersten Jahrhundert v. Chr. die Spannungen innerhalb der verschiedenen jüdischen Gruppierungen zu einem Bürgerkrieg ausweiten, tritt die Weltmacht Rom auf den Plan, die die Ordnung und die eigenen Machtansprüche im östlichen Mittelmeergebiet gefährdet sieht. Es kommt zu einer fatalen Konfrontation, deren Folgen bis in die Gegenwart reichen.

Im Jahr 63 v. Chr. marschiert der römische Feldherr Pompeius in Jerusalem ein und sorgt dafür, dass ganz Judäa von romtreuen Vasallen verwaltet wird, deren nützlichster Herodes der Große ist. Nach dessen Tod im Jahr 4 v. Chr. wird die Herrschaft unter die Söhne des Herodes aufgeteilt. Für die Römer entstehen dadurch mehrere Krisenherde zugleich. Konflikte und Unruhen führen zu kleineren Kriegen, bis die Römer schließlich durchgreifen und 70 n. Chr. das zentrale Heiligtum der Juden, den Tempel von Jerusalem, zerstören. Sie vernichten damit zugleich den jüdischen Staat.

Seither fühlen sich die Juden staaten- und heimatlos. Sie müssen in der *Diaspora*, der Zerstreuung, leben und können nicht einmal die übrig gebliebene Westmauer der Tempelanlage aufsuchen, um zu beten und zu klagen. Immer wieder, noch bis ins 20. Jahrhundert hinein, wird ihnen der Zugang zur Klagemauer verboten: nach einem Aufstand gegen die römischen Besatzer (132–135 n. Chr.), unter den christlichen Kreuzfahrern im Mittelalter und 1947 bis 1967 unter jordanischer Verwaltung.

Nach der Zerstörung des Tempels erzwingen die Römer mit imperialer Härte die endgültige Niederlage der letzten Aufständischen, die sich 73 n. Chr. auf dem Felsplateau von Masada verschanzt haben. Die von dem jüdischen Historiker Flavius Josephus niedergeschriebene Geschichte des »Jüdischen Krieges« schildert den Widerstand gegen die römische Besatzungsmacht bis zum bitteren Ende auf der Festung Masada, das bis heute ein Identitätsmythos des jüdischen Staates geblieben ist.

Der Ort dieser Tragödie ist faszinierend und bedeutungsschwer. Was im 20. Jahrhundert auf dem Felsen von Masada nach drei Ausgrabungsperioden freigelegt wurde, zeugt von einem ausgeklügelten Verteidigungssystem mit großen Zisternen und Wasserleitungen, Anbauflächen, Tierhaltungs- und Wohnanlagen im Innern der Festung. Nur weil sie eine gewaltige Erdrampe aufschütten, gelingt es den römischen Truppen nach Jahren, die Festung zu stürmen.

Die meisten jüdischen Einwohner hatten schon nach der Zerstörung des Tempels die Region verlassen, ohne jedoch ihren

Glauben, ihre Riten und ihre Gebräuche aufzugeben. Reibungen mit den Bewohnern der Gastländer blieben nicht aus. Beide Seiten versuchten, sich voneinander abzugrenzen. Da die Juden überall in der Minderheit waren, wurden sie im Verlauf der Geschichte immer wieder für rechtlos erklärt und gezwungen, massive Einschränkungen hinzunehmen. So wurden sie genötigt, in der Öffentlichkeit ein Kennzeichen zu tragen (»Judenhut« oder »Judenstern«). Das Laterankonzil der römischen Kirche erließ 1215 ein Kennzeichnungsgebot, nachdem schon im Jahr 717 der Kalif Omar II. eine solche Pflicht in seinem Machtbereich eingeführt hatte. Erst in der europäischen Aufklärung wurde diese Art von Diskriminierung beseitigt, von den deutschen Nationalsozialisten 1938 aber wieder eingeführt.

Dies ist dann der Auftakt zur brutalsten Judenverfolgung der Geschichte. Ihr fallen mehr als sechs Millionen Menschen zum Opfer. Alle vorhergegangenen Verbrechen an jüdischen Menschen werden durch diesen organisierten Völkermord in den Schatten gestellt. Die Diskriminierungen, Verfolgungen und Vernichtungsversuche bedrohten zwar den Bestand des jüdischen Volkes, führten aber zu einer intensiven Identitätsbildung über Jahrhunderte hinweg, so dass sich im 20. Jahrhundert wieder ein »Judenstaat« konstituieren konnte (1948).

Das Lebensprinzip der historisch gewachsenen jüdischen Identität ist die mündliche und schriftliche Tradition. Zu ihr gehören das Gesetz mit seinen 613 Geboten und Verboten (*Thora*), die Lehre (*Talmud*) sowie die Forschung und Kommentierung der Gesetzesvorschriften (*Midrasch*). Diese Vorschriften und die Art ihrer Verinnerlichung und Anwendung wurden im Lauf der jüdischen Geschichte zum Kernthema der Auseinandersetzung mit anderen Religionen, vor allem mit dem aus dem Judentum hervorgegangenen Christentum.

Das früheste Beispiel dafür gab Jesus selbst. Als Jude glaubte er wie alle anderen Juden an einen einzigen Gott. Aber es missfiel ihm, auf welche Weise vor allem die Mächtigen unter ihnen diesem Gott ihre Verehrung entgegenbrachten: indem sie genau den Gesetzen der jüdischen Religion wie den Speisevorschriften, der Sabbatruhe und der Beschneidung folgten. Für Jesus waren dies, verglichen mit der Sorge und Fürsorge gegenüber den Armen, Kranken und Verachteten, eher Äußerlichkeiten, und das bekundete er auch öffentlich. Ein Stein des Anstoßes, der viele andere ins Rollen brachte und am Ende dazu führte, dass die jüdischen Priester beschlossen, Jesus zu beseitigen.

13. Die Würfel sind gefallen

Schon im Wirrwarr der Verschwörungsvorgänge um den Senator Catilina taucht sein Name auf, der zum Inbegriff römischer Machtfülle werden sollte: Gaius Julius Caesar (100–44 v. Chr.). Er ist sicherlich der bekannteste und schillerndste Machthaber des Römischen Reiches; nicht ohne Grund haben zahlreiche Künstler und Schriftsteller Caesar als Thema von Bildern, Dramen und Romanen gewählt. Uns ist er heute noch präsent als Figur des überambitionierten Feldherrn in den Erfolgscomics »Asterix und Obelix«. Hier tritt er unter anderem auf als Dauerverlierer im Kampf gegen ein kleines gallisches Dorf und dessen berühmte Einwohner.

Überambitioniert soll er auch im wirklichen Leben gewesen sein, ehrgeizig und machtorientiert. Aber er war alles andere als ein Verlierer: Nach einer zunächst unspektakulären Beamtenlaufbahn begann 69 v. Chr. – unterstützt durch eine pekuniär interessante Eheschließung – seine politische Karriere mit der Wahl als Quästor in den Senat. Er gründete ein Triumvirat mit Crassus und Pompeius und erreichte 59 v. Chr. ein weiteres seiner großen Ziele: Er wurde zum Konsul gewählt und erhielt danach das Prokonsulat über Gallien. Diesen beachtlichen Machtgewinn nutzte er für einen langjährigen, am Ende erfolgreichen Krieg gegen die Einwohner Galliens (58–49 v. Chr.), das danach für Jahrhunderte im römischen Machtbereich blieb. Über eine Million Gallier soll dabei ihr Leben verloren haben, eine weitere Million wurde versklavt.

Besonders beliebt hatte Caesar sich mit diesem Erfolg in Rom nicht gemacht. Der Senat wollte ein zweites Konsulat Caesars unbedingt verhindern. Wie Caesar selbst angab, schritt er nun, allein um seine *dignitas*, seine Würde, zu wahren, zum Staatsstreich gegen Rom. Trotz des Verbots, Militär nach Italien zu bringen, überquerte er gegen den Willen des Senats am 10. Januar 49 v. Chr. mit der etwa 5000 Mann starken 13. Legion den Grenzfluss Rubikon. Bei dieser Gelegenheit soll es zu dem berühmten Ausspruch »Alea iacta est« gekommen sein, der heute zumeist in der Form »Die Würfel sind gefallen« zitiert wird, während Cäsar ganz offensichtlich den Moment des Hochwerfens meinte – und somit nicht die schon gefällte, sondern die noch in der Schwebe befindliche Entscheidung.

Caesar kämpfte erfolgreich gegen seine Gegner in Rom, wurde 48 v. Chr. tatsächlich erneut zum Konsul gewählt. Pompeius, einer seiner heftigsten Widersacher, sah sich zur Flucht nach Ägypten genötigt, wo er auf Befehl des Königs Ptolemaios XIII. ermordet wurde. Caesar folgte Pompeius nach Alexandria und ließ sich dort den Kopf seines Rivalen und ehemaligen Verbündeten überreichen.

Hätte es damals schon Illustrierte oder Promi-Sendungen gegeben, sie wären überglücklich gewesen über das, was nun in Ägypten begann und in den nächsten Jahren Teil von Caesars Privatleben bleiben sollte: eine heftige Liebesbeziehung mit der letzten Königin des Ptolemäerreiches Kleopatra VII. (69–30 v. Chr.), die in der Folgezeit noch für viel Unruhe sorgte. Mit Kleopatra hatte Caesar ein Kind mit dem Namen Ptolemaios Kaisarion, wohl sein einziger leiblicher Sohn.

»Aber neben seiner Rolle als Liebhaber einer jungen attraktiven Frau vergaß Caesar das Kämpfen nicht« – so oder so ähnlich hätten Sie es wahrscheinlich in einer antiken Boulevard-Zeitung lesen können. Und in der Tat: Nach eindrucksvollen Erfolgen bei zahlreichen Schlachten des Bürgerkriegs – er kam, er sah, er siegte – kehrte Caesar, den Kopf voller Pläne, 46 v. Chr. nach Rom zurück, wurde zunächst zum Diktator für zehn Jahre und daraufhin vom Senat zum *dictator perpetuus* (Diktator auf Lebenszeit) ernannt.

Das brachte Bewegung in die Köpfe von vielen Senatoren: Furcht vor einer neuen Tyrannis breitete sich aus. Sie sahen keinen anderen Ausweg, als sich zu einem Attentat zu entschließen. Und so kam es an einem Frühlingstag des Jahres 44 v. Chr. schließlich zu Caesars spektakulärem Tod: Er wurde an den Iden des März (15. März) von einer Gruppe verschworener Senatoren um Marcus Iunius Brutus und Gaius Cassius Longinus während einer Senatssitzung im Theater des Pompeius mit 23 Dolchstichen ermordet.

Dabei soll Caesar auf Griechisch seine legendären letzten Worte an Marcus Brutus, dem er trotz aller politischen Unterschiede eine Art väterlicher Freund gewesen war, gerichtet haben: »Auch du, mein Sohn?« Vermutlich waren aber seine Verletzungen durch die zahlreichen Dolchstiche so schwerwiegend, dass er gar nicht mehr in der Lage war zu sprechen. Nach Caesars Tod prägten seine Attentäter eigene Münzen, auf denen die Mordwaffen und eine Filzkappe – das Merkmal freigelassener Sklaven – abgebildet waren.

Fast immer, wenn absolute Herrscher von der politischen Bühne abtreten, beginnen heftige Kämpfe um die Nachfolge. Das trifft auch für die Zeit nach dem Tod Caesars zu: Hunderttausende von Menschen kamen um, ganze Landstriche wurden schwer verwüstet, es schien fast so, als würde das Reich der Römer auseinanderbrechen.

Doch am Ende ging Oktavian (63 v. Chr.–14 n. Chr.), der junge Adoptivsohn und Großneffe Caesars, als Sieger aus den Bürgerkriegen hervor. Der Senat verlieh ihm 27 v. Chr. den Ehrentitel *Augustus*. Es gelang dem »Erhabenen«, so die Übersetzung, die Kämpfe zu einem Ende zu führen, die Grenzen zu sichern, ein transparentes Rechtssystem zu etablieren sowie Verfassung und Verwaltung des Imperiums umzugestalten. In den Provinzen, wo die Armee stand, und in Ägypten, woher das Getreide für die Hauptstadt kam, regierte er direkt durch eigene Beamte. Im Innern beseitigte er die Spuren des Bürgerkriegs und kümmerte sich um den Wiederaufbau. Das Volk gewann er durch prächtige Neubauten, durch Wagenrennen, Gladiatorenkämpfe und Schauspiele.

Anders als bei seinem Adoptivvater, der exaltierte Auftritte liebte, lagen Augustus' außergewöhnliche Fähigkeiten im ruhigen Taktieren: Durch eine Versöhnung mit der Aristokratie konnte er seine Machtstellung kaschieren und den Schein der Republik aufrechterhalten. Er betrieb aber in Wirklichkeit deren dauerhafte Umwandlung in eine Monarchie in Form des Prinzipats, regierte faktisch als Alleinherrscher und leitete als erster römischer Kaiser eine über 250 Jahre andauernde Friedenszeit ein, die die Römer als *Pax Augusta* bezeichneten.

Mit den Kaisern begann das goldene Zeitalter Roms: Namen wie Tiberius, Vespasian, Trajan, Hadrian, Marc Aurel und Diokletian sind mit dieser Epoche verbunden. Zugleich zeichnete sich aber auch der Anfang vom Ende der römischen Vorherrschaft in Europa ab.

Kaum ein Problem der Spätantike wurde und wird so kontrovers diskutiert wie die Frage nach den Gründen für die Auflösung des Imperium Romanum. Im 18. und 19. Jahrhundert wurden vor allem Ausbreitung und Aufstieg des Christentums für den Niedergang verantwortlich gemacht. Demnach ging das Römische Reich an der Aushöhlung seiner Identität von innen her zugrunde. An die Stelle des alten Götterglaubens, der längst zu einem puren Ritual verkommen war und von den Überzeugungen und Lebenseinstellungen der Bürger nicht mehr getragen wurde, trat als junge Kraft das Christentum.

Nach fast 300-jährigem Schattendasein erschien es als geschichtsmächtige Bewegung in der Politik und wurde unter Theodosius I. (379–395) im Jahr 380 zur Staatsreligion erhoben: Die alten Tempel wurden geschlossen oder zerstört, der Götterkult verboten. Abweichler wurden benachteiligt, bekämpft und verfolgt. Das Christentum sollte das Reich einen und die kaiserliche Herrschaft stützen.

Zu den Anzeichen des Niedergangs gehörte – so insbesondere ältere Theorien – auch und vor allem die luxuriöse Sittenlosigkeit der Kaiserzeit. Wie der Dichter Juvenal berichtet, war das Idealbild der das eheliche Heim verwaltenden *matrona* offiziell das einzige Frauenbild des antiken Rom. Wohl nicht mehr attraktiv genug, erfuhr sie lustvolle Konkurrenz durch die *meretrix*, die schrill geschminkte Hure, die in den lasziven Orgien der römischen Oberschicht eine makabre Rolle spielte. Sie bestimmte mit raffinierter Kosmetik, exzentrischen Haarfarben, aufdringlichen Parfums und teurem Schmuck das Bild der Frau im alten Rom – ein Bild, das sich bis in die modernen Historienfilme gehalten hat. Neben dieser Luxus-Prostitution blieb der »normale« Straßenstrich unbehelligt, er gehörte immer stärker zum Alltagsbild der Stadt.

Neuere Forschungen konzentrieren sich auf den Übergangscharakter der ersten Jahrhunderte nach Christi Geburt: Die große Migration von Nomadenstämmen und vielfältige Integrationsprozesse machten eine Neuordnung notwendig. Kosten und Organisation des Imperiums ließen sich kaum noch bewältigen und kontrollieren. Kaiser Diokletian (284–305) gelang es noch einmal, das Reich nach einer heftigen Handels- und Finanzkrise und einer langen Phase der rasch wechselnden »Soldatenkaiser« durch eine Verteilung der Kaiserwürde auf drei weitere Mitregenten zu stabilisieren. Während seiner Regierungszeit sollte es aber auch zu den letzten (und schwersten) Christenverfolgungen kommen.

Die wurden erst durch seinen Nachfolger – Konstantin der Große, der von 306 bis 337 regierte – beendet. Dessen Herrschaft ist vor allem aus zwei Gründen bemerkenswert: Erstens bedeutet sein Bekenntnis zum Christentum eine entscheidende Wende (»Konstantinische Wende«) in der abendländischen Geschichte. Vor der Schlacht an der Milvischen Brücke am Nordrand von Rom soll dem Kaiser eine kreuzförmige Lichterscheinung, die er als Botschaft von Jesus Christus verstand, ein Siegeszeichen gesandt haben. Konstantin habe es auf die Schilde seiner Soldaten malen lassen – so eine Lesart der frommen Legende – und seinen Rivalen Maxentius vernichtend geschlagen. Religion und Staat waren bei den Römern stets eng verknüpft, und deshalb dauerte es auch nicht mehr lange, bis das Christentum neben dem Judentum zur einzigen *religio licita* – zur »erlaubten« und staatlich anerkannten Religion – im Imperium wurde und seinen Siegeszug in Westeuropa antreten konnte.

Zweitens veranlasste der Kaiser den großzügigen Ausbau der Stadt Konstantinopel – heute Istanbul –, die er am 11. Mai 330 zu seiner wichtigsten Residenz gemacht und offiziell in *Nova Roma*, neues Rom, umbenannt hatte. Nach dem Tod von Kaiser Konstantin erhielt sie den Namen *Constantinopolis*. Das ehemals griechische Byzantion entwickelte sich bis zum Mittelalter zur einzigen Weltstadt Europas und zur mit Abstand größten und wichtigsten christlichen Metropole.

14. Wo die Erde den Himmel berührt

Jerusalem ist ein Ort, an dem mit Händen zu greifen ist, dass Religionsgeschichte nicht nur ein Teil der Geistesgeschichte ist, sondern Teil der politischen Weltgeschichte, in der es um Besitz- und Machtansprüche geht, um Territorien, um Ressourcen, um Geld. Auf dem Tempelberg drängen sich auf engem Raum die steinernen Zeugen dreier Traditionen: der jüdischen, der christlichen und der muslimischen. Zugleich aber stoßen mit den drei religiösen Weltsichten harte politische Positionen aufeinander. Was wir Religionskriege nennen, sind ja immer auch gewalttätige Auseinandersetzungen um höchst irdische Dinge, sind rücksichtslose Eroberungen und harte soziale Veränderungen. Selbst wenn zwei Religionen aufeinandertreffen, sind sich beide bald neidisch und kämpfen um Einfluss, Macht und Geld.

Gemeinsam ist den Religionen, die auf Abraham, Jesus und Mohammed zurückgehen, der Glaube an einen einzigen Gott. Alle drei verstehen sich als Religionen des Buches (Juden und Christen ist die Bibel heilig, den Muslimen der Koran) und als »Offenbarungsreligionen«, die sich darauf berufen, dass Gott sich ihren Propheten gezeigt, zu erkennen gegeben hat, wie es in den heiligen Schriften bezeugt ist, etwa in 2. Mose 33,11: »Der Herr aber redete mit Mose von Angesicht zu Angesicht, wie ein Freund mit einem Freunde redet.« Judentum, Christentum und

Islam unterscheiden sich durch diesen Glauben an einen einzigen Gott von allen Religionen, die die Welt und den Weg der Menschen durch die Geschichte mit der Präsenz und dem Wirken mehrerer Gottheiten erklären.

In Jerusalem, einer der ältesten Städte der Erde, bringen die archäologischen Ausgrabungen immer deutlicher an den Tag, in welchem Ausmaß vor allem der Tempelberg die historische Bedeutung der jüdischen, christlichen und islamischen Geschichte repräsentiert. Der Bezirk des vom jüdischen König Salomo um 950 v. Chr. erbauten, im Jahr 586 v. Chr. vom babylonischen Herrscher Nebukadnezar zerstörten, später wieder aufgebauten, von Herodes dem Großen völlig erneuerten und schließlich im Jahr 70 n. Chr. im Krieg mit den Römern endgültig zerstörten Tempels ist im Lauf seiner Geschichte zu einem Heiligtum für Juden, Christen und Muslime geworden. Die Juden verbinden den Berg mit Abraham, der auf dem Fels seinen Sohn Isaak opfern sollte, mit dem Allerheiligsten des Tempels sowie mit David und Salomo; die Christen mit der Predigt des Jesus von Nazareth; die Muslime mit dem Felsendom, dessen goldene Kuppel über die Altstadt leuchtet, und mit der benachbarten Al-Aksa-Moschee, vor allem aber mit der legendären Himmelfahrt Mohammeds, die von hier ihren Ausgang nahm.

Wenn es irgendwo auf diesem Planeten einen Ort gibt, an dem die blut- und hasserfüllte Geschichte von Juden, Christen und Muslimen auf einen Weg des Verstehens und Versöhnens gebracht werden könnte, dann wäre es der Tempelberg in Jerusalem. Die heutigen Zugangsregelungen spiegeln jedoch zunächst nur die unversöhnlichen Ansprüche, die den Ort zu einem der umstrittensten Plätze der Erde machen. Kann es wahr sein, dass hier der Himmel die Erde berührt? Betrachten wir – nach der jüdischen Religion zwei Kapitel zuvor – zunächst den Weg der Christen. Dem Islam werden Sie wieder begegnen, wenn im siebten Jahrhundert der Religionsstifter Mohammed in die Geschichte eintritt.

Der Glaube der Christen hat seine Wurzeln im Judentum. Wie in jeder Religion gehört auch im Judentum der ständige Abgleich zwischen Ideal und Lebenswirklichkeit zu den zentralen Aufgaben der Verantwortlichen. Hier aber ist dieser Prozess der Überprüfung besonders stark ausgebildet, weil die extremen Schicksalsschläge, von denen dieses machtlose Volk heimgesucht wurde, erklärt und diskutiert werden müssen: Wie können diese Ungeheuerlichkeiten geschehen, wenn der Gott des jüdischen Glaubens doch stärker als die anderen Götter, ja allmächtig ist, die ganze Welt erschaffen hat und sein Volk durch die Geschichte begleitet? Die Lösung dieser Frage fällt den Propheten zu, und deren Antwort lautet: Ihr habt euch alles selber zuzuschreiben, weil ihr vom rechten Weg abgewichen seid. Ihr selbst seid an allem schuld.

Diese Überlastung des Schuldbewusstseins lässt die Sehnsucht nach einem *Ent*-Schuldner, einem Erlöser, wachsen, der für alle Sünden des Volkes bezahlt. Unterschiedliche religiöse Bewegungen formulieren diese Sehnsucht nach einem Messias, der beim Untergang der Welt die Menschenseelen rettet. Wanderprediger rufen zur Umkehr zu den Werten der jüdischen Tradition auf, öffnen aber auch das religiöse Bewusstsein für neue Perspektiven. Einer von diesen Predigern ist Jesus von Nazareth, mit dem seine Anhänger ein neues Zeitalter heraufkommen sehen.

Als der römische Kaiser Augustus ein Imperium regiert, das von Kleinasien bis nach Britannien und von Nordafrika bis in die Wälder Germaniens reicht, wird in der galiläischen Provinz ein Junge geboren, der bald als Rabbi, als jüdischer Lehrer, durchs Land zieht und in seinem Umfeld zur Erneuerung von Religion und Moral aufruft, dabei in religiöse und politische Konflikte gerät und – im Zusammenspiel von jüdischen Würdenträgern und staatlichen Machthabern – als politischer Rebell zum Tode verurteilt und gekreuzigt wird.

Mit den historischen Tatsachen, die uns überliefert werden, verhält es sich mitunter merkwürdig. Das scheinbar Nebensächliche erreicht uns zweifelsfrei und mit einer Fülle an Details. Das aber, was wir vorrangig und sehr viel genauer geklärt haben möchten, entzieht sich unseren Blicken und bleibt im Nebel der Geschichte.

Müssen wir erfahren, dass König Herodes ein herausragender Sportler war, berühmt als Ringer und Speerwerfer, der nach griechischem Vorbild nackt und sorgfältig eingeölt trainierte? Reicht es nicht zu wissen, dass er – wie viele Machthaber vor und nach ihm – alle aus dem Weg räumte, die ihm den Thron hätten streitig machen können? Dass er andererseits aber ein durchaus weitsichtiger Herrscher war, der die Konflikte zwischen Römern, Juden und anderen Bevölkerungsgruppen nicht eskalieren ließ? Und dass ihm der sogenannte »bethlehemitische Kindermord« (mit Sicherheit) nicht anzulasten ist? Wie spärlich nehmen sich dagegen die Kenntnisse über Jesus von Nazareth aus, über den wir gern mehr, viel mehr in Erfahrung bringen möchten!

Andererseits aber ist der Glaube dort besonders stark, wo ihm das Wissen den Platz nicht streitig macht. Und eines auf jeden Fall ist gesichert: Jesus, die bedeutendste Gestalt der Weltgeschichte, zumindest der westlichen, war tatsächlich eine historische Person. Damit wir aber nicht unsere gesamte Zeitrechnung und damit die komplette Zivilisation in Frage stellen, finden wir uns, wie paradox das auch klingen mag, mit der Tatsache ab, dass er nicht im Jahr 4 v. Chr., sondern tatsächlich um die Zeitenwende das Licht der Welt erblickte und dass dies nicht – wie es die Bibel gern hätte – in Bethlehem, sondern in Nazareth geschah. Er dürfte mehrere Brüder und Schwestern gehabt haben und lernte den Beruf seines Vaters, der Zimmermann war. Mit rund siebzig Anhängern – darunter die zwölf Apostel und Maria Magdalena – zieht er im Jahr 30 n. Chr. zum Passahfest nach Jerusalem. Auch wenn Sie nicht bibelfest sind, dürfte ihnen der weitere Ablauf der Ereignisse in der Version der Heiligen Schrift bekannt sein.

Aber blicken wir noch einmal zurück in das Jahr 28, als Jesus seinen Beruf aufgibt und seine Familie verlässt. Sein erster Schritt in die Öffentlichkeit hat mit Johannes dem Täufer zu tun. Offenbar will Jesus das Lebenswerk dieses Bußpredigers fortsetzen, nachdem Herodes Antipas, einer der Söhne Herodes' des Großen, den lästigen Moralisten Johannes hatte ermorden lassen. Jesus gibt dieser Nachfolge ein eigenes Gesicht. Er verzichtet darauf zu taufen, setzt auf das Wort und die helfende Tat. Er zieht sich nach Galiläa zurück und beginnt, Jünger um sich zu sammeln. Er erklärt, das »Reich Gottes« stehe unmittelbar bevor. Er erläutert diese Botschaft vor allem in Gleichnissen, zum Beispiel denen vom Unkraut unter dem Weizen oder vom Senfkorn, das am Anfang sehr klein ist, am Ende aber eine große Pflanze hervorbringt. Jesus erinnert an die Propheten, kritisiert die Verkrustung der Tradition und formuliert eine neue Freiheit: die Befreiung von religiös verbrämten Machtansprüchen und Bevormundungen. Sein früher Tod ermöglicht seinen Jüngern, das Wunder der Auferstehung als »frohe Botschaft« zu interpretieren und weiterzuentwickeln.

Die Umstände seines Todes lassen, trotz der Berichte seiner engsten Anhänger, viele Fragen offen: Die Hinrichtung durch öffentliche Kreuzigung war nach römischem Recht nur für politische Rebellen und Aufständische vorgesehen. Das jüdische Recht verbietet, dass Urteil und Vollstreckung an einem einzigen Tag stattfinden. Ganz undenkbar aber war eine Hinrichtung am

Passahfest. Die Evangelien sehen dieses Problem und erklären den unerhörten Vorgang mit dem Zusammenwirken der römischen und der jüdischen Autoritäten und der ungewöhnlichen Einigkeit in diesem Verfahren *iuxta legem*, also einem Verfahren neben dem Gesetz.

Die Widersprüche der verschiedenen Überlieferungen lassen sich historisch nicht mehr auflösen. Das christliche Selbstverständnis hat sich jedoch davon unabhängig gemacht. Die Kirche der Anhänger Jesu übernimmt durch ihre Existenz die Garantie für eine authentische und ununterbrochene Verbindung zum historischen Jesus. An diesen Jesus werden die Kultformen des ersten und zweiten Jahrhunderts n. Chr. angekoppelt, um die Glaubenswelt der heidnischen Mysterien in der Geschichte des Jesus von Nazareth zu verankern.

Dies ist gelungen. Am Beginn des dritten Jahrtausends verstehen sich etwa 1,9 Milliarden Menschen als Christen. Sie alle berufen sich auf die geheimnisvolle und in jeder Hinsicht faszinierende Gestalt, die am Anfang steht und den Gläubigen den Namen gab: Jesus Christus. Das Profil des historischen Jesus ist zwar nur wie in einem Schattenriss zu erkennen. Aber trotzdem wird das Charakteristische und Einmalige der Gestalt und ihrer Wirkungsgeschichte sichtbar.

In den Jahrzehnten nach seinem Tod gibt es unter den Anhängern Jesu eine zunächst mündliche, dann auch schriftliche Überlieferung der Spruchweisheiten und Anekdoten seines Lebens, aber auch die Erzählung vom Tod und der Auferstehung Jesu. Unterschiedliche Autoren haben die Lebens- und Weltanschauung dieses Jesus von Nazareth aufgeschrieben, als Evangelium, als frohe Botschaft verbreitet und in ein Geschichtsbild eingefügt, das von der Vision bestimmt ist, dass alles Leben auf dem Planeten einem Ziel, einer Endzeit zustrebt, sich also nicht in einem ewigen Kreislauf wiederholt. Dieses Ziel wird als »Jüngstes Gericht« und »neue Schöpfung«, als »himmlisches Jerusalem« und als »Gottesherrschaft« charakterisiert. Der Anbruch der »Königsherrschaft Gottes« ist der zentrale Begriff in der Verkündigung des Jesus von Nazareth. Er bezeichnet zugleich das Ende der Geschichte und den Beginn von Frieden und Wohlstand. Nach dieser Vision ist das Ende der gegenwärtigen Welt mit Krieg und Verwüstung, Umweltkatastrophen und kosmischen Desastern verbunden. Zu dieser apokalyptischen Weltsicht gehört auch die Erwartung, dass Weltende und Neubeginn unmittelbar bevorstehen.

Jesus bleibt also im Rahmen der jüdischen Endzeiterwartung. Seine Anhänger haben dieses Geschichtsbild weiterentwickelt, nachdem das Weltende nicht stattgefunden und die Historie ihren Lauf genommen hatte. In der Urgemeinde entsteht daraufhin die Idee der Kirche. Sie ist die Gemeinschaft, die in Jesus den erwarteten Messias, den *Christus*, den Gesalbten, sieht, mit dessen Erscheinen die Gottesherrschaft begonnen hat, aber nicht vollendet ist.

Unter dem Einfluss des ersten großen christlichen Theologen, des Apostels Paulus, öffnet sich die Gemeinde für die hellenistische Kultur und die außerjüdische Welt. Die Dialektik zwischen »schon jetzt« und »noch nicht« wird für das Schicksal des Einzelnen fruchtbar gemacht. Dennoch bleibt das Christentum eine auf die Zukunft ausgerichtete Religion, die sich in einer Verantwortungsethik verwirklicht. Die Geschichte ist eine Entscheidungssituation, die nur vom Ende her gedacht und bewältigt werden kann. Die Zeit ist nicht mehr *chronos*, die ablaufende Zeit, die ihre Kinder frisst, sondern *kairos*, der Moment der Entscheidung.

Die Ausbreitung des Christentums in den ersten drei Jahrhunderten ist nicht auf staatliche Förderung oder gar auf militärische

Eroberungen zurückzuführen. Im Gegenteil: Die Zahl der Christus-Anhänger wächst trotz Unterdrückung und Verfolgung. Dabei spielt sicherlich die Faszination für die Person Jesu eine Rolle. Aber die Anmutung eines Heimat gebenden Gemeindelebens dürfte ebenso entscheidend gewesen sein: die Solidarität unter den zumeist armen Mitgliedern und die Atmosphäre von Hoffnung und Zukunftskraft.

Wo immer das Christentum Fuß fassen konnte, veränderte es die Kultur der Bevölkerung. Das Vehikel der Christianisierung war die Bildung; eine ihrer wirksamsten Antriebskräfte waren die Mönche, die in der Geschichtsschreibung meist zu kurz kommen. Die Mönchsorden, die in ihren Klöstern Gemeinschaften bildeten, verankerten Glauben, Kultur und Zivilisation im Leben der Menschen. Benedikt von Nursia wird auf diese Weise Anfang des sechsten Jahrhunderts nicht nur zum Begründer der späteren Mönchsorden, sondern auch der Vater der europäisch-christlichen Kultur. Die Mönche bearbeiteten das Land, kultivierten es, führten landwirtschaftliche Techniken ein und nutzten die Kenntnis des Lesens und Schreibens nicht nur, um die Texte der Bibel abzuschreiben und zugänglich zu machen, sondern gleichzeitig auch, um die ursprüngliche Literatur der christianisierten Völker zu erhalten und zu fördern. Sie beschränkten sich nicht auf religiöse Mission, sondern gaben auch naturkundliches und medizinisches Wissen weiter. Sie überlieferten die Kenntnisse des Ackerbaus, der Obst- und Weinkultur. Sie vermittelten die Kulturtechniken des Lesens und Schreibens und verbreiteten die Kenntnis der lateinischen Sprache, in der ja die Kultur der Griechen und Römer noch lebte. Die Mönche erledigten auch die Schreibarbeit regierender Fürsten, so dass sie im Lauf der Zeit auch Einfluss auf die Politik nehmen konnten.

Weitab von jeder Politik und abseits aller Bildungs- oder Herrschaftsfragen gab es jedoch im Mittelalter auch innerkirchliche Bewegungen, die allein durch ihr Streben nach den urchristlichen Idealen der Nächstenliebe und der Armut Anziehungskraft ausübten und Anhänger fanden. Exponenten dieser Lebensweise waren Franz von Assisi (1181–1226) und die Bettelorden, die durch ihren Verzicht auf Privateigentum der aufkommenden Geldwirtschaft und der Fixierung des Denkens auf Profit entgegensteuern wollten. Für Franz von Assisi war es wichtig, die Kerngedanken des Christlichen aufrechtzuerhalten und mit tätiger Hilfe für Arme und Kranke ein Gegengewicht zur zügellosen Geldgier zu schaffen.

Seine Gedanken fanden auch in Deutschland ein lebhaftes Echo. In Thüringen zum Beispiel übernahm Elisabeth, die junge Frau des Landgrafen Ludwig IV., das Armutsideal des Franz von Assisi. Sie gründete 1223 ein Hospital in Gotha, in dem sie auch selber tätig war. Sie gab sogar Teile ihres Vermögens an die armen Landeskinder weiter. Damit provozierte sie allerdings den thüringischen Hof, der sie nach dem Tod ihres Mannes – er starb 1227 auf einem Kreuzzug – vertrieb. Elisabeth ging nach Marburg, baute dort ein Krankenhaus und pflegte Aussätzige. Als sie starb, war sie gerade 24 Jahre alt. 1235 wurde sie heiliggesprochen. Im Jahr darauf nahm der Stauferkaiser Friedrich II. an der Hebung ihrer Gebeine teil. In einer Mönchskutte folgte er demütig dem Sarg der Fürstin.

15. Helden und Hunnen

Das Lindenblatt war schuld. Es heftete sich auf eine Stelle zwischen Siegfrieds Schulterblättern und hielt das Drachenblut fern, in dem der Held gebadet und sich damit (fast) unverwundbar gemacht hatte. Der zielsichere Hagen von Tronje hatte nun keine Mühe mehr, seinen Erzfeind Siegfried tödlich zu treffen.

Da mag sich die Loreley, da mögen sich andere Sagenheldinnen und -helden noch so anstrengen – Siegfrieds Tod ist so etwas wie die Urszene der deutschen Mythologie, und das »Nibelungenlied« ist nicht zu Unrecht mit dem Ehrentitel einer »deutschen Ilias« ausgezeichnet worden. Den Stamm der Burgunder, deren Leben und Sterben das Epos schildert, umgibt seither ein tragischer Glorienschein. Aber noch ein anderes Volk ist uns durch das Heldenlied markant – freilich mit dämonischem Beigeschmack – im Gedächtnis geblieben: die Hunnen.

Deren Invasion ab der Mitte des vierten Jahrhunderts betrachten manche Forscher als die entscheidende Ursache für den Untergang des römischen Imperiums. In der Tat war es Rom immer schwerer gefallen, seine Grenzen im Nordosten zu verteidigen. Bereits in der Regierungszeit des Augustus, im Jahr 9 n. Chr., war ein römisches Heer unter Publius Quinctilius Varus in der Schlacht am Teutoburger Wald, höchstwahrscheinlich bei Kalkriese am Wiehengebirge, von den Cheruskern unter Arminius besiegt worden. Kaiser Domitian (81–96) nahm Zuflucht zum Bau eines Grenzwalls und ließ den Limes errichten, der allein an der obergermanisch-raetischen Grenze in seinem Endstadium (159–260) etwa 550 Kilometer lang war. Später musste Aurelian (270–275) sogar eine Mauer um die Stadt Rom ziehen.

Das Römische Reich befand sich durch die im vierten Jahrhundert einsetzende Völkerwanderung, die das Eindringen germanischer Stämme zur Folge hatte, in einem permanenten Kriegszustand. Es verlor nach der verheerenden Niederlage von Adrianopel 378 gegen die terwingischen Goten, die auf der Flucht vor den Hunnen waren, zunehmend die Kontrolle über seine westlichen Provinzen. Theodosius I., in dessen Regierungszeit (379–395) das Imperium letztmalig vereint war, gewährte den Siegern unter dem Druck eines Friedensvertrags etwas bis dahin Unvorstellbares: Sie erhielten die Erlaubnis, südlich der Donau unter Beibehaltung ihrer Sitten und Gebräuche zu siedeln. Damit durfte erstmals ein fremdes Volk im Römischen Reich ansässig werden.

Nach Theodosius' Tod wurde sein Sohn Honorius Herrscher im Westen und sein Sohn Arcadius Herrscher im Osten des Imperiums. Wenn auch formal die Einheit weiter bestand, war das der endgültige Schritt zur Teilung in ein Oströmisches und ein Weströmisches Reich. Wie die Brennpunkte einer Ellipse lagen jetzt Konstantinopel und Rom auf der politischen Landkarte: Ostrom mit Ägypten, Palästina, Griechenland, Makedonien und Kleinasien, Westrom mit Italien, Nordafrika, Gallien, Spanien, Germanien und Britannien.

Und Westrom geriet immer mehr unter den Einfluss der Germanen. 410 plünderten die Westgoten, die vorher schon Konstantinopel und Athen bedroht hatten, die Stadt Rom. 455 folgten ihnen darin die Vandalen; der an diese Eroberung angelehnte Ausdruck »Vandalismus« kam erst im 18. Jahrhundert auf.

Aber zunächst einmal waren die Hunnen am Zug. Diese in Zentralasien beheimateten Reiternomaden hatten sich zu Beginn des dritten Jahrhunderts im Gebiet der heutigen Mongolei zu einem Großreich zusammengeschlossen und befanden sich seitdem in einer Art Dauerkrieg mit China. Die Chinesen hatten zuvor ihrerseits unter ihrem ersten Kaiser Ch'in die Reichsgrenze weit nach Norden verschoben und bedrohten nun die besten Weidegründe der Reiternomaden. Darauf antworteten die Hunnen (chin. *Hsiung-nu*) wiederum mit eigenen Offensiven. Als Schutzwall gegen die Hunnen (und später die Mongolen) entstand in China ab 215 die »Große Mauer«, die sich aus Erdhügeln und Holzpalisaden zu einem massiven steinernen Bollwerk entwickelte und im Endausbau eine Länge von 2500 Kilometern erreichte.

Ab etwa 370 trieben die Hunnen ihre Expansion nach Westen voran und lösten mit der Unterwerfung verschiedener germanischer Stämme im Südosten Europas eine fast den ganzen Kontinent umfassende Fluchtbewegung aus: die Völkerwanderung. Bis zur Mitte des fünften Jahrhunderts konnten sie ihren Machtbereich auf ein Territorium von Mittelasien und dem Kaukasus bis zur Donau und schließlich bis an den Rhein ausweiten. Hier schlugen sie 436 – in einer kurzzeitigen Allianz mit dem römischen Feldherrn Aetius – auch die Burgunder, die sich zwischen Mainz und Worms niedergelassen hatten. Die Vernichtung ihres Reiches könnte den Tatsachenkern des Sagenkomplexes um Siegfried und Kriemhild bilden, der den Untergang der Burgunder schildert.

Besonders markant sind die Geschehnisse um den Stammesfürsten Attila (406–453), den König Etzel des »Nibelungenlieds«, der sich nach der Beseitigung seines Bruders und Mitregenten im Jahre 444 an die Spitze der hunnischen Reiterhorden gesetzt hatte. Er schickte einen Boten zum weströmischen Kaiser und verlangte von ihm die Hälfte des Reiches und die Kaisertochter als Ehefrau. Kaiser Valentinian III. (419–455) lehnte ab und stellte 451 auf den Katalaunischen Feldern in der Champagne seinen Feldherrn Aetius dem Angreifer entgegen. Die Schlacht führte zum Rückzug der Hunnen. Sie zogen über die Ostalpen in Richtung Rom. In höchster Not – ein militärischer Sieg über die heranrückenden Heere schien ausgeschlossen – ritt Papst Leo dem Hunnenherrscher entgegen, um mit ihm zu verhandeln. Wider Erwarten konnte er ihn zur Umkehr bewegen (453). Das Weströmische Reich schien noch einmal gerettet.

Aber ein Unglück kommt selten allein. Mit Attila trat auch der germanische, in römischen Diensten stehende Heerführer Odoaker (um 433–493) auf den Plan. Er erklärte sich zum König aller Germanen in Italien, nahm Ravenna als Hauptstadt und setzte 476 den erst neunjährigen Romulus Augustulus nach nur einem Jahr Regierungszeit als letzten weströmischen Kaiser ab. Damit schrieb er Weltgeschichte: Er beendete im Westteil das einst so mächtige tausendjährige Imperium der Römer.

Doch schon schickten sich die Ostgoten an, Odoaker zu vertreiben. 493 erreichten sie, von Osten her kommend, Italien. Theoderich der Große (451/56–526), ihr mächtiger König, lud Odoaker und seinen Sohn zu einem Friedensmahl ein, das diese nicht überlebten. In Ravenna entstanden die unter Theoderich begonnenen, heute noch berühmten Kirchen mit ihren kostbaren Ausstattungen. Die Mosaiken von Sant' Apollinare und San Vitale gehören jetzt zum Kulturgut der Menschheit. Macht schließt weder Verbrechen noch Kunst aus.

»Goten und Italiker liebten ihn sehr«, rühmte einige Jahrzehnte später der byzantinische Geschichtsschreiber Prokop den großen Theoderich. Sein gewaltiges Grabmal in Ravenna, schon zu Leb-

zeiten errichtet, spiegelt die eigenständige germanische Weiter-
führung des antiken Erbes. Auch Theoderich hatte ein literari-
sches Nachleben: In der fiktiven Gestalt des Dietrich von Bern
erhielt er einen Ehrenplatz im »Nibelungenlied« und wurde zu
einer der bekanntesten Sagenfiguren des deutschen Hoch- und
Spätmittelalters.

Als das »Nibelungenlied« um 1200 irgendwo im Donaugebiet
aufgezeichnet wurde, waren die Hunnen längst wieder aus der
Geschichte verschwunden. Schon Ende des fünften Jahrhunderts
verlor sich die Spur ihres Reiches. Auf wenig kriegerische Weise
hatte sich zuvor der gefürchtete Attila von seinem Volk verabschiedet. Er starb im Jahr 553 – möglicherweise durch einen Blut-
sturz – während einer ausschweifenden Hochzeitsfeier, nachdem
er soeben seinen üppigen Harem durch die germanische Prinzessin Ildiko erweitert hatte.

16. Allah unaufhaltsam

S ie ist wahrscheinlich der größte und unhandlichste Würfel. Auf jeden Fall aber gehört sie zu den berühmtesten Gebäuden der Welt. Und für die Muslime ist sie sogar ihr Zentrum: die heilige *Kaaba* (arab. = Kubus). Siebenmal ist sie von den Pilgern zu umrunden, wenn sie den Weg hierhergefunden haben. Die Reise nach Mekka gehört zu den fünf Säulen, den heiligen Pflichten des Islam, die außerdem das Glaubensbekenntnis, das rituelle Gebet, die Almosensteuer und das jährliche Fasten umfassen. Schon in vorislamischer Zeit wurde die Kaaba, in deren Wände ein schwarzer Stein, ein Meteorit, eingelassen ist, von den arabischen Stämmen als Heiligtum verehrt. Das erste Gotteshaus des Islam wurde sie erst 632, im Todesjahr Mohammeds.

Nicht nur am Anfang der christlichen und jüdischen Religion, sondern auch am Anfang des *Islam* (wörtlich: Ergebung in Gottes Willen) steht eine charismatische Persönlichkeit: Abu 'I-Qasim, der schon früh *Mohammed*, d. h. der Gepriesene, genannt wird. Als Letzter der großen Religionsstifter ist er eine historische Person.

Wahrscheinlich im Jahr 571 wird er in Mekka geboren. Dass er die Welt verändern würde, ist nicht von Anfang an zu erkennen. Seine Stadt ist fast ein Außenposten der Zivilisation. Nur Handelskarawanen ziehen durch die lebensfeindliche Wüste zwischen dem Roten Meer, dem Persischen Golf und dem Arabischen

Meer. Es gibt keine Zentralgewalt, keinen Staat, keine Gesetze. Als Ordnungsmacht fungieren die nomadisch lebenden Sippen.

Mohammed gehört zur Sippe der Haschemiten. Seine Familie besitzt das Privileg, im Zentrum von Mekka die Pilger mit Wasser zu versorgen. Die Menschen kommen zur Kaaba, um ihren Göttern zu opfern. Kurz nach Mohammeds Geburt stirbt der Vater. Das Kleinkind wird, wie es in Mekka üblich ist, in die Obhut von Beduinen gegeben. Es soll ihren Stolz erlernen und Wüstenluft atmen. Als Mohammed zu seiner Mutter Amina zurückkehrt, ist auch sie schon vom Tod gezeichnet. Der Junge wächst bei seinem Onkel Abu Talib auf und hütet dessen Kamele und Schafherden. Er darf ihn auf Geschäftsreisen begleiten. Diese Reisen führen ihn bis nach Bosra in Syrien. Mohammed lernt den geschäftlichen Umgang mit Handlungsreisenden, erlebt den Glanz der persischen Kultur und hört auch von Abraham, Moses, David und Jesus. Er begegnet einem christlichen Mönch namens Bahira und ist von dessen Spiritualität beeindruckt. Die Askese des Mönchs kann und will er jedoch nicht übernehmen: »Wohlgerüche, Frauen und Gebete sind mir die schönsten Dinge auf Erden.«

Mohammed ist ein heiterer, lebensfroher Mensch. Er heiratet die 15 Jahre ältere Khadija, lebt zwanzig Jahre mit ihr monogam zusammen und hat sieben Kinder mit ihr. Er lebt in Mekka und opfert an der Kaaba den Göttern seiner Sippe. Als er vierzig Jahre alt ist, gerät er jedoch in eine tiefe Lebenskrise. Er vernachlässigt seine Pflichten und irrt wie ein Kranker umher: fiebrig, verwahrlost und in zerrissenen Kleidern. Er stellt alle Sitten und Gebräuche seiner Umgebung in Frage. Auf dem Tiefpunkt seines Ausstiegs trifft ihn jedoch ein religiöses Erweckungserlebnis: Er sieht in einer Vision den Engel Gabriel, der ihm ein beschriftetes Seidentuch hinhält und ihn, den Analphabeten, auffordert zu lesen. Eine Stimme spricht ihn als Gesandten Gottes an.

In völliger Verwirrung zieht Mohammed sich zurück. Er sieht sich selbst als von Dämonen besessen. Schließlich akzeptiert Mohammed jedoch seinen Zustand und interpretiert ihn als göttliche Berufung. Er beginnt, als Verkünder göttlicher Weisungen aufzutreten. Seine Aussprüche werden von Freunden auf Papyrus, Palmenholz oder Tierhäuten niedergeschrieben. Diese Aufzeichnungen bilden den Grundstock des *Koran* (wörtlich: Vorlesetext).

Die gläubigen Muslime sind überzeugt, dass Allah Autor der Sprüche und Gedanken ist, die Mohammed als Medium im Zustand seelischer Trance empfängt. Der Text des Koran gilt als »Wort Gottes«, ähnlich wie in der christlichen Inspirationstheorie die Bibel als unmittelbare göttliche Offenbarung. Für den gläubigen Muslim ist es selbstverständlich, dass Allah sich der arabischen Sprache bedient und Mohammed sein endgültiger Prophet ist, der – nach Moses und Jesus – die Offenbarung vollendet.

Mohammeds Verhältnis zum Christentum ist ambivalent. Der Koran sieht in Jesus einen Vorläufer des Propheten. Jesus ist der Messias, der künftige Weltenrichter, einer der großen Gesandten Allahs. Aber er ist nicht Gottes Sohn, weil Gott nicht gezeugt wurde und nicht gezeugt hat. Auch die Vorstellung von einem Gott in drei Personen ist dem Koran fremd. Er sieht darin einen Rückfall in die Vielgötterei. Maria ist für ihn ein »Zeichen für die Menschheit« – die Mutter Jesu, aber nicht die Mutter Gottes.

Mohammeds Verhältnis zum Judentum ist ebenfalls ambivalent und hat sich im Lauf seines Lebens ins Negative entwickelt. Ursprünglich sieht Mohammed in den Juden seine natürlichen Verbündeten, weil die »Kinder Israels« für ihn die Einzigen neben ihm sind, die an den einen Gott glauben und denen die Vielgötterei ein Gräuel ist. Im Koran werden die Kinder Israels vierzig Mal erwähnt. Mohammed sieht sich selbst in der Tradition der großen Propheten Israels und identifiziert sich mit Noah, Abraham und Moses. In Abraham sieht er den Urahn auch der Araber, einen wahren Muslim, der sich seinem Gott rückhaltlos unterwirft und sogar bereit ist, seinen eigenen Sohn als Opfer darzubringen.

Mohammed denkt aber nicht nur in religiösen Dimensionen. Er denkt immer auch politisch. Er geht lange davon aus, dass die Juden von Medina, wohin er ausgewandert ist, den Glauben ihrer Väter aufgeben und sich ihm anschließen werden. Erst als seine Erwartungen sich nicht erfüllen, beginnt er, sich von den Kindern Israels zu distanzieren. Er ändert die Gebetsrichtung der Muslime von Jerusalem nach Mekka. Am Ende entledigt er sich der Juden von Medina aus politischen Gründen – er sieht in ihnen ein Sicherheitsrisiko und vertreibt sie aus der Stadt. Er lässt ihre Palmen niederhauen als Zeichen der Endgültigkeit.

Mohammed versteht sich also nicht nur als Medium göttlicher Offenbarung und als gesellschaftskritischer Prophet. Er handelt auch politisch und übernimmt militärische Verantwortung. Als am 21. März des Jahres 625 vor den Toren Medinas ein starkes mekkanisches Heer auftaucht, um ihn und seine Anhängerschaft zu vernichten, ergreift Mohammed die Rolle des militärischen Führers. Er reitet mit 700 Mann der Übermacht entgegen. Die Mekkaner sind, wenn die Quellen richtig zählen, mit 3000 Mann zu Fuß, 3000 Kamelreitern und 2000 Reitern zu Pferde angerückt. Die Schlacht am Berg Uhud ist blutig. Mohammeds Streitkräfte behalten die Oberhand, verfolgen die Gegner aber nicht bis nach Mekka. Mohammed benutzt nur die Gelegenheit, mit seinen innenpolitischen Gegnern, vor allem den Juden, abzurechnen.

Mohammed schafft jetzt ein Herrschaftssystem, das sich als Gottesstaat definiert und sehr bald despotische Züge annimmt. Jede Kritik oder Infragestellung wird unterbunden. Politik und Religion werden fest ineinander verflochten. Was gegen die Religion verstößt, ist auch gegen den Staat gerichtet und umgekehrt.

Mohammed wächst in die Rolle eines absolut regierenden Staatsoberhauptes. Mit den Worten der modernen Staatslehre kann man sagen: Mohammed vereinigt in seiner Hand die Legislative, die Exekutive und die Judikative, aber darüber hinaus auch die oberste Priesterschaft. Es gibt keine von der Staatsgewalt unabhängige Justiz und auch keine unabhängige religiöse Autorität. Die Trennung von religiöser und profaner Wirklichkeit, von Religion und Staat ist dem Islam immer fremd geblieben.

Als Mohammed am 8. Juni 632 stirbt, ist die Trauer unter seinen Anhängern unermesslich. Viele Gläubige waren überzeugt, der Prophet werde niemals sterben. Jetzt wird die ganze historische Dynamik seiner religiösen und gesellschaftlichen Weltsicht offenbar. Bereits 25 Jahre später gehören Syrien, Ägypten und Nordafrika bis nach Marokko zum Islam. Einhundert Jahre danach stehen muslimische Truppen in Zentralasien, im Indus-Tal, im heutigen Pakistan, Buchara und Samarkand. Die *Kalifen* (Mohammeds »Stellvertreter« oder »Nachfolger«) haben mit ihren Heeren aus arabischen Beduinen ein Gebiet von Spanien bis Indien erobert.

Was ist der Grund für die rasante militärische Ausbreitung des Islam? Gesellschaftliche Systeme, deren wirtschaftliche Grundlage vor allem durch kriegerische Raubzüge gesichert wird, verlieren den Nachbarn als Beuteobjekt, wenn dieser muslimisch wird. Da es verboten ist, gegen Glaubensbrüder kriegerisch vorzugehen, gehört ein Nachbar, der den muslimischen Glauben angenommen hat, zum Inneren der Glaubensgemeinschaft, der *Umma*. Erst jenseits seiner Grenze darf wieder Beute gemacht werden. Also muss man die Grenze zu den Ungläubigen so schnell wie möglich überschreiten, weil nur so noch Reichtümer zu gewinnen sind.

Ein anderer wichtiger Faktor des gewaltigen Eroberungszuges war, dass die Muslime es den Besiegten leicht machten, sich zu unterwerfen, wenn diese wie sie selber an einen Gott glaubten und heilige Schriften besaßen. Das war vorrangig bei Juden und Christen der Fall. Ihre Religionen galten als verwandt mit dem Islam. Gegen Zahlung einer Steuer konnten sie weiter ihrem Glauben anhängen und standen unter dem Schutz der Kalifen.

Gleichwohl sieht die monotheistische Dogmatik des Islam in der eigenen Religion die absolute Wahrheit. Neben Allah kann deshalb keine andere Gottheit geduldet werden. Wer nicht an Allah und nicht *nur* an Allah glaubt, versagt ihm den schuldigen Respekt und versündigt sich. Deshalb darf die Anerkennung des Universalherrschers und seines Propheten im Prinzip auch mit Gewalt erzwungen werden. Die historische Realität des Eroberungszuges kannte aber sehr wohl auch Beispiele der Toleranz.

Ohne den religiösen Ansporn, der die Araber vorantrieb, wäre ihr Sturmlauf über drei Kontinente allerdings nicht möglich gewesen. »Setzt euch ein für die Sache Allahs«, hatte Mohammed befohlen. An diesem Einsatz für die Verbreitung des Islam teilzunehmen, war deshalb eine heilige Pflicht. Wer sich dem Zug anschloss, erhielt beim Sieg ein Stück von der Beute. Wer im Kampf fiel, auch das hatte Mohammed gelehrt, auf den warteten die Wunder des Paradieses. Diese Motivation feuerte die Araber an.

Wie die militärische Ausbreitung begann auch der Sklavenhandel sehr bald nach dem Tod des Propheten. Den religiösen Vorschriften entsprechend war die Rekrutierung von Sklaven natürlich nur außerhalb der Grenzen der islamischen Glaubensgemeinschaft möglich. Im Jahr 652 zwang der Emir Abdallah ben Said den nubischen König Khalidurat, jährlich 360 männliche und weibliche Sklaven zur Verfügung zu stellen. Seither wurden, nach seriösen Schätzungen, bis ins 20. Jahrhundert etwa 17 Millionen Afrikaner Opfer des arabischen Sklavenhandels.

Zu den Gründen für die rasche Ausbreitung des Islam gehört auch die Tatsache, dass die damaligen Nachbarn der islamischen

Staaten keine ebenbürtigen Gegner mehr waren. Sie waren politisch und militärisch geschwächt. Byzanz zum Beispiel war gelähmt durch die innerchristlichen Auseinandersetzungen um das Wesen Christi: ob Jesus ein Mensch oder Gott oder beides sei.

Auch die in Spanien herrschenden Westgoten waren durch innere Konflikte zerrissen. Sie hatten deshalb den von den Arabern islamisierten Berberstämmen (Mauren), die ab 711 von Nordafrika auf die Iberische Halbinsel vordrangen, nichts entgegenzusetzen. Zwar wurde ihr Versuch, auch Gebiete nördlich der Pyrenäen zu erobern, in der Schlacht von Tours und Poitiers (732) vom fränkischen Hausmeier Karl Martell abgewehrt, aber der größte Teil des heutigen Spanien geriet unter islamische Herrschaft.

Jahrhunderte hindurch sorgten die Mauren für eine funktionierende Landwirtschaft, ein vielseitiges Handwerk und ein intensives geistiges Leben, an dem auch Christen und Juden teilhatten. Vor allem von Córdoba und auch von Granada aus, wo im 13./14. Jahrhundert mit der Alhambra eines der großartigsten Zeugnisse islamischer Baukunst entstand, strahlte der Glanz der arabischen Kultur in das abendländische Mittelalter. Spanien wurde so auch zur Schaltstelle für den orientalisch-europäischen Wissens- und Wissenschaftstransfer, der nicht nur die arabischen Zahlen und die Algebra, sondern auch technische Innovationen und medizinischen Fortschritt an das Abendland weiterreichte. Mit dem Fall von Granada (1492) endete die *Reconquista*, die Rückeroberung der von den Mauren besetzten Gebiete durch christliche Heere. Spanien konnte sich nun anderen Dingen zuwenden wie der Entdeckung neuer Kontinente durch Christoph Kolumbus.

Im Geist des unduldsamen Katholizismus wurden 1492 die meisten Juden und bis Anfang des 17. Jahrhunderts die fast 300 000 im Land verbliebenen Mauren aus Spanien vertrieben. Das Königreich amputierte sich durch diesen Aderlass selbst.

17. Ein Landweg für Schiffe

Um das Jahr 1000 war in Kleinasien ein neues Volk aufgetaucht – die Türken. Sie kamen aus Zentralasien und waren Muslime geworden. Sie drangen vor bis über den Bosporus. Der osmanische Sultan Mehmed der Eroberer erhielt seinen Beinamen zu Recht. Er kannte sich in den wichtigsten Wissenschaften aus und konnte sich in sechs Sprachen unterhalten. Vor allem aber konnte er rechnen. Er ging davon aus, mindestens 70000 eigene Soldaten für den Angriff aufbieten zu können. Die Verteidiger, so kalkulierte er, würden selbst mit Unterstützung durch die Seemächte Genua und Venedig und weitere Hilfstruppen kaum 10000 Mann in die Schlacht schicken können.

Das beruhigte ihn keinesfalls. Der Sultan konnte auch denken. Byzanz war keine Stadt, sondern eine Festung mit allem, was dazugehörte. Eine der sichersten und wehrhaftesten in der ganzen bekannten Welt. Tausend Jahre lang hatte sie alle Attacken abgewehrt. Das wog einen Teil der numerischen Übermacht wieder auf.

Deshalb hatte Sultan Mehmed vorgesorgt. Frühzeitig hatte er sich der Fachberatung eines kooperationswilligen Christen, Urban mit Namen, versichert. Der Spezialist für schwere Waffen war zuvor beim byzantinischen Kaiser abgeblitzt, weil Konstantin XI. mit dem von Urban geforderten Honorar nicht einverstanden war.

In Mehmed traf er nun auf einen Herrscher, der nicht nur alle Salärwünsche erfüllte, sondern endlich auch den schweren Geschützen, die er im Angebot hatte, die nötige Beachtung schenkte. Vor dem Kampf um Konstantinopel waren Kanonen eher zur akustischen Abschreckung des Feindes eingesetzt worden, Sultan Mehmed aber ließ sich von ihrer Funktion als Kriegswaffen überzeugen, die sich in der offenen Feldschlacht, aber erst recht bei der Belagerung von Festungen einsetzen ließen.

Also ging Urban ans Werk, um seinen Arbeitgeber mit einer starken Artillerie zu versorgen. Der Sultan, der ein Technik-Freak war, schaltete sich persönlich in die Kaliberdefinitionen und die Ballistikberechnungen ein. In einem Dreivierteljahr entstanden ab Mitte 1452 in Urbans Werkstatt 69 Kanonen mit unterschiedlicher Feuerkraft, darunter riesige, nie zuvor gesehene Geschütze. Das größte von ihnen, das sogenannte Konstantinopel-Geschütz, hatte eine Rohrlänge von über acht Metern und einen Durchmesser von 75 Zentimetern. Der Sultan hatte Glück, dass sein Feuerwerker erst nach der Fertigstellung des Waffenparks starb (an einem Rohrkrepierer). Er war von Urbans Arbeit begeistert. Beruhigt, was die kommende Schlacht anging, war er noch immer nicht.

Das schafften auch die serbischen Mineure nicht, die Mehmed angeworben hatte, um durch Tunnelgrabungen und unterirdische Explosionen die Festungsmauern zum Einsturz zu bringen oder wenigstens zu beschädigen. Der Sultan war sich darüber im Klaren, dass dies auf der Gegenseite auch geschehen und der Kampf dann unter Tage fortgesetzt würde. Auch die osmanische Kriegsflotte, die mittlerweile weit über hundert Schiffe aufbieten konnte, schaffte es nicht, ihn in Sicherheit zu wiegen. Er kannte die Kampfstärke der feindlichen Boote, und vor allem kannte er die massive Sperre, die die Byzantiner errichtet hatten, um die türkische Flotte am Einlaufen in das Goldene Horn zu hindern.

Deshalb hatte er sich etwas ganz Besonderes ausgedacht. Sultan Mehmed neigte allerdings nicht dazu, seine Pläne frühzeitig an seine Kriegsherren weiterzugeben. Vor allem nicht, wenn sie so verwegen waren wie jetzt. So waren zunächst die eigenen Truppen verwirrt, bevor auch die Belagerten fassungslos mit ansehen mussten, was sich auf dem Bergrücken des Goldenen Horns abspielte: Die türkischen Schiffe segelten auf dem Landweg in Richtung Festung.

Der osmanische Chefbelagerer hatte die Quadratur des Kreises geschafft, indem er eine Schiffstransportstraße anlegte, um die gesperrte Hafeneinfahrt zu umgehen. Bergaufwärts wurde eine Fahrrinne gegraben und mit Balken ausgelegt. Dann wurde das Holz mit einer dicken Fettschicht überzogen. Mit im Wind flatternden Segeln und der Unterstützung durch sechzig Ochsen sowie zahlreiche Seeleute der Kriegsflotte, die die Seile zogen, glitten die Schiffe wie Schlitten den Berg hinauf und auf der anderen Seite wieder hinunter.

Das Unternehmen lief wie geschmiert und versetzte den Byzantinern einen Schock. Ihre Boote konnten nun die Häfen im Goldenen Horn nicht mehr verlassen. Außerdem mussten sie Truppen heranführen, um die Frontmauern der nun fast völlig umzingelten Stadt auch nach dieser Seite hin zu sichern – Truppen, die an anderer Stelle Lücken rissen.

Die christliche Festung Konstantinopel konnte sich noch weitere fünf Wochen, bis zum 29. Mai 1453, halten. Aber das waghalsige Unternehmen der Türken, eines der merkwürdigsten maritimen Manöver der Kriegsgeschichte, war so etwas wie der Anfang vom Ende.

Mindestens ebenso merkwürdig mutet etwas anderes an: Wie

hatte sich nach dem Untergang des Weströmischen Reiches der oströmische Teil mit seiner Hauptstadt Konstantinopel – zumindest staatsrechtlich – noch ein ganzes Jahrtausend halten können? Kurzer Rückblick auf ein erstaunlich langlebiges Provisorium.

Natürlich könnten Sie auch »Byzanz« sagen. Dieser Name ist, wie Sie gemerkt haben, gleichbedeutend mit der Bezeichnung »Konstantinopel« und wurde in der Neuzeit rückblickend auf das ganze Oströmische Reich ausgedehnt. Byzanz war in seinen Anfängen im sechsten Jahrhundert geprägt von römischem Staatswesen, christlicher Religion und hellenistischer, das heißt griechisch inspirierter Kultur. Seine Einwohner fühlten und bezeichneten sich selbst als Römer und erlebten unter Justinian I. (527–565) einen markanten Aufschwung ihres Reiches. Seine Feldherren Belisar und Narses konnten Teile Nordafrikas von den Vandalen, einige Gebiete Italiens von den Ostgoten und den Südosten Hispaniens von den Westgoten zurückerobern. Damit war Justinian ein mächtiger Kaiser mit einem Reich, das fast die Ausdehnung des alten römischen Imperiums erreicht hatte (mit Ausnahme Britanniens, Galliens und Nordspaniens).

In seiner Regentschaft wurde auch ein einmaliges Zeugnis byzantinischer Kunst errichtet: die *Hagia Sophia* mit ihrer monumentalen Kuppelbasilika – die der »heiligen Weisheit« gewidmete Krönungskirche der oströmischen Kaiser in Konstantinopel, der größte Kirchenbau der christlichen Antike und des Mittelalters. Die Türken machten sie 1453 zur Moschee, seit 1934 wird sie als Museum genutzt.

Doch von einer langfristigen Stabilität des Reiches konnte keine Rede sein. Schon während der Regierungszeit Justinians war es nur unter größter Kraftanstrengung möglich gewesen, die Grenzen im Osten gegen die sassanidischen Perser zu halten, und die eroberten Gebiete im Westen fielen nach dem Tod des Kaisers zurück an die germanischen Stämme.

Justinians Nachfolger traten ein schweres Erbe an: Sie hatten es mit leeren Staatskassen, religiösen Auseinandersetzungen zwischen verschiedenen christlichen Gruppierungen und mit nun an allen Grenzen auftauchenden Gegnern zu tun. Insbesondere die Kriege gegen die Anfang des siebten Jahrhunderts heftig anstürmenden Perser brachten das Reich an den Rand des Zusammenbruchs. Kaiser Heraklios konnte nur unter Aufbietung der letzten Kräfte Ende 627 in der Schlacht bei Ninive (im heutigen Irak) die Entscheidung für Ostrom herbeiführen.

Beide Imperien gingen geschwächt aus den Kämpfen hervor. Und es dürfte Heraklios wenig getröstet haben, dass die einstige Großmacht Persien schon bald danach, zermürbt von vernichtenden Überfällen durch die Sarazenen, im Chaos versank. Das Perserreich spielte weltgeschichtlich in dieser Form nie wieder eine Rolle.

Byzanz konnte sich immerhin erfolgreich gegen eine vollständige islamische Eroberung verteidigen. Den Arabern war es bis zum Ende des siebten Jahrhunderts gelungen, Ägypten, Syrien, Palästina und ganz Nordafrika zu annektieren. Byzanz konnte sich zwar gegen ihre zahlreichen Attacken verteidigen und dem Untergang entgehen, aber der Preis für das Überleben war hoch: Es verlor zwei Drittel seines Territoriums, damit auch einen Großteil seiner Steuereinkünfte, und war nun auf die Stadt selbst, Kleinasien, die Ägäis und einige Küstengebiete in Griechenland beschränkt.

Auch das ausgehende achte Jahrhundert war geprägt von intensiven Abwehrkämpfen in alle Himmelsrichtungen. Zweimal wurde die Hauptstadt erneut von den Arabern belagert, zweimal (678 und 717/18) gelang es Byzanz, die Gefahr unter anderem durch den Einsatz des sogenannten »griechischen Feuers« – einer militärischen Brandwaffe, einer Vorform des Flammenwerfers – abzuwenden.

Die Araber stellten in der Folgezeit keine wirkliche Bedrohung mehr dar, dafür zeigten sich an den nördlichen Grenzen in Gestalt der vordringenden Slawen neue Feinde. Aber auch sie wurden nicht nur aufgehalten, sondern Byzanz konnte sogar Teile der von ihnen in Griechenland besetzten Regionen zurückgewinnen. Doch auch jetzt kam der Balkan nicht zur Ruhe: Die Bulgaren kamen ins Spiel und sollten in den nächsten Jahrhunderten mit ihrer aggressiven Expansionspolitik Byzanz immer wieder in Bedrängnis bringen.

Wir ersparen Ihnen jetzt einige Kapitel und Ereignisse, die Byzanz allerdings nicht erspart blieben: Wechsel der Dynastien, die sich teilweise gewaltsam vollzogen; innenpolitische Zwistigkeiten (etwa der zermürbende Bilderstreit, ausgelöst durch Leo III., der Ikonen als heidnisch deklarierte und verbot); Kämpfe zwischen christlichen Gruppen; Streitigkeiten mit dem Papst in Rom um die Vormachtstellung. In der Zusammenschau all dieser Erschütterungen und Bedrohungen ist es mehr als verwunderlich, dass Ostrom immer noch existierte. Und nicht nur das: Unter den Kaisern der makedonischen Dynastie im zehnten und frühen elften Jahrhundert erreichte Byzanz noch einmal den Status einer Großmacht.

Für diesen vorübergehenden Erfolg waren mehrere Faktoren verantwortlich: Die territorialen Einbußen waren zwar schmerzlich, machten aber auch mehr Einheitlichkeit möglich. Es gab einen stabilen Beamtenapparat, eine effiziente Verwaltung, eine gemeinsame Sprache – das Mittelgriechische hatte Latein abgelöst. Der nach wie vor florierende Handel wurde unterstützt durch eine ansehnliche Flotte. Reformen des Heerwesens sorgten für eine kalkulierbare und kostensparende militärische Stabilität.

So schien sich unter Basileios II. (957–1025) Byzanz tatsächlich wieder zu einem Großreich zu entwickeln. Seine Vorgänger hatten den oströmischen Einfluss bereits bis nach Syrien und kurzzeitig sogar bis Palästina ausdehnen können; Basileios gewann nun während seiner Regierungszeit Süditalien zurück und sicherte zudem die Grenzen auf dem Balkan: Er eroberte in jahrelangen Kämpfen das erste bulgarische Reich, was ihm den Beinamen *Bulgaroktónos* (»Bulgarentöter«) einbrachte. Im Jahr 1018 wurde Bulgarien eine byzantinische Provinz. Das Oströmische Reich erstreckte sich jetzt von der Adria bis nach Armenien und vom Euphrat bis zur Donau.

Doch die Blütezeit war nicht von langer Dauer. Basileios' Nachfolger kümmerten sich nicht mehr um die Armee. Das stehende Heer musste durch unzuverlässigere Söldner ersetzt werden, was eine erhebliche militärische Schwächung bedeutete. Und außenpolitisch geriet das Reich durch neue Eindringlinge in Bedrängnis: Die Normannen holten sich Süditalien Anfang des elften Jahrhunderts, und gegen dessen Ende fiel ein Großteil Kleinasiens an die Seldschuken, die 1071 das byzantinische Heer in der Schlacht von Manzikert in Ostanatolien vernichteten.

Alexios I. konnte in seiner Regierungszeit (1081–1118) zwar durch eine Reihe militärischer Erfolge die Katastrophe gerade noch einmal abwenden. Er war aber auch derjenige, der mit seinem Ruf nach westlicher Hilfe gegen die Muslime 1097 den ersten Kreuzzug ins Land brachte – langfristig mit schrecklichen Folgen! Die von Anfang an nicht gerade entspannten Beziehungen zwischen den selbstbewusst und eigenständig agierenden Rittern und den Oströmern zeigten zunehmend eine aggressive Qualität. Beim vierten Kreuzzug kam es Anfang des dreizehnten Jahrhunderts schließlich zur Katastrophe: Auf Betreiben von einflussreichen venezianischen Machthabern eroberten und plünderten die Kreuzfahrer nicht etwa muslimische Stellungen, sondern Konstantinopel. Sie töteten brutal Tausende von oströmischen Christen und zerstörten – wenn sie nicht zu transportieren waren – unwiederbringliche Schätze: Bilder, Heiligenreliquien und ganze Bibliotheken, raubten und stahlen alles, was kostbar schien, und brachten es nach Venedig oder in andere Gegenden Westeuropas, wo man bereit war, viel Geld dafür zu bezahlen.

Konstantinopel sollte sich von diesem Desaster nie mehr erholen. Jahrhundertelang war es Schutzschild gegen die Islamisierung Westeuropas gewesen. Ironie des Schicksals: Ausgerechnet nach dem Auftritt christlicher Kreuzfahrer konnte es diese Funktion nun nicht mehr wirksam wahrnehmen. Obwohl der oströmische Kaiser Michael VIII. die Stadt im Jahr 1261 zurückeroberte, war der Untergang nicht mehr aufzuhalten. Dem inzwischen mächtigen osmanischen Reich hatten selbst die klügsten und geschicktesten Kaiser nichts mehr entgegenzusetzen. 1326 fielen die bedeutende Stadt Bursa – etwa neunzig Kilometer südlich von Konstantinopel – und die zweitgrößte byzantinische Metropole Adrianopel an die Türken. Das einst so mächtige Oströmische Reich bestand Anfang des 15. Jahrhunderts schließlich nur noch aus Konstantinopel.

Der 29. Mai gilt auch heute noch bei den Griechen als Unglückstag. Es ist der historische Moment, in dem die Reichshauptstadt Konstantinopel – nach fast zweimonatiger Belagerung – von den Truppen Mehmeds, dem siebten Sultan des osmanischen Reiches, gestürmt wurde. Der letzte byzantinische Kaiser Konstantin XI. starb während der blutigen Kämpfe.

Nach Einnahme der Festung ließ sich der türkische Triumphator die Gelegenheit nicht entgehen, sich an markanter Stelle in die nach oben offene Skala der mittelalterlichen Scheußlichkeiten einzutragen: Mehmed ließ allen byzantinischen Adligen verkünden, sie würden in ihre alten Rechte eingesetzt, wenn sie sich meldeten. Diejenigen, die dem Aufruf folgten, ließ er zusammen mit ihren Familien enthaupten. Mit den Köpfen der jüngsten Opfer – Leser unter 18 Jahren, bitte weiterblättern! – wurden die Flammen der in den Kirchen brennenden Kerzen ausgelöscht. Sultan Mehmed gilt dennoch als einer der großen, weitsichtigsten Herrscher des osmanischen Reiches.

Die siegreichen Eroberer sahen sich nach dem Zusammenbruch als legitime Nachfolger der byzantinischen Kaiser. Aber auch in Russland reklamierten die Patriarchen ihren Anspruch. Moskau bezeichnete sich bald als Drittes Rom, eine staatsrechtliche Fortsetzung fand das Reich allerdings nirgendwo mehr.

Inzwischen unbestritten sind die Verdienste von Byzanz als Vermittler von Werten und Wissen der Antike. Sie waren der Antrieb für eine große Bewegung in Westeuropa: Ohne sie ist eine Entfaltung der Renaissance und der sich anschließenden Aufklärung gar nicht denkbar.

18. Das Kreuz und das Schwert

Sie können ihm nicht ausweichen, ihn nicht verfehlen, warum sollten Sie es auch? Hat er doch wie kein anderer der Idee eines vereinten Abendlandes, eines europäischen Reiches Auftrieb gegeben, das antike Erbe, die christliche Religion und die germanische Gedankenwelt unter seiner Herrschaft zusammengeführt. Ja, von ihm, von Karl dem Großen ist die Rede. Fast fünfzig geschichtliche Gestalten verzeichnet das Lexikon unter dem Namen »Karl«, aber immer werden Sie ihn an erster Stelle finden.

In Aachen begegnen Sie ihm auf Schritt und Tritt. Lassen Sie es am besten schön bunt beginnen und betrachten zuerst das Fresko im Krönungssaal des Aachener Rathauses, das Karl auf dem Höhepunkt der Auseinandersetzung mit den heidnischen Sachsen zeigt. Nehmen Sie dann das Wunderwerk des Kaiserdoms, des im Jahr 805 geweihten Aachener Münsters, ins Visier, das Ihnen schon beim Verlassen des Rathauses entgegenblickt. Im Zentrum des Doms, der achteckigen Pfalzkapelle, geht dann kein Weg mehr an ihm vorbei: dem Erzstuhl des Reiches, etwas schlichter auch Königs- oder Kaiserstuhl genannt.

Sechs steinerne Stufen führen zum Thron des römischen Kaisers deutscher Nation, dem Sitz des ersten Mannes im Heiligen Römischen Reich, dem Erbe des alten römischen Imperiums. Dieser Thron im Oktogon des Aachener Doms steht für die historischen Zusammenhänge der deutschen und der europäischen Geschichte.

Der Thronsessel ist ein Ort großer Symbole. Die Marmorplatten, aus denen er gefügt ist, und auch die Stufen stammen nach neueren Mutmaßungen aus der Grabeskirche in Jerusalem. Er steht auf der Westempore der Pfalzkapelle, die als symbolisches Abbild das himmlische Jerusalem darstellt. Sie ist nach Osten ausgerichtet, dem irdischen Jerusalem entgegen. Wer auf diesem Thron Platz nimmt, um die Krönungsinsignien zu empfangen, hält mit dem Reichsapfel das Sinnbild des Erdkreises und des Himmelsgewölbes und mit dem Zepter das Symbol der höchsten Gewalt in den Händen.

Diese Zeichen kaiserlicher Würde sind Karl dem Großen bei seiner Krönung noch nicht verliehen worden. Verschiedene Gegenstände, zu denen auch Schwert, Mantel, Kreuz und Lanze gehören konnten, wurden erst ab dem dreizehnten Jahrhundert für die Zeremonie bedeutsam. Sie hätten auch zu der Inszenierung, die am Weihnachtstag 800 in Rom stattfand, nicht gepasst. Angeblich soll Karl der Große nämlich durch Papst Leo III. überrascht worden sein: Der setzte ihm, als er sich in der Peterskirche vom Gebet erheben wollte, unerwartet eine goldene Krone auf und erklärte ihn anschließend zum römischen Kaiser. Karl verstand sich von da an als *Augustus Imperator Renovati Imperii Romani*, als Kaiser des erneuerten Römischen Reiches.

Die Geschichte mit der Überraschung, die von Karls Biografen Einhard verbreitet wurde, klingt wenig glaubhaft. Eher sind vorherige Absprachen mit einer Handvoll Eingeweihter zu vermuten. Äußeres Anzeichen dafür war allein schon der prächtige Purpurmantel, in dem Karl erschien. Er trug ihn statt fränkischer Bundhose und Wams hier zum ersten und letzten Mal.

Mit dieser Zeremonie war aus dem König der Franken ein

römischer Kaiser geworden, dessen Machtbereich sich über weite Teile Europas erstreckte. Er war die genialische Herrschergestalt, die das mittelalterliche und damit auch das moderne Europa prägte. Das Kerngebiet seines neues Riesenreiches umfasste jene Länder, die rund 1150 Jahre später die Europäische Wirtschaftsgemeinschaft gründen sollten: Frankreich, die Benelux-Staaten, Deutschland und Italien; hinzu kam Nordspanien.

Karl stammt nicht aus einem alteingesessenen Herrschergeschlecht. Seine Vorfahren waren aber erfolgreich als Heerführer der Merowinger, hatten diese dann ausgeschaltet und sich selbst an die Spitze ihres Königreiches gesetzt. Sein Großvater Karl Martell ist der Begründer einer mächtigen Dynastie; er hatte sich um Europa schon verdient gemacht, als es ihm gelang, im Jahr 732 den Vorstoß der islamischen Mauren bei Tours und Poitiers zurückzuschlagen. Karl Martells Sohn Pippin III., Karls Vater, konnte das Reich durch Eroberungen stetig vergrößern, was natürlich auch dem Papst nicht verborgen blieb. Der war auf der Suche nach einer Schutzmacht für seine Stellung in Italien, und schon Pippin hatte ein sehr starkes Interesse an der Anerkennung durch die Kirche. Das passte. Und tatsächlich begab sich 754 Papst Stephan II. nach Saint-Denis, um mit Pippin ein Bündnis zu schließen. Der kaum sechsjährige Karl war bei dieser Begegnung dabei, sie wurde für ihn zum Schlüsselerlebnis und war die Basis für die dauerhafte Verbindung seiner Familie mit der Kirche. Sie führte auch dazu, dass er sich sein ganzes Leben als Herrscher dazu berufen sah, die Botschaft der Bibel, die Gesetze Gottes zu verbreiten. Und er war davon überzeugt, Kriege gegen die Heiden führen zu müssen, für seinen Glauben töten zu dürfen.

Das bekamen vor allem die Sachsen zu spüren, deren Gebiet Karl christianisieren und seinem Reich einverleiben wollte. Seine

Krieger brachten in dem viele Jahre andauernden Unterwerfungs-krieg Zerstörung, Tod und Elend in die Dörfer und erzwangen die Umsiedlung Zehntausender Menschen, die für immer ihrer Heimat beraubt wurden. Auch die Vernichtung der Irminsul, des zentralen Heiligtums der germanischen Stämme, konnten die sächsischen Götter nicht verhindern.

Besonders ein Ereignis warf Schatten auf das Bild des großen Herrschers Karl: die brutale Massenhinrichtung von über tausend gefangenen Sachsen (sächsische Chronisten sprechen von 4500 Opfern) bei Verden an der Aller (782), deren Wasser sich vom Blut der Getöteten rot gefärbt haben soll. Schon zu seinen Leb-zeiten regte sich Kritik an Karls Racheakt, heute erinnern in Ver-den 4500 im Jahr 1935 – ganz im Geiste der damaligen Zeit – gesetzte Steine an das blutige Geschehen.

Dreizehn Jahre dauerte der Krieg gegen Widukind, den An-führer der Sachsen, und seine Aufständischen, die sich weder dem christlichen Glauben noch der politischen Herrschaft der Fran-ken unterwerfen wollten. Schließlich überzeugten die kirchlichen Berater Karl davon, einen friedlichen Weg einzuschlagen und mit den Sachsen zu verhandeln. Karl stimmte zu, verlangte aber im Gegenzug die Taufe Widukinds. 785 war es so weit. Der kriegs-müde Widukind kam mit einer Gefolgschaft nach Attigny in die Residenz des Königs der Franken und sprach das christliche Glaubensbekenntnis.

Die Taufe Widukinds war ein großer Erfolg Karls. Obwohl es noch fast zwanzig Jahre bis zur vollständigen Unterwerfung Sach-sens dauern sollte, war er sich recht schnell sicher, dass er nun endlich sein Ziel erreicht hatte: ein christliches Reich mit lauter Christen unter einem christlichen Herrscher.

Sie werden sich vielleicht fragen, ob der kriegerische Karl nicht auch andere Seiten hatte. Er hatte. Mit der Eroberung der Lombardei – seit 774 trug er den Titel *Rex Francorum et Langobardorum* (König der Franken und Langobarden) – war sein Interesse an antiker Kultur und Wissenschaft geweckt worden, und er brachte eine Art Bildungsreform auf den Weg. Zahlreiche Gelehrte, vor allem Mönche und Kleriker, wurden an seinen Hof gerufen, sie kamen aus allen Teilen Europas. Mit der Bibel und Gottes Wort als Basis gelang ihnen gleichsam eine Wiedergeburt der lateinischen Welt (eine *Karolingische Renaissance*), die in den Jahrhunderten zuvor in den Wirren von Kämpfen und Völkerwanderungen ihre Konturen fast ganz verloren hatte.

Aber Karl förderte mit viel Energie auch die Entwicklung einer altfränkischen Volkssprache, der *lingua theodisca* (zum Volk gehörig), aus der die althochdeutsche Form *diutisc* hervorging, die sich allmählich zu dem späteren Wort »deutsch« wandelte. Einer sollte schreiben wie der andere, alles sollte von allen gelesen werden können. Karl hatte einen politischen Raum geschaffen, der nun auch zu einem gemeinsamen Sprachraum wurde und das Bewusstsein von Einheit ermöglichte. Tatsächlich war seine große Leistung die Durchsetzung des Wortes »deutsch«. Er legte damit den Grundstein für eine gemeinsame Kultur, für das Entstehen von Literatur: Eine Sprache, eine Schrift waren für die Formung seines Imperiums von unschätzbarer Bedeutung. Überall im Reich entstanden Klöster, Bibliotheken und Schulen, die von ihm gefördert wurden. Die Schrift, die wir heute noch verwenden, geht auf diese Reform zurück: Die karolingische *Minuskel* war das Vorbild unserer Kleinbuchstaben.

Was Sie vor diesem Hintergrund natürlich nicht vermuten: Karl der Große selbst war Analphabet. Noch als alter Mann soll er in schlaflosen Nächten mühsam versucht haben, endlich lesen und schreiben zu lernen.

Nach der Integration des sächsischen Gebiets in sein Imperium, nach der Taufe Widukinds, über dessen weiteres Schicksal wenig bekannt ist, konzentrierte sich Karl auf andere Projekte, vor allem auf die Etablierung eines festen Regierungssitzes. Karl wählte Aachen. Mit seinen warmen Quellen und ausgedehnten Wäldern, gelegen im Kerngebiet des Imperiums, sollte es zur prächtigsten Stadt seines Reiches werden. Er ließ eine riesige Anlage errichten (Baubeginn vermutlich 793/94). Sie umfasste Regierungsgebäude, Räume für die königliche Familie, Garnisonsunterkünfte, einen Gerichtssaal und ein Studienzentrum mit Bibliothek. Geistlicher Mittelpunkt war die Pfalzkapelle, heute der Aachener Dom. Er galt schon bei den Zeitgenossen als der prächtigste Kirchenbau diesseits der Alpen. Später haben sich 33 deutsche Herrscher auf Karl berufen und wurden hier zwischen dem Ende des neunten Jahrhunderts und dem Jahr 1531 gekrönt.

Mit seiner eigenen Krönung 800 in Rom hat Karl der Große Geschichte geschrieben, sie erregte schon zu seiner Zeit höchste Aufmerksamkeit, galt als Sensation. Zum ersten Mal wurde ein Kaiser, der zudem aus einem anderen Reich als dem römischen stammte, von einem Papst in sein Amt gesetzt, der allein die Befugnis dazu beanspruchte. Deshalb musste Karl ihn als sein geistliches Oberhaupt anerkennen. Umgekehrt gewährte der Kaiser der römischen Kirche Schutz, auch gegen die byzantinische Vorherrschaft. Entsprechend war es die Pflicht des Stellvertreters Petri, ihm als seinem weltlichen Herrscher zu huldigen.

Damit erfüllte sich für Karl den Großen eine Vision: die Allianz zwischen Papst und Herrscher, zwischen Reich und Kirche, zwischen Religion und Volk, eine Verbindung von Schwert und Kreuz. Die Krönung Karls begründete das mittelalterliche Kaisertum, das tausend Jahre lang als Heiliges Römisches Reich Deutscher Nation Bestand haben sollte, bis 1806.

Gleichzeitig wurde mit diesem Akt der Krönung, mit dem sich

der Kaiser an die Zustimmung und Segnung durch den Papst in Rom band, ein jahrhundertelanger Konflikt angelegt, der später der »Investiturstreit« genannt werden wird. Es ging um die Frage: Wer ist der Stärkere? Der Papst oder der Kaiser?

Dieser Kampf zwischen der kirchlichen und der weltlichen Macht prägte vor allen Dingen das späte elfte Jahrhundert. Seine Zuspitzung erfuhr er 1076 mit dem Streit zwischen dem deutschen König Heinrich IV. und Papst Gregor VII. Sie waren die Hauptprotagonisten in einem dramatisch angelegten Szenario, das für immer verbunden sein wird mit dem Namen eines Ortes, einer Burg: Canossa.

19. Wer ist der Größte im ganzen Land?

N ach Canossa gehen wir nicht.« Es war Kanzler Otto von Bismarck, der am 14. Mai 1872 im Deutschen Reichstag den Bußgang Kaiser Heinrichs IV. 800 Jahre zuvor wieder in Erinnerung rief, und die Anspielung war durchaus nicht abwegig. Sie war die Reaktion auf die Ablehnung des als deutscher Botschafter benannten Kardinals Hohenlohe durch Papst Pius IX. Aber sie markierte gleichzeitig den Höhepunkt des Kulturkampfes zwischen dem 1871 gegründeten Deutschen Reich und der katholischen Kirche über das Schul- und Bildungswesen, der zu einem Grundsatzkonflikt zwischen den Ansprüchen des modernen Staates und den kirchlichen Traditionen wurde.

Nach Canossa gehen wir sehr wohl. Doch folgen Sie uns bitte zunächst an einen anderen Ort: nach Speyer. Die Stadt war Sitz der Salier, die hier auch den größten Dom der Welt errichtet hatten – Inbegriff königlicher Macht und christlichen Kaisertums. Hier wurde Heinrich IV. 1053 schon als Vierjähriger deutscher König. Sein Vater litt an Gicht und musste sich beizeiten um seine Nachfolge kümmern. Gewählt wurde der minderjährige Heinrich von den deutschen Fürsten, erst ihr Treueschwur machte ihn zum Herrscher. Und zum ersten Mal passierte etwas, das so niemand erwartet hatte: Die Fürsten – unzufrieden mit der Amtsführung Heinrichs III. – banden ihre Unterstützung für den noch kleinen Mann an eine Bedingung: Er sollte ein gerechter König werden. Hier deutete sich eine Hypothek für den jungen Herrscher an, die den späteren Investiturstreit nachhaltig beeinflussen sollte.

Heinrich III. starb drei Jahre nach der Krönung seines inzwischen siebenjährigen Sohnes, der in den nächsten Jahren unter der Vormundschaft seiner Mutter, Königin Agnes, stand. Die konnte sich der vielen Ratschläge der vielen Männer um sie herum, die sich dazu berufen fühlten, kaum erwehren. Einer der wichtigsten wollte der päpstliche Gesandte Hildebrand werden, indem er durch Besuche am Hof versuchte, den Rechten des Papstes gegenüber dem König wieder Geltung zu verschaffen. Ein anderer, der einflussreiche Erzbischof Anno von Köln, griff als Anführer einer Gruppe von Reichsfürsten sogar zu illegalen Mitteln, um das salische Königshaus gefügig zu machen. Er war 1062 Drahtzieher der Entführung Heinrichs bei Kaiserswerth nahe Düsseldorf, mit der er die Herausgabe der Reichsinsignien erpresste. Drei Jahre musste der junge Mann, der nun im Sinne der Fürsten erzogen werden sollte, bei dem von ihm gehassten Anno bleiben; drei Jahre stellten die Fürsten die Regierung, bis Heinrich durch die zeremonielle Schwertleite am 29. März des Jahres 1065 mündig wurde und die Herrschaft wieder bei den Saliern lag. Agnes konnte ihren Sohn gerade noch davon abhalten, einen Feldzug gegen Anno zu organisieren. Die Entführung blieb für Heinrich das Trauma seines Lebens.

Es gab immer noch keine feste Residenz. Regiert wurde dort, wo der Herrscher sich gerade aufhielt. Wie alle anderen Könige zog Heinrich mit seinem gesamten Hofstaat, also mit bis zu 2000 Menschen, und zur Sicherung der Ernährung auch mit zahlreichen Tieren – Schafen, Rindern, Hühnern – von Pfalz zu Pfalz. Anstrengende 120 000 Kilometer sollte er auf diese Weise im Laufe seines Lebens zurücklegen, das entspricht einer dreimaligen

Erdumrundung. Heinrichs Konstitution kam ihm hier entgegen: Als Kind war er häufig krank, als Erwachsener erfreute er sich allerdings einer stabilen Gesundheit und war für seine Zeit bei einer Größe von einem Meter achtzig außergewöhnlich athletisch.

Seine geliebte Stadt Speyer ließ Heinrich planmäßig ausbauen, sie wurde Vorbild für andere auf dem Reißbrett entstandene Städte wie Leipzig oder Freiburg. Aber auch aus anderen Siedlungen entwickelten sich in dieser Zeit kleine und größere Städte, es war eine Zeit des Aufbruchs und der Innovationen. Das betraf ebenfalls die Klöster, deren Zahl wuchs und die großen Zulauf hatten. Die Menschen sollten sich wieder mehr an den Regeln der Kirche als an den weltlichen Vorgaben orientieren. Das forderte vor allen Dingen ein neuer Papst in Rom, und diese Botschaft machte auch vor dem König nicht halt. 1073 hatte Gregor VII. die Stellvertretung Christi auf Erden übernommen. Es war der inzwischen avancierte Mönch Hildebrand, den der siebenjährige Heinrich schon als päpstlichen Gesandten kennengelernt hatte. *Libertas ecclesiae*, »Freiheit der Kirche«, war die Losung des neuen Papstes, der die Rückkehr zu den Prinzipien des heiligen Benedikt von Nursia (480 – 548) durchsetzen wollte. Der hatte für Mönchsgemeinschaften ein Regelwerk entwickelt, das sich an Zucht und Maß orientierte und später in der Formel *ora et labora* (bete und arbeite) zusammengefasst wurde. Es sollte auch Schluss sein mit der Einmischung durch die weltliche Macht, insbesondere mit der Vergabe der Bischofsämter durch den König.

Für germanisches Rechtsempfinden war es aber traditionsgemäß keineswegs klar, was für das kanonische Recht, also die eigene Gerichtsbarkeit der römisch-katholischen Kirche, selbstverständlich schien. Die Grundherren, die auf ihrem Territorium ein Kirchengebäude besaßen, hatten seit jeher das Recht, die Angelegenheiten ihrer Gemeinde zu regeln und auch bei der Besetzung von Stellen und Pfründen ein gewichtiges Wort mitzusprechen. Das galt vor allem für die höheren Ebenen: die Ämter von Bischöfen und Äbten. Denn der König verstand sich als Eigentümer aller Kirchen und Klöster in seinem Herrschaftsgebiet. Er hatte das Recht, die Gebäude und die dazugehörenden Versorgungseinheiten (Pfründen) zu verwalten, aber auch zu verkaufen, zu tauschen oder zu vererben. Die Ämter von Bischöfen, Erzbischöfen oder Äbten konnte er wie einen Besitz behandeln. So schaffte er sich Verbündete und sicherte sich die Rekrutierung von Soldaten.

Diese Handhabung – genannt »Laieninvestitur« – wurde von den Vertretern des Klerus nun als unangemessene Einmischung in kirchliche Angelegenheiten empfunden. Denn es ging – wie meistens – nicht nur um Macht, sondern auch um Geld, viel Geld. Kirchenämter wurden gekauft und verkauft. Der König entschied, wer den Zuschlag erhielt. Gregor VII. brandmarkte dies jetzt als *Simonie*, als eine nach Simon dem Magier benannte missbräuchliche Vermischung von geistlichen und weltlichen Gütern (Apostelgeschichte 8, 5–24). Beide Schwerter, das weltliche und das geistliche, seien dem Papst verliehen worden, der das eine weitergeben könne. Gregor sah sich sogar in der Position, als Einziger den Kaiser ins Amt zu rufen und wieder abzusetzen. Im Klartext: Auch die Fürsten dürften nur dem Papst die Füße küssen.

Diese Ansprüche Gregors, zudem formuliert als politisches Programm, waren in ihrer Absolutheit neu und einzigartig. Die Botschaft gelangte natürlich auch zu Heinrich; der war mehr als empört und verstand die Nachrichten – durchaus zu Recht – als Kampfansage. Sah er sich doch als designierter Kaiser der römischen Christenheit und Nachfolger Karls des Großen, als Herrscher auch über Burgund und Teile Italiens von Gott berufen – wie der Papst. Er ließ einen Brief schreiben, in dem er und seine Bischöfe Gregor aufforderten »herabzusteigen«, also sein Amt niederzulegen und einem anderen Papst Platz zu machen. Man kann sich vorstellen: Die Eskalation war nicht mehr aufzuhalten.

Gregor antwortete prompt – wie seine Prinzipien es forderten – mit dem Kirchenbann. Das heißt, er setzte den König kurzerhand ab und entband die Untertanen vom Treueid (1076). Das bedeutete im Mittelalter den vollkommenen Ausschluss aus der sozialen Gemeinschaft. Zudem hatte Heinrich nun keinen Zugang mehr zu den kirchlichen Sakramenten, namentlich zum Abendmahl, der Eucharistie. Die erschütternde Nachricht erreichte in wenigen Wochen das Volk, die Bischöfe und auch die Fürsten. Die waren im Zweifel, ob sie sich hinter ihren König stellen sollten, ob Heinrich überhaupt noch ihr König sein konnte, und berieten sich 1076 bei der Reichsversammlung in Trebur.

Hier zeigte sich, dass die Verquickung von Interessen diesem Konflikt noch eine andere Farbe gab: Er war auch ein Meilenstein in der jahrhundertelangen Auseinandersetzung zwischen Zentralgewalt und den »zentrifugalen Kräften«, das heißt dem Adel, der beharrlich daran arbeitete, sich in den ihm vom König zu *Lehen* gegebenen – also auf Zeit überlassenen, »geliehenen« – Fürstentümern dauerhaft festzusetzen, um so die Herrschaft des Königs zu vermindern oder abzuschütteln. Die deutschen Fürsten entschieden also mit über Niederlage oder Sieg. Und sie ließen Heinrich als Bedingung für ihre Loyalität eine Botschaft überbringen: Er hatte ein Jahr Zeit, um sich vom Bann des Papstes zu befreien.

Heinrich war unter Druck, es drohte der Verlust der Krone, und er musste handeln. Schließlich stand sein Entschluss fest: Im Winter 1076/77 brach er auf und machte sich auf den beschwerlichen Weg über die Alpen Richtung Italien. Er musste den Papst treffen, der angeblich dabei war, sich mit den Fürsten zu verbünden. Gregor war auf dem Weg nach Augsburg, erfuhr vom Vorhaben Heinrichs und fürchtete einen Angriff. Er suchte Schutz und fand Unterschlupf bei der papsttreuen Markgräfin Mathilde von Tuszien auf deren Felsenburg Canossa im Apennin, 18 Kilometer südwestlich von Reggio nell' Emilia. Hier kam es am 25. Januar 1077 zu dem weltgeschichtlich bedeutsamen Bußgang, bei dem sich erstmals ein König der kirchlichen Macht unterwarf.

Jetzt geriet Gregor seinerseits unter Druck. Er hatte einen Angriff Heinrichs erwartet – und gekommen war ein Mann ohne königliche Insignien, im Büßergewand, der drei Tage lang barfuß kniend in Eis und Schnee um Vergebung flehte. Gregor war klar, dass er sich als Seelsorger auf Dauer einem so vorgetragenen Bußansinnen nicht verschließen konnte. Am 27. Januar 1077 entließ er Heinrich IV. aus dem Kirchenbann und hob die Exkommunikation auf.

Wie ist dieser Gang nach Canossa, der sich in unserem Sprachgebrauch immer noch als Inbegriff für demütigende oder beschwerliche Bittgänge wiederfindet, zu bewerten?

»The Winner Takes It All« galt für dieses Szenario jedenfalls nicht. Beide Seiten interpretierten die Angelegenheit auf ihre Weise: Für die Kirche war es der großartigste Machtbeweis, den je ein Kirchenfürst zustande gebracht hatte. Anders die Chronisten von Heinrich, der weitgehend wieder im Besitz seiner Handlungsfähigkeit war: Sie stellten das Ganze als einen genialen Schachzug ihres Monarchen dar, der dem Königshaus der Salier das Überleben sicherte.

Wie auch immer: Heinrich kehrte nach Deutschland zurück und erwartete die ihm zugesagte Unterstützung durch die Fürsten. Doch die hatten eigene Pläne und Rudolf von Rheinfelden inzwischen zum Gegenkönig ernannt. Er sollte in den nächsten Jahren Heinrichs gefährlichster Gegner werden, und es kam zu diversen kriegerischen Zusammenstößen zwischen den feindlichen Lagern, die aber keine Klarheit brachten. Auch Papst Gregor blieb in der

Königsfrage unentschieden und hoffte auf eine Vereinbarung der Fürsten, die aber nie zustande kam. Erst am 7. März 1080 auf der »Fastensynode« gab Papst Gregor VII. seine abwartende Haltung auf, sprach erneut eine Bannung über Heinrich aus und erklärte Rudolf zum rechtmäßigen König. Hatte die erste Exkommunikation 1076 das königliche Lager auseinanderbrechen lassen, bewirkte der erneute Bann das Gegenteil. Durch königstreue Bischöfe unterstützt, ließ Heinrich im Juni 1080 auf der Synode in Brixen ein kanonisches Verfahren gegen Gregor einleiten und außerdem einen Gegenpapst wählen. Sein Name war Wigbert, seit 1072 Erzbischof von Ravenna, der sich nun Clemens III. nannte.

Zu Heinrichs Gunsten entwickelten sich auch die Geschehnisse im Oktober 1080. Bei einer neuerlichen Schlacht gegen Rudolf von Rheinfelden an der Weißen Elster in Thüringen wurde dieser tödlich verletzt. Zwar war der Widerstand der Fürsten damit noch nicht ganz gebrochen, aber Heinrich ging nun sein Ziel, Kaiser zu werden, aggressiver an. Trotzdem brauchte er noch einige Jahre und zwei kriegerische Anläufe, um Rom zu besetzen und sich und seiner Gemahlin Bertha am Ostersonntag 1084 von Clemens III., der ebenfalls inthronisiert wurde, die Kaiserkrone aufsetzen zu lassen. Gregor VII. starb verbittert und zurückgezogen am 25. Mai 1085 in Salerno.

Wieder zu Hause, ließ Heinrich seinen Sohn Konrad 1087 in Aachen zum König krönen, um der salischen Dynastie die Nachfolge zu sichern. Was eigentlich gut gemeint war, stellte sich in den nächsten Jahren allerdings als Unglück heraus. Als Heinrich sich 1090 wieder einmal in Italien aufhielt, bildeten deutsche und italienische Fürsten eine Koalition und versperrten ihm die Rückkehr nach Deutschland. Völlig überraschend fiel im Frühjahr 1093 auch Konrad von ihm ab, und im Jahr darauf floh seine zweite Gemahlin Adelheid – Bertha war 1087 verstorben – in das

Lager der italienischen Gegner. Konrad wurde in Mailand zum König von Italien gekrönt und nahm Kontakt zu Papst Urban II. auf, der ihm die Kaiserkrone in Aussicht stellte.

Heinrich war tief getroffen, ächtete Konrad und ließ seinen zweiten Sohn Heinrich in Aachen zum König wählen. Zwar erledigte sich die erste Vater-Sohn-Tragödie bald durch Konrads frühen Tod 1101, dafür nahm die zweite nun ihren Lauf: Es dauerte nicht lange, bis auch dieser Sohn, Heinrich V., sich gegen seinen Vater stellte, ihn gefangen nahm und seine Abdankung erzwang (1105). Ein Jahr später starb Heinrich IV. im Alter von 55 Jahren in Lüttich. Seine letzte Ruhe fand er im Dom zu Speyer.

Einige Jahre mussten ins Land gehen, bis sich Heinrich V. und Papst Calixt II. 1119 endlich wegen der Investiturstreitigkeiten zu Verhandlungsgesprächen trafen. Das Ergebnis war das »Wormser Konkordat« von 1122, mit dem eine vorläufige Einigung erzielt wurde. Heinrich V. akzeptierte den kirchlichen Anspruch auf die Investitur der Bischöfe und Äbte in ihr geistliches Amt. Sie wurden aber nach wie vor in ihre weltlichen Herrschaftsrechte vom Kaiser eingesetzt. Dieser Kompromiss beendete zwar den lange andauernden Streit, aber die Einbußen für das Kaisertum und seine sakrale Aura waren unübersehbar. Die Staufer sollten später versuchen, ihm neue Konturen zu geben. Trotzdem blieb das problematische Verhältnis zwischen Kirche und Reich noch jahrhundertelang bestehen.

Und auch die Fürsten hatten weiterhin ein Wort mitzureden. Ein Regieren ohne ihre Unterstützung sollte auch für die zukünftigen Kaiser nicht möglich sein. Sie schufen damit die Basis für die politische Gestalt des heutigen Deutschland: Die föderale Struktur, also die Aufgliederung in Bundesländer, ist ohne die Präsenz und Potenz der Fürstentümer noch weit über das Mittelalter hinaus nicht denkbar.

Der noch immer schwelende Konflikt zwischen Kreuz und Schwert zeigte sich schon bald nach dem Konkordat von Worms: Papst Bonifaz VIII. (1294–1303) erneuerte mit seiner Bulle »Unam Sanctam« von 1302 den Anspruch auf eine Überordnung des Papsttums über alle weltlichen Gewalten. Hintergrund dieser Bulle war ein Streit um Geld mit König Philipp IV. von Frankreich, dem neuen weltlichen Machtzentrum in Europa. Philipp (1285–1314), genannt der Schöne, weigerte sich, Gelder aus einer Klerikersteuer nach Rom abzuführen. Als Reaktion exkommunizierte Bonifaz den Monarchen. Der war wenig beeindruckt, berief die *Etats généraux*, die französische Nationalversammlung, ein und sicherte sich die Unterstützung der Stände. Französische Söldner plünderten den Papstpalast in Rom, und der französische Gesandte soll im Eifer des Gefechts sogar so weit gegangen sein, den Papst zu ohrfeigen. Die Sache eskalierte nur deshalb nicht weiter, weil Bonifaz wenige Wochen später starb.

Die Macht und das Ansehen des Papstes sollten im Spätmittelalter ihren Tiefpunkt erreichen. Nach einem kurzen Pontifikat des unmittelbaren Nachfolgers von Papst Bonifaz erzwang Philipp der Schöne die Wahl des französischen Kardinals de Got zum Papst. Er wurde nicht mehr in Rom, sondern in Lyon gewählt. Als Clemens V. verlegte de Got 1309 seinen Sitz nach Avignon, also in den Herrschaftsbereich der französischen Krone. Ein gewaltiger Palast mit glänzender Hofhaltung konnte jedoch nicht darüber hinwegtäuschen, dass die Päpste zu Dienern Frankreichs geworden waren. Fast siebzig Jahre mussten die Päpste in dieser »Babylonischen Gefangenschaft« verbringen und ihren Pflichten von Avignon aus nachkommen, was sie unter üppiger Prachtentfaltung und zum Vorteil der französischen Könige taten. Der Name der provenzalischen Stadt wurde zum Synonym für Luxus, Laster und Verschwendung.

20. Die Macht und die 8

Viele Wege führen zu den Staufern. Zwei wollen wir Ihnen empfehlen. Der längere von beiden endet in der Nähe von Barletta in Süditalien, wo Friedrich II. von 1240 bis 1250 ein geheimnisvolles Schloss, das Castel del Monte, errichten ließ, in dem sich alle Proportionen nach der Zahl 8 richten.

Der zweite und kürzere Weg bringt Sie nach Thüringen auf den waldigen Bergrücken des Kyffhäuser. Dort soll im Gipsgestein der sogenannten Barbarossahöhle Kaiser Rotbart alias Friedrich I. einen langen Schlaf tun, um dann, wenn es die Zeit erfordert (aber tut sie das nicht immer?), ans Tageslicht zurückzukehren und die Welt wieder einzurichten.

Der rotbärtige, aus Sandstein modellierte, sechseinhalb Meter große Friedrich konnte allerdings nicht verhindern, dass ihn seit dem Ende des 19. Jahrhunderts ein riesiger, in neubarocken Formen gekupferter Wilhelm I. hoch zu Ross überragt und fast zur Fußnote degradiert. Er konnte sich auch nicht dagegen wehren, dass in nächster Nähe am 6. Mai 1939 ein Hindenburg-Denkmal geweiht wurde und dass er schließlich auch noch als Deckname für den deutschen Angriff auf die Sowjetunion im Zweiten Weltkrieg herhalten musste.

Selbst die Hauptrolle in der Kyffhäusersage lässt sich dem bärtigen Kaiser noch streitig machen. Denn in ihren ersten Überlieferungen im 14. und 15. Jahrhundert wird zumeist nur der Name Friedrich genannt. Und ihr Anlass war mit hoher Wahrscheinlichkeit der plötzliche Tod Friedrichs II., der wegen heftiger Leibschmerzen einen Jagdausflug in Apulien abbrechen musste und dann auf Schloss Fiorentino gebracht wurde. Dort fand er gerade noch Zeit, seine testamentarischen Anweisungen zu geben, ehe er verstarb. Die Frage, ob dies ein »natürliches« Ende war, hat mörderische Fantasien ausgelöst, die von Vergiftung bis Tod durch Ersticken – genauer gesagt: Ersticktwerden – reichen und bis heute gelegentlich wieder aufflammen.

Lassen wir also Barbarossa noch eine Zeitlang weiterschlafen und wenden wir uns seinem Enkel zu. Der Papst war einmal sein Vormund gewesen. Aber jetzt war er mündig und sprach für sich selbst: er, König von Sizilien, deutscher König und Kaiser des Heiligen Römischen Reiches, Friedrich II., der Staufer. Gebildet, in vielen Sprachen bewandert, interessiert an allen Wissenschaften, mit Vorrang für Mathematik und Philosophie, Verfasser volkstümlicher Verse sowie eines Buches über die Falkenjagd, eines Meisterwerks der frühen Naturkunde, war er eine Ausnahmeerscheinung unter den Herrschern des Mittelalters. *Stupor mundi* – »der die Welt in Erstaunen versetzt«, oder kürzer: das »Staunen der Welt« – hat man ihn schon zu Lebzeiten genannt. Und der Schweizer Kulturhistoriker Jacob Burckhardt hat ihn als den »ersten modernen Menschen auf dem Thron« bezeichnet.

Wie kaum ein anderer hat Friedrich seine Umgebung beeindruckt. Ein Zeitgenosse schrieb: »Sein Antlitz ist von anmutsvoller Schönheit, mit heiterer Stirn und einer noch strahlenderen Heiterkeit der Augen, so dass es eine Freude ist, ihn anzuschauen.« Diese Freude haben sich vor allem die Frauen gegönnt: drei Ehefrauen und neun Mätressen. Von zwanzig Kindern berichten die Chroniken.

Regieren im Mittelalter hieß vor allem: reisen. Physische Präsenz des Herrschers war gefordert, je größer und unübersichtlicher sein Territorium und je schwieriger die Nachrichtenübermittlung war. Hof gehalten wurde dort, wo sich Kaiser oder König gerade befanden. Im Vergleich zu Karl dem Großen, der immerhin noch eine beträchtliche Zeit des Jahres in Aachen verbrachte, waren seine Nachfolger wahre Nomaden. Wer die Macht ausübte, musste sich zeigen und, da es keine Hauptstadt gab, möglichst viele kleine Residenzen schaffen – die Pfalzen –, in denen der Herrscher Station machen, Hoftage oder Reichsversammlungen abhalten, hohe kirchliche Feste feiern und vielleicht sogar den Winter verbringen konnte.

Sowohl die ambulante Seite seiner Herrschaft, sein Reisekaisertum sozusagen, als auch der stationäre, der sesshafte Teil seines Amtes trugen zum Staunen der Welt, das Friedrich II. bewirkt haben soll, bei. Sein Hof in Palermo war eine kleine Akademie – ähnlich der von ihm 1224 in Neapel gegründeten ersten »Staatsuniversität« des Abendlandes –, ein Anziehungspunkt für Dichter, Künstler und Wissenschaftler und ein Hort der Toleranz. Hier begegneten sich Angehörige des arabischen, griechischen und romanischen Kulturkreises zum Austausch von Ideen, zur gemeinsamen Forschung, zum Vortrag von Liedern und Gedichten und zur Übersetzung bedeutender Schriften, häufig vermittelt durch jüdische Gelehrte.

Wenn dies schon ein erfrischend anderer Herrschaftsstil im Vergleich zu den meisten Vorgängern oder Nachfolgern Friedrichs II. ist, so wird Ihnen das bunt gemischte Gefolge, mit dem der Kaiser auf Reisen ging, erst recht ungewöhnlich, ja aufregend exotisch vorkommen. Sie dürfen ruhig an einen Wanderzirkus oder an eine Arche Noah zu Lande denken. Geschützt durch die dem Herrscher treu ergebene Leibwache, die aus Sarazenen bestand, war nicht nur der fast komplette Hofstaat des Kaisers unterwegs, sondern in der Karawane wurden auch prächtig geschirrte Kamele, an Ketten gehaltene Panther und Löwen, Leoparden und Luchse mitgeführt, neben Hunderten von Jagdfalken, Papageien und Pfauen. Den Gedanken an eine artgerechte Behandlung müssen Sie sich leider abschminken. Dafür aber sicherte dieses einzigartige Schauspiel fast morgenländischer Pracht- und Machtentfaltung dem Kaiser ungeteilte Aufmerksamkeit und bezeugte seine Herrschaft über alles, was sich auf der Erde bewegte.

Ein solcher Mann zog nicht nur Bewunderung, sondern auch Neid und Hass auf sich. Viele seiner Zeitgenossen wollten ihn mundtot machen, ihn als einen Feind Gottes und der Kirche, einen Verächter der Religion brandmarken, der nur zum Schein ein Christ sei, in Wahrheit aber ein Ketzer und Gotteslästerer. Politische Interessen machten sich diese Beschuldigungen zunutze. Das zweite Konzil von Lyon erklärte ihn 1245 für abgesetzt und begründete das mit Eidbruch, Verletzung des Friedens und Sakrileg, womit die Beschlagnahme von kirchlichem Besitz gemeint war. Ein weiterer Vorwurf lautete: Häresie, also Missachtung der kirchlichen Lehrmeinung. Damit wurden vor allem Friedrichs freundschaftliche Beziehungen zu muslimischen Sarazenen ins Visier genommen. Zu dieser Art von Anschuldigung und Dämonisierung passte die Zeremonie der Absetzung des Kaisers: Die Konzilsteilnehmer nahmen den Urteilsspruch des Papstes stehend und mit brennenden Kerzen in den Händen entgegen, ließen dann die Kerzenflammen sinken und löschten sie aus.

In seiner weltberühmten »Göttlichen Komödie«, entstanden um 1315, zwängt Dante den Kaiser ins Innerste einer eisigen Hölle, wo er das Jüngste Gericht und die ewige Verdammnis zu erwarten hat. Aber Friedrich II. war viel zu groß, um auf diese Weise einsortiert werden zu können. Sein Format sprengte die

Grenzen seiner Zeit. Mit viel taktischem Geschick hielt er die deutschen Fürsten in Schach, die schon seinen Großvater Barbarossa in Atem gehalten hatten. Er ordnete die Machtverhältnisse in seinem geliebten Königreich Italien und besiegte nach einem geglückten Täuschungsmanöver in offener Feldschlacht die Truppen der »lombardischen Liga«, eines machtvollen Bündnisses der oberitalienischen Städte. Er zog ins Heilige Land und ließ sich die Krone des Königreichs Jerusalem aufsetzen. Er riskierte den Konflikt mit dem Papst, sicherte sein Reich gegen die Ansprüche des Kirchenstaates, nahm die Exkommunikation in Kauf und förderte – nachhaltig, aber scheinbar ganz nebenbei – die modernen Wissenschaften. Er überlebte zwei Attentatsversuche. Als er am 13. Dezember 1250 starb, war der Bann der römischen Kirche gegen ihn nicht aufgehoben.

Ein rätselhaftes Bauwerk ist mit Friedrich II. verbunden, obgleich nicht bezeugt ist, dass er jemals dort war: Castel del Monte. Dieser Ort hat bis heute sein Geheimnis nicht preisgegeben. War der achteckige Bau ein Jagdschloss oder ein Gebäude zur Aufbewahrung des Staatsschatzes? War er überhaupt ein Zweckbau? Die Architektur erinnert an eine achteckige Krone – auch die Kaiserkrone des Reiches hat acht Ecken, ebenso die Pfalzkapelle in Aachen. Schon im Alten Testament galt die ominöse »8« als Stufe der Vollendung, als Schlusspunkt der sieben Schöpfungstage. Das symbolfreudige Mittelalter erhob sie gänzlich zum Zeichen der Wiedergeburt und Erlösung, der Auferstehung Christi, aber auch des Jüngsten Gerichts.

In der Fülle der Interpretationen finden sich außerdem Hinweise auf eine Verbindung zwischen dem Castel del Monte und der Kathedrale Notre-Dame in Chartres, dem Felsendom in Jerusalem und der Cheops-Pyramide. Ein ausgeklügeltes Gangsystem im Innern und ein Fallgitter im Portalbereich könnten aber – jenseits aller Zahlenmystik – auch die sehr bodenständige Meinung bestätigen, dass das Castel eine Fluchtburg war, die dem Kaiser Schutz bieten sollte. Heute gehört das Gebäude dem italienischen Staat und ist seit 1996 UNESCO-Weltkulturerbe.

Friedrich II. war – in vielerlei Hinsicht – ein Wanderer zwischen den Welten: zwischen Italien und Deutschland, zwischen päpstlicher und kaiserlicher Macht, zwischen Abend- und Morgenland, zwischen Mittelalter und Neuzeit. Als er den Thron bestiegen hatte, reichte das Imperium der Staufer von der Nord- und Ostsee bis nach Sizilien. Als er starb, konnten seine Söhne Konrad IV. und Manfred die Dominanz der Dynastie noch eine Weile aufrechterhalten. Aber die »Stauferdämmerung« kündigte sich schon an. Als der im Dom von Messina aufgebahrte Leichnam Konrads IV., der 1254 einer fiebrigen Krankheit erlegen war, von einem Blitzschlag getroffen wurde, munkelten viele von einem Gottesurteil. König Manfred von Sizilien wurde bis zu seinem Tod auf dem Schlachtfeld 1266 vom unerbittlichen Hass des Papstes Urban IV. verfolgt. Seine Frau Helena starb 1271 in Kerkerhaft, seine Söhne verschwanden in den Gewölben des Castel del Monte, das nun zu einem dunklen Verlies geworden war.

1268 verlor Konradin, der letzte Staufer, die Schlacht von Tagliacozzo gegen die deutlich überlegenen Truppen einer päpstlichen Allianz mit Karl von Anjou, dem Bruder Ludwigs IX., des französischen Königs. Konradin konnte dem Gemetzel entkommen, geriet aber durch Verrat in die Hände Karls. Mit einigen Getreuen wurde der letzte legitime Vertreter der staufischen Familie, gerade 16 Jahre alt, auf der späteren Piazza del Mercato in Neapel enthauptet. Ein christliches Begräbnis wurde ihm verweigert.

Der Papst hatte sein Ziel erreicht: Die Herrschaft der Staufer in Italien war zerschlagen. Er fühlte sich in seiner Rolle als Universalherrscher über die ganze Christenheit bestätigt und gestärkt.

Was das »Reich« anging, war er der Einzige, der einen König zum Kaiser krönen durfte. Er war derjenige, der die Partikularkräfte der deutschen Könige bändigen oder mobilisieren konnte. Er konnte auch dazu auffordern, Jerusalem und das Grab Jesu aus den Händen der »ungläubigen« Sarazenen (die umgekehrt alle Nichtmuslime »Ungläubige« nannten) zu befreien, also zum Kreuzzug aufrufen – und schon folgten die Herrscher in Europa. Sie verließen sich dabei auf den Stand der Ritter, der sich verpflichtet fühlte, für die »Sache Gottes« zu kämpfen.

Gehen wir zurück ins späte elfte Jahrhundert, als es den ersten Aufruf gab. Damals hatte Papst Urban II. auf der Synode von Clermont (1095) den abendländischen Rittern und Fürsten ein starkes Motiv und ein klares Ziel vorgegeben, als er die Christenheit zur Befreiung des Heiligen Grabes aufforderte. »Gott will es«, war die Antwort der Volksmenge vor der Kathedrale von Clermont gewesen. Jerusalem wurde erobert, war aber nicht zu halten. 1147 hatte sich dann auch der zweite römisch-deutsche Kaiser aus dem Geschlecht der Staufer, Konrad III., von dem einflussreichen Zisterzienser Bernhard von Clairvaux zu einem Kreuzzug drängen lassen. Es war schon der zweite, aber niemanden schien zu stören, dass nach biblischer Überlieferung das Grab Jesu in Jerusalem leer war. Das Unternehmen verlief erfolglos, doch der Mantel mit dem Kreuz begleitete auch weiterhin die europäische Geschichte.

Konrad III. bestimmte – unter Zurücksetzung seines erst sechsjährigen Sohnes – den Sohn seines Bruders zum Nachfolger. Damit sind wir im Jahr 1152 und wieder bei Friedrich I. Barbarossa. Wie später Friedrich II. war auch Kaiser Rotbart ein gebildeter und sprachenmächtiger Herrscher. Er hatte sich gegen den Welfen Heinrich den Löwen durchgesetzt, stärkte seine Hausmacht durch Städtegründungen und neue Münzstätten, verschärfte aber durch seine Italienzüge und die Bekämpfung der nach Unabhängigkeit strebenden lombardischen Städte den Konflikt mit dem Papst. Der sah seine Position in Italien allein schon durch die Nähe Barbarossas gefährdet. Die Sorge war nicht unbegründet, denn Friedrich ernannte bald einige Gegenpäpste, um zu teilen und zu herrschen. Letztlich arrangierte er sich aber mit dem Papst. Mit Alexander III. schloss er 1177 in Venedig einen Friedensvertrag.

Mit echter Begeisterung setzte sich Friedrich Barbarossa 1190 an die Spitze des dritten Kreuzzugs, an dem außer dem französischen König auch König Richard I. Löwenherz von England teilnahm. Nach der Überquerung des Hellespont erreichten die deutschen Ritter unter unsäglichen Strapazen das anatolische Hochland und eroberten am 13. Mai die seldschukische Hauptstadt Ikonium, das heutige Konya. Am 10. Juni 1190 starb der Kaiser an der Grenze des christlichen Königreichs Armenien, als er den Gebirgsfluss Saleph überqueren wollte. Er ertrank. Sein Sohn Herzog Friedrich von Schwaben führte die Kreuzritter noch nach Akkon, erlag dort aber einer seuchenartigen Krankheit.

38 Jahre hat Friedrich Barbarossa regiert. Bevor Friedrich II. den Thron bestieg, führte Heinrich VI. die Politik seines Vaters weiter. Durch seine Heirat mit Konstanze, der Erbin des normannischen Königreichs Sizilien, erreichten die Staufer den Höhepunkt ihrer Macht. Wie es weiterging, haben Sie schon erfahren.

Und die Kreuzzüge? Die Ritterheere und mehr noch die in einem Massenrausch aufbrechenden Volkshaufen waren auf die Strapazen einer solchen Unternehmung nicht vorbereitet. Sie kannten Wege, Länder und Menschen nur vom Hörensagen. Sie waren mangelhaft ausgerüstet. Ohne angemessene Logistik wurden die Heerscharen der Kreuzfahrer in vielen Schlachten und Scharmützeln aufgerieben. Nur ein vom französischen Heerführer Gottfried von Bouillon geführtes Ritterheer hatte auf dem Landweg das Heilige Land erreicht. Er belagerte und eroberte 1099 Jerusalem – und metzelte die muslimische Bevölkerung nieder.

Das Ansehen der Kreuzzüge erfuhr im Jahr 1212 einen traurigen Tiefpunkt, als Tausende von Halbwüchsigen, aber auch die Ärmsten der Armen – Knechte, Landarbeiter, Tagelöhner – dazu missbraucht wurden, sich auf einen sogenannten Kinderkreuzzug zu begeben. Er scheiterte schon in Italien. Die Kinder wurden im Namen Gottes in ihr Verhängnis getrieben: Viele der Mädchen landeten in der Zwangsprostitution, die meisten Jungen wurden in die Sklaverei verkauft.

Von sieben Kreuzzügen war nur der erste im Sinne der Veranstalter bedingt erfolgreich. Alle anderen endeten als Debakel, auch wenn gern die Berührung zwischen Orient und Okzident als Argument für angeblich positive Nachwirkungen bemüht wird. Aber von dieser »Ehrenrettung« bleibt bei genauer Prüfung nicht viel übrig. Der Westen erweiterte höchstens sein Weltbild und sein Handelsvolumen, staunte über Städte mit Kanalisation, fließendem Wasser und befestigten Straßen, hatte seinerseits aber dem überlegenen Osten wenig zu bieten. Und die meisten kulturellen und wissenschaftlichen Impulse der muslimisch-arabischen Welt drangen nicht über den Vorderen Orient nach Europa, sondern über Sizilien und vor allem das maurische Spanien.

Die Ideale der Ritter und die Moral der Christen insgesamt wurden durch die Fehlschläge der Kreuzzüge immer mehr ausgehöhlt. Die Bindung an die Kirche nahm ab. Gleichzeitig stieg das Selbstbewusstsein des Islam. Die Idee des *Dschihad*, des Heiligen Krieges, erneuerte sich, das Verhältnis zwischen Islam und Christentum blieb auf Jahrhunderte vergiftet. Dubiose Finanzierungspraktiken (Kreuzzugsablass, Kreuzzugssteuer) lösten eine Welle der Abwendung von der Kirche aus. Wer von den Vorgängen wusste, ging innerlich auf Distanz zu ihr.

21. Ritter, Tod und Teufel

Sie war nur eine von Hunderttausenden, denen als Ketzerin oder Zauberin im Europa der frühen Neuzeit der Prozess gemacht wurde. Eines von 40 000 bis 60 000 Todesopfern, die die Hexenverfolgung vom 15. bis ins 18. Jahrhundert hinein forderte. Und doch ist Johanna, die ihren »inneren Stimmen« folgte und für ihr Land in die Schlacht zog, etwas ganz Besonderes: Nationalheldin, Befreierin, Märtyrerin, Hauptfigur vieler Theaterstücke, Opern, Hörspiele und Filme – in Erinnerung geblieben aber, zu Recht, nicht als die glorreiche Heerführerin, sondern »eine aus dem Volk«, ein schlichtes, demütiges Bauernmädchen. Von Heiligen wie Jeanne d'Arc und Hexen, von Ritter, Tod und Teufel erzählt dieses Kapitel.

Auf nichts war im späten Mittelalter so sehr Verlass wie auf die Erz- und Erbfeindschaft zwischen England und Frankreich. Ihr Höhepunkt war der sogenannte Hundertjährige Krieg, der sich von 1337 bis 1453 hinzog und am Streit um die englischen Besitztümer auf dem französischen Festland entzündet hatte. Aber ihre Ursprünge reichten bis ins ausgehende erste Jahrtausend zurück, als sich Teile der Wikinger, die von Skandinavien aus nach West- und Osteuropa vorgestoßen waren, in Frankreich ansiedelten. Die Bezeichnung *Normandie* leitet sich von diesen Nordmännern oder Normannen ab.

Mitte des elften Jahrhunderts spitzt sich die Lage zu. Als der angelsächsische König Eduard der Bekenner kinderlos bleibt und die Erbfolge unsicher ist, beansprucht der normannische Herzog Wilhelm der Eroberer den englischen Thron. Mit einem stattlichen Heer landet er 1066 auf der britischen Insel, besiegt im Oktober bei Hastings die Verteidiger und lässt sich Weihnachten desselben Jahres in Westminster zum König krönen. Er ist so klug, die englische Rechtsordnung zu bestätigen, organisiert aber die Verwaltung nach französischem Muster und setzt eine normannische Oberschicht in Amt und Würden.

Die Eroberung der angelsächsischen Insel durch die Normannen wird auf einem knapp siebzig Meter langen gewebten Leinenteppich geschildert, der um 1077 entstanden und heute in Bayeux zu sehen ist. Die Darstellung zeigt, dass schon die Zeitgenossen die historische Bedeutung der Verbindung von angelsächsischer und romanischer Kultur erkannt haben, wenngleich gerade die erzwungene Vermischung auch schwerwiegende Probleme und gewalttätige Auseinandersetzungen mit sich bringt.

Zum offenen Konflikt kommt es 1337. Der Hundertjährige Krieg, der ausschließlich auf französischem Boden ausgetragen wird, sieht zuerst die Engländer im Vorteil. Ihre Truppen sind zwar den Ritterheeren des Gegners zahlenmäßig klar unterlegen, aber dank ihrer neuen Fernwaffen, den Langbogen, gewinnen sie die frühe Schlacht von Crécy (1346) und erringen 1415 einen erneuten Sieg bei Azincourt.

Angesichts der Schlacht von Crécy (nördlich der Somme) hat der Historiker Horst Fuhrmann von der »selbstmörderischen Antiquiertheit des Ritters« gesprochen, dessen Zeit endgültig zu Ende ging. Um nicht von den Franzosen überrannt zu werden, die mit fünffacher Übermacht aufmarschiert waren, hatten die Engländer den Kern ihrer Reiterei durch einen Flankenschutz aus Armbrust- und Bogenschützen verstärkt. Die im dreizehnten Jahrhundert aufgekommenen Plattenpanzer der Ritter hielten zwar die Pfeile der kleinen Handbogen ab, nicht aber die mit großer Wucht geschleuderten Geschosse der Armbrust und des aus dehnbarem Eschenholz geschnitzten englischen Langbogens.

Jeder der gut ausgebildeten Bogenschützen war in der Lage, in nur einer Minute bis zu sechs gezielte und wirksame Schüsse auf eine Distanz von fast 200 Metern abzugeben. In diesem Pfeilhagel der Engländer verfing sich Angriff auf Angriff, und von den stolzen und scheinbar überlegenen französischen Rittern blieb nur ein trostloses Getümmel aus tödlich getroffenen oder verwundeten Menschen und Pferden übrig. Nach nur neunzig Minuten war die Schlacht für die Franzosen verloren.

Eine Wende im Hundertjährigen Krieg bringt erst das Eingreifen von Jeanne d'Arc, einem 17-jährigen Bauernmädchen. Dabei zeigt sich, dass dieser Konflikt, der ursprünglich eine der üblichen dynastischen Auseinandersetzungen war, im 15. Jahrhundert längst eine Angelegenheit des ganzen Volkes geworden ist. Das einfache Mädchen vom Lande fühlt sich von Gott berufen, die Engländer zu besiegen, den Dauphin als rechtmäßigen König einzusetzen und ihn in Reims als Karl VII. krönen zu lassen. Sie ist politisch und militärisch erfolgreich, muss dies aber mit ihrem Leben bezahlen. Es gelingt den Burgundern, die mit den Engländern verbündet sind, Jeanne gefangen zu nehmen. Ein englisches Gericht unter Beteiligung von Bischöfen verurteilt sie als Zauberin zum Tode. In Rouen wird sie 1431 auf dem Scheiterhaufen verbrannt – mit Duldung der Franzosen (Karl VII. rührt keinen Finger!), die in der Folgezeit die Engländer wieder aus ihrem Land vertreiben. 1453 ist der Hundertjährige Krieg beendet. Nicht aber die Jagd auf angebliche Zauberinnen, Hexen und Ketzer.

Schon seit Jahrhunderten geht die mittelalterliche Kirche gegen alle Auflösungserscheinungen mit besonderer Härte vor. Zwar wird zunächst noch die Anwendung von physischer Gewalt gegen Häretiker — Anhänger einer von der kirchlichen Linie abweichenden »Irrlehre« — abgelehnt. Doch die Strafen sind für die Betroffenen schlimm genug: Enteignung und Verbannung. Bald aber werden Ketzer bei lebendigem Leibe verbrannt. Als erster Herrscher hatte der französische König Robert II. 1017 in Orléans dreizehn Häretiker auf den Scheiterhaufen geschickt. Da die Häresie als Majestätsverbrechen und als Angriff auf die universale Ordnung gilt, verständigen sich die weltlichen und geistlichen Autoritäten darauf, mit allen Mitteln gegen sie vorzugehen. Das dritte Laterankonzil (1179) ruft zum Kreuzzug gegen die Ketzer als innere Feinde auf. Das vierte Laterankonzil (1215) droht konsequenterweise den Fürsten mit Exkommunikation und Entziehung ihrer Länder, wenn sie Häretiker nicht bestrafen.

Friedrich II., der Staufer, der ja nicht in allen Fragen ein aufgeklärter Herrscher war, ordnet 1224 für Sizilien an, dass die weltliche Obrigkeit die vom Bischof überführten Ketzer festzunehmen, sie zu verbrennen oder ihnen die Zunge abzuschneiden habe. Diese Regelung findet auch Papst Gregor IX. angemessen und übernimmt sie für den Kirchenstaat. Wie bei den Kreuzzügen gegen die Ungläubigen erhalten die Teilnehmer der Ketzerverfolgung zwei Jahre Ablass ihrer Sündenstrafen.

1252 macht Papst Innozenz IV. in seiner Bulle »Ad exstirpanda« die Ketzerverfolgung ausdrücklich zur Aufgabe des Staates. Bezeichnend ist die Regelung, dass jeder, der einen Ketzer ausliefert, dessen Besitz vereinnahmen darf. Selbst wenn jemand der Ketzerei überführt wird, nachdem er gestorben ist, soll man seine Leiche ausgraben und verbrennen. Seine Erben dürfen enteignet werden. Es ist die Idealvorstellung von einem universellen Gottesstaat, die einschließt, dass Kirche und Staat zum Schutz der Religion verpflichtet sind und deshalb auch die physische Vernichtung aller Feinde erlaubt und geboten ist. Erstmals wird die Folter als Instrument der Wahrheitsfindung gestattet. Abweichler werden in aggressiver Rhetorik nicht nur mit Dieben, Räubern und Mördern gleichgesetzt, sondern auch als Schädlinge und Ungeziefer hingestellt, das ausgerottet werden müsse. Dadurch etablieren sich mitten in der Kirche Einschüchterung, Gesinnungsterror und Gewalt.

Als eigenständiges kirchliches Organ zum Aufspüren und Verfolgen der Häretiker fungiert die Inquisition (lat. *inquisitio* = Untersuchung, Befragung). In Spanien wird sie ihren furchtbaren Höhepunkt erreichen, wenn der Großinquisitor Tomás de Torquemada, zugleich Beichtvater des Königspaares Isabella I. und Ferdinand II., 1484 die Szene betritt. Aber auch seine Nachfolger verstehen ihr Handwerk, Schauprozesse zu inszenieren und Scheiterhaufen anzuzünden. Der tausendfache Feuertod gilt als »letzte« Rettung der sonst zur ewigen Verdammnis verurteilten Seelen der Ketzer.

Die Radikalität dieses Denkens hängt mit der Dämonenfurcht zusammen, die nicht nur in den Köpfen der ungebildeten Massen herrscht, sondern auch von den Eliten geteilt wird. Diese Dämonenfurcht, verbunden mit Höllenangst, lastet über Jahrhunderte hinweg auf dem christlichen Abendland.

Schon im Laufe des dreizehnten Jahrhunderts war die Zuständigkeit der kirchlichen Inquisitionsgerichte auf weitere Lebensbereiche ausgedehnt worden. Nicht nur Abweichungen von dogmatischen Lehren und kirchlichen Ritualen werden geahndet, sondern ebenso alle Praktiken, die als Zauberei verstanden werden können, zum Beispiel verdächtige Methoden der medizinischen Heilbehandlung. 1258 erklärt Papst Alexander IV. jede

Zauberei zur Häresie. Man glaubt, Zauberer hätten einen Pakt mit dem Teufel geschlossen und gehörten zur verbrecherischen Vereinigung der »Synagoge des Satans«, die sich auf orgiastischen Hexensabbaten organisiert und die Menschheit bedroht. Deshalb spielt in Hexenprozessen immer wieder die Frage eine Rolle, ob der Delinquent an einem Hexensabbat teilgenommen hat oder nicht.

Das Kursbuch des Wahnsinns wird erst 1486 erscheinen und es bis ins 17. Jahrhundert hinein zu fast dreißig Auflagen bringen: der »Hexenhammer« des Dominikanerpaters Heinrich Kramer (latinisiert *Henricus Institoris*). Der Autor versammelt die grassierenden Vorurteile in einer mund- und selbstgerechten Übersicht und fügt die pseudowissenschaftliche Begründung gleich bei. Der Leser findet klare Regeln und konkrete Handlungsanweisungen, die auf eine systematische Verfolgung und Vernichtung der vermeintlichen Hexen zielen.

Das Buch ist ein Kompendium und eine Rechtfertigung des Hexenwahns, wie er vor allem in Deutschland auf die Angst vor den Überresten der keltisch-germanischen Naturreligion mit ihrem Glauben an Magie und Zauberrituale zurückgeht. Zu den Besonderheiten dieses Wahns gehört, dass den sogenannten Hexen unterstellt wird, sie beschädigten die männliche Sexualität. In den Hexenprozessen spielt das Weghexen der sexuellen Potenz eine immer wiederkehrende Rolle. Die Frau wird zur Hexe gemacht, die mit dem Teufel Unzucht treibt und dadurch den Dämonen Zugang zum Menschen verschafft.

Überall lodern die Scheiterhaufen. Die Hexen werden für Unwetter, Viehsterben oder Krankheiten verantwortlich gemacht. Am Anfang des Hexenprozesses steht die Anzeige, auf die das Verhör folgt. Das Geständnis wird in der Regel durch Folter erpresst. Zum Ritual gehört auch die »Nadelprobe«, die das Kennzeichen des Teufels am Körper der Verdächtigen aufspüren soll, einen Leberfleck beispielsweise oder ein Muttermal. Bei der »Wasserprobe« wird die angebliche Zauberin gefesselt in einen Fluss oder einen Weiher geworfen. Damit ist ihr Schicksal besiegelt: Ertrinkt sie, war sie unschuldig, bleibt sie an der Oberfläche, so ist sie mit dem Teufel im Bunde und wird hingerichtet.

Es gibt jedoch – wenn auch sehr spät und nur vereinzelt – Versuche, Brutalität und Wahnvorstellungen zu bekämpfen. Der Jesuit Friedrich Spee aus Trier fasst die Argumente gegen den Hexenglauben zu einer Streitschrift zusammen: »*Cautio criminalis* oder Rechtliches Bedenken wegen der Hexenprozesse« (1631). Spee ist eine empfindsame Seele und leidet unter der Pflicht, im Auftrag seines Ordens Prozessopfer der Inquisition zum Scheiterhaufen zu begleiten. Er verachtet, was dort geschieht, und versucht, seine furchtbaren Erfahrungen zu verarbeiten.

Er wagt zunächst nicht, die Schrift unter seinem Namen zu veröffentlichen, bekennt sich aber dann doch zu seiner Verfasserschaft. Jetzt aber geschieht etwas Unerwartetes: Spee findet Beschützer unter den Bischöfen, und auch sein Orden lässt ihn trotz interner Anfeindungen in Ruhe. Als in den Wirren des Dreißigjährigen Krieges die Pest ausbricht, widmet Spee sich sofort der Pflege der Erkrankten – und infiziert sich. Er stirbt im Alter von 44 Jahren an der Seuche. Die Überwindung des Hexenwahns in Deutschland trägt seinen Namen. Er gibt der Vernunft und der Menschlichkeit in der Kirche ein Gesicht.

Bis alle Scheiterhaufen erloschen sind, wird aber noch viel Zeit vergehen. Die letzte überlieferte Hinrichtung einer Hexe in Mitteleuropa findet 1793 in Südpreußen auf heute polnischem Gebiet statt. Aber noch 1836 wird eine vermeintliche Hexe auf der Ostsee-Halbinsel Hela von Fischern einer Wasserprobe unterzogen und, da sie nicht untergeht, gewaltsam ertränkt.

22. Kaufleute, Kriegsherren und Karawanen

Im Volksmund ist es noch heimisch: als Bezeichnung für einen unbeholfenen Menschen, eine Art Synonym für den »Elefanten im Porzellanladen«. Aber sein Bestand ist hochgradig gefährdet, und die uns vertrauten Bilder einer Wüstenkarawane zeigen meist nur seine Artgenossen. Auch die Geschichtsbücher erwähnen es – sehr zu Unrecht – nur selten, denn seine Zeit als wichtigstes Transportmittel zwischen Europa und Asien ist längst vorüber. Dabei war es Jahrtausende hindurch unverzichtbar.

Die Rede ist vom zweihöckrigen oder auch baktrischen Kamel, dem berühmt-berüchtigten Trampeltier, das aus der Wüste Gobi stammt. Es ist nicht nur wesentlich hitzeresistenter als das einhöckrige Dromedar, sondern besitzt auch ein Winterfell, so dass es sich selbst den extremen Temperaturschwankungen in den asiatischen Steppen- und Bergregionen anpassen kann. Seit es Handel auf der Erde gibt, ist es im Einsatz. Auch die legendäre *Seidenstraße* wäre ohne seine Dienste nicht das geworden, was sie war: ein Königsweg nicht nur für die Interessen von Kaufleuten und Kriegsherren, sondern auch für den Transport von Ideen, Religionen und ganzen Kulturen von West nach Ost und von Ost nach West. Rustikaler ausgedrückt: ein Trampelpfad der Globalisierung.

Natürlich trägt die Seidenstraße ihren Namen zu Recht, obwohl er sich eigentlich auf ein ganzes Netz von Karawanenstraßen bezieht, dessen Hauptroute – über fast 6000 Kilometer eine der unwirtlichsten Strecken der Welt – das Mittelmeer mit Ostasien verbindet. Auf ihr gelangte in der Tat schon in der Antike eines der begehrtesten Handelsgüter, die chinesische Seide, in den Westen und beglückte dort Kelten und Römer. Aber auch Gold, Edelsteine und Glas wurden, in der Regel Richtung Osten, auf ihr transportiert, während in der Gegenrichtung bis in die Neuzeit vor allem Pelze und Gewürze, Keramik und Jade auf den Weg gebracht wurden.

Aber nicht nur Waren, auch kulturelle Güter und sogar Religionen brauchen Straßen, um sich zu bewegen und zu entwickeln. So konnte sich etwa der Buddhismus, den um 500 v. Chr. der indische Religionsstifter Buddha begründet hatte, über die Seidenstraße in fast alle ostasiatischen Länder ausbreiten und vereint heute weltweit 370 Millionen Menschen. Auch das Christentum profitierte von der Karawanenstraße. Deutlich stärker aber der Islam, der nach Mohammeds Tod im Jahr 632 zunächst die Arabische Halbinsel, danach Syrien, Ägypten, die Länder Nordafrikas und später auch Persien erreicht hatte, dann seine Expansion in Richtung Osten weiter fortsetzte und schließlich den transasiatischen Handel kontrollierte. Die Ausbreitung erfolgte zunächst über die städtischen Zentren entlang der Seidenstraße und setzte sich in den eher abgelegenen Regionen fort.

Selbst der rätselhafte Mongolensturm machte Gebrauch von der Seidenstraße. Der um 1160 in der Nähe des Baikalsees geborene Dschingis Khan fegt mit seinen schnellen Reiterhorden über Dörfer und Städte, dringt bis ins Herz des chinesischen Reiches vor, erobert Peking und wendet sich dann nach Westen. In nur wenigen Jahren, von 1219 bis 1224, zieht das kampfstarke und hochdisziplinierte Heer der Mongolen durch das heute afghanische, pakistanische und iranische Hochland bis nach Russland, zerstört alles, was von Menschen je gebaut wurde, tötet jeden, der sich ihm in den Weg stellt — und verschwindet, scheinbar ohne Grund, wieder in den Weiten des Ostens. Als Dschingis Khan 1227 an den Folgen eines Reitunfalls stirbt und nach Landessitte in einem namenlosen Grab beigesetzt wird, hinterlässt er ein Reich, das sich vom Chinesischen Meer bis an die Grenzen Europas erstreckt und damit als das in seiner Ausdehnung größte der gesamten Weltgeschichte gelten kann.

Der eigentliche Mongolensturm aber sollte jetzt erst beginnen. 1235 wird in der gerade gegründeten Hauptstadt Karakorum ein erneuter Westfeldzug beschlossen. Die asiatischen Reiter nehmen zunächst Moskau ein, zerstören dann Kiew und begründen das Reich der Goldenen Horde in Russland. Sie erreichen in kleineren Formationen Polen, Schlesien, Brandenburg, Mähren, Niederösterreich, Ungarn und Kroatien. Ein deutsch-polnisches Ritterheer wird im Sommer 1241 in der Schlacht bei Liegnitz vernichtend geschlagen. Bald darauf stehen die gefürchteten mongolischen Krieger vor Wien und erreichen dann die Adria. Aber 1242 ziehen sie sich auf die Nachricht vom Tod ihres Großkhans wieder weit in den Osten zurück. Möglicherweise waren die Überfälle auch nur als Beutezüge und nicht als dauerhafte Eroberung gedacht. Doch Tausende von Toten und verwüstete Landstriche hinterlassen bei den Bewohnern Angst, Schrecken und eine traumatisierte Erinnerung mit Bildern von Leichenbergen und Schädelpyramiden.

Die Seidenstraße aber bleibt mit mehreren Routen und vielen Zwischenstationen *der* Landweg der Europäer für den Handel und den Kulturaustausch mit den asiatischen Völkern. Zwar werden Städte wie Samarkand und Buchara von den Mongolen zerstört und erbarmungslos ausgeplündert, aber insgesamt führt ihre Herrschaft im dreizehnten Jahrhundert nicht zu einem Abbruch, sondern sogar zu einer Intensivierung der Ost-West-Kontakte und zu einer noch direkteren Vernetzung von Asien und Europa. Die mongolischen Herrscher zeigen sich dabei als ausgesprochen gastfreundlich zu auswärtigen Händlern und Reisenden, auch wenn sich deren Länder nicht unterworfen haben.

Auch der Venezianer Marco Polo tritt in dieser Frühphase der Globalisierung eine Reise in den Fernen Osten an und versetzt mit seinen Erlebnissen (1298/99 aufgezeichnet) ganz Europa in Erstaunen. Als 17-Jähriger war Marco Polo 1271 in Begleitung seines Vaters und seines Onkels aufgebrochen, erst 1295, nach fast einem Vierteljahrhundert, kehrt er zurück. Er ist nicht der erste Europäer, der bis zum Hof eines mongolischen Großkahns vordringt, aber er wird für alle Zeiten der berühmteste bleiben.

Marco Polo gewann das Vertrauen des Kubilai Khan, der gerade China endgültig unterworfen (und damit auch vereinigt) hatte. Seine Regierungszeit bezeichnet den Zenit des mongolischen Weltreichs. Der Besucher aus Venedig ist geblendet vom Glanz der Paläste und Residenzen, in denen sich der Kaiser als toleranter, weltoffener Herrscher präsentiert, auch wenn nach wie vor die Gesetze der Steppe gelten. Marco Polo erhält Einsicht in die Regierungs- und Verwaltungsgeschäfte, beobachtet aber auch Jagdgewohnheiten und Festlichkeiten, das Wirtschafts- wie das Alltagsleben. Außerdem schickt ihn der Khan auf eindrucksvolle »Dienstreisen« in fast alle Teile des mongolisch-chinesischen Machtbereichs.

Marco Polos »Buch der Wunder« zieht den Vorhang beiseite, der den Fernen Osten trotz funktionierender Handelswege dem Blick des Westens entzogen hatte. Die Landkarte Asiens kann nun neu gezeichnet werden. Die Genauigkeit der geografischen Passagen lässt sich aus der korrekten Platzierung der ostasiatischen Länder auf den *Portolani* – den handschriftlichen Seekarten – des 14. Jahrhunderts ersehen, die eindeutig auf Marco Polos Buch zurückgehen. Die systematische Erforschung der Erde nimmt hier ihren Anfang. 200 Jahre später nimmt Kolumbus den Reisebericht mit an Bord der »Santa Maria«.

Dennoch bleibt die Reise des Marco Polo so fantastisch, dass manche Forscher geglaubt haben, er sei niemals in China gewesen. Vielmehr sei er über die Krim und Konstantinopel nie hinausgekommen und habe aus persischen Quellen abgeschrieben. Aber solche gab es nicht. In jedem Fall haben die Beschreibungen, auch wenn sie viele Beobachtungen anderer Reisender enthalten sollten, das Verhältnis des alten Europa zu den neuen Welten im Osten und mittelbar auch im Westen grundlegend verändert: Im geschlossenen Kosmos des Mittelalters werden auf einmal Fenster und Türen zu anderen, unbekannten Räumen geöffnet.

Dank der Dynamik der mongolischen Herrschaft florierte die Seidenstraße mehr denn je. Für manche Reisende erwies sich allerdings der Weg nach Fernost nicht nur als strapaziös, sondern auch als gefährlich und mitunter tödlich. Wo hochwertige Güter auf kalkulierbaren Routen befördert werden, siedeln sich Profiteure und Nutznießer an, harmlose, aber auch gewalttätige.

Raubüberfälle an der Seidenstraße waren deshalb allgegenwärtig. Die Räuber lauerten den Karawanen an den Engpässen der Streckenführung auf, wo die Beute besonders leicht zu greifen war. Bereits die Kaiser der Han-Dynastie, die die Entwicklung Chinas vom Ende des dritten vorchristlichen bis zum Anfang des dritten nachchristlichen Jahrhunderts entscheidend geprägt hat, waren um die Sicherheit ihrer Handelswege besonders besorgt. Sie erweiterten die Große Mauer entlang bestimmter Teilstrecken der Seidenstraße und leisteten sich spezielle Verteidigungsarmeen, um die Räuberei einzudämmen.

Die Erweiterung des Weltbildes erfolgte gleichzeitig in einem anderen Teil der Erde, in dem nicht Wüstenschiffe, sondern Hochseekoggen unterwegs waren: dem Handelsnetz der »Deutschen Hanse«, die im 14. und 15. Jahrhundert Nord- und Ostsee beherrschte. Die Fundamente dieser mächtigen, weitgespannten Wirtschaftsgilde waren allerdings wesentlich früher geschaffen worden. Schon im elften Jahrhundert hatten sich Kölner Kaufleute in London, der europäischen Handelsmetropole, einen privilegierten Stützpunkt erworben. Ihnen schlossen sich bald darauf Fernhändler aus Westfalen, vom Niederrhein und aus Niedersachsen an. Mit ihren seetüchtigen Koggen transportierten sie Pelze und Wachs aus Russland und Osteuropa, Getreide aus Ostdeutschland und Polen, Fisch aus Skandinavien, Salz aus Lüneburg, Wein aus Frankreich und den Rheinlanden. Angeführt von der Hansestadt Lübeck, wurde die Kaufmannsgilde immer größer, gab sich eigene Maße, Gesetze und Gerichte, nahm bald auch politischen Einfluss, schloss Verträge mit ausländischen Herrschern und führte Kriege, als ob sie ein selbstständiger Staat wäre.

Als Staat im Staate und wie eine Made im Speck fühlten sich zugleich die gut organisierten Piraten, die ebenfalls Politik betrieben, geschickt zwischen den Handelsmächten lavierten und häufig sogar die Seehoheit an sich rissen. Von den Kaufleuten gefürchtet und verachtet, konnten sie bei den weniger begüterten Bürgern, denen die »Pfeffersäcke« suspekt waren, durchaus Sympathien gewinnen. Der Schritt vom Freibeuter zum Volkshelden, zu einer Art Schinderhannes des Nordens, gelang vor allem Klaus Störtebeker und seinen (nach dem Synonym für Lebensmittel benannten) *Vitalienbrüdern*.

Aber im Jahr 1400 – mit achtzig angeschlossenen Städten war die Hanse auf dem Höhepunkt ihrer Macht – hatte der Spuk ein Ende. Die »Bunte Kuh«, eine der modernsten Kriegskoggen der Bündnisflotte, spürte das auf »Roter Teufel« getaufte Seeräuberschiff vor Helgoland auf, und die beiden meistgesuchten Piraten, Klaus Störtebeker und Godeke Michels, gerieten in Gefangenschaft. Im Jahr 1401 wurden sie mit einem Großteil ihrer Mannschaft hingerichtet, aber vorher soll Störtebeker noch die Armenspeisung in Verden an der Aller gestiftet haben. Seit dem 16. Jahrhundert lebt er in Liedern und Gedichten fort.

Die vitale Hanse und die pulsierende Seidenstraße: Symptome einer Veränderung, die den ganzen Globus umgreift. Das Interesse der Menschen wendet sich dem Diesseits zu: dem wirtschaftlichen Wachstum, dem Handel, der Entdeckung unbekannter Länder. Das spürt auch die Kirche, der sich die Bürger zu entfremden beginnen.

Die Umrisse einer globalen, erdumspannenden Zivilisation werden erkennbar. Aber sie zeigen sich nicht nur in der Verkürzung der Informations- und Transportwege, in einem Zuwachs an Begegnung und Kommunikation, sondern auch im Austausch höchst unliebsamer oder gefährlicher »Errungenschaften«. Fortschritt kann ansteckend sein, aber Krankheiten sind es erst recht, und die Intensivierung von Kontakten spielt ihnen in die Hände.

So kam zwar ein bunter Strauß an Innovationen von der Papierherstellung bis zur chemischen Destillation und vom Steigbügel bis zur Oper aus Fernost nach Europa, aber – als besonders brisante »Exportartikel« aus China, das dem scheinbar hochzivilisierten Westen zu dieser Zeit in fast allen Lebensbereichen überlegen war – eben auch das Schießpulver und, nicht weniger folgenreich, die Pest.

Lange vor der Erfindung der Feuerwaffen in Europa, möglicherweise schon seit dem dritten Jahrhundert v. Chr., hatten chinesische Alchimisten mit explosiven Mischungen experimentiert. Die Entdeckung des Schießpulvers dürfte um das Jahr 800 erfolgt sein, es diente aber nur zu Feuerwerkszwecken, primitive

Flammenwerfer wurden in Byzanz schon 678 eingesetzt. Spätestens ab 1182 waren bei kriegerischen Auseinandersetzungen chinesische »Feuerlanzen« als Offensivwaffen im Einsatz: Mithilfe eines Abschussrohrs aus Bambus ließ sich eine Pfeilsalve abfeuern. Erst Armeen der Ming-Zeit jedoch verfügten im 14. und 15. Jahrhundert über Reiterregimenter mit Feuerwaffen.

Das »explosive« Grundwissen dafür dürfte aber deutlich früher, das heißt Mitte des dreizehnten Jahrhunderts – vermutlich im Zusammenhang mit den Mongolenzügen –, über die Seidenstraße in den Westen gelangt sein. Es ist erstaunlich, dass es zwei Franziskanermönche sind, die in Europa am Anfang der Entwicklung von chemischen Schusswaffen stehen. Der Engländer Roger Bacon teilt im Jahr 1242 mit, dass eine Mischung aus Salpeter, Holzkohle und Schwefel explosiv sei. Und der Franziskanerbruder Berthold Schwarz, der eigentlich Gold herstellen will, findet um 1350 das Gleiche heraus und verbessert das Gemisch, indem er Kohle aus Weidenholz statt Haselnussholz benutzt.

Entscheidend aber ist, dass das Abendland aus eher spärlichen Anfängen heraus in relativ kurzer Zeit eine revolutionierende Waffentechnik entwickelte. Noch vor der Mitte des 14. Jahrhunderts wurden auf europäischen Schlachtfeldern Kanonen eingesetzt, etwa von den englischen Truppen 1346 gegen die Franzosen bei Crécy. Die Rohre erhitzten sich aber so stark, dass viele der Geschütze explodierten. Der erste Masseneinsatz eines neuen, Kugeln verschießenden Kriegsgeräts erfolgte 1354 in einer Seeschlacht durch die Dänen, und schon 1360 flog das Rathaus der Hansestadt Lübeck in die Luft, weil im Keller die Pulvermagazine lagerten. Zu einer einsatzfähigen Artillerie kam es ab 1420, als man ein schneller brennendes Schießpulver erfunden hatte und nicht mehr mit Kanonenkugeln aus Stein, sondern aus Eisen operierte, so dass ein kleineres Kaliber ausreichte.

Inzwischen war eine andere todbringende »Mitgift« des Ostens in den durch die Seidenstraße immer näher gerückten Westen gelangt. Aus den Tiefen Zentralasiens kommend, möglicherweise aus der Mandschurei oder sogar Korea, hatte ein Krankheitserreger mit den großen Handelskarawanen das Schwarze Meer erreicht, war dann per Schiff nach Ragusa (heute Dubrovnik), Venedig und Genua weitertransportiert worden und hatte sich von den Hafenstädten aus über den ganzen Kontinent verbreitet. Er trat in drei tödlichen Varianten auf: als Beulenpest mit Schwellungen an Hals, Leisten und Achselhöhlen, als Lungenpest und als Blutvergiftung.

Der »Schwarze Tod« verbreitet Angst und Schrecken. Zwischen 1347 und 1353 fallen dreißig Prozent der Europäer der Seuche zum Opfer, in den Armenvierteln sogar 62 Prozent der Bevölkerung. Von den geschätzten sechzig Millionen Menschen in Europa sind es etwa 18 Millionen, die das große Sterben nicht überleben. Noch nie hat eine Krankheit eine derart verheerende Wirkung gehabt. In einigen Regionen, vor allem in den Städten, bricht das öffentliche Leben zusammen. Durch die vielen Todesfälle fehlt es an Arbeitskräften, was zu gesellschaftlichen Veränderungen führt: Die Löhne steigen und damit auch die Preise. Hungersnöte sind die Folge. Die stark ausgedünnte Bauernschaft und ihre Leistungen gewinnen an Bedeutung – die Feudalherren sind auf Gedeih und Verderb von ihnen abhängig.

Die Not treibt die Menschen dazu, nur noch das eigene Leben retten zu wollen. Sie verweigern Hilfe, auch aus Angst vor Ansteckung. Die Infizierten werden ausgegrenzt und sich selbst und dem Tod überlassen. Weil niemand die Art und Ursache der Seuche erklären kann, wird sie als Strafe Gottes und als Anzeichen des Weltuntergangs und des Jüngsten Gerichts aufgefasst. Der Aberglaube gebiert die absurdesten Erklärungen und Behandlungsmethoden. Auf der Suche nach Sündenböcken werden Juden, Zigeuner oder Behinderte als Ursache ausgemacht und entweder getötet oder gezwungen, die Leichen von den Straßen zu holen, zu bestatten oder zu verbrennen.

Aber *eine* »Branche« boomt: Die Auswirkungen auf den muslimischen Sklavenmarkt sind gewaltig. Überall an der Mittelmeerküste von Ägypten über Kreta bis Spanien schnellt der Preis für ausländische Sklaven in die Höhe. Sklavenhändler, die nicht selbst der Seuche zum Opfer gefallen sind, erzielen auf Jahrzehnte hinaus Rekordgewinne.

Es gab allerdings auch Respekt gebietende Versuche, die Folgen der mörderischen Infektionskrankheit einzuschränken und die Menschen vorbeugend zu beschützen. Ein Beispiel ist die Stadt Venedig, die 1403 eine Insel in der Lagune als Quarantänestation und Hospital einrichtete. Das Kloster auf dieser Insel hieß nach dem biblischen Lazarus *Lazaretum*, wovon sich bis heute der Ausdruck »Lazarett« ableitet.

Die Ängste und Irrtümer sind in das kollektive Gedächtnis der Menschen in Europa eingegangen. Das Trauma, Opfer einer unbekannten Seuche zu werden, ist bis in die Gegenwart geblieben, zumal da der Pesterreger erst 1894 entdeckt wurde. Der Schweizer Tropenarzt Yersin und der Japaner Kitasato konnten nahezu gleichzeitig, aber unabhängig voneinander den Pesterreger isolieren.

23. Das große Leuchten

Der *Mont Ventoux*, wörtlich »windiger Berg«, ist der heilige Berg der Kelten, der »König der Provence«. Von keinem anderen Gipfel kann man bei klarer Sicht gleichzeitig die Schneeriesen der Alpen, das Mittelmeer und die Pyrenäen erblicken. Aber auch der Blick *zum* Mont Ventoux hat seinen Reiz, besonders wenn er in der Abendsonne zu leuchten beginnt.

Ein Moment der Erleuchtung war es auch, der mehr aus ihm machte als einen Berg unter Bergen. Ein Schlüsselmoment an der Schwelle vom Mittelalter zur Neuzeit. Ein Schritt in eine neue, glanzvolle Epoche, die man später Renaissance nennen wird.

Der Schrittmacher der Zukunft hieß Francesco Petrarca, italienischer Dichter, geboren 1304 in Arezzo, später in Avignon zu Hause. Am 26. April 1336 bestieg er mit einigen Begleitern den 1912 Meter hohen Mont Ventoux – aus purer Neugier, aus Entdeckungslust, aus Freude am Leben. Die Erleuchtung, die ihm zuteilwird, ist doppelter Art: Sie erwächst aus der Landschafts- und Naturerfahrung, und sie mündet zugleich in eine Rückwendung auf das Selbst, das zu solchen Erlebnissen fähig ist. Das Ich und die Welt schließen einen neuen Pakt. Der Blick in die Natur fällt zusammen mit den »Erregungen des Herzens«.

»Und es gehen die Menschen hin, zu bestaunen die Höhen der Berge, die breit dahinfließenden Ströme, die Weite des Ozeans und die Bahnen der Gestirne, und vergessen darüber sich selbst.« Klagt der Kirchenvater Augustinus, dessen Zeilen der Bergwanderer bei sich trug. Das soll nun nicht mehr passieren. Naturerlebnis und Selbsterfahrung, Weltoffenheit und Bewusstseinserweiterung gehören zusammen. Es ist der Vorabend der Renaissance.

Und das Mittelalter wird verabschiedet. Nicht mit Pauken und Trompeten und nicht Knall auf Fall. Auch nicht von allen. Ein Großteil der Bevölkerung wird zunächst weiterhin in seiner herkömmlichen, eng begrenzten Welt verharren. Der Fortschritt kommt im Schneckentempo, aber er ist nicht umkehrbar.

Die Speerspitze des neuen Denkens (und Fühlens) bilden wache, hellsichtige Denker, die sich später *Humanisten* nennen sollten. Die Bezeichnung leitet sich vom lateinischen *humanus* ab, welches bedeutet »den Menschen betreffend, menschlich, menschenfreundlich«. Das Wort ist selbsterklärend, es ist Programm. Der Mensch steht nun im Mittelpunkt: als ein freies, vernunftbegabtes, selbstbewusstes Wesen, das seine geistigen und körperlichen Fähigkeiten uneingeschränkt entfalten darf, ja soll.

Das sind nicht nur neue Töne, das ist ein neues Weltbild. Die »gottgewollte« Ordnung der mittelalterlichen Gesellschaft und ihrer Stände, in der jeder Einzelne – ob Bauer, Mönch oder Adliger – seinen festen, unverrückbaren Platz, seine Rechte und seine Aufgaben hatte, beginnt sich aufzulösen. Für die Humanisten ist das Leben mehr als eine Durchgangsstation zum Jenseits und mehr als ein Forum für die kirchlichen Glaubens- und Verhaltensvorgaben. Es ist ein einzigartiges Geschenk, eine Aufforderung an den Menschen, sich selbst, seine Welt und die ihn umgebende Natur zu erforschen und zu gestalten.

Aber die neuen Denker sind nicht nur selbstbewusst, sie sind auch bescheiden. Die Einladung ins Diesseits, die sie aussenden, deklarieren sie nicht als ureigene Erfindung, sondern als Rückkehr in eine freilich sehr ferne Vergangenheit. Das Mittelalter, das sie hinter sich lassen wollen, gilt ihnen als eine Epoche der Erstarrung und der Finsternis. Dahinter aber nehmen die Humanisten den Lichtstrahl der Antike wahr, der ein ganz anderes, ursprüngliches, ein auf Freiheit und Entfaltung gerichtetes Menschenbild anzeigt. Die Leuchtkraft dieser »klassischen« Werte und Maßstäbe nachzuempfinden und in die Gegenwart zu übertragen, erleben sie als eine *Renaissance*, eine Wiedergeburt.

Das neue Denken ging von Nord- und Mittelitalien aus, wo sich Stadtstaaten wie Mailand, Pisa, Venedig und Florenz zu politischen Machtzentren entwickelt hatten. Sie hatten in langen Kämpfen mit den deutschen Kaisern ihre Unabhängigkeit erworben und waren durch die Kreuzzüge, ihre Bankgeschäfte und ihre intensiven Handelsbeziehungen reich und mächtig geworden. Seit dem zwölften Jahrhundert regierten sie sich zumeist selbst. Weder der Papst in Rom noch der Kaiser nördlich der Alpen war noch in der Lage, sie zu kontrollieren. Zunehmend bestimmten entweder die erfolgreichsten und wohlhabendsten Bürger – wie die Familie Medici in Florenz – oder die Fürsten, etwa in Mailand, die Politik.

Es war eine Politik, die den geistigen Aufbruch der Humanisten unterstützte und beflügelte. Souveränität und wirtschaftliche Stärke der städtischen Eliten führten zu einer intensiven, dauerhaften Förderung von Bildung und Kultur. Die alten Leitbilder dafür waren mit der Erosion der mittelalterlichen Ständeordnung und dem schwindenden Einfluss der Kirche untergegangen. Die neuen suchte man im Menschenbild und in den Lebensformen der Antike – und fand deren Zeugnisse nicht selten direkt vor der Haustür oder in der näheren Umgebung: Münzen, Gräber, Tempel, Plastiken, Fresken, Ruinen von Amphitheatern, verschollene Schriften in Klosterbibliotheken. Alles Dinge, die zuvor keiner

Betrachtung wert gewesen waren. Nun wurden sie als Zeugen eines großen Zeitalters wiederentdeckt und fast heiliggesprochen.

Einen unerwarteten, eher zwiespältigen Auftrieb erhielt die Renaissance infolge der Erstürmung von Konstantinopel durch die Türken im Jahr 1453. Viele griechische Gelehrte und Künstler des Oströmischen Reiches flohen nach Italien und vermehrten die Kenntnis des Altertums durch eine Fülle längst verloren geglaubter Texte und Dokumente.

Einen Widerspruch zur Religion und zum Christentum sahen die Humanisten nicht. Im Gegenteil: War der Mensch wirklich das Ebenbild Gottes, so sollte er auch von seiner Fähigkeit zu denken, zu sehen, zu hören uneingeschränkt Gebrauch machen. Nur so könne er seiner Freiheit gerecht werden. Ein schlichter junger Mann, in Kues an der Mosel geboren und später Sekretär des päpstlichen Legaten in Deutschland, brachte es am besten auf den Punkt: »Der Mensch besitzt eine Stadt mit fünf Toren, den fünf Sinnen. Durch diese treten Boten ein und bringen Berichte aus der ganzen Welt.« Wer diese Nachrichten empfange, aufzeichne und ordne, werde sich seiner Besonderheit und Begnadung bewusst, »er findet in sich die Zeichen Gottes, in ihm leuchtet die Schöpferkraft mehr als in jedem anderen Lebewesen wider«. Erst spät, Ende des zweiten Jahrtausends, erfährt der große Philosoph Nikolaus von Kues seine Renaissance.

War der Blick des Menschen zuvor fast ausschließlich vertikal zum Himmel, zu Gott gerichtet, so eröffnen ihm die fünf Stadttore des Cusanus nun die freie Sicht in der Horizontalen, die Wahrnehmung der Welt um ihn herum. Die Landschaft wird entdeckt – wer hätte vor dem »Toröffner« Petrarca etwas für die Schönheit der unberührten, unbezwungenen Natur übriggehabt? Die neue Weltzugewandtheit spiegelt sich auch in der Kunst. Die Porträts werden genauer, authentischer, realistischer, sie zeigen individuelle Gesichts- und Charakterzüge. Wie in der Antike werden die Menschen häufig nackt dargestellt, um die konkrete Körperlichkeit anschaulich zu machen. Die radikalste Veränderung ist der Übergang zur Zentralperspektive. Die Bilder zeigen jetzt eine Wirklichkeit, die vom Maler geplant und nach einem System mathematisch festgelegter Bezugspunkte konstruiert und gestaltet ist. Die Szenerie präsentiert sich nun genau so, wie das menschliche Auge sie wahrnimmt.

In der Baukunst wird, analog zur veränderten Blickrichtung des Renaissance-Menschen, die eher weltferne Vertikale der Gotik von der erdnahen Horizontalen abgelöst. Es ist vor allem der Goldschmied und Bildhauer Filippo Brunelleschi, der der neuen Architektur durch die Anwendung antiker Formen und durch die Übernahme des Zentralbaus im Gegensatz zur bisher dominierenden Basilika zum Durchbruch verhilft. Als sein Meisterstück gilt die Domkuppel von Florenz, die zum Vorbild für die Peterskirche in Rom wurde und zusammen mit Michelangelos Deckenfresken in der Sixtinischen Kapelle zu den berühmtesten »Wahrzeichen« der Spätrenaissance gehört.

Das gewaltige Spektrum und die Ranghöhe der Renaissance-Kultur künden nicht nur von der Meisterschaft ihrer Künstler und Autoren. Sie bewahren auch die Erinnerung an die Gönner, Förderer, Stifter und Sponsoren, die aus persönlichem Interesse oder aus Prestigegründen diese schöpferische Entfaltung erst möglich machten.

Allen voran hat die Familie Medici, durch Grundbesitz, Wollhandel und Bankgeschäfte wohlhabend geworden, über Generationen hinweg den »Kulturbetrieb« zum Blühen gebracht und die Kreativität seiner »Produzenten« – Bildhauer, Architekten, Maler, Dichter – angefacht. Lorenzo de' Medici, der Florenz nicht nur zur führenden Macht Italiens, sondern auch zu einer Art Kulturhauptstadt der Renaissance machte, hat sich auf diese Weise sogar den Ehrentitel *il Magnifico* (der Prächtige) erworben. Die Medici stellen in der Folgezeit auch die Päpste Leo X. und Clemens VII. Der Name der Familie wird zum Inbegriff herrschaftlicher Lebensführung, politischer Einflussnahme, wirtschaftlicher Potenz und kulturellen Engagements.

Das humane Potenzial, die dem Menschen gegebenen Fähigkeiten und Möglichkeiten voll auszuschöpfen ist das Bildungsziel der Renaissance. Die Epoche liefert zwei sehr reale Beispiele, zwei Ausprägungen dafür, wie dieses Ideal an Vollkommenheit in Erscheinung treten kann. Extrem unterschiedliche Beispiele, wie Sie gleich sehen werden – die Skala des Humanen umfasst zwei Pole: Der Mensch ist begabt und erfindungsreich nach beiden Seiten, im Aufbauen und im Zerstören, schlicht gesagt: im Guten wie im Bösen.

Auf der einen Seite steht der *Uomo universale*, der »komplette« Mensch sozusagen, das Universalgenie, wie es Leonardo da Vinci bis heute exemplarisch verkörpert. Der Sohn einer Bauernmagd ist nicht nur Maler, Architekt und Bildhauer, sondern auch Naturforscher und Ingenieur. Vorrang hatte für ihn die eigene Beobachtung. Es zählte nicht das überlieferte Wissen, sondern nur das, was er selbst in Augenschein genommen und dann mit dem Verstand überprüft hatte. Gegen das Verbot der Kirche sezierte er in Florenz mehr als dreißig menschliche Leichen, um anatomische Studien zu betreiben und das Zusammenspiel von Knochen, Nerven und Muskeln so genau wie möglich zu untersuchen. Nach seiner Überzeugung konnte ein Künstler nur dann einen Menschen richtig darstellen, wenn er dessen Körperbau intensiv erforscht hatte. Zu den ernüchternden Tatsachen der Wissenschaftsgeschichte gehört allerdings, dass seine höchst exakten

Zeichnungen von den Medizinern kaum zur Kenntnis genommen wurden. Nach wie vor gründet sich sein Weltruhm vor allem auf die »Mona Lisa« und das »Abendmahl«.

Für das große, das echte Genie ist nichts zu klein, zu gering, wenn es darum geht, der Natur auf die Schliche zu kommen und ihre Gesetze zu ergründen. Leonardo untersucht auch das Verhalten von strömenden Flüssigkeiten und die Entstehung von Strudeln, studiert den Flug und die Schwingen der Vögel, entwickelt Modelle von Flugmaschinen und Unterwasserbooten, die nachfolgende Generationen von Ingenieuren inspirieren. Seiner Auffassung nach müsse der Künstler sich mit der Natur auseinandersetzen, mit ihr wetteifern. Dann könne es ihm gelingen, den göttlichen Schöpfungsprozess nachzuvollziehen.

Mit ihm selbst wollte allerdings niemand wetteifern. Wer könnte gegen dieses Prachtexemplar eines Renaissance-Menschen schon bestehen! Ein normaler Sterblicher, werden Sie zu Recht sagen, jedenfalls nicht. Der, von dem jetzt die Rede ist, hat es deshalb auch gar nicht erst versucht. Er hat sich auf die andere Seite des menschlichen Spektrums geschlagen und sich dort ebenfalls extrem positioniert.

Es handelt sich um Cesare Borgia, den unehelichen Sohn Papst Alexanders VI., dessen Biografie am besten in Form eines Steckbriefs abgefasst werden kann, in den man aber die monströse Karriere seines Vaters gleich mit einflechten sollte. Alexander VI., der 1492 durch Stimmenkauf auf den päpstlichen Stuhl kam, gehört zur skrupellosen Spezies der Renaissance-Menschen. Er begriff das Papsttum, das unter seinem Pontifikat ein Höchstmaß an »Verweltlichung«, Korruption und Dekadenz erreichte, als politische Institution, als durchaus diesseitigen Machtfaktor im italienischen und europäischen Kräftespiel. Um diese Macht zu sichern, war ihm jedes Mittel recht. Mit Hilfe seines Sohnes vergiftete er politische Gegner, kaufte Kurtisanen, kassierte Fremdvermögen und ließ den Nepotismus, die Vetternwirtschaft, hochleben.

In Kenntnis dieser Karriere können wir mit Cesare kurzen Prozess machen und der Einfachheit halber die volle Skala der sieben Todsünden, angeführt von der Ermordung des Schwagers und Bruders, pauschal für ihn in Anspruch nehmen. Mit 18 Jahren wurde er Kardinal, was seinen Ehrgeiz und seine Gier nach Ruhm aber nicht befriedigte. Im Zuge seiner politisch-militärischen Laufbahn unterwarf er mit größter Brutalität die kleineren Feudal- und Stadtherrschaften im Gebiet des Kirchenstaates, scheiterte aber mit seinem Plan, sich ein eigenes Königreich in Mittelitalien einzurichten.

Für den großartigen Renaissance-Kenner Jacob Burckhardt war Cesare Borgia der »große Verbrecher«, Urbild des vitalen, lebens- und machthungrigen Gewaltmenschen. Mittlerweile aber zeigt sich, dass zumindest ein kleiner Teil zeitgenössischer und zeitübergreifender Verleumdung bei den Verdammungsurteilen für Vater, Sohn und insbesondere auch Tochter Lucrezia Borgia in Abzug zu bringen ist. Zugunsten Alexanders VI. wird auch der epochemachende Schiedsspruch von 1493 ins Feld geführt, der die Demarkationslinie zwischen den Besitzungen der Kolonialmächte Spanien und Portugal in der Neuen Welt bestätigte. Und die glänzende persönliche Ausstrahlung des Cesare Borgia hat ihm nicht nur hervorragende Offiziere und Soldaten zugeführt, sondern selbst Leonardo da Vinci, den anderen »Übermenschen« dieser Ära, beeindrucken können. Aber auch die beachtliche mäzenatische Funktion für die schönen Künste, die die Familie großzügig wahrnahm, hat ihre Wertschätzung nicht wesentlich erhöht. Noch immer stehen die Borgias für die monströs-düstere Abteilung der renaissancetypischen Diesseitigkeit.

Als Alexander VI. 1503 an Malaria starb, brach in Rom Jubel aus. Die Verachtung für sein Pontifikat, das die territoriale Macht des Kirchenstaates stärkte, aber die Würde des Papsttums nachhaltig beschädigte, hatte längst auch die breite Bevölkerung erreicht. Seine Gemächer im Vatikan wollte seither kein Papst mehr bewohnen.

Der ärgste Widersacher und unbequemste Gewissensmahner Alexanders VI. konnte allerdings nicht mehr mitjubeln. Der rachsüchtige Papst, der ihn zunächst mit dem Kardinalshut hatte kaufen wollen, ließ ihn, als dies misslang, foltern und hinrichten. Es handelt sich um den Dominikanermönch Savonarola, der in Florenz mit großem Zulauf Bußpredigten abhielt und den luxuriösen Lebensstil der gesellschaftlichen Elite anprangerte. In einer Art Kulturrevolution konnte er die Jugend der Stadt dafür gewinnen, alle Erscheinungsformen des eitlen und nutzlosen Lebens zu beschlagnahmen und auf einem gewaltigen Scheiterhaufen mitten in der Stadt auf der Piazza della Signoria in einem »Fegefeuer der Eitelkeiten« zu verbrennen: Schmuck, Spiegel, Kosmetika, teure Kleider, Möbel, Kunstwerke, Bücher, Spielkarten und Musikinstrumente. Auch die Medici vertrieb er 1494 aus Florenz. Dass wenig später Savonarola selber auf einem Scheiterhaufen endet, mag man als Ironie der Geschichte verstehen.

Zu den kritischen Geistern der Stadt Florenz gehört auch Niccolò Machiavelli (1469–1527), der als Politiker und Diplomat mit seiner Schrift »Il principe« (Der Fürst) das Einmaleins der Machtpolitik niederlegt, obgleich er eigentlich republikanisch denkt. Machiavelli formt den Begriff der Staatsräson vor, die an die Stelle christlich geprägter Herrschertugenden tritt. »Il Principe« wurde zu einem bis in das 18. Jahrhundert hinein grundlegenden Traktat der Fürstenerziehung und wird häufig als Legitimierung einer Politik, die in der Wahl ihrer Mittel keine Skrupel kennt, fehlgedeutet. Dieser Schrift wird sogar Friedrich II. von Preußen in seinem Jugendwerk »Antimachiavell« (1739) widersprechen, obwohl Machiavellis Werk zunächst nur eine Analyse der Machtstrukturen ist und primär untersucht, unter welchen Bedingungen Herrschaft auf Dauer erfolgreich sein kann, um so letztlich dem Gemeinwohl dienen zu können.

Machiavellis Welt- und Menschenbild bleibt allerdings pessimistisch. Möglicherweise die beste Voraussetzung dafür, mit »Mandragola« (Die Springwurz, 1518/20) das originellste, aber noch immer – sehr zu Unrecht – kaum bekannte Lustspiel der Epoche zu schreiben.

Mit den Einsichten der Renaissancezeit werden die Grundlagen der späteren Aufklärung gelegt. Es beginnt der lange Weg aus der intellektuellen Naivität und Unmündigkeit. In vielen Städten Europas werden Universitäten gegründet, 1088 in Bologna die erste, 1348 in Prag die erste deutsche.

Mit dem Aufblühen der Universitäten kann sich eine umfassende Erneuerung der Wissenschaft durchsetzen. Das mittelalterliche Denken war in den damaligen theologischen und philosophischen Kategorien befangen und sah in der Natur lediglich den Gegenstand des Schöpfungsglaubens. Erst durch die Trennung von Glauben und Wissen kann sich die Kenntnis der Natur in den neuen akademischen Disziplinen entfalten: Biologie, Chemie, Physik, Astronomie, Geografie, Mathematik, Medizin.

Bald folgen der wissenschaftlichen Arbeit auch die praktischen Anwendungen: Die Brille wird erfunden, der Wecker, die Taschenuhr, das Fernglas, optische Geräte zur Vergrößerung, Modelle der Himmelskörper und ihrer Bahnen, schließlich der Buchdruck und die Buchbinderei. In der Medizin wird der Kaiserschnitt als Möglichkeit der Lebensrettung erfunden und praktiziert. Die chirurgischen Eingriffe werden um ein Vielfaches verfeinert. Alle Beobachtungen und Erkenntnisse werden, wie Leonardo da Vinci es vormachte, in Experimenten überprüft und entweder bestätigt oder verworfen.

Und die Explosion wissenschaftlicher Neugier hat gerade erst begonnen.

24. Der Umbau der Welt

Das Reich der Azteken war schon gefallen; mit ihm König Montezuma und 300 000 seiner Untertanen. Den Inka hatte die Geschichte bis zur Demütigung durch den Spanier Francisco Pizarro noch eine Art Gnadenfrist eingeräumt, jetzt ging es darum, die letzten Widerstandsnester der Maya auszuschalten. Der wuchernde Dschungel hatte zwar viele ihrer Tempelpyramiden tarnen oder sogar verstecken können, aber er war keineswegs dicht genug, um auch sie selber vor den spanischen Eroberern zu schützen.

1527, Cañon von Sumidero, Hochland von Chiapas, Mexiko: Nach einem blutigen Auf und Ab militärischer Konfrontationen haben sich erbittert kämpfende Tzotzil-Maya, verfolgt von spanischen Soldaten und mexikanischen Hilfstruppen, an den Rand einer steilen Felsterrasse über dem Rio Grijalva zurückgezogen. Als die gut ausgerüsteten und zu allem entschlossenen Spanier näher und näher kommen, stürzen sich die rund 2000 ausweglos Bedrängten, darunter viele Frauen und Kinder, in den Fluss. Sie ziehen den Freitod der spanischen Knechtschaft vor. Der Massenselbstmord am Rio Grijalva, durch den sich einige Historiker an die Einnahme der jüdischen Festung Masada durch die Römer im Jahr 73 erinnert fühlen, markiert auf besonders tragische Weise den Beginn der Kolonialzeit.

Welch ein Kontrast zu den friedlichen, fast heiteren Bildern, die Christoph Kolumbus – der dies alles heraufbeschwört – beim Ablegen zu seiner ersten Reise Anfang August 1492 zeigen. Antonio Cabral-Bejarano hat 1825 eines der bekanntesten von ihnen gemalt. Die Segel der drei Karavellen, die die Westroute nach Indien finden sollen, flattern schon im Wind, Tücher und Hüte werden geschwenkt, winkende Menschen am Ufer und an Bord der Schiffe beherrschen die Szene, die der Künstler in einer romantisierenden Balance zwischen Abschied und Aufbruch hält – Aufbruch zu einer Reise, welche die Welt aus den Angeln heben wird.

Knapp sieben Monate später, Frühjahr 1493, Zeremoniensaal des Palacio Real: In der Altstadt von Barcelona erwarten die Katholischen Majestäten Isabella von Kastilien und Ferdinand von Aragon den Mann, den sie beauftragt haben, den Seeweg nach Indien zu erkunden, und der dabei auf eine unbekannte Insel im Westen gestoßen ist. Das Königspaar kann zufrieden sein. Durch seine Heirat im Jahr 1469 waren die beiden bedeutsamsten Königreiche Spaniens miteinander verschmolzen. Gerade wurde die *Reconquista*, die Rückeroberung muslimischer Territorien auf der Halbinsel, mit der Einnahme Granadas abgeschlossen. Spanien ist auf dem Weg zur Großmacht, und die Majestäten können es sich erlauben, ihre Blicke auf die Welt außerhalb Europas zu richten.

Kolumbus ist soeben am Hof in Barcelona eingetroffen, um Bericht zu erstatten. Als er den Saal betritt, erheben sich alle, auch die Königin und der König. »Die Königin erlaubte mir, dass ich ihr die Hand küsste«, notiert später der Seefahrer und Entdecker. Der 42-Jährige hat Sinn für die große Inszenierung. Er führt Papageien, exotische Pflanzen und Früchte mit sich sowie Gold in Körnern, rohen Bruchstücken und in Form von

Schmuck. Seine Hauptattraktion aber sind lebende »Indios« in Lendenschurz und Federschmuck. Als Indianer bezeichnet man sie, weil Kolumbus sie von den Inseln eingesammelt hat, die er zu Indien zählt.

Acht Jahre hatte Kolumbus nach einem Geldgeber gesucht, bis er nach vielen vergeblichen Anläufen die Unterstützung der Königin Isabella von Kastilien erreichte. Am Hof von Lissabon hatte er kein Gehör gefunden, weil die portugiesischen Geografen die Unternehmung als waghalsig und unrealistisch taxiert hatten. Sie hielten die Erde, über deren Kugelgestalt kein Zweifel mehr bestand, für deutlich größer, als Kolumbus schätzte. So fielen Ehre und Ausbeute der Neuentdeckung überwiegend den Spaniern zu, die seiner Fehleinschätzung von 3000 Seemeilen und zehn bis zwölf Reisetagen für die westliche Route nach Indien Glauben schenkten. Die tatsächliche Entfernung wären 11 000 Seemeilen gewesen.

Der Weg über das Meer in den Fernen Osten wurde deshalb so fieberhaft gesucht, weil die Türken 1453 Konstantinopel erobert hatten. Dadurch war für die europäischen Kaufleute der Kontakt mit Indien und China versperrt oder enorm verteuert. Denn die türkischen Zwischenhändler erhoben hohe Auflagen. Es galt also eine Alternative für die Seidenstraße zu finden. Während die meisten anderen Expeditionen zur See darauf zielten, Afrika in Richtung Osten zu umrunden, ging Kolumbus davon aus, man müsse auf der Erdkugel nur lange genug westwärts segeln, um schließlich in den »Ostländern« anzukommen.

September 1493 wird Kolumbus zu einer zweiten Reise über den Atlantik aufbrechen. 17 Schiffe und 1500 Mann — Seeleute, Soldaten, Siedler, Missionare — lassen keinen Zweifel daran aufkommen, dass aus dem kühnen Navigator, dem »Vizekönig« und »Admiral des Weltmeeres« — Titel, die er sich von der spanischen

Krone garantieren ließ – inzwischen ein Eroberer geworden ist. Die Logik der Okkupation und die Gier nach Gold sind längst über die Rücksichten und Absichten des Entdeckers hinweggegangen. Seine Nachfolger werden furchtbare Verbrechen an den Menschen der Neuen Welt begehen. Sie werden ganze Volksstämme ausrotten, Krankheit und Elend über Hunderttausende bringen, den Einwohnern ihre Kultur rauben und ihnen mit Gewalt die christlichen Glaubensdogmen aufzwingen. Goldgier und Aberglauben werden zu Versklavung, Arbeitszwang, Ausbeutung, zu Folter und Mord, ausgeklügelten Strafen und sadistischen Hinrichtungen führen: Verbrennen, Ertränken, Pfählen, Vierteilen, Einmauern, Eingraben, Verstümmeln, Hängen – und das alles im Namen von göttlichen Wahrheiten und kirchlichem Glaubensgehorsam.

Die vermeintlichen Entdecker sind blind für das, was es wirklich zu entdecken gibt: Die Länder, in denen sie landen, haben zumeist jahrhundertealte Hochkulturen hervorgebracht wie die der Maya, Inka, Azteken und Tolteken. Auch in technisch-zivilisatorischer Hinsicht sind die Entdeckten den Entdeckern in manchen Dingen überlegen. Sie haben gepflasterte Straßen, Brücken und Wasserleitungen, sie bauen Pyramiden als Tempel und Paläste für ihren König. Nur auf einen ersten oberflächlichen Blick können sie als primitiv gelten, bloß weil sie kein Eisen und keine Töpferscheibe, keinen Pflug und keinen Wagen kennen, anstelle von Münzen Kaffeebohnen verwenden und ihren Göttern Menschenopfer darbringen.

Doch der über sie hinwegrollenden Eroberungsmaschinerie haben die einheimischen Völker nichts entgegenzusetzen. Sie erfahren nicht nur die eigene Ohnmacht, sondern auch die Ohnmacht ihrer Götter, an die sie geglaubt hatten. Auch wenn es vereinzelte Beispiele von Barmherzigkeit, Einfühlung und Verständnis für die fremden Kulturen auf Seiten der spanischen Invasoren gibt, ist die Gesamtbilanz deprimierend. Zwischen 35 und vierzig Millionen Menschen hatten zum Zeitpunkt der Kolumbus-Expeditionen im späteren Spanisch-Amerika gelebt. Bis 1650 verringerte sich die Zahl der Indianer auf rund vier Millionen. Großen Anteil an diesem massenhaften Sterben hatten eingeschleppte Krankheiten wie Pocken, Pest, Typhus, Malaria und viele andere, die sich oft epidemieartig ausbreiteten. Aber auch diejenigen Indios, die zur Sklavenarbeit in den Silberbergwerken der Anden rekrutiert wurden, entrichteten einen hohen Blutzoll.

»Ich kam, um Gold zu holen, nicht um den Boden zu pflügen wie ein Bauer«, soll Hernán Cortés, der Zerstörer der Azteken-Kultur, gesagt haben. Damit gab er die Losung und das Muster vor, wonach die Unterwerfung Mittel- und Südamerikas ablief. Ab 1531 eroberte der Spanier Francisco Pizarro das zweite und größte Reich im alten Amerika, das sich über weite Teile des heutigen Perus und Boliviens erstreckte: das Imperium der Inka. Pizarro agierte wie eine Kopie von Cortés. Er erpresste vom Inka-Herrscher Atahualpa ein Lösegeld in Gold und Silber im heutigen Wert von 150 Millionen Euro – und tötete ihn anschließend dennoch.

Die menschenverachtende Brutalität der Konquistadoren ist eigentlich nicht verwunderlich. Denn in den Zentren der Alten Welt gehört sie längst zum Alltag: die Aggressivität gegen Ketzer, Hexen und Juden. Immerhin bewirkt die Entdeckung immer neuer fremdartiger Völker, dass die ausschließlich auf Europa konzentrierte Weltsicht allmählich relativiert wird. Die Menschen begreifen, dass die plötzlich ins Blickfeld geratenen Länder, Erdteile und Ozeane nur den Europäern unbekannt waren und dass die neuen Länder im Grunde alte Länder sind, längst besiedelt und mit einer eigenen Kultur und Zivilisation ausgestattet. Das eurozentrische Weltbild ist damit natürlich nicht erledigt, aber mit den Entdeckungen der beginnenden Neuzeit ist der Keim einer anderen, einer globalen Perspektive gelegt. Als Kolumbus den neuen Kontinent erreicht, hat Martin Behaim in Nürnberg gerade den »Weltapfel«, den ältesten heute noch erhaltenen Globus, gebaut.

Das Erkunden und Erschließen ferner, fremder Territorien ist so alt wie das Erobern schon bekannter oder benachbarter Ländereien. Immer schon hat der eine Mensch dem anderen etwas weggenommen. Aber die Reichweite der Eroberer war begrenzt, so dass die Kenntnis fremder Länder und Kontinente sogar wieder verloren gehen konnte. Die Wikinger wussten von der Nordostküste Nordamerikas, die Antike kannte die Kanaren und Madeira. Die Kanarischen Inseln werden 1341, Madeira 1419 nicht neu, sondern nur wiederentdeckt.

Erst nach und nach wächst ein geografisches Bewusstsein für die Weite der Erdoberfläche im Verhältnis zum eigenen Horizont. Portugal und Spanien wissen, was sie tun, als sie mit dem Vertrag von Tordesillas die Neue Welt schon frühzeitig unter sich aufteilen. Mit einem Federstrich bestätigt der Borgia-Papst Alexander VI. die Demarkationslinie, die einen westlichen spanischen Teil mit Nord-, Mittel- und Südamerika (außer dem noch unentdeckten Brasilien) von einer östlichen »Welthälfte« trennt, die die portugiesische Einflusssphäre umfasst.

Die Portugiesen waren es gewesen, die das maritime Wettrüsten eingeleitet und im Laufe des 15. Jahrhunderts allmählich einen deutlichen Vorsprung vor den Spaniern erzielt hatten, bevor diese später durch Kolumbus gewissermaßen gleichzogen. Die Eroberung Ceutas an der Nordspitze Afrikas durch Portugal im Jahr 1415 war das erste Ausgreifen auf einen Kontinent außerhalb Europas und eine Stützpunktbildung in einem fremden Kulturkreis gewesen. Nach einer Periode des langsamen Vordringens portugiesischer Seefahrer an der afrikanischen Westküste umrundete schließlich Bartolomeu Diaz 1488 die Südspitze des Kontinents, die der portugiesische König Johann II. nach Diaz' Rückkehr als »Kap der guten Hoffnung« betitelte. Um welche Hoffnung es sich dabei handelte, unterlag keinem Zweifel: Sie galt dem Seeweg nach Indien auf der Ostroute um Afrika herum.

All diese Aktivitäten, die schließlich zur Jahrtausendmitte zu einem spanisch-portugiesischen Kopf-an-Kopf-Rennen auf den Weltmeeren eskalierten, wären nicht denkbar gewesen ohne die Konstruktion eines neuen Schiffstyps: der Karavelle. Durch ihre Bauweise und Besegelung erlaubte sie das Kreuzen hart am Wind und gab damit der europäischen Hochseeschifffahrt einen entscheidenden Schub. Der große Inspirator, »Architekt« und Organisator der portugiesischen Seefahrt, Prinz Heinrich der Seefahrer (1394–1460), hatte diese Entwicklung vorangetrieben und gilt deshalb bis heute als Vater des Zeitalters der Entdeckungen.

Es kulminiert – zumindest aus portugiesischer Sicht – in der erneuten Umrundung Südafrikas und der nachfolgenden Erschließung des Ostweges nach Indien durch Vasco da Gama 1498. Ihm wird in Lissabon ein triumphaler Empfang bereitet. Er darf sich »Admiral des Indischen Meeres« nennen und sichert seinem Land mit einer zweiten Reise ein Jahrhundert lang die Seeherrschaft und das Monopol auf den Gewürzhandel in dieser Weltgegend.

Gewürze – sie vor allem, die kleinsten und feinsten Handelsgüter, wertvoll wie Edelmetalle, sind es, die die Westeuropäer nach Ostasien locken. Nicht nur mit Teak- und Sandelholz, sondern auch mit Pfeffer, Zimt und Ingwer hatte Vasco da Gama seine Schiffe bei der Rückkehr von der ersten Reise beladen. Schon Phönizier, Griechen, Römer, Perser und Araber haben mit Gewürzen gehandelt. Pfeffer war so kostbar, dass er oft mit Gold aufgewogen wurde. Als nun endlich auch Europa nicht nur weiß, wo der Pfeffer wächst, sondern auch, wie und wo man sich ihn holen kann, blüht das Geschäft – so sehr, dass es Kriege um den Gewürztransport und das Know-how der Portugiesen geben wird. Gewürze, das bedeutet, dass das Essen besser schmeckt und sich vor allem länger konservieren lässt, dass man es als Medizin gebrauchen und dass man damit reich werden kann. Portugal macht es vor – mit Ingwer, Zimt, Muskatnuss, Nelken, Safran, Anis, Pistazien. Und Pfeffer natürlich.

Auch in der spanischen Einflusssphäre brummt das Überseegeschäft. Die Transportrouten sind für damalige Verhältnisse dicht befahren. Der Atlantik ist zum Mittelmeer geworden. Kartoffeln, Kaffee, Kakao und Kautschuk, Zucker, Tabak, Tomaten, Erdnüsse, Mais, Baumwolle und auch der Truthahn kommen aus den amerikanischen Ländern. Rind, Pferd, Esel, Schaf, Huhn und Haushund, Weinstöcke, Ölbäume, Apfel und Orange, Weizen und andere Getreide führen die Eroberer als Importgüter aus Europa ein.

Das sieht nach einem Geschäft auf Gegenseitigkeit, einem Gleichgewicht zwischen Geben und Nehmen aus. Aber ausschließlich die Kolonialisten diktieren die Regeln, und allein die Unterdrückten zahlen den Preis. Und das schmutzigste Geschäft läuft gerade erst an: der sogenannte Dreieckshandel, bei dem die Europäer bis ins 19. Jahrhundert hinein zehn Millionen Farbige als Sklaven aus Afrika nach Amerika verschleppen.

Der Umbau der Welt um 1500 ist in der Geschichte ohne Beispiel. Nicht einmal die germanische Völkerwanderung in der Spätantike reicht an ihn heran. Allenfalls lässt sich der Seevölkersturm, der um 1200 v. Chr. einen verheerenden Dominoeffekt im gesamten Mittelmeerraum auslöst, mit seinen epochalen Folgen vergleichen.

25. Zum Teufel mit der Tinte

Es gibt ihn nicht, und es hat ihn nie gegeben, auch wenn viele Wartburg-Besucher noch immer nach ihm fahnden: jenem Fleck an der Wand, den das Tintenfass hinterlassen haben soll, das der große Reformator Martin Luther alias Junker Jörg, wie sein Pseudonym während der zehn Wartburg-Wochen lautete, kraftvoll und zielgenau nach dem Teufel warf. Oder nach dem Schattenriss, der Silhouette des Teufels, wie andere Quellen behaupten. Wie auch immer! Da das viel beschworene Indiz – das ominöse Mal an der Wand – fehlt und keine Tatzeugen überliefert sind, dürfte auch der Wurf selbst in das Reich der Fantasie gehören.

Dabei wäre es so schön gewesen, ein bisschen zu spekulieren. Etwa über die Frage, woher der Leibhaftige denn gekommen ist. Ob der Reformator ihn möglicherweise, eben um ihn zu treffen, selber herbeizitiert, ihn quasi – wie heißt es so schön – an die Wand gemalt hat. Oder ob vielleicht jene Flammenschrift, jenes Menetekel, das einst dem babylonischen Herrscher Belsazar erschien und es bis in die Bibel schaffte, im Hintergrund der Wartburg-Legende herumgespukt hat. Aber warten Sie es ab, Sie werden die Erklärung des umstrittenen Volltreffers noch kennenlernen. Und sie hat zwei Vorzüge. Sie klingt nicht nur überzeugend, sie ist auch wahr.

Auf unserer Zeitreise sind wir schon ein paarmal in Rom vorbeigekommen. Und bei dieser Gelegenheit haben Sie sicherlich gesehen, wie gigantisch groß und sehr bedeutend der Petersdom ist. Wenn Sie jetzt das kleine Kämmerchen oben links auf der Wartburg betreten, werden Sie bemerken, wie eng und klein es dagegen ist. Aber lassen Sie sich nicht von Äußerlichkeiten blenden: Dieses Kämmerchen im ersten Stock ist viel bedeutender. Geschichtlich gesehen.

Anders gesagt: Diese zwölf Quadratmeter Wartburg sind im 16. Jahrhundert deswegen so berühmt geworden, weil eigentlich die Peterskirche berühmt werden sollte, der Schuss aber nach hinten losging. Für das katholische Mammutprojekt »Peterskirche« wurde nämlich damals so viel Geld ausgegeben, dass der Unmut derer wuchs, die dafür zur Kasse gebeten wurden. Und das waren die einfachen Menschen. Das »Volk«, das sich nun massenhaft von der prunksüchtigen, mehr und mehr entfremdeten Papstkirche abwandte. Im bescheidenen Wartburg-Zimmerchen hingegen wurde ohne jeden Kostenaufwand eine Bibelübersetzung angefertigt, die vielen Menschen die christliche Botschaft in verständlichen Worten nahebrachte und unsere Welt wirklich verändert hat.

Was die Dinge wert sind, lässt sich eben nicht immer auf den ersten Blick sagen.

Luther wäre auch nicht Luther, wenn es die Tinte nicht gäbe. Davon war schon die Rede. Den ominösen Klecks haben bereits in früherer Zeit viele Wartburg-Besucher so schmerzlich vermisst, dass der Realhistorie schließlich ein wenig Nachhilfe zuteil und die Wand sozusagen künstlich »befleckt« wurde. Aber inzwischen verzichten die Museumsleute darauf, den berühmten Fleck an der Wand immer wieder nachzupinseln. Jahrhundertelang haben unzählige Touristen sich Stückchen für Stückchen tintigen Mauer-

werks als Erinnerung herausgepult. Fleißig haben die Burgver-
walter immer wieder nachgemalt. Aber irgendwann war damit
Schluss.

Die Museumsführer werden nicht müde, Ihnen und den anderen Besuchern immer wieder zu erklären, dass Luther eigentlich niemals mit dem Tintenfass geworfen habe, sondern dass
»mit Tinte den Teufel vertreiben« nur symbolisch gemeint war.
Mit seinen vielen Flugschriften, die ein halbes Jahrhundert nach
Erfindung des Buchdrucks in hoher Auflage reißenden Absatz
fanden, und mit seiner bahnbrechenden Bibelübersetzung habe er
»den Teufel« vertrieben – und das meinte damals, Sie werden es
ahnen, keinen anderen als den Papst! Mit Tinte also, gewiss. Aber
niemals mit dem Tinten*fass!*

Das ist wohl richtig, aber nicht romantisch. Wir wünschen
uns aber meistens, dass die Geschichten um Luther romantisch
sein mögen. Besonders am 31. Oktober, am Reformationstag,
wenn wir feierlich in der Kirche sitzen und mit Orgelgebraus
»Ein feste Burg ist unser Gott« singen. Für das Reformations-
pathos hat vor allem das 19. Jahrhundert gesorgt, damals, als wir
Deutschen uns als Nation entdeckten. Als unsere Urururgroßväter stolz die deutsche Geschichte priesen und ihre Märchen und
Mythen zu sammeln begannen. Als sie ihre Bauwerke in pracht-
volle neugotische Gewänder kleideten. Und als Luther zu einem
nationalen Helden und Schöpfer der deutschen Sprache gekürt
wurde, mit Goldrand-Abbildungen und kiloschweren Neuausga-
ben der Lutherbibel. Dabei war der Reformator Martin Luther
(1483–1546) alles andere als ein Romantiker. Er war einfach ein
Kind seiner Epoche, die als eine des »Grobianismus« bezeichnet
werden kann: unaufgeklärt, brutal, abergläubisch, roh und einigermaßen unkultiviert.

Wie so oft spielt auch in der Geschichte von Luther und dem

Papst das liebe Geld eine wesentliche Rolle. Weil die Päpste, die um 1500 in Rom hauptsächlich ihrer Macht und Pracht frönten, die alte Konstantin-Basilika durch einen prestigeträchtigen Weltwunderbau, nämlich den Petersdom, ersetzen wollten, benötigten sie eine üppige Finanzspritze.

Das Mal-, Bildhauer- und Architekturgenie Michelangelo hatte eine Kuppel von ungeheurer Dimension entworfen, der kein Architekturliebhaber widerstehen kann. Schon gar nicht ein Renaissance-Papst. So verwandelte Leo X. (1513–1521) das Ablasswesen, das seit dem frühen Mittelalter eigentlich dazu gedacht war, den tapferen Teilnehmern der Kreuzzüge göttliche Vergebung ihrer Sünden zu garantieren, in eine sprudelnde Finanzquelle.

Ablassbriefe, die gegen Geld Absolution von allen Sünden gewährten, überschwemmten Anfang des 16. Jahrhunderts Europa wie haussierende Wertpapiere. »Sobald das Geld im Kasten klingt, die Seele aus dem Fegefeuer in den Himmel springt«, reimten die Ablasshändler sehr werbewirksam.

Der unbedeutende Augustinermönch Luther in Wittenberg, der schon als Novize seinen Beichtvater unablässig mit der Frage nervte, durch welche Bußleistung er denn nun von seiner Sündhaftigkeit wirklich befreit werden könnte, ist entsetzt: Er will nicht akzeptieren, dass man ohne Reue, aber mit klingender Münze die Sündenvergebung erlangen könne. Seiner Meinung nach könne nur eines einen Sünder retten: die Güte Gottes. Und die sei nicht käuflich. Es komme vielmehr auf den rechten Glauben an. Auf den Glauben, dass es allein Christus sei, der mit seinem Tod am Kreuz die Erlösung der Menschen bei Gott erwirkt habe. Mit Geld lasse sich da gar nichts machen.

»Sola fide, sola scriptura, sola gratia, solus Christus«, also: nur durch den Glauben, nur durch die Heilige Schrift, nur durch die

Gnade Gottes, Christus allein (durch seinen Opfertod) – mit diesen vier Grundsätzen ist die Essenz der lutherischen Theologie umrissen.

In der Konsequenz steckt in diesen vier Prinzipien aber nichts weniger als eine Kriegserklärung an die katholische Kirche! Denn nicht nur, dass Luther mit dem »sola fide« das Individuum mit seiner ganz persönlichen Entscheidung in den Mittelpunkt des christlichen Glaubens rückt und die »Institution Kirche« damit zur Nebensache erklärt – mit dem Hinweis auf die Bibel als die allein selig machende Richtschnur erklärt er auch sämtliche päpstlichen und amtskirchlichen Erlasse für Makulatur. Die leidigen Ablassbriefe sowieso.

Jeder sei ab sofort sein eigener Priester. Es bedürfe keiner institutionellen Vermittlung in Glaubensfragen. Überall und immer könne man mit Jesus Christus in Kontakt treten. Auch ein Priester sei nichts anderes als ein normaler Mensch, denn von »Priesterweihe« stehe überhaupt nichts in der Bibel. Und außer dem Abendmahl und der Taufe sei in der Heiligen Schrift überhaupt keines von den Sakramenten zu finden, die die Kirche so würdevoll und exklusiv austeile: kein Ehesakrament, keine Firmung, keine Totensalbung, kein Bußsakrament. Alles bloß kirchliche Erfindung.

Am 31. Oktober 1517 lässt Dr. Martin Luther seine gesammelte Meinung drucken. Das mit der Schlosstür, an die er trotzig seine Thesen genagelt haben soll, ist eine Legende. Und wenn er es doch getan hätte? Mutig wäre es, gewiss. Aber eigentlich ist es eher eine naive, unfreiwillige Heldentat. Denn für den Hochschullehrer Doktor Luther ist es einigermaßen selbstverständlich, das Grundsatzpapier bekannt zu geben, so wie es damals eben üblich war, wenn man eine akademische Disputation in einer Universitätsstadt vom Zaun brechen wollte. Mit dem Sturm, der dann von diesen 95 Thesen ausging, rechnete Luther nicht im Traum.

Beinahe war es schon ein alter Hut, was der Reformator da anmahnte. Bereits hundert Jahre zuvor hatte nämlich schon ein anderer ähnlich »protestiert«: der Prager Reformator Jan Hus (1369–1415). Damals war ihm diese Kritik an der mächtigen Kirche allerdings schlecht bekommen. Obwohl man ihm kaiserlichen Schutz für seine An- und Abreise zum Konzil von Konstanz zugesichert hatte, stellte man ihn doch noch während des Konzils 1415 auf den Scheiterhaufen.

Den unliebsamen Kritiker konnte man verbrennen, seine Botschaft nicht. Die berechtigte Empörung seiner Anhänger mündete in die furchtbaren Hussiten-Kriege, die halb Böhmen in Schutt und Asche legten. Danach wurden die Politiker und Kirchenleute etwas vorsichtiger, wenn es darum ging, schnellen Prozess zu machen und das Versprechen des »Freien Geleits« mir nichts, dir nichts zu brechen.

Aber auch Luther wurde 1521 vom 21-jährigen Kaiser Karl V. vor den Reichstag zu Worms zitiert. Mit der Aufforderung, seiner Irrlehre abzuschwören. Denn die Angelegenheit war eskaliert, nachdem der aufmüpfige Mönch die »Rote Karte« des Papstes, die Bannandrohungsbulle, öffentlich verbrannt hatte und darauf sogleich mit dem kirchlichen Bannfluch belegt worden war. Die heftige Reaktion Luthers auf den »Statthalter des Teufels«, wie er den Papst ab sofort nannte, war vor allem deswegen so provokant ausgefallen, weil es sich hier um eine wirkliche Liebesenttäuschung handelte: Luther glaubte, der Heilige Vater wüsste gar nichts von Amtsmissbrauch, Vetternwirtschaft und Ablassschacher. Mit der bitteren Erkenntnis, dass der Papst tatsächlich selbst hinter allem stecke, war Luthers fromme Ergebenheit in rabiaten Hass umgeschlagen.

Dass Luther schließlich sein – ebenfalls nur legendenhaft über-
liefertes – »Hier stehe ich und kann nicht anders!« dem Kaiser
in Worms entgegenschleudern konnte, ohne sogleich auf dem
Scheiterhaufen zu landen, hat vor allem zwei Gründe: den Buchdruck und die Politik.

Durch den Buchdruck mittels metallener, beweglicher Lettern
war um 1450 von Johannes Gutenberg (1400–1468) das erste
Massenmedium der Welt erfunden worden, das eine enorme Brei-
tenwirkung entfaltete, vergleichbar dem heutigen Internet. Luther
wusste von Anfang an alle Möglichkeiten des Mediums voll auszuschöpfen. Was heute *Facebook* leistet, bewirkten damals Luthers
flott geschriebene Broschüren von kaum mehr als ein paar Dut-
zend Seiten, die die wesentlichen Elemente seiner neuen Lehre
lauffeuerartig verbreiteten. Entsprechend rasch vergrößerte sich
seine Anhängerschaft. Bereits vor dem Wormser Reichstag war
Luther zu einem Promi aufgestiegen, den man nicht einfach ge-
fahrlos hätte beseitigen können.

Und politisch sympathisierten viele deutsche Fürsten mit
Luther. Vor allem sein Landesfürst Friedrich der Weise (1486
bis 1525), der dann ja auch den geächteten und vogelfreien Rebell auf die sichere Wartburg »entführen« ließ, um ihn aus der
Schusslinie zu nehmen. Dabei hatte die Liebe zu Luther nicht immer nur religiöse Gründe. Lange schon murrten die Fürsten, dass
mit den Ablassgeldern enorme Summen nach Rom flossen – und
somit nicht in ihre eigenen Taschen. Außerdem spekulierten sie
heimlich darauf, dass ihnen bei einer erfolgreichen Reformation
der reiche katholische Kirchenbesitz zufließen würde.

Der Habsburger Karl V. war zudem ein junger ehrgeiziger
Kaiser, der sich mit zahllosen Problemen herumschlagen musste.
Er hatte von seinem Großvater Maximilian I. (1486–1519), den
man oft den »letzten Ritter« genannt hat, ein Riesenreich in Zei-

ten des Umbruchs geerbt. Als gebürtiger Burgunder sprach er kaum ein paar Brocken Deutsch, musste aber die selbstbewussten deutschen Fürsten bändigen. Neben Deutschland, den Niederlanden, Spanien und Österreich rechnete neuerdings auch Amerika zu seinem Imperium, in dem nun die Sonne nicht mehr unterging. Nur das gefestigte Frankreich und England entzogen sich seiner Befehlsgewalt. Mit Frankreich aber gab es ständig kriegerische Reibereien, da sein König Franz I. Italien ebenso beanspruchte, wie Karl es tat.

Versetzen Sie sich einmal in die Situation des jungen Karl, und Sie werden verstehen, dass jeder Beruf besser ist als der des Kaisers in einem inzwischen diffusen Heiligen Römischen Reich Deutscher Nation. Karl befand sich ja sozusagen im Dauerclinch: im Kampf gegen die deutschen Fürsten, die mit Luther sympathisierten und heimlich gegen den Papst Front machten; zeitweise auch im Kampf gegen den Papst, den er in Worms noch dadurch glücklich zu machen suchte, dass er über Luther die Reichsacht verhängte; im Kampf gegen den Erzfeind Frankreich; vor allem aber gegen die Türken, die 1529 bis vor die Tore Wiens gefährlich vorrückten, nachdem sie schon ganz Ungarn verheert hatten. Bei so viel Regierungsstress ist es kein Wunder, dass dieser Weltenherrscher sich 1556 frustriert ins spanische Kloster Yuste zurückzog und die Herrschaft über Spanien und die Niederlande seinem Sohn Philipp, die Kaiserkrone aber seinem Bruder Ferdinand überließ.

In Yuste soll er fast täglich an der Verbesserung einer technischen Innovation herumgebastelt haben: an Uhren, deren Mechanismus er in absoluten Gleichlauf zu setzen suchte. Letztlich vergeblich, was ihm aber als tröstliches Symbol dafür galt, dass nichts auf dieser Welt in Einklang zu bringen sei – die Uhren nicht und schon gar nicht die Menschen.

Und wenn Sie sich noch tiefer in den Seelenzustand eines frustrierten Kaisers der Lutherzeit einfühlen wollen, dann sollten Sie jetzt unbedingt in ein Musikgeschäft gehen. Da finden Sie unter der Rubrik »Moderne Klassik« etwas ganz Passendes, das der ungarische Komponist György Ligeti 1962 unter dem Titel »Poème Symphonique« veröffentlicht hat: ein Konzertstück für hundert unterschiedlich tickende Metronome. Genauso verrückt muss bereits die Welt in Karls Ohren »getickt« haben.

Übrigens hat auch Luther ganz ähnliche disharmonische Erfahrungen gemacht. Aber er hatte wohl die stärkeren Nerven. Dauernd hatte er mit der Uneinigkeit seiner Protestanten zu kämpfen.

Da waren die Täufer, die als »Wiedertäufer« verspottet wurden und denen Luthers Reform nicht weit genug ging. Sie forderten eine staatsfreie Kirche und lehnten die Säuglingstaufe als unbiblisch ab. Taufen lassen soll man sich erst als mündiger Erwachsener, meinten sie.

Luthers reformatorischer Kollege Ulrich Zwingli (1484 bis 1531) sorgte zwar in Zürich dafür, dass diese furchtbaren Ketzer sich nicht ausbreiteten, widersprach aber Luther seinerseits heftig in einem anderen Punkt: in der Abendmahlslehre.

In Genf gab es einen Reformator der zweiten Generation namens Johannes Calvin (1509–1564), der auf überstrenge Kirchenzucht setzte, jeden Luxus und jede Leichtigkeit des Herzens als Sünde brandmarkte und außerdem zur radikalen Ausrottung aller Hexen aufrief. Auch ihm war Luther viel zu lasch.

Selbst im heimischen Wittenberg begannen dessen radikale Anhänger, die schönen Kunstwerke aus den Kirchen herauszureißen und damit revolutionäre Freudenfeuer zu entfachen. Keine Kompromisse! So eine Reformation darf keine halbe Sache sein, meinten sie. Die leibeigenen, unzufriedenen Bauern

wiederum missverstanden Luthers Lehre »Von der Freiheit eines Christenmenschen« als Aufruf zum gesellschaftspolitischen
Umsturz. Genau wie die verarmten Reichsritter, die im beginnenden Kampfgetümmel frische Morgenluft witterten und ihre
sterbende Mittelalterwelt kriegerisch reanimieren wollten – fast
ähnlich dem deutschen Adel zu Beginn des 20. Jahrhunderts, als
dieser dem Militarismus verhängnisvoll Vorschub leistete, weil
das Kriegsspiel seine eigentliche Domäne war und ihm seine
Daseinsberechtigung verlieh.

Luther aber widerstand weitgehend jeder Radikalisierung seiner Bewegung. Das mag ein wesentlicher Grund dafür sein, warum er zuletzt im Bett starb und nicht auf dem Scheiterhaufen
oder durch das Schwert. Das Rezept seines Erfolgs waren Verlässlichkeit und Standhaftigkeit, Bemühung um Ausgleich, Authen-
tizität seiner Absichten, Abneigung gegen Gewalt – auch wenn er
hier und da aus taktischen Gründen moralisch versagt hat, etwa
wenn er gegen plündernde Bauern und »geldgierige« Juden Front
machte. Oder wenn er dem für ihn politisch wichtigen Landgrafen von Hessen die Ehe mit zwei Frauen erlaubte, wie bei Abraham in der Bibel. Der Leibarzt des Fürsten ist mit dem Argument
überliefert, der potente Graf habe drei Hoden und benötige daher eine entsprechend reichliche Versorgung.

Am starren hierarchischen Herrschaftsprinzip seiner Zeit hat
Luther, der Entdecker der »Freiheit eines Christenmenschen«,
aber zeitlebens nie gerüttelt. Ein König sei ein König, ein Knecht
ein Knecht. Jeder an dem Ort, wo Gott ihn hinstellt. Und auch
in Fragen der »richtigen« Religion ließ er nicht mit sich reden.
Luther war ein Mann in der Mitte zwischen Mittelalter und
Neuzeit. Tief religiös, aber zugleich intellektuell erweckt. Das
kritische Nachdenken über die Verhältnisse hat durch ihn einen
ersten großen Schub erfahren. Aber universelle Menschenrechte

und religiöse Toleranz zählen noch längst nicht zu seinen Erfindungen.

Ja, so etwas gibt es eben auch: Nicht nur Geld und Machtstreben verändern die Welt, wie man in unserer Zeit gern glaubt, manchmal sind es sogar redliche Gewissensgründe. Man kann aber auch aus noch ganz anderen Motiven zum Protestanten werden. Dafür ist Heinrich VIII. von England (1491–1547) ein gutes Beispiel.

Der englische König wollte nämlich nicht nur seine Eheschließungen – sechs sollten es am Ende sein – päpstlich genehmigt sehen, sondern sogar die Hinrichtungen seiner abgelegten Ehefrauen. Da der Papst jedoch die rabiate Ehepraxis von König Blaubart rügte, weil im Zuge der Gegenreformation auch in Rom die Sitten nun strenger wurden, löste Heinrich seine Kirche kurzerhand von der römischen ab. Er gründete 1533 seine eigene »Anglikanische Kirche«, eine Art Zwischending zwischen Katholizismus und Protestantismus. Der Papst schied als höchste Autorität der englischen Kirche aus, und an seine Stelle trat der Staat, natürlich in Gestalt seines obersten Herrschers. *Reformation light* sozusagen. Ein königlicher Federstrich reichte da noch aus, um die Fragen von Gott und Welt glattzuziehen.

Aber in der Menschheitsgeschichte zieht ein Federstrich manchmal einen dicken Klecks hinter sich her, wenn auch nicht an der Wartburg-Wand. Die Krise der Kirche, die noch wenige Jahrzehnte zuvor als einheitsstiftende Macht in Europa gewirkt hatte, wurde bald zur großen Krise der europäischen Politik. In England begann unter der Tochter Heinrichs, der »jungfräulichen Königin« Elisabeth I. (1533–1603), deretwegen übrigens die erste englische Kolonie in Amerika *Virginia,* die »Jungfräuliche«, getauft wurde, eine unerbittliche Jagd auf Katholiken, die sich noch immer zu Rom bekannten. Mit der Hinrichtung Maria

Stuarts (1542–1587), der katholischen Königin von Schottland, erreichte der Religionskampf seinen vorläufigen Höhepunkt.

In Frankreich ging es nicht weniger grausam zu, nur anders-herum: Während eines Hochzeitsfestes, bei dem der gesamte Adel des Landes zusammenkam, ließ die katholische Königin Katharina von Medici (1519–1589) alle vornehmen Protestan-ten niedermetzeln. Als »Pariser Bluthochzeit« ist diese warme Augustnacht des Jahres 1572, die am Namenstag des heiligen Bartholomäus stattfand, in die Geschichtsbücher eingegangen.

Spanien freilich blieb unter Philipp II., dem Sohn Karls V., die treueste Hausmacht des Papstes. Im prachtvollen Palast El Escorial unweit von Madrid ging es ab sofort hochgeschlossen und höchst katholisch zu. Der Kampf gegen den Protestantismus erzeugte einen rigorosen »Reformkatholizismus«, dessen höchs-tes Anliegen die völlige Vernichtung der Ketzer war. Innenpoli-tisch konnte Philipp seinen Extremkatholizismus durchsetzen, in-dem er Tausende von Ketzern verbrennen ließ, viele Juden und Moslems gleich mit. Als Schutzherr der Kirche ging er zudem sehr erfolgreich gegen die Türken vor: In der Seeschlacht von Le-panto wurde die türkische Flotte so vollständig vernichtet, dass sie sich niemals mehr davon erholte.

Nur mit den Niederlanden, die ja auch zu seinem Reich gehör-ten, hatte er so seine Probleme. Die reichen Städte des Nordens, die sich erfolgreich und offen dem Welthandel aufschlossen, hiel-ten nichts von Philipps fanatischem Glaubenseifer. Sein Statthal-ter im Norden, der eiskalte Machtmensch und Kriegsverbrecher Herzog Alba (1507–1582), suchte nach der Wurzel allen protes-tantischen Übels und fand sie nicht zuletzt im Buchdruck, den er nun unter strenge Zensur stellte, nachdem er einige Buchdrucker hatte ermorden lassen. In seinem »Blutgericht zu Brüssel« ver-fügte er außerdem die Hinrichtung von über 6000 Befürwortern der niederländischen Unabhängigkeit. In der Folge von Aufständen ließ er schließlich mehr als 20000 Niederländer exekutieren. Daran erinnern Friedrich Schiller in seinem »Don Carlos« und Johann Wolfgang von Goethes »Egmont«.

Wir kennen das inzwischen ja zur Genüge: Druck erzeugt Gegendruck, der schließlich ein Ventil sucht. Letztlich entfachte die brutale Entfesselung von Gewalt den niederländischen Widerstand nur umso heftiger. Nach brutalen, wütenden Kämpfen konnten sich die protestantischen Städte 1579 vom spanischen Joch befreien. Dieser politische Misserfolg mag Philipp zu einem noch extremeren Kreuzzug angestachelt haben, der allerdings in einer noch größeren Katastrophe für ihn endete.

Die Sache ist spannend: Um das protestantische England zu rekatholisieren, lässt Philipp im Jahr 1588 130 Segelschiffe mit 2000 Kanonen und 20000 Soldaten Kurs auf die Insel nehmen. Die spanische Armada scheint zur unbezwingbaren Bedrohung für England zu werden – aber es kommt nicht einmal zur Landung am englischen Gestade. Die geschickte Strategie der Angelsachsen, die noch vor dem Angriff auf hoher See mit kleinen schnellen Booten die Linien der schwerfälligen spanischen Galeonen durchstoßen, führt im Verein mit einem schweren Sturm und der verderblichen Wirkung von Holzparasiten, sogenannten Holzbohrwürmern, dazu, dass mehr als die Hälfte der stolzen Kriegsschiffe ihren spanischen Hafen nie mehr wiedersieht. Zwanzig Jahre später wird ein Überraschungsangriff der Niederländer im Hafen von Cadiz der einst so herrlichen Armada den endgültigen Todesstoß versetzen.

Mit diesen Misserfolgen und dem Verlust der Seehoheit beginnt der Niedergang Spaniens, auch und vor allem was den Einfluss auf die überseeischen Länder angeht, die weltpolitisch allmählich nun immer wichtiger werden.

Aber das eigentliche Drama im Religionsstreit, das alle anderen Schrecklichkeiten der Zeit weit in den Schatten stellt, spielt sich auf deutschem Boden ab, in den Jahren zwischen 1618 und 1648. Es beginnt damit, dass drei feine Herren, Abgesandte des katholischen Kaisers, im protestantischen Prag aus dem Fenster gestoßen werden und auf einem Misthaufen landen. Der weiche Misthaufen rettet ihnen zwar das Leben, aber umso schlimmer ist ihre Ehre beschmutzt. So wird der Fenstersturz zu Prag zum Auftakt eines dreißig Jahre währenden Krieges, in dem offiziell Katholizismus und Protestantismus um die Vorherrschaft in deutschen Landen ringen. Im Gemetzel wilder Soldatenheere aus aller Herren Länder gerät der religiöse Ausgangspunkt schnell in Vergessenheit. Zuletzt kämpft sogar das katholische Frankreich gegen das noch katholischere Spanien und den katholischen römisch-deutschen Kaiser in Österreich, einfach weil die Gelegenheit so günstig ist, im allgemeinen Trubel die beiden großen Konkurrenten in die Knie zu zwingen.

Eigentlicher Sieger dieser Auseinandersetzung, die ansonsten fast nur Verlierer kennt, ist denn auch Frankreich unter seinem gerissenen Minister Kardinal Richelieu.

Einige Städte und Festungen entlang des Rheins wechseln in den Besitz Frankreichs. Ansonsten lässt der mühsam ausgehandelte Westfälische Friede von Münster und Osnabrück aus dem Jahr 1648 ein völlig verheertes Deutschland zurück, dessen Einwohnerschaft fast halbiert ist.

Nur ganz selten, lieber Leser, ist es berechtigt, weil viel zu spekulativ, in der Weltgeschichte eine stichhaltige Antwort auf die Frage zu geben, was denn gewesen wäre, wenn die Zeitgenossen in die Zukunft hätten blicken können. Im Fall Luther darf aber eines als ganz sicher gelten: Wenn der große Reformator auch nur in Umrissen geahnt hätte, dass seine akademische Kritik am Ablasswesen des Papstes zu einem der schlimmsten Kriege der Menschheitsgeschichte ausarten würde, dann hätte er sich die Sache mit den Thesen noch einmal überlegt. Und vielleicht hätte er dann sogar die Tinte, mit der alles begann, nicht gegen den Teufel geworfen, sondern sie zu ihm gewünscht.

26. Geschmackstest für Gourmets

Etwas Ähnliches haben Sie auch schon mal erlebt: Da geht man jahrelang in das immer gleiche Stammlokal, bestellt das immer gleiche Schnitzel und ist mit sich und der Welt zufrieden. Doch eines Tages hat das Lokal zufällig geschlossen. Aber weil man dennoch Hunger hat, entdeckt man gleich nebenan das neu eröffnete Sushi-Restaurant. Und plötzlich will man nur noch Sushi...

Die Gewohnheiten des Abendlandes wurden durch die Entdeckung der großartigen Möglichkeiten des Denkens im 17. Jahrhundert völlig verändert. Der geistige Geschmack der Menschen wandelte sich von Grund auf. Hatte man bis dahin die Autorität der antiken Schriftsteller und Philosophen als ebenso unumstößlich anerkannt wie die Worte der Bibel, so trat nun plötzlich ein Mann auf den Plan, der mit der Kraft der Vernunft alles Bisherige infrage stellte und mit den Gewohnheiten seiner Zeit brach: der Franzose René Descartes (1596–1650). Er war ein wahrer Feinschmecker des Geistes.

Für Descartes bestand der neue Ansatz vor allem in einer revolutionären Forderung: »Wenn wir nur das als wahr anerkennen, was *mit Sicherheit erkannt* ist, uns allem anderen gegenüber aber skeptisch verhalten, so können wir nicht irren, sondern wir gewinnen denkend ein richtiges Bild von der Welt.« Ein Satz, der in dieser

Epoche eine Wirkung entfaltete wie eine Operation am offenen Gehirn.

Denn das genau war es, worum das 17. Jahrhundert rang: um ein neues Bild von der Welt und den Menschen. Plötzlich stand in Zweifel, was die Geschichte im Laufe der Zeit an überkommenen Gewissheiten herangespült hatte. Jetzt wurde nachgefragt, nachgehakt. Die Traditionen wurden seziert wie Organismen auf den Tischen der Naturwissenschaftler. Descartes und seine Anhänger entdeckten das Recht am eigenen Kopf.

Was uns heute als ganz selbstverständlich erscheint, bedeutete damals Kampf. Und es war kein leichter. Ein Kampf gegen jahrtausendealtes Beharrungsvermögen. Gegen das zutiefst menschliche Bedürfnis, das wir allerdings auch kennen: dass doch bitte alles so bleiben möge, wie es ist. Damals war das allgemeine Lebensgefühl der Menschen solide eingegossen in eine Botschaft, die sich längst zu einer mächtigen Institution und festen Wahrheitsgröße gemausert hatte: die Botschaft der Bibel, die längst zur Kirche geworden war.

Einer, der etwa zur gleichen Zeit wie Descartes den Kampf gegen diese beherrschende Macht aufnimmt, ist der Sternenforscher und Mathematiker Galileo Galilei (1564–1642). Er sucht die Konfrontation mit den alten Dogmen keineswegs vorsätzlich. Ganz im Gegenteil: Durch jahrelange Berechnungen im stillen Kämmerlein hat er ganz sachlich festgestellt, dass sich die Erde um die Sonne bewegt – und nicht andersherum. Das hatte übrigens hundert Jahre zuvor ein deutsch-polnischer Sterngucker namens Kopernikus auch schon herausgefunden, ohne es freilich zu Lebzeiten zu wagen, derart Ketzerisches in die Öffentlichkeit zu tragen. Die nach seinem Tode gedruckten Forschungsergebnisse wanderten postwendend auf den kirchlichen Index der verbotenen Bücher. Denn in der Bibel gab es nun mal diese Stelle, im Buch Josua 10, 12, wo Gott der Sonne und dem Mond befiehlt stillzustehen. »Aber wie kann Gott denn der Sonne Stillstand befehlen, wenn sie ohnehin schon im Zentrum der Planeten stillsteht, wie es Galilei behauptet?«, so die berechtigte Frage der bibelfesten Wahrheitshüter. »Lügt Gott oder lügt Galilei?« Vor das Gericht der heiligen Inquisition gezerrt und mit dem Tode bedroht, nahm der bald siebzigjährige Wissenschaftler dann auch im Jahre 1633 seine »furchtbare Irrlehre« zurück.

Aber die Niederlage Galileis konnte den Siegeszug des neuen Zeitgeschmacks nicht stoppen. Und die Meinungsführerschaft der Kirche in Sachen Naturkunde und Welterklärung bröckelt in diesem Jahrhundert unaufhaltsam. Die Naturwissenschaft, die bislang hinter Theologie, Philosophie und Bibelkunde nur ein Schattendasein führte, erlebt einen geradezu explosionsartigen Boom. Immer neue bahnbrechende physikalische Erkenntnisse verändern das Weltbild und bringen die Autorität der alten Rezepte ins Wanken. In der Küche der Vernunft brodelt es gewaltig. Die Entwicklung verläuft europaweit und ergreift das gesamte Abendland. In England ist es Francis Bacon (1561–1626), der dazu anregt, durch reine, vorurteilslose Betrachtung der Natur den Dingen auf den Grund zu gehen. Und in Frankreich macht Descartes sogar den Zweifel zum Mittelpunkt seiner Erkenntnis. Nur eine einzige Gewissheit will er anerkennen, nämlich die Realität seines eigenen zweifelnden Seins: »Cogito ergo sum« – Ich denke (indem ich zweifele), also bin ich!

In Italien, damals der Zeit noch immer ein Stückchen voraus, hatte bereits Niccolò Machiavelli (1469–1527) die kühle Vernunft zum politischen Prinzip erhoben. In seinem Leitfaden für Polit-Manager, den er einfach »Der Fürst« nennt, redet er einem eiskalten, vernunftgesteuerten Pragmatismus das Wort. Das merkwürdige Modewort »zielführend«, das wir neuerdings dauernd benutzen, würde sicherlich auch seinem Wortschatz entsprungen sein, wenn er nicht gerade Italienisch gesprochen hätte. Denn zielführend muss nach Machiavelli jede politische Maßnahme sein, und aus Gründen der Staatsräson darf sie dabei auch gegen alle kirchlichen Dogmen und gegen alle Gesetze verstoßen. Der Fürst müsse in der Verfolgung seiner Interessen die Rolle eines guten Menschen ebenso kaltblütig spielen können wie die einer Bestie. Einzig die politische Vernunft und die kühle Berechnung würden darüber entscheiden, ob eine politische Tat erfolgreich sei oder nicht, mag sie auch noch so abscheulich sein.

Der Niederländer Hugo Grotius (1583–1645) vertrat die Ansicht, dass jeder Mensch mit seiner Vernunft die Gesetze Gottes erkennen könnte. Damit versuchte er versöhnlich eine Brücke zu schlagen zwischen biblischer Offenbarung und der Vernunft. An die Seite der Bibel und der Kirche tritt bei ihm als bekräftigende Autorität die Macht des Denkens hinzu, die es allen Menschen ermögliche, die natürliche, von Gott gesetzte Ordnung richtig zu erkennen. Dieser rational-religiöse Schmusekurs – gottgewollt und zugleich vernunftbegründet – wird das gesamte Jahrhundert und noch die Zeit danach prägen, manchmal bis in unsere Tage hinein: Besonders bei politischen Vorhaben bringt man auch heute neben dem Hinweis auf das Vernunftgebotene immer mal wieder den Willen Gottes oder die Vorsehung Allahs ins Spiel.

Die Rationalisten machen sich gleichwohl immer mehr von der Frage nach Gott los. Wir kennen das aus unserer modernen, säkularen Welt: Je mehr der Mensch auf seinen Verstand setzt, umso mehr scheint er Gott zu verlieren. »Verfall abendländischer Kultur« nennen das die einen, »geistige Befreiung« von alten Zöpfen« die anderen. Im späten 17. Jahrhundert darf es tatsächlich eher als »geistige Befreiung« gelten. Und die trägt im Ergebnis schließlich einen großen Namen: Isaac Newton (1643–1727).

Er ist der erste wirklich moderne Naturwissenschaftler, der all seine Erkenntnisse in nachprüfbare mathematische Formeln überführt, also in die Sprache der *ratio*. Wertfreie Beobachtung und wiederholbares Experiment – das sind die scharfen Waffen der beginnenden Neuzeit. Welche Konsequenzen hat dieses großartige neue Denken für Gesellschaft und Politik?

Zunächst einmal diejenige, von der wir wissen, dass sie das übliche Ergebnis jeder großen Erfindung ist: die Hochschätzung unserer menschlichen Größe, die meist in *Über*schätzung mündet.

Noch heute sichtbarer Ausdruck davon ist das Schloss des französischen Sonnenkönigs Ludwig XIV. (1638–1715), das seit 1668 in dem kleinen, nahe Paris gelegenen Dörfchen Versailles innerhalb von 21 Jahren unter Beteiligung von 30 000 Arbeitern aus einem bescheidenen Jagdschloss heranwächst. Die Selbstfeier menschlicher Gestaltungs- und Leistungskraft findet ihren Höhepunkt in dem 73 Meter langen Spiegelsaal, in dem sich der kulturell veredelte Mensch (und das heißt damals: der von Adel) gleich in 17 gewaltigen Spiegelbogen selbst betrachten kann, und in der gigantischen Gartenanlage, in der sämtliche Bäume, Sträucher und Blumen dem Diktat der gestaltenden Vernunft unterworfen sind. Bäume sind da nicht mehr wild wuchernde, ungezügelte Naturereignisse, sondern vernünftig domestizierte Kegel, Kugeln oder Rechtecke. Spiegelungen des menschlichen Geistes und seiner gestaltenden Überlegenheit. Der Herrscherwille, der sich hier machtvoll in Szene setzt, besteht auf Exaktheit, Berechenbarkeit und glanzvoller Repräsentation, kurz: Der Mensch, der hier wandelt, ist davon überzeugt, dass sein überlegener Geist die Welt im Ganzen zu veredeln vermag, die primitive Natur vor allem. Ein Regent, der mit einem solchen Anspruch auftritt, regiert »absolut«. Man nennt daher diese Herrschaftsform treffend Absolutismus.

Und so ist es auch kein Wunder, dass dieser absolutistische Ludwig XIV. am Ende den Staatsbankrott Frankreichs nicht allein dadurch herbeiführt, dass er am prachtvollen Hofe während seiner Weltrekord-Regierungszeit von 72 Jahren fortwährend etwa tausend gaumenverwöhnte adelige Müßiggänger samt ihrer gefräßigen 20 000-köpfigen Entourage durchfüttert. Sondern vor allem dadurch, dass er ohne jede Hemmung sein vernünftiges Regierungskonzept zum Maßstab aller Dinge macht, sprich: durch kostspielige Kriege seine absolute Macht über alle Grenzen hinweg auszudehnen sucht. Und spätestens zum Ende seines Lebens 1715 scheitert. Ludwigs allzu hochfliegende Vision einer absoluten Vormachtstellung Frankreichs in Europa wird nie Realität.

Die zweite Konsequenz bringt politische Unruhe und gesellschaftliche Feuersbrünste, die, nur kurzzeitig gelöscht, immer wieder aufflackern und durch das gesamte Jahrhundert schwelen: Im Rückzugsgefecht der Religionen bleibt die Frage unbeantwortet, warum und inwieweit die göttliche Offenbarung jetzt noch Autorität besitzt. Die Vernunft soll regieren, gewiss. Aber die Kirche will es doch auch. Und Gott ist in dieser Zeit noch längst nicht »tot«, wie es im Hinblick auf das 19. Jahrhundert Friedrich Nietzsche behaupten wird. Spätestens da, wo die Vernunft nicht mehr weiterweiß, kommt in diesen Tagen immer noch Gott ins Spiel. Oft freilich mit recht unklaren und wankelmütigen Absichtserklärungen. Denn was denn nun wirklich gottgewollt sei, wird im weiteren Verlauf der Weltgeschichte sehr unterschiedlich beantwortet werden, je nach Standpunkt und Truppenstärke.

So ist es kein Wunder, wenn sich die zwei bedeutenden Machtmenschen dieser Zeit, die sich gegensätzlicher kaum denken lassen, doch in einem Punkt gleichen. Beide berufen sich gleichermaßen bei all ihrem Tun auf den Willen Gottes: der Franzose Ludwig XIV. und der Engländer Cromwell.

Oliver Cromwell (1599–1658) ist ein beinharter Puritaner, ein »Reiner«, wie sich die führenden englischen Protestanten selbstbewusst nennen. Tieffromm, willensstark, arbeitsam und schlicht, aber durch den langen Kampf der Religionen auf Unerbittlichkeit und Rücksichtslosigkeit getrimmt. Ihm ist jeder Luxus und jede Adelsschwelgerei ein Dorn im Auge. Nicht nur gegen die katholischen Iren, die benachbarten Glaubensfeinde, geht Cromwell mit größter »gottgewollter Härte« vor, sondern auch gegen die schottischen Presbyterianer, die Gemeindeältesten, die den vielen schottischen Gemeinden nach urchristlichem Vorbild vorstehen, aber in ihrer Eigenständigkeit sowohl der herrschenden anglikanischen Staatskirche missfallen wie auch Cromwell.

Cromwell handelt mit der Entschlossenheit eines Mannes, der Gott höchstpersönlich im Gepäck hat. Als Führer des englischen Parlaments lässt er 1649 sogar den auf königliche Rechte pochenden Karl I. kurzerhand köpfen. König Karl darf immerhin für sich in Anspruch nehmen, der erste Herrscher Europas gewesen zu sein, der vor einem ordentlichen Gericht nach nachvollziehbaren, rationalen Gesetzen zum Tode verurteilt wurde. Die wirklich bewiesene Anklage lautete, Karl habe vorsätzlich gegen die *Magna Charta* von 1215 verstoßen, mit der sich das englische Königshaus verpflichtet hatte, bei allen Entscheidungen dem englischen Adel immer ein Mitspracherecht zu lassen. Karl hatte sich darüber hinweggesetzt. Wahrscheinlich hatte er zu sehr mit französischen Zuständen geliebäugelt und den puritanisch befeuerten Widerstand seiner Landsleute königlich unterschätzt.

Aber Karl hätte es wissen können und müssen: Angesichts der Stärke des englischen Adels, angesichts des angestammten parlamentarischen Rechts auf Steuererhebungen und angesichts des Hardliners Cromwell war in England ein Absolutismus à la française von vornherein nicht realisierbar. Der Kampf zwischen

293

Königtum und Parlament geht hier zugunsten des Letzteren aus, und spätestens mit der parlamentarisch verfügten Ernennung des fortschrittlichen Statthalters der Niederlande Wilhelm III. von Oranien zum englischen König im Jahre 1688 ist das Kapitel »Absolutismus« in England endgültig abgehakt.

Die *Habeas-Corpus-Akte* aus dem Jahre 1679, so genannt nach den Anfangsworten dieses Gesetzes, bot jedem Bürger soliden Schutz vor der willkürlichen Verfolgung durch den Herrscher, indem genaue Regeln für Verhaftungen und Sicherungsverwahrungen aufgestellt wurden, wie sie noch heute in der englischen Rechtsprechung gelten. In Frankreich hingegen konnte Sonnenkönig Ludwig seine Untertanen ganz nach Belieben einkerkern und hinrichten, ohne dafür irgendwie Rechenschaft leisten zu müssen. In England bedeutete spätestens die berühmte *Bill of Rights*, die feierliche Formulierung der Bürgerrechte von 1689, dem Jahr nach der Inthronisation Wilhelms, das endgültige Aus für alle absolutistischen Bestrebungen. Der Inselstaat wurde damit zum Vorbild für alle freiheitlich gesinnten Europäer – und Cromwells durchaus blutige Vorarbeit hatte diese Entwicklung erst ermöglicht.

Seine zentrale Überzeugung war geprägt durch das urchristliche Gemeinschaftsideal, wie es in der Apostelgeschichte im Neuen Testament beschrieben wird. Politisch übersetzt klang aus dem Munde Cromwells diese Bibeldeutung im Jahre 1647 ungemein modern: »Die höchste Gewalt liegt beim Volk. Ihm gehört sie vom Ursprung an. Und vom Volk wird sie auf seine Vertreter übertragen.« So ähnlich, wenn auch viel kürzer, haben es noch vor ein paar Jahrzehnten die DDR-Bürger vor dem Mauerfall skandiert: »*Wir* sind das Volk!«

Wie gegensätzlich klingt da doch das Wort, das der Sonnenkönig Ludwig XIV. in Frankreich gesprochen haben soll: »L'état c'est moi!« – Der Staat – das bin ich! Und wenn er das auch im wirklichen Leben nicht genau so gesagt hat, wie man es ihm später in den Mund legte, so hat er es doch auf jeden Fall so gemeint. Denn sein Recht auf absolute Herrschaft war in seinen Augen gottgewollt, und das Gottesgnadentum seines Regiments berechtigte ihn zu knallharten Schlussfolgerungen: »Es ist der Wille Gottes, dass man, wenn man als Untertan geboren wird, dem Herrscher willenlos zu gehorchen hat.« Basta! Die Anwesenheit Gottes in der Politik mündet eben nicht selten in hemmungslose Aufwertung der eigenen Person.

Aber ganz im Gegensatz zu England funktionierte im Frankreich des 17. Jahrhunderts dieser Absolutismus ziemlich problemlos. Und das lag an zweierlei.

Zum einen daran, dass sich Frankreich im Jahre 1643, als der viereinhalbjährige Ludwig auf den prächtigsten Thron Europas klettert, zum mächtigsten Staat seiner Zeit aufschwingt. Befriedung und relativer Wohlstand sind eingekehrt nach den Wirren der Hugenottenkämpfe, den blutigen Auseinandersetzungen zwischen Katholiken und Protestanten. Deutschland als mögliche konkurrierende Macht existiert zu diesem Zeitpunkt noch nicht, sondern besteht aus einem Konglomerat Hunderter Ministaaten, verheert durch den Dreißigjährigen Krieg.

Brandenburg ist noch nicht das spätere Preußen. In Italien gibt es seit römischen Zeiten keinen einheitlichen Herrschaftsraum mehr, und der Kirchenstaat ist intensiv mit sich selbst, den notwendigen Reformen und dem Schock der konfessionellen Spaltung beschäftigt. Ludwig wird zeitlebens sich selbst als Oberhaupt der französischen Katholiken verstehen und es nie zulassen, dass seine »gallikanische Kirche« den Einflüssen des politisch schwachen Papstes unterliegt.

England geht seinen eigenen »puritanischen« Inselweg, gänzlich verschont von den Gräueln des Dreißigjährigen Krieges, aus denen Frankreich als politischer Profiteur hervorgegangen ist.

Die hinterwäldlerischen Russen haben gerade Iwan den Schrecklichen hinter sich gebracht und vegetieren nun geknechtet und leibeigen am unteren Ende der Kulturskala. Erst ein halbes Jahrhundert später wird der Modernisierer Zar Peter der Große kommen und durch die Übernahme westlicher Technik und Wissenschaft versuchen, den europäischen Standard inklusive Großmachtstraum auch für Russland zu verwirklichen.

Die weltpolitische Bedeutung der österreichischen Habsburger ist mit dem schwindenden Einfluss auf die deutschen Gebiete nach dem Dreißigjährigen Krieg und dem Westfälischen Frieden von 1648 deutlich zurückgestutzt, und Spanien hat mit den abtrünnigen Niederlanden genug Probleme und ist endgültig auf dem absteigenden Ast, als es 1659 im Pyrenäenfrieden die Übermacht Frankreichs formell anerkennen muss.

Bleibt noch Holland, der Zusammenschluss der fortschrittlichen, protestantischen Niederländer, die zwar dem Zwanzig-Millionen-Volk der Franzosen mit seinem mächtigen stehenden Heer (dem ersten in Europa!) noch nicht gleichwertig Paroli bieten können, aber auf dem Sprung sind, mit freiheitlicher Kreativität und viel bürgerlichem Geschäftssinn zur überseeischen Welthandelsmacht aufzusteigen. Holland wird zur größten Herausforderung des absolutistischen Frankreichs werden, auch und gerade was sein alternatives, liberales und motivierendes Regierungsmodell angeht.

Zum anderen: Ludwig hat auf dem Weg zur absoluten Herrschaft geniale Vorarbeiter. Kardinal Richelieu (1585–1642) ist ein passionierter politischer Schachspieler. Als erster Minister Frankreichs schafft er es, durch geschickte Taktik den Einfluss des Adels immer mehr zurückzudrängen. Den Hugenotten, also den französischen Protestanten, die aufgrund ihrer *hugenottes*, ihrer eigentümlichen Pumphosen, so genannt werden, nimmt er die religiöse Bekenntnisfreiheit, wie sie ihnen im Religionsfrieden von Nantes 1598 zugestanden worden war. Zehntausende von Hugenotten flüchten ins Ausland und werden als geschickte Handwerker gerne genommen. Aufstände einzelner widerständiger Adeliger werden brutal niedergeworfen. Das mittelalterliche Mitspracherecht der Ständevertretungen wird kurzerhand aufgehoben.

Und Richelieus Nachfolger Kardinal Mazarin (1602–1661) perfektioniert als Vormund und Berater des jungen Ludwig noch weiter den Ausbau der königlichen Macht gegen den schwindenden Einfluss der drei Stände, in die man das Staatswesen traditionell einteilt: Adel, Geistlichkeit und Dritter Stand, d. h. das Volk, das von diesem Zeitpunkt an noch genau 180 Jahre braucht, um endlich »Liberté, égalité, fraternité« (Freiheit, Gleichheit, Brüderlichkeit) zu rufen.

Zu dieser Zeit besteht das Volk noch zu neunzig Prozent aus Bauern, von denen der Schriftsteller La Bruyère berichtet, dass sie mit der Erde eins seien, »die sie mit unermüdlicher Hartnäckigkeit durchwühlen: schwarz, fahl und sonnenverbrannt. Und nachts ziehen sie sich in ihre Schlupfwinkel zurück, wo sie ihr Leben von schwarzem Brot, Wasser und Wurzeln fristen . . .«.

Die einen leben im Schatten, die anderen leben im Licht. Besser gesagt: im Glanz des »Sonnenkönigs«, als den sich Ludwig XIV. gerne bezeichnen lässt – seit genau dem Tage, da er als lieblich hergerichteter 14-Jähriger in dem »Ballett der Nacht« in der Rolle des Sonnengottes Apoll vor seinem begeisterten Hofstaat über die Versailler Bühne tänzelt. Das ist ganz bestimmt ein besonderer Geschmackstest für Gourmets gewesen, an dem wir als Zeitreisende liebend gern leibhaftig teilgenommen hätten.

27. Ein Mann, ein Staat

Was für ein Bild! Was für ein Mannsbild! Was für ein Bild von einem Mann! Und welch eine Perfektion kultureller Verfeinerung. Allein schon für dieses Portrait des Malers Hyacinthe Rigaud lohnt Ihre Reise nach Versailles, lieber Leser. *L'état c'est moi* in vollendeter Gestalt. So sieht ein wirklich prachtvoller, fleischgewordener Staat aus.

Und dieser Staat zeigt selbstbewusst Bein. Weißbestrumpftes Bein, das den Einblick fast bis in den Schritt erlaubt, ein Zeichen höchsten Adels. Die blutroten Haken an den Schuhen sind übrigens keineswegs bloß eine Art modischer *dernier cri* des 17. Jahrhunderts. Sie sind echte Rangabzeichen genau wie alles andere, was Ludwig schmückt: das Prunkschwert, der hermelingefütterte Herrschermantel, mit dem Blau und den Lilien der Bourbonen, das Königsszepter und die lässig beiseitegelegte französische Königskrone, so als sei es mit ihr allein noch lange nicht getan. Und dann noch die ungeheure Haarpracht, die uns offenbar so etwas wie Vitalität und Potenz des Trägers suggeriert, wenn wir den allerneuesten Ergebnissen der Partnerforschung Glauben schenken.

Bei dieser Präsentation wird alles aufgefahren, was uns einen Menschen zum Idol macht. Alle sind angezogen von diesem Super-Magneten, alle wollen diese Installation überirdischer Kultur leibhaftig sehen, ja sie vielleicht sogar irgendwann einmal berühren dürfen. Und wie bei einem originalen Kunstwerk, für das man Millionen zu zahlen bereit ist, anstatt sich mit einer wenige Euro teuren Reproduktion zu begnügen, so ist es auch mit diesem Ludwig: Die tatsächliche Begegnung mit dem Original verheißt eine Art Funkensprung des Göttlichen. Dieser Staat als Mensch garantiert seinen Untertanen bei jedem seiner Auftritte eine wohlige Gänsehaut und das physische Erlebnis eines Staates. Und wie sehnsüchtig selbst heute noch nach diesem Glück der imperialen Anschauung gestrebt wird, beweisen uns die hohen Einschaltquoten bei königlichen Hochzeiten.

Solche Performance ist keineswegs eitel. Sie ist politisches Programm. Mit so was macht man erfolgreich Weltpolitik. Die Idee des Zentralismus ist dabei eine totale: Wie am Hof von Versailles der französische Adel zusammengeballt wird, um damit besser kontrollierbar zu sein, so versammelt sich in der Gestalt Ludwigs alles, was Staat ist. Es ist ein Konzept, dem heute alle Werbestrategen huldigen, ohne die Qualität dieses Symbols auch nur annähernd zu erreichen: Ludwig ist der Markenartikel schlechthin. In ihm werden alle Träume, Sehnsüchte und Wünsche lebendig. Ludwig ist die Projektionsfläche für alles, was das Leben schön macht.

Und er ist ein politisches Talent. Genial, wie der 23-Jährige gleich nach dem Tod seines führenden Ministers Mazarin auf eine Neuernennung verzichtet und im Handstreich dessen Macht übernimmt. Mutig und voller Selbstvertrauen die Entscheidung, alle übrigen Minister zu Laufburschen zu degradieren und ihnen mit klaren Worten ihren Job zu erklären: »Sie werden mich mit ihrem Rat unterstützen, wenn ich Sie befrage. Ich untersage Ihnen, irgendetwas, und sei es auch nur einen Pass, ohne meinen Befehl zu unterzeichnen.« Klug die Einsetzung von dreißig begabten Beamten, sogenannten »Intendanten«, von niedrigem Stand, aber mit umso höherer Begabung. Raffiniert, den gesamten Adel des Landes dadurch von Unzufriedenheit, Rebellion und Intrige abzuhalten, dass man den Dienst bei Hofe zu seiner einzigen und abendfüllenden Beschäftigung macht. Und ebenso fantasievoll wie frech, alle Macht zusammenfließen zu lassen in einem großartigen, zentralen Symbol, das in der Kulturgeschichte so oft vergöttlicht worden ist und hier nun einzig der Selbstvergoldung des Herrschers dient: das Bild der Sonne, die mit ihren Strahlen alles erwärmt, was ihr nahekommen darf. Denn streben wir nicht alle nach einem Platz an der Sonne?

Die Konsequenz dieses Symbols hat Ludwig voll ausgelotet: Sogar der königliche Tagesablauf entspricht dem Lauf der Sonne. So ist das morgendliche *Lever* um acht Uhr, die Erhebung des Königs vom Nachtlager, schon einer der Höhepunkte des Tages und unterliegt einem exakten Ritual. Ebenso wie das Zubettgehen. Wer, wann, wie dem König das Nachthemd, die Perücke oder gar die Halsbinde reicht (es gibt da einen königlichen Halsbandverwahrer von höchstem Adel), ist bis ins kleinste Detail geregelt.

Es ist wie eine gigantische Theateraufführung, bei der das Publikum »interaktiv« ist. Und was kann man uns Menschen Schöneres geben als das Gefühl, auch eine wichtige Rolle zu spielen? Die Macht des großen Symbols, die Macht der sinnlichen Anschauung und die Macht der rationalen Ordnung gestalten diesen Staat.

Und nicht zuletzt auch der Fleiß seines durchaus pflichtbewussten Monarchen. Denn Ludwig arbeitet wirklich. Nach der ausgedehnten Toiletten-Performance und dem Frühstücksritual sitzt er am Schreibtisch. Die »Staatsraison«, die er selbst erfunden hat, erfordert das. Nahezu alles regelt er selbst. In seinem letzten Regierungsjahrzehnt ist seine beratende Ministerriege auf gerade mal drei Personen zusammengeschrumpft. Und dass Ludwig durchaus seine eigene Klugheit zum wichtigsten Berater ernennt, beweist der Brief, den er an seinen Enkel schreibt, als der sich zum König von Spanien aufschwingen will:

»Richte alle Deine Aufmerksamkeit auf Deine Regierungsgeschäfte. Vernachlässige sie niemals um des Vergnügens willen, schaffe Dir eine Lebensordnung, die genau die Zeit bestimmt, die der Erholung und Zerstreuung dienen soll. Begünstige niemals die Menschen, die Dir am meisten schmeicheln, sondern halte etwas auf die, die um des Guten willen Dir zu missfallen wagen. Höre im Anfang möglichst viel zu, bevor Du entscheidest. Sei freundlich zu jedermann und sage niemandem etwas Kränkendes.«

In seiner Treue zur eigenen Staatsraison ist Ludwig kompromisslos. Und wenn hundert Jahre später der preußische König Friedrich II. sehr fortschrittlich von sich sagen wird: »Ich bin der erste Diener meines Staates«, so könnte Ludwig mit Fug und Recht von sich behaupten: »Ich bin der erste Diener meiner selbst!«

Ein besonders krasses Beispiel dafür ist die Ergebenheit, mit der er dem medizinischen Fitnessprogramm seiner Ärzte Gehorsam leistete, wenn es darum ging, die königliche Glorie, seine *gloire*, zu erhalten: Nicht ganz unberechtigt sah man in dieser Epoche, in der Mundhygiene noch ein Fremdwort war, die Zähne als Hauptübeltäter für viele chronische Leiden und körperliche Gebrechen an. Der Satz: »Nur die Schmerzen des Todes sind schlimmer als die der Zähne« war ein geflügeltes Wort. Um nun die Schaffenskraft des Monarchen ungebrochen zu erhalten, erschien es notwendig, spätestens mit dem 50. Lebensjahr dem König die Zähne zu ziehen. Sein Leibarzt Dr. Daquin notiert in sein Tagebuch, die Empfehlung dieser »Zahnkur« habe dem König zwar nicht besonders gefallen, aber: »Für seine königliche Glorie sei er zu allem bereit, sogar zum Sterben.«

Dr. Daquin macht sich also ans Werk und zieht dem pflichtgetreuen 49-Jährigen zunächst ohne jede Betäubung alle Zähne des linken Oberkiefers, was allerdings zu einem eiternden Abszess und einer Knochengewebsentzündung führt. Die darauf folgende Behandlung ist radikal: Dr. Daquin zieht alle restlichen Zähne des Oberkiefers, durchbricht dabei aber bedauerlicherweise das Gaumenbein zum Nasenraum. Mit ärztlicher Korrektheit notiert der Mediziner, dass er ganze 14-mal das Loch im Gaumen mit einem glühenden Eisen ausgebrannt habe. Und sicher ist sicher: Bald danach folgt die Extraktion sämtlicher Unterkieferzähne. Mit einem kleinen *malheur* allerdings: Der Kiefer zerbricht.

Ein ärztliches Missgeschick erzeugt das nächste: Die Tatsache, dass Ludwig in seinen letzten Lebensjahrzehnten alle Speisen unzerkaut herunterschlucken muss, führt zu chronischen Magen-Darm-Problemen. Kein Wort taucht in Dr. Daquins Tagebuch so oft auf wie das Wort *vapeur* – Blähung. Das zweithäufigste Wort ist »Klistier«: Fast täglich werden dem Sonnenkönig Einläufe aus einem Gemisch von Eibischwurzeln, Wollkrautblättern, Leinsamen, Rosenwasser und süßem Mandelöl verabreicht. Und was der König vormacht, machen alle nach. Einläufe à la Louis Quatorze sind bald groß in Mode. So sehr, dass im Februar 1673 ein gewisser Jean-Baptiste Poquelin, besser bekannt unter seinem Künstlernamen Molière (1622–1673), in Paris ein Theaterstück aufführt, das später ein Welterfolg wird, weil es den ungesunden Gesundheitswahn der Zeit aufs Korn nimmt: »Der eingebildete Kranke«.

Schon ein paar Tage nach der Uraufführung aber ist auch er, der ironischste Vertreter einer Gesundheitsreform, tot. Doch die Erkenntnis, die wir für uns aus dieser ganzen Geschichte ziehen können, ist recht tröstlich: Lieber ein europäischer Habenichts im 21. Jahrhundert sein als ein Sonnenkönig im 17.

Gezweifelt an der Kompetenz seiner Ärzte hat Ludwig übrigens nie, auch nicht, als sie ihm später in einer abenteuerlichen Operation ein Geschwür am Enddarm herausschnitten. Gezweifelt hat der Sonnenkönig ohnehin kaum. Am ehesten noch am Ende seines Lebens, als er mit einer schmerzhaften Blutvergiftung im Bein auf dem Sterbebett lag. Im Gespräch mit seinem Urenkel und Nachfolger zog er Bilanz und gestand doch einen Kardinalfehler ein: »Ich habe den Krieg zu sehr geliebt. Ahmen Sie mich darin nicht nach!«

Damit hatte er ebenso richtig wie selbstkritisch den schwächsten Punkt seiner Regierung getroffen. Seine vielen Kriege und das stehende Heer verschlangen tatsächlich Unsummen und führten letztlich doch nicht zur angestrebten Vorherrschaft in Europa. Gegen Spanien und Holland hatte Ludwig langwierig, aber am Ende ohne großen Erfolg gekämpft, aber die »Reunionsversuche«, also die angestrebte Rückführung von Gebieten, auf die Frankreich mit Hinweis auf graue Vorzeiten abenteuerlichste Ansprüche erhob, brachten immerhin das Elsass mit Straßburg ein. Nach dem Spanischen Erbfolgekrieg, in dem es um die Neubesetzung des vakanten spanischen Throns ging, wird mit dem Utrechter Frieden 1713 ein ganz neues Kapitel politischer Konfliktlösung in Europa aufgeschlagen. Zum ersten Mal spielen nicht mehr dynastische Ansprüche der Herrscherhäuser die erste Geige bei der politischen Neuorientierung, sondern der Vertrag soll, wie es ausdrücklich heißt, »zur Herstellung des Gleichgewichts zwischen den Mächten« dienen. Das altertümliche »Recht des Blutes« tritt jetzt zurück hinter die vernunftgesteuerte, rational begründete Gestaltung von Politik. Ein Fortschritt, dem sich selbst Frankreich nicht verschließen kann.

Zumal da es pleite ist. Die Kriege hatten die Ökonomie außer Kurs gesetzt.

Dabei ist es eine Ironie der Geschichte, dass ausgerechnet im absolutistischen Frankreich die Idee einer vernünftigen Marktwirtschaft ihren Anfang genommen hat.

Jean-Baptiste Colbert (1619–1683) heißt der Mann, der die Theorie des Merkantilismus entwickelt. Er erkennt mit klarem kaufmännischen Sachverstand, dass das ökonomische Glück eines Staates hauptsächlich von einem Faktum abhängt: Ein Staat muss einfach mehr ausführen, als er einführt. Diese Vorgabe, der heutzutage unsere deutschen Politiker immer noch zielstrebig nacheifern, während andere Staaten, wie etwa die USA, sie regelrecht in den Wind schlagen, soll laut Colbert der ultimative Schlüssel zu mehr Wohlstand sein.

Die erste große ökonomische Erkenntnis ist keine Milchmädchenrechnung: »Wer durch seiner Hände Arbeit mehr Werte schafft, als er selbst verbraucht, wird über kurz oder lang in wachsendem Wohlstand leben«, so lehrt Colbert. Und wir nicken eifrig.

Die Wirtschaftspolitik unter Ludwig folgt zunächst auch erfolgreich diesem schlüssigen Konzept. Der Staat nimmt massiv Einfluss auf die wirtschaftliche Entwicklung. Um verkaufbare Produkte im eigenen Lande herzustellen, bedarf es in erster Linie vieler Rohstoffe. Die ersten Kolonien entstehen jetzt, in Nordamerika, Vorderindien, Indochina, Madagaskar. Eine eigene Handelsflotte läuft vom Stapel, eine mächtige Kriegsflotte entsteht zu deren Schutz. Zum ersten Mal wird ein regelrechter Staatshaushalt aufgestellt, und man folgt dem Finanzplan Colberts, dem es tatsächlich gelingt, einen Ausgleich zwischen Einnahmen und Ausgaben zu erwirtschaften. Warum aber dieses ebenso clevere wie zunächst auch erfolgreiche Konzept am Ende doch nicht aufgeht, das ist ein Lehrstück in politischer Ökonomie, das uns besonders heute interessieren sollte.

Es ist ein verhängnisvoller Automatismus, der zuletzt tatsächlich in die soziale und wirtschaftliche Katastrophe führt. Um im Ausland mehr Waren zu verkaufen, muss man die Preise niedrig halten. Gewiss, die Kolonien mit ihren Rohstoffen kann man zu diesem Zwecke ausbeuten, ohne dafür zur Rechenschaft gezogen zu werden. Aber konkurrenzfähige Erzeugerpreise bedeuten auch: Die Löhne der heimischen Arbeiter müssen geringfügig bleiben. Null Prozent Lohnsteigerung! Damit sich die Arbeiter aber bei niedrigen Löhnen mit ausreichenden Nahrungsmitteln versorgen können, muss man die Preise für Agrarprodukte auf geringem Niveau einfrieren. Der Binnenhandel ist damit preisstabil, aber undynamisch. Die Deckelung der Lebenshaltungskosten hat zur Folge, dass die Agrarproduzenten, also die Bauern und damit die große Mehrheit des Volkes, vom Aufschwung des Exports in keiner Weise profitieren. Sie dürfen von Staats wegen nur niedrige Erzeugerpreise verlangen, die teilweise unter den Produktionskosten liegen. Bei ihnen und bei den Verbrauchern kommt der Aufschwung nicht an. Die Bauern verarmen, nur die reichen Exporteure werden noch reicher. Die Schere zwischen Arm und Reich öffnet sich dramatisch, weil die Exportgewinne in nur wenige Taschen fließen. Und dann vernichten noch Ludwigs Kriege riesige Summen des Volksvermögens, insbesondere der zwölf Jahre währende Konflikt um die spanische Erbfolge. Denn Soldaten und Waffen verbrauchen reichlich Wirtschaftsgüter, ohne neue zu schaffen.

Mit der Einführung von Papiergeld versucht man den Staatsbankrott gerade noch abzuwenden – und scheitert mit diesem Dünnbrettbohrer-Konjunkturpaket. Frankreich ist schließlich bankrott, zumal da der reiche Adel immer noch keine Steuern zahlen will. Angesichts einer Finanzkrise, die den überwiegenden Teil der Bevölkerung ins Elend stößt, verzichtet der Adel auf kein einziges seiner Privilegien. 74 Jahre nach Ludwigs Tod wird er dafür eine blutige Quittung bekommen.

28. König sein ist schwer – »erster Diener« noch viel mehr

Dass er sein Schloss *Sans souci*, »Ohne Sorge«, nannte, war reines Wunschdenken. Er, der nur ungern irgendetwas aus der Hand gab und sogar die Entwürfe für sein Schloss selbst zeichnete, hat nur wenige Tage seines Lebens ohne Sorgen zugebracht: Friedrich der Große (1712–1786). Daran muss man unweigerlich denken, wenn man heute durch die hübsch restaurierten Barockräume des Schlosses Sanssouci bei Potsdam schlendert.

Als Jugendlicher war er nur knapp der Hinrichtung durch den eigenen Vater entgangen. Als Erbe der königlichen Macht hatte er sich damit gequält, Philosophie und Militarismus unter einen Hut zu bringen. Als Feldherr überlebte er die vielen dramatischen Jahre auf blutigen Schlachtfeldern nur knapp. Und als desillusionierter Misanthrop war er zuletzt in dem abgewetzten Lehnsessel im Arbeitszimmer ebendieses Schlosses am 17. August 1786 gestorben. Kinderlos und einsam, verbittert, aber tolerant wie kein anderer Herrscher seiner Zeit. Großen Respekt hatte er sich erworben, nicht aber immer Zuneigung. Was der Dichter Christoph Martin Wieland kurz vor dem Tod des Monarchen schrieb, war vielen Zeitgenossen aus der Seele gesprochen: »König Friedrich ist zwar ein großer Mann, aber vor dem Glücke, unter seinem Stocke zu stehen, bewahre uns der liebe Herrgott!«

Dabei hatte er alles versucht. Zeitlebens wollte er mehr sein als bloß ein gefürchteter Despot. Wollte Philosoph und Künstler sein. Diener seines Staates. Vater seiner Untertanen. Aber heute fragen wir noch viel skeptischer, als es damals die Zeitgenossen taten: Können Moral, Kunst und Liebe mit Politik überhaupt zusammengehen?

Vom preußischen König Friedrich II. dem Großen, dem »Alten Fritz«, wurde gesagt, er habe alle Talente besessen. Philosophisch gebildet, begabt Flöte spielend und sogar Symphonien komponierend, den schönen Künsten allgemein zugeneigt, schaffte er Folter, Zensur und Zwei-Klassen-Justiz ab, verstand es aber auch, als König von Preußen seinen Staat in den Rang einer europäischen Großmacht zu katapultieren.

Schon als Jüngling schrieb dieses spätere Idol ganzer Politiker-Generationen: »Mein Sinn ist auf die Philosophie gerichtet.« Und stand damit in heftigem Widerspruch zu seinem Vater, dem ruppigen Soldatenkönig Friedrich Wilhelm I., von dem ein Zeitgenosse berichtet, dass es an »seinem Hofe von Kriegsleuten nur so wimmle« und »alle Gelehrten sich beim König verächtlich gemacht« hätten. Von Friedrich II. hingegen stammen so hübsche Grundsätze wie »Der Herrscher ist der erste Diener seines Staates« oder »Jeder soll nach seiner Façon selig werden.« Und sogar: Der Fürst sei »ein rechter Mann, dessen souveräne Macht eine Stütze für Recht und Gesetz ist und nicht ein Mittel, um ungestraft Verbrechen zu begehen«. Schöne Worte.

Aber Letzteres sagte Friedrich, als er noch Kronprinz war und noch gar nicht regieren musste. Und wir wissen: Wer sich seinen Pelz nicht waschen muss, der muss ihn bekanntlich auch nicht nass machen. Nach ihrer eigenen »Façon selig werden« wiederum sollten die Untertanen in Preußen doch nur in Hinblick auf ihre Religion. Der Spruch ist in erster Linie ein Reklameversprechen, mit dem religiös verfolgte Talente ins Land gelockt wurden. Individuelle Freiheit im modernen Sinne bedeutete das keineswegs. Niemand im preußischen Staat konnte sich etwa dagegen wehren, wenn staatlich beauftragte Kaffee-Schnüffler durchs Land zogen, um in Privathäusern jene kaffeetrinkenden Übeltäter auszumachen, die wertvolle Devisen verschleuderten, indem sie verbotenerweise dieses teure Auslandsprodukt konsumierten. Gegen preußische Hausbeobachtung ist *Google Street View* geradezu ein Witz. Und der berühmte Satz vom »Herrscher als erstem Diener seines Staates« ist bei genauem Hinsehen gar nicht so weit weg von dem markigen »Der Staat – das bin ich« des französischen Sonnenkönigs Ludwig. Es kommt nur drauf an, was man draus macht.

Denn wie von ihm selbst gedient wird und wie alle ihm Untergeordneten dienen sollen, das bleibt doch auch bei Friedrich eine Sache seiner alleinigen, souveränen Entscheidung. *Erster* Diener zu sein heißt zunächst nichts anderes, als ganz nach Belieben schalten und walten zu können, unter der Vorgabe, alles diene dem Allgemeinwohl. Hinter dem Wort »Erster Diener« könnte ein raffinierter Etikettenschwindel stecken.

Friedrichs Überfall auf das österreichische Schlesien etwa, gleich nach seinem Regierungsantritt 1740, war objektiv eine brutale politische Attacke nach absolutistischer Gutsherrenart, die nur ein einziges Ziel hatte: sein Herrschaftsgebiet und seinen politischen Einfluss zu erweitern. So hat er es später auch selbst zugegeben. Aber entsprach dieses Machtgelüst denn auch den Interessen seines Volkes? Wollte das Volk wirklich zu jenem erfolgreichen Kriegerstaat aufsteigen, den Friedrich und sein Vater aus ihm gemacht haben?

Vielleicht. Vielleicht auch nicht. Gefragt wird in dieser Zeit sowieso nicht. Gewiss, einem Volk bekommt es nicht schlecht,

»Weltgeltung«, oder was man dafür hält, zu erlangen. Aber weiß das Volk überhaupt davon? Profitiert es? Hat der Kleinbauer im Brandenburgischen etwas davon, wenn sich sein Land den Status einer europäischen Großmacht zulegt? Immerhin: Jetzt muss er Kartoffeln anbauen und lernt sie schätzen. In der Realität erlebte der gehorsame Untertan die »große Politik« doch nur so, dass er mit seiner eigenen Haut drei Kriege abwettern musste, darunter gar einen furchtbaren siebenjährigen, der ihm höchste Entbehrungen abverlangte und lange aussichtslos schien.

Nein, die Staatspolitik dieser Zeit verläuft zwar »aufgeklärter«, zwar rationaler als in den Jahrhunderten der Glaubenskriege. Aber sie ist keineswegs eine Umsetzung des Volkswillens. Bürger und vor allem Bauern bleiben bei der politischen Meinungsbildung außen vor. Politik ist immer noch das exklusive Spiel einer adeligen Elite, die sich nach eigenem Gusto am Volksvermögen bedient, zu dem auch die Körper der Menschen zählen. Allein siebzig Prozent des Staatsetats lenkt Friedrich in den preußischen Militärhaushalt. Und im europäischen Machtpoker dieser Zeit nutzt er zudem jede Möglichkeit zum Falschspiel. Friedrich begreift schnell, dass Politik ein schmutziges Geschäft ist, und bedient als preußischer König kaltblütig und routiniert die Hebel der Macht. Schon ganz zu Anfang, kurz bevor er in Schlesien einfällt, lässt er von seinen Winkeljuristen eine staatsrechtliche Begründung für den geplanten Überfall zusammenschustern. Als er dieses diplomatische Feigenblatt zu Gesicht bekommt, ruft er aus: »Bravo, das ist das Werk eines tüchtigen Scharlatans!«

Aber damit war auch er selbst zum Scharlatan geworden. Er, der noch ein paar Jahre zuvor als feuriger Jüngling einen glühenden »Anti-Machiavell« verfasst hatte, war in eine moralische Schieflage geraten, hatte fadenscheinige Vorwände gesucht und gefunden, um mit Waffengewalt durchzusetzen, was allein ihm nutzte.

Und die zeitweilige Schwäche Österreichs verleitete zu diesem politischen Schnäppchen.

Aber wenn Sie, lieber Leser, an Fortschritt im Zuge der menschlichen Geschichte glauben, dann können Sie tatsächlich jetzt einen ausmachen. Es gibt da etwas, was Friedrich von all seinen Vorgängern unterscheidet: Friedrich *erkannte* die Fragwürdigkeit seines Handelns und machte seine Skrupel sichtbar – sich selbst gegenüber wie seinen Mitmenschen. »Ich hoffe«, so schreibt er bereits 1743, »die Nachwelt wird bei mir den Philosophen vom Fürsten zu unterscheiden wissen und den Ehrenmann vom Politiker. Ich muss gestehen: Wer in das Getriebe der großen europäischen Politik hineingerissen wird, für den ist es sehr schwer, seinen Charakter lauter und ehrlich zu bewahren.« Der Mann spricht Klartext. Und weiter: Die »politische Kunst erscheint, wie ich gestehe, vielfach als das Gegenteil der Privatmoral. Sie ist aber die Moral der Fürsten, die immer nur das tun, was ihnen den Vorteil erheischt...«. Da ist Friedrich, der ehemals glühende Anti-Machiavellist, als Realpolitiker dann doch wieder bei Machiavelli angekommen, dem skrupellosen Politiker-Coach des 16. Jahrhunderts.

Der Unterschied freilich liegt darin, dass Friedrich die politische Unmoral transparent macht. Sie bewusst durchdringt. Und daran leidet. Mit dieser Zweiteilung im Herzen kann man dann wohl nicht anders, als im Alter resignativ, bitter, sarkastisch und von der Menschheit im Ganzen enttäuscht zu sein. Man beschäftigt sich dann lieber mit Tieren als mit Menschen. So wie der Alte Fritz mit seinen geliebten Windhunden. »Aufgeklärter Absolutismus« nennt sich diese Form einer vernünftigen, aber dennoch traditionell-monarchischen Regierungsarbeit, die bei Friedrich in weltanschaulichem Pessimismus endete.

Immerhin: Einer seiner letzten großen Wünsche ging doch

noch spät in Erfüllung, als man endlich 1991 seine sterblichen Überreste auf die Höhenterrasse von Schloss Sanssouci umbettete. Jetzt musste er nicht mehr neben seinem ungeliebten Vater in der Potsdamer Garnisonkirche liegen, sondern war in ersehnter Nachbarschaft: neben seinen besten Freunden, seinen Hunden. An der schönen Weinbergterrasse können Sie den dreien einen Besuch abstatten.

Nur zwei Jahre nach dem Tod Friedrichs wird in Danzig übrigens ein gewisser Arthur Schopenhauer (1788–1860) geboren, der ebenfalls Hunde für die besseren Menschen hält und seinen eigenen Pudel bei Unartigkeiten mit dem Schimpfwort »Du Mensch!« belegt. Schopenhauer wird an seinem aufgeklärten Pessimismus aber nicht leiden, sondern eine moderne Philosophie daraus machen. Sein Welt-Skeptizismus wird weit bis ins 21. Jahrhundert ausstrahlen und Teil unserer westlichen Lebensart werden.

Aber noch einmal im Buch der Geschichte zurückgeblättert: Wie kam es zur preußischen Erfolgsstory? Wie wurde König Friedrich II. ein »Großer«?

Als Preußen noch Brandenburg heißt und im Jahre 1640 der Kurfürst Friedrich Wilhelm I., den man später »der Große Kurfürst« nennen wird, ans Regierungsruder gelangt, hat diese »unfruchtbarste Streusandbüchse des Reiches« eine ziemlich unbedeutende Geschichte unter der 200-jährigen Herrschaft der Familie Hohenzollern hinter sich. Der Boden des Landes ist wenig ertragreich, Rohstoffe sind hier nicht zu finden, das Geld ist knapp, weil auch die Steuer zahlenden Untertanen knapp sind und weil zu dieser Zeit das Wort »Steuergerechtigkeit« noch bedeutet, dass der Adel von allen Steuerpflichten befreit ist und nur Kriegsdienst leisten muss. Nach dem Dreißigjährigen Krieg ist das Heilige Römische Reich Deutscher Nation nur noch auf dem

Papier existent. »Kaiser« ist bloß noch ein Ehrentitel. Jedes Fürstentum muss und will nun sein eigenes Süppchen kochen. Brandenburg zählt territorial immerhin zu den größten unter ihnen, neben Sachsen, Bayern und Österreich.

Gesamtpolitisch betrachtet geht es mit der »Europäischen Gemeinschaft« in diesen Tagen übrigens deutlich bergab: Nur noch einmal, nämlich im Jahre 1683, wird es gelingen, sich in gemeinsamer europäischer Solidarität zusammenzuraufen, um in einer konzertierten Aktion die Türken vor Wien zu verjagen. Die Angst vor dem Einbruch der Muselmanen nach Mitteleuropa schweißt ein letztes Mal Protestanten, Katholiken, gesamtdeutsche Truppen, den polnischen König sowie die Kassenwarte des Papstes zusammen, um in der Schlacht am Kahlenberg die 200 000-Mann-Macht des Pascha Kara Mustafa zu brechen. Europäische Solidarität im Sinne gemeinschaftlicher Ziele werden wir erst wieder 270 Jahre später erleben, als sich nach dem Trauma des Zweiten Weltkriegs die ersten europäischen Staaten auf gemeinsame wirtschaftspolitische Ziele einigen und in atemberaubender Kürze innerhalb von nur sechzig Jahren die Konstruktion unserer Europäischen Union mit 27 (!) Mitgliedsstaaten gelingt – eine politische Großtat im Turbotempo.

Wie weit hingegen Anfang des 18. Jahrhunderts die zunehmende Isolierung der europäischen Staaten untereinander gediehen ist, zeigen zwei interessante Fakten. Zum einen: Der Konflikt zwischen England und Frankreich spielt sich längst woanders ab, nämlich in Übersee, genauer in Indien und Kanada. Es geht jetzt um mehr als um die Sicherung heimischer Territorien. Es geht um weltweite Dominanz. Die Kampfarenen weiten und technisieren sich – eine Frühform der Globalisierung.

Zum anderen: Jeder hat so seine eigenen Probleme, um die er sich alleine kümmern muss. Völlig unbeeinflusst voneinander können auf europäischem Boden zwei große Kriege parallel statt-finden. Südwestlich der bereits erwähnte Spanische Erbfolge-krieg (1701–1713), nordöstlich der große Nordische Krieg (1700–1721). In diesem Konflikt kämpft Zar Peter der Große gegen den schwedischen König Karl XII., um Russland mit der neuen Hauptstadt St. Petersburg einen Zugang zur Ostsee zu schaffen. Das ist die wichtigste Voraussetzung, um das Land aus seinem Dornröschenschlaf zu wecken. Denn der agile Zar, auf dessen Siegel steht: »Ich bin ein Lernender, und Lehrer suche ich«, will kulturell und politisch zu Europa aufschließen und Russland modernisieren. Nach der Niederlage der Schweden, die er mit viel taktischer Raffinesse 1709 durch die russischen Wei-ten bis hinab ins ukrainische Poltawa gelockt und dort besiegt hat, wird ihm dies auch gelingen, trotz aller Widerstände gegen die Neuerungen. Aber das ist jetzt noch Zukunftsmusik.

Im Jahr 1640 schläft der russische Bär noch, und für einen Kurfürsten wie den von Brandenburg zählt nur eins: sein eigenes Fürstentum. Und das möchte er vergrößern. Dabei hat Friedrich Wilhelm I. viele gute Ideen: Zunächst einmal braucht er Men-schen. Steuer zahlende, arbeitende Menschen. Die Gelegenheit ist Schmied seines Glücks: Aus dem katholischen Frankreich Lud-wigs fliehen Tausende protestantische Hugenotten, zumeist flei-ßige Handwerker und clevere Kaufleute. Der Kurfürst wird gut 20000 von ihnen mit offenen Armen empfangen.

Dann tut er politisch etwas, was prima in die Zeit passt: Er un-terstützt politisch und militärisch mal diesen, mal jenen Macht-haber, zeitweise sogar Frankreich. Diese Subsidienpolitik, auch spöttisch Schaukelpolitik genannt, spült Geld in die Staatskasse. Friedrich Wilhelm kann seine Armee mächtig vergrößern: von kläglichen 3000 Mann bei Regierungsantritt auf 30000 (!) bei seinem Tod 1688. Und statt dem unbegabten Adel die Ämter der expandierenden Verwaltung nur der gewünschten Ehre wegen zuzuschanzen, wird eine effektive Beamtenschaft installiert. Jetzt schlägt die Geburtsstunde des deutschen Beamtentums: Als Adelsersatz entsteht mit der neuen Kaste ein starker Arm der Staatsmacht.

Diese preußische Einrichtung wirkt geschichtlich lange fort und ist später auch oft karikiert worden. Wir erinnern uns, dass das am witzigsten der Schriftsteller Heinrich Mann gemacht hat in seinem Roman »Der Untertan«: Der deutsche Beamte soll weder schöpferisch sein noch eigenständig denken, sondern gehorsam, staatstragend, unbestechlich, sparsam und korrekt die ihm zugeteilten Aufgaben loyal abarbeiten. Dabei gleicht seine Identität der eines Radfahrers: nach unten treten und nach oben buckeln.

Und dann eine ganz neue, pfiffige Idee: Da die Grundsteuer, die der Adel ja ohnehin nicht zahlt, nicht ausreicht, wird eine Verbrauchssteuer eingeführt, die erste Umsatzsteuer Europas.

Die abschließende Krönung Brandenburgs, das sich seit damals nach seiner ostpreußischen, aus polnischer Lehnsherrschaft befreiten Neuerwerbung »Königreich Preußen« nennt, erfolgt 1701. Der Preis Friedrichs I. für die Option auf die Königswürde ist ein Hilfsversprechen im Spanischen Erbfolgekrieg: Wie der Sohn darf sich der Enkel des Großen Kurfürsten, Friedrich Wilhelm I., König nennen.

Schon die Zeitgenossen haben ihn »Soldatenkönig« getauft. Und so sieht sich König Friedrich Wilhelm I. auch selbst am liebsten. Er ist der erste Monarch, der ständig in einer Soldatenuniform herumläuft, und er setzt auf soldatische Tugenden: Unterordnung, Gehorsam und Pflichterfüllung. Der Kultur, der Kunst und Philosophie ist er kaum gewogen. Es muss dem Staat schon etwas einbringen: Die »Wirtschaftslehre« wird durch ihn zur Universitätswissenschaft. Er führt die allgemeine Schulpflicht ein, aber Pädagogik ist nicht so sein Fach: Seinen Sohn, den späteren Friedrich den Großen, traumatisiert er als 18-Jährigen, als dieser versucht, mit Hilfe eines Freundes dem militärischen Drill bei Hofe zu entfliehen. Vor den Augen des Sohnes lässt er dessen getreuen Katte enthaupten.

Auch wirtschaftlich ist die Vorliebe des Soldatenkönigs für Strenge und Gehorsam eindrücklich belegbar: Zwei Drittel des Staatshaushalts fließen 1740 in die Armee. Preußen ist ein Militärstaat. Dem König gelingt es sogar, dem Adel einzureden, dass sich die höchsten Tugenden des Menschen im »Werkzeug Soldat« abbilden. Der Dienst an der Waffe wird zu einer letztgültigen Frage der Ehre. Wie nachhaltig diese Einstellung bei der weiteren Entwicklung der Nationalstaaten gewirkt hat, zeigt die Betrachtung der »ritterlichen« Ehrenkodizes, die dann Anfang des 20. Jahrhunderts das Verhalten der gesamten europäischen Offizierskaste geprägt haben.

Überhaupt: Wenig hat so intensiv auf die weitere deutsche Geschichte eingewirkt wie diese hundert preußischen Jahre zwischen 1640 und 1740. Hier liegt der Schlüssel für vieles, was dann kam. Für die großartigen Leistungen, aber auch für die schrecklichen Abgründe.

29. Wie man sein Reich aufmöbelt

Hirngespinste können hartnäckig und zählebig sein. Wer ist bloß auf die krude Idee gekommen, dass die Zuwanderung von Migranten eine Gefahr für den Staat sein könnte?

Vor 250 Jahren hätte man in Preußen über einen solch merkwürdigen Gedanken ratlos den Kopf geschüttelt. Der wachsende Erfolg des Königreichs war doch gerade auf den ungebremsten Zuzug fremder Menschen gegründet. 1725 war bereits jeder fünfte Bewohner ein Zuwanderer, jeder dritte Offizier im Heer ein Hugenotte. Jedem leuchtete damals ein: Die Menschen sind das eigentliche Kapital eines Staates. Denn sie bringen ihre Arbeitskraft mit, sie zahlen Steuern, sie fördern durch ihren Verbrauch den Anstieg der Produktivität, sie kreieren neue Ideen, sie verstärken das Heer und erhöhen das Ansehen und die Bedeutung eines Landes und ihres Landesherrn.

Der Schlachtruf aller aufstrebender Staaten zu dieser Zeit heißt: »Peuplierung«, abgeleitet vom französischen *peuple*, das »Volk«. Das hört sich ein wenig wie Möblierung an, und die Herrscher dieser Zeit haben es wohl auch so ähnlich verstanden: Nur durch seine Innenausstattung wird ein leerer Raum zu einer wirklichen Wohnung, ein Staat zu einer Nation. Und nur durch Peuplierung war das zu schaffen, was Preußen schließlich erreicht hatte: eine Machtausdehnung sondergleichen, in militärischer wie in wirtschaftlicher Hinsicht. Als unerlässlich erschien es bei diesem Prozess freilich, von vorneherein auf eine einheitliche Amtssprache zu setzen und ein übergreifendes nationales Bewusstsein zu schaffen – eine Erkenntnis, zu der sich auch heute mehr und mehr Integrations-Bemühte durchringen.

Vor allem sind es in der Zeit Friedrichs natürlich auch die Kriege, die als mächtige Integrationsbeschleuniger wirken, indem sie ein kräftiges Nationalgefühl aus Feuer und Blut schmieden. Dabei ist der von Friedrich dem Großen inszenierte Aufstieg Preußens keineswegs als konstant aufsteigende Erfolgslinie zu beschreiben, sondern vielmehr als ein typisches Ergebnis der politischen Zerrissenheit Europas zu dieser Zeit: Ständig steht alles auf der Kippe, Erfolge können sich blitzschnell in Rückschläge verwandeln und andersherum, wechselnde Koalitionen und Bündnisse verändern die Lage oft über Nacht, kleine Zufälle und politische Schicksalsschläge haben weltpolitische Konsequenzen. Alles ist im Fluss. Jeder Staat sucht in diesem vielstimmigen Chor immer wieder neu seine Position zu behaupten. Die Erfolgsgeschichte Preußens im 18. Jahrhundert ist ein Lehrstück über die Schwierigkeit der einzelnen Nationen, sich selber zu finden.

Alles beginnt, wie schon im Spanischen Erbfolgekrieg, mit dem Tod eines Monarchen. Kaiser Karl VI. stirbt 1740 in Wien. Da ein männlicher Erbe fehlte, hatte er vorausschauend mit der sogenannten Pragmatischen Sanktion bereits 1713 ein Gesetz geschaffen, demzufolge in den Gebieten seiner Herrschaft auch die weibliche Erbfolge gelten sollte. So kommt es, dass zwei Monate nachdem der 28-jährige Friedrich II. den preußischen Königsthron bestiegen hat, ein 23-jähriges, politisch völlig unerfahrenes Mädchen in den Besitz der habsburgischen Krone gelangt: Maria Theresia (1717–1780). Sie wird sich in den vierzig Jahren ihrer Regentschaft mit ihren 16(!) Kindern nicht nur als eine der erfolgreichsten Mütter aller Zeiten erweisen, sondern auch als beständige und kluge, wenn auch nicht eben fortschrittliche Herrscherin.

Aber das freilich ist jetzt noch nicht abzusehen, und Friedrich wittert die Chance, dem kaiserlichen Mädel den Machtbereich Schlesien abzunehmen und seinen eigenen Einfluss auszudehnen. Kaum muss er mit Widerstand rechnen und geht aus der Schlacht des Ersten Schlesischen Krieges 1741 auch tatsächlich als Sieger hervor. Wieder ein neues Wohnzimmer im Hause Preußen!

Ob moralisch oder nicht – den Siegern gehört die Welt: Rasch findet der dynamisch vorpreschende preußische König jetzt Bundesgenossen, die an der Seite des jungen Gewinners ebenfalls profitieren wollen. Frankreich erhofft sich eine nachhaltige Schwächung seines Erzfeindes Habsburg, will insgeheim aber auch keine andere deutsche Macht stärken. Sachsen hofft darauf, sich vom österreichischen Territorium bei guter Gelegenheit eine Scheibe abschneiden zu können. Ebenso Bayern, dessen Kurfürst darüber hinaus mit der Kaiserkrone liebäugelt. Nur England hält zu Österreich, aber auch nur, um eine mögliche Stärkung Frankreichs zu verhindern, besonders in Hinblick auf den gärenden Kolonialkonflikt in Nordamerika und Indien.

Die politische Großwetterlage wird in dieser Zeit einzig und allein von Partikularinteressen bestimmt. Eine gemeinsame Strategie gibt es nicht. Das gilt auch für Friedrich, der nach seinem Machtgewinn in Schlesien kurzerhand aus dem Bündnis gegen Österreich ausscheidet, weil sein Ziel erreicht ist. Der Ausstieg Preußens revitalisiert aber sofort die Kräfte Österreichs, dem jetzt noch England-Hannover verstärkt zur Seite steht. Ein endgültiger Gewinn dieser Koalition würde freilich auch wieder den preußischen Besitz Schlesiens gefährden. So steigt Friedrich erneut in den Kampf ein, und am Ende dieses verlustreichen Zweiten

Schlesischen Krieges 1748 einigt man sich: Österreich erkennt endgültig die Abtretung Schlesiens an Preußen an, dafür wird der Gatte Maria Theresias als Kaiser Franz 1. bestätigt. Und ihren Friedrich feiern die Preußen ab sofort als »den Großen«.

Doch trotz verbreiteter Kriegsmüdigkeit steht der eigentliche Crash noch bevor. Weltpolitische Kniffligkeiten sind es, die jetzt das Kalkül der europäischen Mächte bestimmen, vor allem das von England und Frankreich. Mit England schließt Friedrich ein Bündnis, das jeden Angriff irgendeiner Macht auf Deutschland verhindern soll. Frankreich, in den amerikanischen Kolonien bereits arg von England bedrängt, plant hingegen, England mit Hilfe Preußens zu schwächen, und nur über das Territorium Friedrichs kann das englische Hannover erreicht werden. Vom Hoffnungsträger Preußen bitter enttäuscht wendet sich Frankreich nun nach drei Jahrhunderten latenter Gegnerschaft plötzlich dem Erzfeind Österreich zu: mit dem bitterbösen Ziel, Preußen gänzlich zu zerschlagen.

Das ist der Moment, von dem auch Russland unter der Zarin Elisabeth geträumt hat, besteht jetzt doch eine gute Chance, ein Stückchen Westen vom territorialen Kuchen abzubekommen und auf der Weltkarte ein bisschen nach links vorzurücken, eine ständige Sehnsucht Russlands, die sich viel später erst Stalin so richtig erfüllt. Angesichts des mächtigen Gewitters, das da am politischen Horizont aufzieht, wagt Friedrich die Flucht nach vorn und führt einen Präventivschlag gegen Sachsen.

Ein siebenjähriger Weltkrieg beginnt. Friedrich gegen den Rest der Welt. Als »Mirakel von Brandenburg« ist aber in die Geschichtsbücher eingegangen, was nach sieben Jahren heftigster und kostspieligster Gegenwehr den schwer gebeutelten Preußen in höchster Not schicksalhaft widerfährt: Zarin Elisabeth stirbt. Ihr Nachfolger Peter III. jedoch ist ein großer Anhänger Friedrichs und ein Verehrer des preußischen Militärs. Er beendet sofort den Krieg mit Preußen. Die Weltkriegsallianz zerbricht. Das ausgelaugte Preußen ist in letzter Minute gerettet. So hilft auch manchmal Gevatter Tod in Sachen heikler Weltpolitik.

Können Sie sich eigentlich vorstellen, was es für ein Land heißt, wirklich arm zu sein? Damit ist nun nicht die läppische Staatsverschuldung gemeint, die heute die USA oder gar unser Land bedroht. Was sind schon die gut 1 500 000 000 000 Euro, die Deutschland im Augenblick den Gläubigern der Welt schuldet. Wir haben immer noch zu essen und zu trinken.

Nein, was es heißt, richtig arm zu sein, das lässt sich nach dem Siebenjährigen Krieg in Preußen studieren. Damals konnte noch nicht einmal mehr Papier hergestellt werden, weil die Rohstoffe so knapp waren, dass sogar die Lumpen ausgingen. Papier machte man bis zur Erfindung der Holzverarbeitung um 1850 grundsätzlich aus Lumpen, die man in großen Haderbottichen zu Faserbrei verarbeitete, um daraus das Büttenpapier zu schöpfen. Anfang der 1760er-Jahre ist man nun so arm, dass die Lumpensammler vergeblich durch die Städte ziehen. Damals muss jedes Stück Textil von den Menschen tatsächlich so nachhaltig benutzt worden sein, bis es in sein absolutes Nichts zerfiel. Man muss sich einmal vorstellen, wie das Volk in diesen schweren Zeiten gekleidet war ...

Aber Not macht bekanntlich erfinderisch. Und da lebt nun zu Regensburg ein Kirchenmann, der bei Wespen beobachtet, wie die Tierchen aus Holzspänen ihre papierartigen Nester bauen. Und dieser Jacob Christian Schäffer versucht es ihnen in Zeiten des Lumpenmangels gleichzutun. Pfarrer Schäffer wird der Erste sein, der aus Baumblättern, Blütensamen, Wespennestern und Holzschnipseln Papier herstellt, die wichtigste Grundlage für Bildungs- und Kommunikationsprozesse seiner Zeit. Freilich geht es dem Holzpapier-Erfinder wie vielen Vorausdenkern: Noch über fast ein Jahrhundert lang bleibt der Wert seiner Erfindung unerkannt. Aber man kann an diesem Beispiel durchaus sehen, dass die Not ein echter Innovationsmotor sein kann.

Wir schreiben das Jahr 1762, und die meiste Zeit seiner jetzt 22 Regierungsjahre hat der von Voltaire so genannte »Philosoph auf dem Königsthron«, der jetzt allmählich der »Alte Fritz« wird, im Kriegssattel zugebracht: Strategisch geschickt und auch von Feinden hochgelobt und bewundert, mutig, planvoll und intelligent hat er die schlagkräftigste Armee seiner Zeit gegen eine Übermacht gelenkt, die zuletzt zwanzigmal so viele Einwohner hinter sich vereinte wie sein kleines Fünf-Millionen-Völkchen. Das ehrgeizige Ziel ist erreicht, wenn auch zuletzt unter gnädiger Mithilfe des Schicksals: Das Reich ist aufgemöbelt, Preußen ist zur europäischen Großmacht aufgestiegen und kann diesen Status halten.

1772 führt die Teilung Polens nochmals zu einer territorialen Erweiterung des Reiches. Mit dem neuen Westpreußen ist endlich auch der Anschluss geschafft zwischen dem bis dahin noch unverbundenen Brandenburg und Preußen. Auch in diesem Falle gilt: Außenpolitisch wird selbst in aufgeklärten Zeiten nach absolutistischer Manier verfahren. Die drei Großmächte Russland, Österreich und Preußen verteilen das polnische Territorium unter sich, und keine Instanz ist da, die dieses völkerrechtliche Kriminalstück verhindert.

Noch einige Handvoll wichtiger ziviler Maßnahmen sind es, die Friedrich in den Augen von Freund und Feind zu einem »Großen« gemacht haben: vor allem die fortschrittliche Siedlungspolitik nach den Zerstörungen des Siebenjährigen Krieges, bei der gut 300 000 Bauern in 900 neuen Dörfern eine Heimat finden. Oder etwa die kluge Förderung des Kartoffelanbaus Anfang der

1770er-Jahre, mit der die Ernährung der Bevölkerung auf eine neue, solide Grundlage gestellt wird. Oder Friedrichs beständiger Fleiß und die Sorgfalt bei der Beobachtung aller staatlichen Tätigkeiten, die ihm den volkstümlichen Titel »König Überall« eintragen. Nicht zuletzt auch die Ernennung des genialen Newcomers Immanuel Kant zum Professor in Königsberg, dem seinerzeit fortschrittlichsten Trendsetter in Sachen Aufklärung.

Die große Unübersichtlichkeit in den Zeiten massiver Umbrüche und politischer Neuorientierung hatte Friedrich glänzend gemeistert, zum Vorteil Preußens, das für die Zukunft Deutschlands nun die entscheidende Rolle spielen sollte. Friedrich hatte einen neuen Weg gefunden, außen- wie innenpolitisch, in einem Europa, das in dieser Zeit eigentlich einem politischen Tollhaus glich.

Halten Sie es für Zufall, dass in solchen Zeiten die Kunst all das vernachlässigt, was in den Jahrhunderten zuvor noch Ebenmaß, Harmonie und Überschaubarkeit bedeutete? Und stattdessen die Turbulenz der Geschichte sich in wilden und überschwänglichen Formen abbildet? Je wirrer die Zeiten, desto mutiger die Kunst, Sie haben sich das vermutlich schon gedacht. In den Werken der Maler, Baumeister und Musiker des 17. und 18. Jahrhunderts regieren Überraschung, Irritation, Bewegung, Fluss und Unüberschaubarkeit. Barock hat man später treffend diese Kunstepoche zwischen 1600 und 1750 genannt, abgeleitet vom portugiesischen *barocco*, der Bezeichnung für eine wunderschöne, aber naturhaft unberechenbar geformte Perle.

Der Zugriff der Künstler ist mächtig und total: Alle Sinne wollen sie zugleich aufrütteln. Der Betrachter soll gleichsam absorbiert werden von einer überwältigenden Performance verschlungener Formen und Farben.

In Italien war es bereits im 17. Jahrhundert Lorenzo Bernini

(1598–1680), der spätere Baumeister am Hofe Ludwigs XIV., gewesen, der die strengen Formen zum Fließen brachte und Architektur, Plastik und Malerei in seinen Bauwerken zu überwältigenden Gesamtkunstwerken vereinte. An der Prachtentfaltung von Versailles hatten sich danach alle Fürsten Europas gemessen und sogar versucht, diese Leitkultur noch zu verfeinern und zu überbieten. Auch Friedrich war mit seinem preußisch-bescheidenen Sanssouci diesem Vorbild gefolgt.

Mit der Erfindung des Porzellans in Sachsen 1709 eröffnet sich den Künstlern dann noch einmal ein ganz neues, viel grazileres Arbeitsmaterial, das wiederum eine Verfeinerung und Verschnörkelung des bereits Feinen und Verschnörkelten erlaubt: Die Zeit des Rokoko (etwa 1720–1780) kündigt mit seiner Miniaturisierung der barocken Formen- und Farbenexplosion dann schon das Ende dieser Epoche an, die den letzten Kunststil ausprägt, dem ganz Europa einheitlich huldigt, so wie in der Schlacht vor Wien ein letztes Mal gemeinsam gekämpft wird.

Der Sieg über die Türken ist es hauptsächlich, der wie in einem großen Finale den Gemeinschaftssinn für Größe und Macht des Abendlandes noch einmal kräftig anstachelt. Der kulturelle Schub, der von hier ausgeht, ist wie eine Rückversicherung für wiedergewonnene Stärke und für glanzvolles Selbstbewusstsein, vor allem in der Stadt des römisch-deutschen Kaisers, in Wien. Die Wiener Karlskirche, zwischen 1716 und 1737 erbaut vom genialen Baumeister Johann Bernhard Fischer von Erlach und seinem Sohn, hat nur dieses eine Ziel: wiedergefundene Größe zu demonstrieren. Die gigantische Komposit-Architektur vereint wie in einer Leistungsschau alle baulichen Highlights der Geschichte: die riesige Kuppel, die dem Petersdom in Rom nachempfunden ist; die säulenartigen Glockentürme, die an römische Siegessäulen erinnern sollen und als »Säulen des Herkules« auf die Grenzen der Welt hinweisen und den Machtanspruch der Habsburger markieren; die vorgesetzte begiebelte Säulenhalle, die an die Würde griechischer Tempel gemahnt; die monolithischen Torbauten rechts und links, die wie antike Triumphbogen in den Himmel ragen.

Solch entfesselte Lust auf Repräsentation und selbstbewusste Prachtentfaltung ist das Erbe aus dem Sieg über die Türken, das überallhin ausstrahlt. Ein kleiner Rest dieser barocken Großmannsucht ist übrigens noch in unserer heutigen Schrift aufzufinden: in der Großschreibung unserer Hauptwörter und Anreden.

Friedrichs Schloss Sanssouci ist vielleicht der letzte großartige Gruß dieser Epoche, den der Wanderer durch die Geschichte auch heute noch ganz hautnah empfangen kann. Am Rokoko-Stil weigerte sich Friedrich zeitlebens bauliche Änderungen vorzunehmen, auch als gegen Ende seines Lebens 1786 längst der nüchterne Zeitgeschmack des Klassizismus vorherrschte und edle antike Klarheit allerorts die ausufernde Formen- und Farbenvielfalt verdrängte. Nur äußerst widerwillig erlaubte Friedrich selbst notwendigste Reparaturen an seinem »Weinberghäuschen«, wie er seine Sommerresidenz liebevoll nannte. Seinen Staat hatte er möbliert, während sein »Ohne-Sorge-Schloss« verfiel. Ganz vorsätzlich, denn es sollte mit ihm untergehen. So wie er es selbst wortwörtlich bestimmte: »Es soll nur bei meinem Leben dauern!« Zum Glück hat der Alte Fritz da mal nicht recht behalten.

30. Sternschnuppen und Geistesblitze

Haben Sie schon mal in der Nähe des Nordpols die Mittsommernacht erlebt? Oder das Wetterleuchten in Spitzbergen? Oder den Regen von Sternschnuppen in einer mondlosen Augustnacht in der Wüste? Nein? Macht nichts. Es geht auch zu Hause.

Die Rede ist von einem Gefühl, das bestimmt schon die ersten Menschen kannten: Unter der Himmelskuppel in einer sternklaren Nacht oder auch ganz woanders kann nämlich etwas Wunderbares passieren. Plötzlich werden wir uns bewusst, wie winzig und unbedeutend wir sind, und spüren doch das großartige Zusammenspiel allen Lebens mit dem Weltganzen. Für Augenblicke scheint alles zusammenzugehen: wir, die Natur, das All, Gott.

Für den Theologen Friedrich Schleiermacher war Anfang des 19. Jahrhunderts dieses Gefühl der Ursprung einer jeden Religion. Ein solches existenzielles Erlebnis würde in den Herzen der Menschen »ein Gefühl schlechthinniger Abhängigkeit« auslösen, so war Schleiermacher überzeugt. Diese hochindividuelle, sensitive Erfahrung der gottgewollten Ordnung, in der alle Dinge ihren richtigen Platz haben, sei der Schlüssel zu wahrem Glauben.

Der Zauber einer sternklaren Nacht war im ausgehenden 18. Jahrhundert aber nicht nur etwas für romantische Theologen. Auch für den scharfsichtigen preußischen Aufklärer Immanuel

Kant (1724–1804) war der Sternenhimmel ursprünglicher Antrieb all seiner Überlegungen. Auf die Frage, was ihn denn eigentlich zum Nachdenken über Gott und die Welt verleite, pflegte er zu antworten: »Der gestirnte Himmel über mir und das moralische Gesetz in mir!«

Das gottgegebene Recht, nach der Maßgabe des eigenen Verstandes zu handeln, ist in Kants Augen zugleich eine Pflicht. In seiner kleinen Broschüre »Was ist Aufklärung?« appelliert er: »Habe Mut, dich deines eigenen Verstandes zu bedienen!« Und mehr noch: Den Denkverweigerern, den faulen Couch-Potatoes, den Unterhaltungs-Berieselten, den Eventkultur-Fremdbestimmten gibt Kant eine eigene tiefe Schuld an ihrem unwürdigen Zustand, denn: »Aufklärung ist der Ausgang des Menschen aus seiner *selbstverschuldeten* Unmündigkeit.«

Solche Sätze sind es, die die Welt in Bewegung bringen. Und für die Neuerer der Zeit war es eine wunderbare Verheißung, im Instrument des Verstandes endlich das perfekte Mittel der gesellschaftlichen Verständigung gefunden zu haben. Denn wenn nach den Gesetzen der Vernunft 1+1=2 ist, dann liegt der Gedanke nah, dass auch alle Fragen und Probleme der Welt auf ebendieser Grundlage lösbar sind. Würde mit der konsequenten Benutzung des Verstandes die Menschheit nicht eine neue Stufe des Daseins erklimmen? Eine neue Welt würde entstehen, in der sich alle Widersprüche und Streitereien auflösen könnten und jeder Aberglaube und jeder Glaubenskrieg abgeschafft sei. Wo die alten Zöpfe überkommener Irrtümer, die den Fortschritt behinderten, ein für alle Mal abgeschnitten wären.

Nie mehr würde es so irrationale Dinge wie Hexenverbrennungen geben, denen im 17. Jahrhundert allein in Deutschland noch über 100 000 vermeintliche Hexen und Hexer zum Opfer gefallen waren. Nie mehr so furchtbare Gewaltexzesse wie den Dreißigjährigen Krieg. Nach dem Gesetz des Verstandes würde eine einzige gesellschaftliche Regel Frieden und Gerechtigkeit stiften, der sogenannte kategorische Imperativ: »Handle so, dass die Maxime deines Willens jederzeit zugleich als Prinzip einer allgemeinen Gesetzgebung gelten könne.« Einfacher gesagt: »Was du nicht willst, dass man dir tu, das füg auch keinem andern zu!«

Kant geht so weit, dass er den Willen jedes Menschen, nach dieser Regel zu leben, als »Eigenschaft des Willens aller vernünftigen Wesen« ausmacht – und sich darin offenbar täuschen sollte, wie uns der weitere Verlauf der Geschichte lehrt. Gut hundert Jahre nach Kant erkannte der Psychoanalytiker und Kulturpessimist Sigmund Freud (1856–1939) nüchtern, dass leider die menschliche Vernunft nur den geringsten Teil unserer Handlungen bestimmt und dass es vielmehr das Unbewusste sei, das die Menschen unter einer eierschalendünnen Kulturhülle zu den irrationalsten Handlungen verleite. Der Zukunftsoptimismus der frühen Aufklärer war damit in sein Gegenteil verkehrt. Und in der Spätphase der kapitalistischen Gesellschaftssysteme des 20. Jahrhunderts gerät allmählich auch der zweite Imperativ Kants in Vergessenheit: »Handle so, dass du die Menschheit sowohl in deiner Person als auch in der Person eines jeden anderen jederzeit zugleich als Zweck, niemals bloß als Mittel brauchst.« Frei auf die moderne Arbeitswelt übertragen: »Nicht der Mensch ist für die Arbeit da, sondern die Arbeit für den Menschen!«

Hat unsere heutige, ökonomisch geprägte Lebenswelt diesen Imperativ wirklich noch auf der Rechnung? So würde Kant uns wohl fragen, nachdem im 20. Jahrhundert die Entdeckung des Menschen als Konsumenten viele wesentliche Werte zur Seite geschoben hat.

Die Umsetzung des kantschen Imperativs in der politischen Wirklichkeit der Neuzeit klappt da schon besser: »Nicht die

Menschen sind für ihre Regierung da, sondern die Regierung für die Menschen!« Gewiss, von dieser Forderung lebt eine Demokratie. Und das war es ja auch, was bereits der große französische Denker Voltaire (1694–1778) bei seinem Aufenthalt am preußischen Königshof Friedrich dem Großen immer wieder eingeschärft hatte.

Es war eine berauschende Entdeckung neuer gesellschaftlicher Werte wie Toleranz und Menschenwürde. Mit der Befreiung vom Aberglauben sowie von morschen Gesetzen und ungerechten Vorrechten des Mittelalters fand zugleich eine enorme Aufwertung des Individuums statt, die durchaus mit dem Kern der christlichen Botschaft harmoniert: mit der Idee der Nächstenliebe. Nächstenliebe kommt für Aufklärer einer vernünftigen Selbstverwirklichung des freien Individuums gleich, dessen natürliches Bedürfnis es sei, seine Gemeinschaft mit anderen Menschen glücklich zu verwirklichen.

Trotz dieser Nähe zur Botschaft des Christentums hatte sich aber die Kirche als fortschrittshemmende Institution in den Augen der Aufklärer im Laufe der Jahrhunderte verdächtig gemacht. Und tatsächlich verharrt nach dem Fiasko der Glaubensspaltung insbesondere der Katholizismus in einer konservativen Schockstarre und einer bedenklichen Nähe zur politischen Macht. Letztlich scheint die Vernunft, so erkennen die Aufklärer, auch ganz gut ohne Gottesbegriff über die Runden zu kommen. Es entstehen in dieser Zeit neuartige Ersatzbündnisse und rational geprägte Glaubensgemeinschaften, besonders die »Freimaurer«, die im fortschrittlichen London schon ab 1717 ganz ohne biblische Gesetze Menschen- und Naturrechte reklamieren. Friedrich der Große ist später übrigens Mitglied einer solchen Loge geworden, desgleichen das Komponisten-Genie Mozart und die vielleicht größten Dichter der Deutschen, Goethe und Schiller. Wenn Sie in diesen Kreisen mal nachgefragt hätten, was denn das höchste Ziel sei, das so ein Staat zu verwirklichen habe, dann hätte man Ihnen schon damals zur Antwort gegeben: die Freiheit!

Mit welch grenzenlosem Optimismus die Aufklärer ihre Vorstellung von einer neuen Weltordnung trieben, dafür ist der französische Denker Jean-Jacques Rousseau (1712–1778) ein gutes Beispiel, der übrigens wie Voltaire Mitarbeiter an der neuen französischen Enzyklopädie war, dem ersten Versuch einer methodischen Darstellung allen menschlichen Wissens. Rousseau ging von einem geradezu paradiesischen Naturbegriff aus, nach dem der Mensch und die Natur von Anfang an gut seien. Allein die kulturelle Entwicklung habe diesen Ursprung verdorben, und die Aufgabe einer neuen Gesellschaft müsse es nun sein, an den unschuldigen Anfang zurückzukehren.

Seit Rousseau sind zwei widerstreitende Naturbegriffe in der Welt, die sich noch heute in zwei politischen Lagern abbilden: Sind die Fortschrittsgläubigen davon überzeugt, dass sich die Natur des Menschen dadurch erst vervollkomme, dass die Menschheit sich in geistiger und technologischer Hinsicht laufend weiterentwickle, so schwören die »Grünen« auf den unverdorbenen Ursprung und predigen wie Rousseau ein »Zurück zur Natur!«. Was die einen »Fortschritt« nennen, nennen die andern »Perversion« – und andersherum. Und wenn Sie mit Ihren Mitmenschen dann und wann darüber streiten, wie man »richtig leben« soll, sollten Sie zuallererst prüfen, welchem Naturverständnis Sie den Vorrang einräumen.

Denn je nachdem gelangt man zu entsprechenden Konsequenzen. So wie Rousseau: Er fordert die Freiheit und Souveränität jedes einzelnen Menschen, weil er die am Anfang der Menschheitsgeschichte als gegeben ansieht. Und nur die Demokratie, die Herrschaft des Volkes, garantiere, dass die ursprüngliche Freiheit jedes einzelnen Menschen nicht eingeschränkt werde. Als Teilhaber an der Entscheidung aller gehorche nämlich der Einzelne sich sozusagen selbst. Eine Regierung, die auf Grundlage der Entscheidung aller handle, brauche keinerlei Kontrolle oder Aufsicht, so Rousseaus recht blauäugige Überzeugung.

Die optimistische Idee, dass das Spiel der Kräfte, wenn es denn von Unterdrückung befreit sei, die Verhältnisse automatisch zum Guten wende, hat bis heute vor allem auf unser ökonomisches Denken nachhaltig eingewirkt. Der Schotte Adam Smith (1723–1790) entwickelte früh die Vorstellung, dass alles dann zum Besten gerate, wenn jeder die Freiheit hätte, sich um seine eigenen Belange zu kümmern. Der ungebremste Eigennutz sei das eigentliche Schwungrad einer Gesellschaft. Wenn jeder für sich sorge, sei für alle gesorgt. Aus diesem radikalen Wirtschaftsliberalismus spricht der unbändige Optimismus und Fortschrittsglaube einer Epoche, die sich anschickt, unter dem Schlachtruf von Freiheit und Gleichheit die gesellschaftlichen Verhältnisse radikal umzukrempeln. Was uns heute inzwischen als gefährlich unsozialer »Kampf aller gegen alle« beängstigen würde, galt dieser Zeit noch als ultimativer Freiheitsruf. Unsere freiheitshungrigen Vorfahren hatten eben noch keinen blassen Schimmer davon, dass Freiheit ein äußerst schwieriges Geschäft ist.

Beispiele für eine freie Gesellschaft gab es ja schon vor der Französischen Revolution von 1789. Der Blick nach Amerika führte den Menschen auch in Europa werbewirksam vor Augen, welch gedeihliche Blüten aus einer Kultur der Freiheit entsprießen können. Was neue Gesellschaftsformen anging, so war das junge Amerika zugleich Experimentierstube wie auch Vorbild, und der Unabhängigkeitskampf der amerikanischen Siedler wurde in Europa mit hellwachem Interesse verfolgt.

In den »besseren Kreisen« allerdings auch mit Argwohn. Stein des Anstoßes, der schnell zum Konflikt mit England führte, war zunächst weniger der Freiheitsgedanke an sich als, wie zumeist, die wirtschaftlichen Begehrlichkeiten. Besonders der Versuch der englischen Krone, von den Amerika-Siedlern Steuern zu erheben. Mit ihrem berechtigten Argument, man würde aber nur solchen Politikern Steuern zahlen wollen, die man auch selbst wählen dürfe, verweigerten die Kolonisten kurzerhand die Zahlung ins ferne England.

Unter dem Tabakpflanzer und erfolgreichen Indianer-Bekämpfer George Washington (1722–1799) siegten die hochmotivierten Truppen der US-Kolonisten über das englische Heer; allerdings wohl auch nur, weil die Briten-feindlichen Franzosen die Sache unterstützten. Am 4. Juli 1776 erklärten sich dreizehn Staaten zur unabhängigen Republik der Vereinigten Staaten von Amerika. Zum ersten Mal in der Geschichte der Menschheit wurden in der Unabhängigkeitserklärung jene »Wahrheiten« verkündet, die dann als unveräußerliche Freiheitsrechte zur Grundlage aller modernen Gesellschaften geworden sind:

»Folgende Wahrheiten erachten wir als selbstverständlich: dass alle Menschen gleich geschaffen sind; dass sie von ihrem Schöpfer mit gewissen unveräußerlichen Rechten begabt sind; dass dazu Leben, Freiheit und Streben nach Glück gehören; dass zur Sicherung dieser Rechte Regierungen unter den Menschen eingerichtet werden, die ihre rechtmäßige Macht aus der Zustimmung der Regierten herleiten ...«

Erinnern Sie sich bitte an die nächtliche Himmelskuppel zu Beginn des Kapitels. Dort können Sie das Wetterleuchten beobachten, das mit der amerikanischen Ausrufung von Freiheit und Gleichheit Richtung Europa zieht. Und Sie vergessen vielleicht für einen Moment die Frage, warum die weltweite Durchsetzung dieser Rechte noch immer in den Sternen steht.

31. Rollende Köpfe

In Frankreich waren die Wahrheiten aus Amerika noch nicht angekommen.

Obwohl das riesige Finanzloch, das unter Sonnenkönig Ludwig XIV. in den Staatsbankrott geführt hatte, auch unter seinen Nachfolgern nicht zu stopfen war, weigerte sich der Adel weiterhin, auf Privilegien zu verzichten. Unter Ludwig XVI. scheiterten daher alle halbherzigen Finanzreformen.

Die Unterstützung der amerikanischen Siedler in ihrem Freiheitskampf, mit der Frankreich England zu schwächen suchte, geriet indes zum Damokles-Schwert: Zum einen war diese Politik wieder einmal recht kostspielig; zum anderen wurde der Gedanke von Freiheit und Unabhängigkeit rückübertragen in die Köpfe derer, die in ihrem eigenen Land politisch völlig einflusslos waren, und das war die überwältigende Mehrheit des Volkes: der »Dritte Stand«, neben Adel und Klerus. Die Notwendigkeit von Reformen stand bald außer Frage, aber niemand wusste den Weg dorthin.

In der Menschheitsgeschichte ist es oft die Natur, die in entscheidenden Augenblicken das Rad der Entwicklung in irgendeine Richtung stößt. Was wäre denn geworden, wenn die Mücke Alexander den Großen *nicht* gestochen hätte und er *nicht* schon mit 33 Jahren an Malaria verstorben wäre? Was wäre passiert, wenn der

Klimawandel, der die Völkerwanderung auslöste, *nicht* stattgefunden hätte? Wenn Spaniens Armada 1588 *nicht* von Holzbohrwürmern befallen worden und in einen Sturm geraten wäre? Oder der russische Winter Napoleon *nicht* überrascht hätte? Auch in diesem Fall ist es ein außergewöhnlich strenger Winter, der des Jahres 1788/89, der die Brotpreise in Paris ebenso in die Höhe treibt wie die Arbeitslosigkeit. Die Unzufriedenheit des Dritten Standes mit den Lebensverhältnissen wächst von Tag zu Tag. Ludwig XVI. entschließt sich zu einer ungewöhnlichen Maßnahme: Seit gut zwei Jahrhunderten war es nicht mehr passiert, dass die drei Stände der französischen Gesellschaft zu Beratungen zusammengekommen waren. Nun erhofft sich Ludwig durch die Neubelebung dieser Ständevertretung Rat und Hilfe. Das Problem freilich: Jeder Stand soll eine volle Stimme haben, so dass Adel und Klerus, pro Kopf gerechnet weit in der Minderheit, jederzeit den Dritten Stand bei Reformplänen überstimmen können. Immer wieder kommt daher die Forderung auf, nicht nach Ständen, sondern nach Köpfen abzustimmen, aber der König kann sich zu einer so innovativen Wahlreform nicht durchringen. Zudem tagen die Vertreter der Stände getrennt. Eine gemeinsame Meinungsbildung findet nicht statt.

Ein Vertreter des niederen Adels, Abbé Sieyès, ist es schließlich, der am 17. Juni 1789 den Dritten Stand kurzerhand zur Nation erklärt. Berühmt ist sein Flugblatt, das in Paris kursiert – »Was ist der Dritte Stand?« –, vor allem auch wegen seiner extrem prägnanten Werbewirkung: »Der Plan dieser Schrift ist ganz einfach«, schreibt Abbé Sieyès: »Wir legen nur drei Fragen vor: 1. Was ist der Dritte Stand? Alles. 2. Was ist er bis jetzt in der politischen Ordnung gewesen? Nichts. 3. Was verlangt er zu werden? Etwas. Der Dritte Stand ist eine vollständige Nation!«

Das Volk jubelt. Der König verliert die Kontrolle. Als Soldaten den Zutritt zum Sitzungssaal des Dritten Standes behindern, weicht man erregt in das Versailler Ballhaus aus. Hier kommt es zum berühmten »Ballhausschwur«, bei dem die Abgeordneten schwören, erst dann auseinanderzugehen, wenn eine neue Verfassung beschlossen sei. Statt zu agieren, kann König Ludwig jetzt nur noch reagieren und gibt gezwungenermaßen die Order, alle Stände mögen sich zur verfassunggebenden Nationalversammlung vereinen. Die Revolution hatte gesiegt.

Mit dieser Entscheidung könnte das Kapitel glücklich beendet sein. Aber ein Dampfkessel, der recht lange befeuert wird, braucht viel Zeit, bis er erkaltet. Und vor allem muss der Dampf heraus. Die Idee des Neuen, des Revolutionären, entwickelt auf Menschen immer eine faszinierende Sogkraft, die plötzlich alles mitreißt, was gestern noch hoch und heilig war. Während die Nationalversammlung tagt, stürmt die aufgeregte Pariser Menge am 14. Juli 1789 das alte Symbol absolutistischer Herrschaft: die Bastille, das alte Staatsgefängnis. Und wenn es auch nur sieben Gefangene sind, die man dort findet und befreit, so ist dieser 14. Juli doch zum französischen Nationalfeiertag geworden, zum großen Symbol für die Revolution und die Übernahme der politischen Macht durch das Volk. Drei Tage später entsteht übrigens die Trikolore, die Flagge Frankreichs, als der König selbst nach Paris einfährt und als Zeichen seiner Zustimmung an seinem weißen Hut die blau-rote Pariser Kokarde trägt, jenes Schleifenband, das man im 17. Jahrhundert in Frankreich gerne am Hut trug, wenn man die Zugehörigkeit zu irgendeiner Gruppe zum Ausdruck bringen wollte.

Die späte Zustimmung wird ihm aber nichts nützen, auch wenn die Menge ihm jetzt noch zujubelt. Überall im Land gerät das Revolutionsfeuer bald gänzlich außer Kontrolle. Die staatliche Ordnung befindet sich in Auflösung. Die Notwendigkeit eines Königs in der nunmehr konstitutionellen Monarchie wird immer fraglicher. Der Staatsbankrott treibt Teuerung und Arbeitslosigkeit ins Extrem, auch wenn jetzt, am 5. August, Adel und Klerus bereit sind, auf alle Privilegien zu verzichten.

Beispielhaft dafür, wie schwer es ist, eine Wirtschaftskrise in den Griff zu bekommen, ist der Versuch der Nationalversammlung vom 10. Oktober: Auf Antrag des Bischofs Charles de Talleyrand (1754–1838) wird aller Kirchenbesitz staatlich eingezogen. Mit dem Verkauf der Besitztümer und Grundstücke will man zu dringend benötigtem Geld kommen, denn selbst die geringen Steuereinnahmen versiegen in den allgemeinen Wirren. Um die Immobilien konvertibel zu machen, wird Papiergeld gedruckt, dessen Wert durch den eingezogenen Kirchenbesitz gedeckt sein soll. So weit, so gut. Aber das plötzliche Überangebot an Grundstücken und Häusern lässt den Markt über Nacht zusammenbrechen. Die Preise stürzen in den Keller und mit ihnen der Wert der bunten Papierfetzen, die man Geld nennt. Eine ungebremste Inflation ist die Folge, die direkte Verwandte des Chaos.

Der sehr fortschrittliche und in seinem Aufklärungswillen selbst Friedrich den Großen überflügelnde Sohn und Nachfolger der österreichischen Kaiserin Maria Theresia, Joseph II. (1741–1790), der sofort nach Regierungsantritt 1780 in Österreich die Leibeigenschaft der Bauern aufhob, die Todesstrafe abschaffte, ein weitreichendes religiöses Toleranzedikt erließ und darüber hinaus in seiner relativ kurzen Regierungszeit gut 6000 (!) Edikte verfasste, um den Vielvölkerstaat Österreich in ein modernes Land zu verwandeln, hatte bereits 1777 seiner Schwester Marie Antoinette, die mit Ludwig XVI. verheiratet war, fast prophetisch ins Gewissen geredet: »So kann es auf Dauer nicht fortgehen, und die Revolution wird furchtbar sein, wenn du ihr nicht vorbeugst.«

Die Mahnung stieß auf taube Ohren. Auf den alarmierenden Hinweis, die Pariser Bürger hätten kein Brot mehr, soll Marie Antoinette den ultimativen Satz vollendeter Herrschafts-Ignoranz gesprochen haben: »Dann sollen sie doch Kuchen essen!« Aber das ist nur erfunden, wenn auch gut. Denn damit ist treffend die gesellschaftliche Kluft beschrieben, die sich zu diesem Zeitpunkt über fast zwei Jahrhunderte hinweg zu einer unüberbrückbaren Schlucht vertieft hatte.

So wartet am 21. Januar 1793 der Henker auf ihren Gemahl, der als »Bürger Louis Capet« öffentlich unter die Guillotine gelegt wird. Es ist eine Ironie der Geschichte, dass in dieser Phase der Revolution König und Königin gleichsam das Opfer einer konzertierten Rettungsaktion werden. Denn die Drohung eines preußischen Feldherrn, Paris dem Erdboden gleichzumachen, wenn die Revolutionäre es wagen sollten, das königliche Schloss zu stürmen, geht nach hinten los. Die preußische Drohgebärde stempelt Ludwig XVI., ob er will oder nicht, zum Verbündeten Preußens und damit zum Staatsfeind Nummer 1. Zumal da Preußen tatsächlich im Verbund mit Österreich gefährlich nah an das revolutionäre Paris heranrückt. In dem Moment, da die Monarchie in ihren Grundfesten erschüttert wird, verbrüdern sich die ehemaligen Erzfeinde, um dem ehemaligen Erzfeind Frankreich zu Hilfe zu eilen.

Denn der revolutionäre Angriff auf die Monarchie wird vom herrschenden Adel europaweit als Generalangriff auf die gottgewollte Weltordnung verstanden. Und da im Herbst 1791 bereits die radikalen Anhänger einer monarchiefreien Republik, die sich nach ihrem ursprünglichen Treffpunkt im Kloster St. Jakob »Jakobiner« nennen, in der Nationalversammlung die Oberhand gewinnen, gehen die europäischen Adelshäuser jetzt aufs Ganze. Ein Krieg ganz neuer Art bricht aus, der nun nicht mehr über

Gebietsansprüche unterschiedlicher Länder entscheiden soll, sondern der über 23 Jahre hinweg in ganz Europa die Frage zu klären sucht, wer denn nun das Recht zu herrschen hat: der Adel oder das Volk.

Mit nur einer Stimme Mehrheit entscheidet sich der Nationalkonvent am 20. September 1792, die radikale Demokratie zu verwirklichen und dem König den Kopf abzuschlagen. Von Frankreich aus solle »die Freiheit und das Glück der Welt ihren Ursprung nehmen«, so kommentiert Maximilien Robespierre (1758–1794), einer der radikalsten Anführer der Jakobiner. Aber auch er wird erfahren, dass die entfesselte Revolution am Ende ihre Kinder frisst: Am 28. Juli 1794 fällt auch sein Kopf in den Korb des Henkers.

Der junge Rechtsanwalt Robespierre ist der Beweis dafür, zu welchen Exzessen auch die Aufklärung fähig ist. Mit großer Rednergabe, einem messerscharfen Verstand und der eiskalten Logik eines Killers ausgestattet, errichtete er ein Terrorregime sondergleichen. Ein Mann, der Sätze sagte wie: »Wir wollen in unserem Land den Egoismus durch Sittlichkeit ersetzen, den Glanz durch die Wahrheit«, ist zugleich fähig, Tausende dem Henker zu überantworten und »jeden mit dem Tod zu strafen, der in der Revolution auch nur passiv ist«. Die von ihm inszenierten Konvent-Ausschüsse tragen so wohlklingende Namen wie »Wohlfahrtsausschuss«, sind aber in Wirklichkeit Menschenvernichtungsmaschinen. Er selbst lässt sich als der »Unbestechliche« feiern. Das mag sogar stimmen, unbestechlich in Hinblick auf seine rationale Grausamkeit. Als exklusiver Verwalter des Volkswillens betrachtet er alle seine Entscheidungen über Tod und Leben als unfehlbar.

Die ursprüngliche Hoffnung, im scharfen Verstand endlich ein Mittel gefunden zu haben, um das Leben menschlicher zu gestalten, als es in den dunklen Zeiten des Mittelalters war, wird mit der Person Robespierres schon früh ad absurdum geführt. Es zeigt sich bereits hier, was 150 Jahre später in Nazi-Deutschland noch einmal deutlich werden wird: Der Primat des Verstandes schützt keineswegs vor einer todbringenden Koalition von menschenverachtender Politik und Geist. Gerade die Naturwissenschaften haben damals der Einbindung in den Terror nicht widerstehen können. Ganz im Gegenteil. Sie haben die Todesmaschinerie geradezu organisatorisch optimiert.

Wie machtvoll die Kraft ist, die von dem Versprechen ausgeht, dass Menschen sich als selbstverantwortliche Individuen frei entfalten können, zeigt sich in der Schlacht von Valmy 1792, als zum ersten Mal das französische Heer auf die hochgerüsteten Koalitionstruppen stößt. Ähnlich wie die alten Römer, deren Militär seinen Gegnern so überlegen war, weil freie römische Bürger ihren selbstbewussten, eigenen Kampf kämpften, so erweisen sich jetzt die Revolutionäre als hochmotivierte, effektive Soldaten. Mit ihrem Marschlied, der »Marseillaise«, ziehen sie in einen Kampf, den sie zutiefst als den ihren empfinden. Unterstützung, auch psychologische, finden sie überall dort, wo die Bevölkerung mit den Idealen der Revolution sympathisiert, etwa im Rheinland.

Für den nachhaltigen Erfolg der Revolutionstruppen sorgt letztlich aber noch etwas anderes: die Uneinigkeit unter den Gegnern. So nutzt Russland den westeuropäischen Konflikt zum ungestörten Vormarsch in Polen, und auch Preußen ist eher daran interessiert, sich noch ein Stück vom polnischen Kuchen abzuschneiden, als ständig gegen das ferne Frankreich zu marschieren. Die gewaltsame Aufteilung Polens unter Russland und Preußen generiert den Sonderfrieden mit Frankreich. Und nach dem Triumph der Franzosen über Österreich steht jetzt nur noch England im Kampf gegen das Mutterland der Revolution.

32. Der Kuss des Leguans

Das Faszinierende an Geschichte ist, dass es oft ganz kleine Dinge sind, die völlig unerwartet große Bedeutung erlangen.

Könnten Sie denn auf Anhieb auf einem Globus die kleine Ansammlung von Vulkan-Atollen zeigen, die sich gute tausend Kilometer vor der Küste Ecuadors ausbreitet und die den Namen Galapagos trägt? Vor 200 Jahren hätte wohl kaum jemand auch nur mit dem Namen der Inselgruppe etwas anfangen können. Und niemand hätte damals geahnt, dass ein 26-jähriger Arztsohn, der auf ebendieser abgelegenen Inselgruppe im Herbst 1835 wochenlang Singvögel und Leguane beobachtet, einmal das Weltbild der Menschheit so revolutionieren würde, dass man ihn noch heute auf die Liste der zehn wichtigsten Männer der Geschichte setzt? Die Weltgeschichte besteht aus einer einzigen Kette von Überraschungen.

Dem Engländer Charles Robert Darwin (1809–1882) war keineswegs schon an der Wiege gesungen, dass er den Fortschritt der Menschheit stärker beeinflussen würde als alle Politiker und Feldherrn des 19. Jahrhunderts zusammen. Als fünftes von sechs Kindern eines Arztes im hinterwäldlerischen Shrewsbury geboren, sollte er wie der Vater Arzt werden. Das halbherzig begonnene Studium konnte ihn aber nicht faszinieren. Außer in Chemie fiel ihm die Begeisterung für das Lernen schwer. So sattelte er um auf

Theologie, empfand aber auch diese Beschäftigung insgeheim als Zeitverschwendung. Sein Großcousin ermunterte ihn, die Langeweile des Studiums in Cambridge mit gelegentlichen Exkursionen in die Umgegend zu vertreiben. Da gab es nun in der Natur vieles zu sehen und zu entdecken, was ihn an seine Jugendzeit erinnerte und sein Interesse an Fragen der Naturwissenschaft erneut weckte. Denn schon als Kind hatte er mit Begeisterung Käfer gesammelt und im »Labor« seines älteren Bruders, einem alten Schuppen, »Naturentdecker« gespielt.

Charles Darwin wurde zwar ein ungläubiger Theologe, aber dafür ein Naturforscher allererster Güte. Auf den Spuren und in der Tradition des großen weltreisenden Naturentdeckers Alexander von Humboldt (1769–1859) wandelnd, überbot er dessen Erkenntnisse mit seiner »Evolutionstheorie« in weltbewegender Weise. Von seiner fast fünfjährigen Erkundungsfahrt auf dem Segelschiff Beagle (Dezember 1831– Oktober 1836) sagte er am Ende seines Lebens, dass diese Weltreise, die ihn auch zu den für seine Forschungen so bedeutenden Galapagos-Inseln führte, »das bei Weitem bedeutendste Erlebnis in meinem Leben war«. In Wirklichkeit aber hatten die dabei gewonnenen Erkenntnisse noch viel größere Bedeutung.

Für die Menschheit war es das vielleicht folgenschwerste Ereignis des 19. Jahrhunderts. Denn Darwins Entdeckung, dass die Entwicklung aller lebendigen Wesen auf natürlichen Einflüssen beruhe und nicht auf einem einmaligen Schöpfungsakt Gottes, schlug wie eine Bombe in alle Bereiche der damaligen Gesellschaft ein. Hatte man bisher den biblischen Schöpfungsbericht weitgehend als verbindliche Dokumentation der Welt-, Tier- und Menschwerdung akzeptiert, so kamen mit Darwins wissenschaftlich-peniblen Beobachtungen die großen alten Wahrheiten ins Wanken. Dass es eine gemeinsame Abstammung und damit einen biologischen Zusammenhang zwischen allen Lebewesen gebe, war für die meisten Menschen des 19. Jahrhunderts ganz unglaublich. Und dass Gott die unterschiedlichen Lebewesen nicht mit einem einzigen himmlischen Paukenschlag geschaffen habe, sondern dass ihre Entwicklung sich durch kleinste graduelle Veränderungen vollziehe und als ein andauernder, dynamischer Prozess zu verstehen sei, stieß auf energisches Kopfschütteln. Dass die natürliche Auslese dabei der bedeutendste Mechanismus der Evolution sei – diese Vorstellung erschreckte die Gemüter und stellte den Willen Gottes in Zweifel. Und dass gar eine nahe Verwandtschaft des Menschen mit dem Affen bestehe, entsetzte oder belustigte die Öffentlichkeit.

Sigmund Freud hat ein halbes Jahrhundert später in Hinblick auf Darwins Entdeckung von einer gewaltigen »Kränkung der menschlichen Eigenliebe« gesprochen, dadurch ausgelöst, dass »die biologische Forschung das angebliche Schöpfungsvorrecht des Menschen zunichtemachte, ihn auf die Abstammung aus dem Tierreich und die Untilgbarkeit seiner animalischen Natur verwies«. In der Tat: Fast kein Bereich des menschlichen Lebens blieb davon unberührt, dass Darwin das Woher unserer Existenz unter Auslassung der Religion entschlüsselte. Nicht nur das Menschenbild wurde in dieser Sternstunde der Wissenschaft völlig verändert, sondern auch unsere Sicht auf die Welt, auf das Tierreich, auf die ökologischen Zusammenhänge. Die Verantwortung für alles Leben wurde von hier aus auf eine ganz neue Grundlage gestellt und der Mensch erneut ein Stück weiter aus dem Zentrum der Welt herausgerückt.

Um es sportiv auszudrücken: Wie einen jener siegesgewissen Radfahrer, die bei den berüchtigten Bergetappen der Tour de France über lange Zeit einsam die Spitze bilden, dann aber kurz vor dem Ziel vom Hauptfeld eingefangen und wieder verschluckt werden, holte Darwin den Menschen vom Podest der Schöpfung und schickte ihn zwecks Wiedereingliederung zurück in den Zoo. Die Sonderstellung des *Homo sapiens* war dahin.

Während Darwin ein Erdbeben auslöste, sind viele andere Wissenschaftler dieses Jahrhunderts am starrköpfigen Beharrungsvermögen ihrer Epoche geradezu zerbrochen. Es sei hier nur exemplarisch an den Wiener Arzt Ignaz Philipp Semmelweis (1818–1865) erinnert, der mit der Erfindung der Hygiene (zur Vorbeugung gegen Infektionskrankheiten) die wohl effektivste medizinische Maßnahme aller Zeiten anstieß, aber von den Standeskollegen verlacht wurde und in geistiger Umnachtung starb. Im Gegensatz dazu wurde die Bedeutung Darwins am Ende seines Lebens von seinen Zeitgenossen weitgehend anerkannt. Man bestattete den 73-Jährigen am 26. April 1882 in der Londoner Westminster Abbey zu Füßen jenes Monuments, das dem bis dahin größten Naturwissenschaftler galt: Sir Isaac Newton.

Welche Bedeutung haben im Vergleich zu solchen Neujustierungen der Welt schon politische Taten und Verträge? Oder gar Schlachten, selbst wenn, wie im Oktober 1813 bei Leipzig, ganze »Völker« aufeinanderprallen? Haben sich territoriale Grenzziehungen jemals als so dauerhaft erwiesen wie große Gedanken und fundamentale Erkenntnisse? Wenn der Grieche Heraklit († um 460 v. Chr.) behauptet, dass der Krieg der Vater aller Dinge sei, dann erweist er sich als einer der Vorläufer von Darwin und seiner Lehre vom »Kampf ums Dasein«, mit dem der große Forscher den britischen Kolonialismus rechtfertigte.

Der 1,67 Meter kleine Zeitgenosse, der bei seiner Karriereplanung an der Wende zum 19. Jahrhundert noch auf Heraklit setzt, hat Charles Darwin auch nicht gekannt. Als er 1821 auf der Sträflingsinsel St. Helena an Magenkrebs stirbt, ist der kleine Charles erst zwölf Jahre alt. Aber zwei Dinge hat er am Ende doch mit ihm gemein: Auch er nimmt gewaltigen Einfluss auf die Entwicklung seines Jahrhunderts. Und auch er entsteigt dem relativen Dunkel der Geschichte.

Denn dieser Napoleon Bonaparte ist ein geborener Nobody, der sich zu der Zeit, da Ludwig XVI. am Hofe von Versailles noch im letzten Glanz seines Sonnenkönigtums schwelgt, mit seinen sieben Geschwistern auf der kargen Felseninsel Korsika um den spärlich gedeckten Tisch drängt. Der Vater, ein eher schlecht situierter Advokat, ist ein gemäßigter korsischer Salon-Revoluzzer, bereit, für die Unabhängigkeit seiner Heimat zu kämpfen, solange es gegen die schwachen Kaufleute aus Genua geht, die die Insel zu dieser Zeit besitzen; aber mit der schnellen Bereitschaft, sich den viel stärkeren Machthabern zu beugen, als Korsika 1769 vom starken Frankreich käuflich erworben wird. Auch sein Sohn hat ein untrügliches Gespür für die richtige Windrichtung, aus der die neue Macht weht. Schnell stellt der junge Napoleon fest, dass man »nach Paris gehen muss, um es zu etwas zu bringen«, wie er später freimütig bekennt.

Eine clevere Entscheidung. Aus dem eigenbrötlerischen Kadetten der Militärakademie, der bei der einsamen Lektüre über Alexander den Großen im Stillen von Ruhm und Ehre träumt, wird in den Wirren der Französischen Revolution ein 24-jähriger Brigadegeneral, treu ergeben den radikalen Jakobinern und ihrem vernunftmörderischen Anführer Robespierre.

Aber die Zeiten der Revolution sind gleichwohl unsicher. Mancher General, der eine Schlacht verliert, verliert danach auch seinen Kopf, wegen »Hochverrats«. Und als es eines Tages plötzlich Robespierre ist, der unter die Guillotine gelegt wird, tendieren auch die Karrierechancen seines Parteigängers schlagartig gegen null: Als Sympathisant des hingerichteten Revolutionsführers wird Napoleon ins Gefängnis geworfen.

Wie so oft in der Weltgeschichte ist es jetzt der überraschende Zufall, der zum »Vater der Geschichte« wird. Und wenn man Glück hat, kennt man eben die richtigen Leute. Als sich das neue »Direktorium«, der fünfköpfige Exekutivrat der Revolution, einer Bedrohung durch einen Aufstand junger Adliger gegenübersieht, wird Napoleon von einem Bekannten empfohlen. Als Mann fürs Grobe. Brutal lässt Napoleon den Aufstand zusammenschießen, wird dafür rehabilitiert und erneut mit dem Generalsstatus belohnt. Tapfer übernimmt er das Kommando einer eher kläglichen Freischärler-Armee, die den glorreichen Sieg der Revolution auch nach Italien tragen soll.

Eigentlich ein Himmelfahrtskommando, aber Napoleon erweist sich als begnadeter Motivator und genialer Stratege seiner Truppe. Insbesondere ist es die neue, revolutionäre Kampftechnik, die sich als überaus effektiv erweist: Sogenannte *Tirailleurs*, Scharfschützen, bewegen sich außerhalb der festen Kampfformationen und töten als Einzelkämpfer Offiziere und Truppführer der Gegner. Napoleons rigorose Taktik zielt darüber hinaus darauf, den Gegner nicht bloß zu schlagen, sondern ihn tatsächlich gänzlich zu vernichten.

So erobert er ganz Oberitalien — und sendet bei dieser Gelegenheit eine Reihe bedeutender italienischer Kunstwerke nach Paris. Diese Beutekunst für den Louvre ist Teil seines Kulturprogramms und zeigt die andere Seite des brutalen Eroberers: Als Schöngeist plant er innovative, volkspädagogische Maßnahmen der Geschmackserziehung, die er später auch mit Dutzenden Museumsgründungen wirklich umsetzt. Anschließend zieht er gegen Österreich und zwingt den schwachen Kaiser, alle deutschen Gebiete jenseits des Rheins abzutreten.

Jetzt noch gegen das mächtige England anzugehen erscheint selbst einem Napoleon allzu gewagt. Aber England an seiner empfindlichsten Flanke zu schwächen ist ein Plan, der gelingen könnte. Das unter englischer Herrschaft stehende Ägypten wird das neue Ziel des Unersättlichen, der sein gigantisches Ego nun auch mit religiösem Pathos unterfüttert und von »Vorsehung« spricht.

Bei unserer Reise durch die Weltgeschichte haben wir immer wieder erlebt, wie es herausragende Persönlichkeiten mit oft aberwitzigem Sendungsbewusstsein verstanden haben, die eher trägen Massen mitzureißen. So auch diesmal in besonders selbstbewusster Ausführung: »Alle menschliche Anstrengung gegen mich ist nutzlos, denn alles, was ich unternehme, ist bestimmt zu gelingen!« Solch himmelschreiende Suggestionen Napoleons verfehlen ihre öffentliche Wirkung nicht, selbst wenn die Realität ganz anders aussieht: Zwar kämpft Napoleon 1798 eine erste erfolgreiche Schlacht gegen Englands Landstreitkräfte, aber vor dem ägyptischen Abukir rammt die Seemacht England unter Admiral Nelson die französische Flotte fast vollständig in den Grund.

Für den siegggewohnten Napoleon ein Motiv, um seine wenig erfolgreiche Truppe umgehend zu verlassen und nach Paris zu gehen, wieder in die Stadt, »in der man es zu etwas bringt«. In einer Art Staatsstreich setzt er sich als »Konsul« an die Spitze der schwächelnden Regierung, denn in politisch unruhigen Zeiten haben Volksvertreter zwar die starken Worte, Generäle aber die stärkeren Waffen. Und das Volk liebt nun mal den Erfolgreichen umso mehr, je anschaulicher er sich in Szene zu setzen vermag. Sogar das neue Gesetzbuch wird jetzt mit dem Namen des bejubelten Putschisten ausgestattet: *Code Napoléon*. Kaum ist es jetzt noch das Revolutionsideal von Freiheit, Gleichheit, Brüderlichkeit, das kümmert, sondern es ist der beeindruckende militärische Erfolg, der der *Grande Nation* Ruhm und Ehre einfährt, zuletzt auch in der erfolgreichen Auseinandersetzung mit Österreich.

Kennen Sie jemanden in Ihrer Umgebung, der sich wie ein »kleiner Napoleon« aufführt? Es gibt diese Zeitgenossen überall, auch wenn sie heute nicht mehr so erfolgreich sind wie das Original. Es sind Menschen, die von allem alles wollen. Denen nie etwas genug ist. Die nie innehalten in ihrer aufreibenden Lebenshatz. Die wie scharfmäulige Leguane automatisch nach allem schnappen, was entfernt nach Beute aussieht. Zwar ist Napoleon jetzt bereits »Konsul auf Lebenszeit«. Aber das reicht ihm nicht. Er will Kaiser werden, macht sich 1804 selbst dazu und muss zu diesem Zwecke nicht einmal, wie es noch Karl der Große im Jahr 800 tat, nach Rom pilgern. Der zukünftige König von Italien bestellt kurzerhand den Papst zur Kaiserkrönung nach Paris ein.

Wer so viel atemberaubende Stärke demonstriert, muss sich nicht wundern, wenn der Rest der Welt dagegen aufbegehrt. Im Bündnis gegen Napoleon vereinen sich die, die sich sonst spinnefeind sind: Preußen, Österreich, Russland, Schweden, natürlich auch England. Andererseits sympathisieren viele kleine Fürstentümer mit dem revolutionären Befreier; denn gerne geht der Schwache mit dem Starken ein Bündnis ein, und es gilt das Sprichwort: »Wenn du einen Feind nicht besiegen kannst, dann mach ihn zum Freund!« Große Teile des aufgeklärten deutschsprachigen Bürgertums sehen in Napoleon immer noch den revolutionären Wirbelwind, mit dem Freiheit, Gleichheit und Brüderlichkeit auch in deutsche Lande hereinwehen sollen. Ein modernes Genie wie Beethoven (1770–1827) widmet dem französischen »Prometheus« gar seine Dritte Symphonie, die »Eroica«, macht diese Widmung aber wütend rückgängig, als Napoleon sich zum Kaiser krönt. Früher als viele andere erkennt Beethoven: »So ist der auch nicht anders als ein gewöhnlicher Mensch! Nun wird er auch alle Menschenrechte mit Füßen treten, nur seinem Ehrgeize frönen.«

Damit hatte der hellsichtige Beethoven den Nagel durchaus auf den Kopf getroffen.

Mit dem Sieg bei Austerlitz 1805 gegen die Alliierten wird ein Jahrzehnt der gigantischen Schlachten eingeläutet. Es ist zugleich die schier unglaubliche Erfolgsstory einer einfachen korsischen Familie. Denn Napoleon verteilt die eroberten Herzogtümer, Grafschaften und Königreiche unter seine Verwandten: Sein Schwager erhält einen Teil von Deutschland, sein Stiefsohn Italien, ein Bruder Neapel, ein anderer Holland, die Schwester ein Herzogtum in Italien, sein Bruder Joseph wird König von Spanien, ein weiterer König von Westfalen.

Hätten sich diese Familienmitglieder zwanzig Jahre zuvor je ausmalen können, dass sie einstmals zu Beherrschern Europas aufsteigen würden? Zu Fürsten, Königen und Kaisern, damals, als sie wie Hungerleider am Rande der zivilisierten Welt in der schroffen Bergwelt Korsikas hausten, jener Insel vor der italienischen Küste, die eher zufällig in den Besitz Frankreichs geriet?

Jetzt ist es dieser kleine Korse, der auch noch das tausendjährige Heilige Römische Reich Deutscher Nation endgültig zu Fall bringt. 1806 sieht Kaiser Franz II. den politischen Realitäten ins Auge und legt den uralten Kaisertitel unter dem Druck Napoleons ab. Damit bricht der geschichtlich gewachsene Brückenschlag zwischen Antike und Neuzeit unwiderruflich ab. Bereits 1803 war unter dem massiven Drängen des antiklerikalen Frankreich im sogenannten Reichsdeputationshauptschluss, der letzten großen gesetzlichen Beschlussfassung des Heiligen Römischen Reiches Deutscher Nation, die Auflösung aller geistlichen Fürstentümer vereinbart worden, also die Auflösung all jener Territorien, in denen seit der Zeit Karls des Großen die Bischöfe wie landesherrliche Fürsten regieren.

Der »Reichsdeputationshauptschluss« – eines der schönsten

Wortungetüme deutscher Sprache – beendet 1803 die weltliche Herrschaft der Kirche, den Staat im Staate. Dennoch bleiben »Thron und Altar« im Zeitalter der Heiligen Allianz verbündet, und noch Bismarck muss Zivilehe und staatliche Schulaufsicht gegen die katholische Kirche durchsetzen.

Gleichzeitig schrumpfte mit der Enteignung des Kirchenbesitzes die Zahl der vielen hundert Klein- und Kleinstfürstentümer in Deutschland, weil die kirchlichen Territorien als Entschädigung für den Verlust der linksrheinischen Gebiete den weltlichen Fürsten übereignet wurden. Für Kaiser Franz II. (1768–1835) bedeutete diese Entwicklung freilich eine weitere Schwächung seiner Stellung im Reich. Denn mit dem Verschwinden der zahlreichen geistlichen Fürstentümer schrumpfte die Zahl der reichsunmittelbaren Herrschaftsgebiete von einigen hundert auf nur mehr 34.

So brachte Napoleons Vordringen nach Deutschland in der Bilanz drei Tendenzen hervor, die die Zukunft Deutschlands entscheidend geprägt haben: die Schwächung des alten europäischen Kaisertums, die Verminderung der zahllosen Kleinterritorien und die Vergrößerung der souveränen Großfürstentümer.

Im selben Jahr, da sich Kaiser Franz II. zwangsweise zu Kaiser Franz I. von Österreich herabstufen muss, geht Napoleon erfolgreich gegen den letzten starken Widerständler Preußen vor und versucht von hier aus eine Blockadepolitik gegen England. Er hofft, die Insel aushungern zu können, wenn er schon gegen die starke Seestreitkraft nicht ankommt. Bei Napoleons triumphalem Einzug in Berlin wird zwar offiziell ein Bündnis mit Preußen verkündet, aber unterschwellig mit dieser Zwangsvermählung zugleich schon der Keim gelegt zur französisch-preußischen »Erbfeindschaft«, die in den kommenden 150 Jahren noch viel schreckliches Blutvergießen verursachen wird.

1809, nach der Schlacht bei Wagram, reitet Napoleon endlich auch in Wien ein, in das einstige Herz des europäischen Kaisertums. Er ist am Ziel. Vorläufig. Franz muss gute Miene zum bösen Spiel machen und gibt dem neuen starken Mann seine Tochter zur Frau. Gezwungenermaßen. Denn wie wird sich der abgedankte Kaiser des Heiligen Römischen Reiches dabei wohl gefühlt haben? Zu seiner politischen Ohnmacht gesellt sich jetzt noch die bittere Gewissheit, dass sich mit dieser Heirat 500 Jahre Habsburger Herrlichkeit mit dem Blut eines ehemaligen korsischen Habenichts vermischen müssen.

Aber wer fragt noch nach Blut, wenn es um einen politischen Supermann geht, der inzwischen ein Reich beherrscht, das größer ist als dasjenige Karls des Großen? Oder wie es der Zeitgenosse Goethe als politischer Beobachter einmal nüchtern – an den deutschen Adel adressiert – konstatiert hat: »Schüttelt nur an euren Ketten. Der Mann ist euch zu groß!«

Andererseits ist die Weltgeschichte voller Paradoxien. Ein »großer Befreier« kann sich schnell als »großer Diktator« entpuppen. Politische Stimmungen können über Nacht kippen. Ein Sieg mobilisiert oft Gegenkräfte, die sich auf lange Sicht als wirkungsvoller erweisen als der größte Triumph. Und plötzlich denken dann alle wie Beethoven.

Der erste hartnäckige Widerstand durch den Freiheitskämpfer und Viehhändler Andreas Hofer (1767–1810) in Tirol setzt trotz, oder gerade wegen, seiner Erfolglosigkeit nationale Kräfte frei. Napoleons mitreißende Revolutionsverheißung weicht zunehmend einer Ernüchterung über den rücksichtslosen Herrscher, der ein paar Jahre später einmal dem österreichischen Kanzler Fürst von Metternich gestehen wird: »Ich bin im Felde aufgewachsen, und ein Mann wie ich schert sich wenig um das Leben von einer Million Menschen!«

An Napoleons Konsequenz schärft sich zunehmend die nationale deutsche Idee. Letztlich ist er es, dessen Taten bei vielen Deutschen die Sehnsucht nach eigener Identität und nationaler Zusammengehörigkeit wecken und dessen imperiales Vorpreschen den lange vorherrschenden französischen Kultureinfluss mehr und mehr überschattet. Die deutschen Dichter und Denker der Romantik beginnen den Schatz der deutschen Sprache zu heben und entdecken bisher vernachlässigte Traditionen und Geschichten, wie sie jetzt aus dem Dunkel der mündlichen Überlieferung auftauchen, etwa mit der Märchenforschung der Brüder Grimm oder der Volksliedsammlung »Des Knaben Wunderhorn« von Clemens Brentano und Achim von Arnim. Deutschland beginnt sich im Lichte der napoleonischen Kriege als eigene Nation zu entdecken und seine Vergangenheit wertzuschätzen.

Und wie löst sich am Ende der Knoten? Im Grunde ganz einfach. In gewisser Weise besiegt Napoleon sich selbst. Denn brennender Ehrgeiz kann zur schärfsten Selbstmörder-Waffe werden, die sich denken lässt.

1812 ist das Jahr, in dem das Blatt sich wendet. Napoleon zieht mit 700 000 Mann die bis dahin größte Armee aller Zeiten zusammen, um noch Russland in die Knie zu zwingen. Der vorgegebene Anlass für den gewaltigen Überfall ist eher nichtig: Angeblich treibt Russland Handel mit England und sabotiert damit die Blockadepolitik. Der geplante militärische Triumphzug nach Moskau aber gerät zum militärischen Fiasko. Die Strategie der Russen ist immer dieselbe. Schon Peter der Große hat so die Schweden im Nordischen Krieg besiegt, und 140 Jahre später wird sich auch Hitler die Zähne daran ausbeißen: Die Russen lassen ihr unendlich weites Land für sie kämpfen.

Was sind schon 700 000 Mann in einem Reich, das vierzigmal größer ist als Frankreich und gut ein Sechstel des Festlandes der Erde ausmacht? Die russische Taktik der verbrannten Erde verhindert, dass sich die heranrückende Armee aus den Beständen der eroberten Landstriche ernähren kann. Erst als Napoleon endlich vor den Toren Moskaus steht, kommt es zur großen Schlacht von Borodino, die für Napoleon zwar sieg-, aber zugleich mit 80 000 Toten äußerst verlustreich ausgeht. Als seine Truppen Moskau besetzen, ist die Stadt leer und steht bald schon in Flammen. Und was ist zu tun, wenn der Zar, der nun eigentlich ehrerbietig die Waffen strecken sollte, sich nicht einmal zeigt?

Der Rückmarsch durch den russischen Winter und die ausgeplünderten Landstriche besiegelt das Schicksal der *Grande Armée* endgültig, spätestens als bei der Überquerung des vereisten Flusses Beresina Kosaken über die geschwächte Truppe herfallen. An der Memel, beim Eintritt in das preußische Reichsgebiet, wird klar, dass kaum fünf Prozent der Soldaten diesen Feldzug des Schreckens überlebt haben. Napoleon selbst hat sich bereits verkleidet in einem Bauernschlitten nach Paris abgesetzt und bastelt an dem Plan, wiederum Abertausende neuer Soldaten zu rekrutieren, um den Verlust an Menschenmaterial schnell wieder wettzumachen.

Doch sein Stern ist gesunken. In der Welt, aber auch in Paris. Was ist ein Sieger, der nicht mehr siegt? Einer, der über Hunderttausende von Leichen geht? Die Gegner wittern Morgenluft. Zuerst ist es Preußen, das plötzlich mit Russland gegen Napoleon paktiert. Nach kurzer Atempause schließt sich Österreich an, Schweden und England sind auch dabei. Mit der dreitägigen Völkerschlacht bei Leipzig vom 16. bis 19. Oktober 1813 findet die Herrschaft Napoleons in Deutschland ihr Ende. Ein halbes Jahr später ziehen der russische Zar und der preußische König in Paris ein. Nach einem vergeblichen Selbstmordversuch dankt Napoleon am 6. April 1814 ab.

Unter dem österreichischen Kanzler Clemens Wenceslaus

Lothar Fürst von Metternich (1773–1859) beginnt die Rück-abwicklung, die Einebnung von zwanzig Jahren europäischer Geschichte. Ziel auf dem Wiener Kongress (1814/15) ist die Wiederherstellung der vorrevolutionären Verhältnisse. Die Siegermächte gehen dabei durchaus klug und behutsam vor. Denn Europas Machtgefüge ist so sensibel wie eine Apothekerwaage. Um Frankreich nicht vollends zu destabilisieren und damit Russland allzu viel Gewicht zu überlassen, werden die alten Grenzen von 1792 zugestanden. Napoleon darf seinen Kaisertitel behalten und mit 800 Getreuen auf der winzigen Mittelmeerinsel Elba »residieren«. Der Bruder des hingerichteten Bourbonen-Königs Ludwig XVI. besteigt jetzt als Ludwig XVIII. den französischen Thron.

Alles auf Anfang. Das Gleichgewicht der europäischen Mächte ist wieder sorgfältig austariert. Und noch einmal startet der Adel mit der vom russischen Zaren angeregten »Heiligen Allianz« den letzten Versuch, das Gottesgnadentum aller Monarchen gegen den revolutionären, agnostischen Trend der Neuzeit abzuschotten: Jesus Christus sei der wahre Souverän aller europäischen Völker; die Monarchen seien die gottgewollten Familienväter ihrer gehorsamen Untertanen; und das Christentum sei Grundlage aller Politik.

Es könnte so schön sein. Aber dieser Bund von Thron und Altar fällt bereits hoffnungslos gegen die Realitäten der aufgeklärten Zeit zurück, beschert Europa gleichwohl jene lange und etwas langweilige Friedenszeit, die als Epoche des Biedermeier in die Geschichtsbücher eingegangen ist.

Nur noch einmal wird Napoleon mit militärischem Geschick ein Comeback versuchen und Europa aus seinem beginnenden biedermeierlichen Schlaf kurzzeitig aufschrecken. Über hundert Tage hinweg kann er, als er im März 1815 überraschend in Südfrankreich landet, erneut das europäische Gleichgewicht bedrohen. Denn unter den Franzosen findet er rasch viele Anhänger, die den glorreichen Zeiten glänzender Siege nachträumen. Doch in der Schlacht bei Waterloo unterliegt Napoleon den Engländern unter Wellington im Verbund mit den preußischen Truppen der Generäle Blücher und Gneisenau. Um nicht in die Hände der Preußen zu fallen, die nach dieser neuerlichen Attacke mit dem unbequemen Korsen wohl kurzen Prozess machen würden, flüchtet Napoleon zu den Engländern. Die finden mit der abgelegenen Atlantikinsel St. Helena einen sicheren und endgültigen Verbannungsort. Hier wird er sechs Jahre später auf einem alten Feldbett sterben.

Wenn Sie heute im Pariser Invalidendom vor dem gigantischen Quarzit-Sarkophag stehen, in dem Napoleon erst vierzig Jahre nach seinem Tod zur Ruhe kam, dann werden Sie vielleicht einen starken Widerspruch empfinden: den Widerspruch zwischen dem riesigen, unbeweglichen Super-Size-Sarg in Mammutgröße und dem unruhigen Leben des doch so kleinen, quirligen Selfmade-Mannes, der ganz Europa aufmischte und doch niemals Erfüllung fand. Und bedenken Sie dann bitte, was übermäßige Selbstliebe in Verbindung mit Minderwertigkeitsgefühlen alles anrichten kann. Und wägen Sie in Ihrem Geiste jenes Urteil Napoleons über sich selbst, das er nach der Völkerschlacht zu Leipzig in tiefer Resignation gegenüber Metternich bekannte. Es war sein lebenslanges, furchtbares Mantra: »Eure Herrscher, geboren auf dem Throne, können sich zwanzigmal schlagen lassen und doch immer wieder in ihre Residenzen zurückkehren. Das kann ich nicht, ich, der Sohn des Glücks! Meine Herrschaft überdauert den Tag nicht, an dem ich aufgehört habe, stark und gefürchtet zu sein.«

33. Fahrstuhl in eine neue Welt

Genau so sieht ein kunstvoller Dom der Neuzeit aus. Eine Kirche des Fortschritts. Ein technisches Heiligtum mit elektrischem Fahrstuhl. Für die Menschen am Ende des 19. Jahrhunderts versammelt sich in diesem ursprünglich rotbraunen Gittergerüst des Eiffelturms alles, was den festen Glauben an die Moderne repräsentiert: das Machbare, das Industrielle, die technische Verlässlichkeit, der Vorrang von Mathematik und physikalischer Berechenbarkeit, der Triumph des Fortschritts, der himmelstürmende Glaube an eine bessere Zukunft.

Wir haben es auf unserer Zeitreise andauernd gesehen: Politik verändert die Welt. Aber Wissenschaft und Erkenntnis verändern die Welt noch mehr. Doch fragt man, was im 19. Jahrhundert die Verhältnisse am nachhaltigsten durcheinandergewirbelt hat, dann lässt sich darauf kurz und knapp antworten: die technische Beherrschung der Natur.

Es war ein Paukenschlag der Geschichte: Zum ersten Mal gelang es der Menschheit, die Naturkräfte in umfassender Weise in den Dienst der eigenen Sache zu stellen. Den Dampf arbeiten zu lassen, anstatt die eigenen Muskeln gebrauchen zu müssen. Elektrische Ströme sprechen zu lassen, statt mühsam selbst Botschaften von Ort zu Ort zu transportieren. Mit heißer Luft zu fliegen. Auf Stahlbändern sich pfeilschnell durch die Welt zu bewegen. Die eigene Stimme, Musik und Bilder konservierbar und jederzeit abrufbar zu machen. Mit Chemikalien über das Wachstum der Pflanzen zu herrschen. Den Lebensrhythmus ganz nach Wunsch zu beschleunigen. Mit der Technik alle alten Grenzen, auch die des Denkens, aufzubrechen.

Wir müssen gar nicht weit in der Weltgeschichte zurückreisen, um diese folgenschwerste aller Revolutionen live mitzuerleben. Unsere Ururgroßväter könnten tatsächlich noch Augenzeugen dieses gewaltigen Umbruchs gewesen sein.

Im Jahr 1802 zum Beispiel. Da machen die Engländer erste Versuche mit Dampfschiffen, nachdem sich bereits 1769 der englische Arbeiter James Watt die Dampfmaschine hatte patentieren lassen. Und im November 1783 waren die ersten Flugpioniere der Weltgeschichte in einem Ballon der Gebrüder Montgolfier über Paris aufgestiegen. Fast zeitgleich mit dem ersten Raddampfer des amerikanischen Malers und Technikpioniers Robert Fulton macht 1804 die erste Lokomotive des Erfinders Richard Trevithick ihre ersten Fahrversuche. 1821 wird dann in England eine Eisenbahnlinie eröffnet.

Seit 1825 befreien Spinnmaschine und mechanischer Webstuhl von der Mühsal der Handarbeit. In das Jahr 1837 fallen gleich zwei weltbewegende Erfindungen: Der amerikanische Maler Samuel Morse entwickelt den Telegrafen, und der Franzose Louis Daguerre schießt das erste brauchbare Foto, die »Daguerreotypie«. Die Entwicklung von Kunstdünger durch Justus von Liebig revolutioniert die Landwirtschaft. Das leichteste Metall der Welt, Aluminium, wird durch Elektrolyse aus Bauxit gewonnen, und in Bochum erfindet Jacob Meyer das Stahlgussverfahren. 1853 rattert die erste U-Bahn unter den Häusern Londons hindurch. Die Entdeckung der Bakterien durch Robert Koch weckt Hoffnungen, die größten Geißeln der Menschheit endlich zu besiegen. Die mendelschen Gesetze des österreichischen Abts Gregor Mendel schaffen die Grundlage für systematische Tier- und Pflanzenzucht.

1870 wird im Schlachthaus von Chicago das erste Fließband montiert, eine Neuerung, die bald die gesamte Arbeitswelt revolutionieren wird und den Begriff der »Effizienz« in die Welt bringt. Thomas Alva Edison zeigt 1880 den Menschen, was Elektrizität alles leisten kann, und erleuchtet ihre Räume gänzlich rußfrei mit einem strahlenden Glaskolben. Zu dieser Zeit schaffen es die Gleisbauer bereits, das europäische Schienennetz pro Jahr um 10 000 Kilometer zu erweitern. Die räumliche Entfernung zwischen den Menschen schrumpft schneller, als es die mentale Distanz zwischen den Nationen vermag. Ganz am Ende des Jahrhunderts lernen dann auch noch die fotografischen Bilder laufen, die Kutschen ohne Pferde zu fahren, und man kann sich jetzt sogar über riesige Entfernungen unterhalten, ohne sich dabei sehen zu müssen. Die verrückte Erfindung von Philipp Reis und Graham Bell, das Telefon, funktioniert tatsächlich. Und sogar der Himmel gehört seit Otto Lilienthal nicht nur Gott und den Engeln, sondern jetzt auch den Piloten.

Gibt es ein treffenderes Symbol für diese Zeit, in der die Sterne zum Greifen nahe scheinen, als das Stahlgerippe, das Gustave Eiffel 1889 in Erinnerung an die Französische Revolution auf dem Pariser Marsfeld errichtete? Mit nur 10 000 Tonnen Gewicht und einer Höhe von 300 Metern, die allerdings bei Winterkälte um bis zu 15 Zentimeter schrumpfen, ist diese Fachwerkkonstruktion das leichteste Bauwerk dieser Größe, das je gebaut wurde. Und – im wahrsten Sinne des Wortes – das Zeugnis einer veränderten Welt-Anschauung.

Probieren Sie es doch selbst einmal aus: In den alten gotischen Kathedralen geht Ihr Besucherblick bestimmt von unten nach oben. Kaum, dass Sie das Kirchenschiff betreten haben, schauen Sie mehr oder weniger ehrfürchtig Richtung Decke, wie die Menschen vor Ihnen auch, die sich so ihrer Kleinheit vor Gott bewusst werden sollten. Bei den modernen Bauwerken wie dem Eiffelturm geht der Blick andersherum: Mit dem elektrischen Fahrstuhl saust man zügig an den höchsten Punkt, um von dort aus mit Münzferngläsern, die sich nur nach unten neigen lassen, auf die Menschen in den Straßen zu blicken, also auf sein eigenes Dasein. Man blickt nicht in den Himmel. Die Dinge, die man jetzt sieht, sind konkret, diesseitig und materiell. Nichts ist da spirituell, esoterisch oder religiös.

Der traditionelle Gottesglaube wird für den, der so auf seine Welt schaut, immer hinfälliger. Priester und Theologen bekommen jetzt starke Konkurrenz von neu erfundenen »Dolmetschern des Lebens«, von Psychologen, Psychotherapeuten, Psychoanalytikern, Soziologen, Sozialarbeitern, die es alle in der gesamten Menschheitsgeschichte zuvor nicht gab. Die diffusen religiösen Begriffe von einst werden nun ersetzt durch fachliche Definitionen mit wissenschaftlichem Gütesiegel: Moderne Menschen sind nicht einfach »gut« oder »böse«, sondern »gesund« oder »krank«. Und die Ausgegrenzten heißen nicht mehr Ketzer, Hexen und Teufel, sondern Staatsfeinde, Asoziale und Terroristen.

Es ist auch die Zeit ganz neuer Helden. Gustave Eiffel hat in der Balustrade der ersten Plattform 72 Namen in Goldschrift eingravieren lassen, die allerdings durch spätere Anstriche übermalt wurden und deshalb heute fast vergessen sind. Eiffel tat damals das, was bereits die Römer bei ihren Triumphbogen in Hinblick auf erfolgreiche Feldherrn taten: Er ehrte mit den Inschriften die Helden seiner Epoche, und die Helden seiner Zeit waren nun nicht Feldherrn oder Glaubenskämpfer, sondern allesamt Wissenschaftler.

So gewinnt man von diesem Turm aus den Überblick über die gewaltigen Leistungen der menschlichen Schöpfung. Und staunt. Stolz zu sein auf sich selbst und seinen Fortschritt – das ist eine wesentliche Errungenschaft der bürgerlichen Gesellschaften des 19. Jahrhunderts.

Was für ein Welten-Wechsel innerhalb von drei Generationen! Als im Jahre 1814 die Preußen nach dem Sieg über Napoleon in Paris einritten, brauchte es noch ganze neun Tage, bevor die Berliner diese Top-Nachricht erfuhren. Hundert Jahre später vergehen nur noch 0,025 Sekunden, um eine Nachricht von Amerika nach England zu übermitteln. Kann man so viel Fortschritt auf einmal wirklich aushalten?

Die Übertragung der technischen Naturbeherrschung auf die Arbeitswelt kommt einem gesellschaftlichen Erdrutsch gleich, den man später als »Industrielle Revolution« bezeichnet hat. Man hat mit diesem Wort nicht übertrieben. Denn eine völlige Verwandlung, ein Umsturz, findet wirklich statt: In der ersten Hälfte des 19. Jahrhunderts verwandeln sich über Nacht traditionelle Agrarwirtschaften in Industriegesellschaften. England ist mit seiner mächtigen Seeflotte und den überseeischen Kolonien der größte Ex- und Importstaat und marschiert an der Spitze dieser Entwicklung. Das Commonwealth zeichnet den Weg der Zukunft vor. Mit der Einführung von Maschinen, die anfangs grundsätzlich als Großgeräte daherkommen, stirbt die Manufaktur, das kleine Handwerk. Die alten Zünfte lösen sich auf, an ihre Stelle tritt die Macht der Maschinenbesitzer.

Überhaupt wird jetzt Besitz viel wichtiger als Kenntnis und Fähigkeit. Denn jeder kann eine Maschine auch ohne langwierige Ausbildung und Talent bedienen. Allerdings wird die teure Maschine nun unabdingbare Voraussetzung für produktive Arbeit. Und eine solche Investition können sich nur vermögende Kaufleute leisten. Die Masse der Menschen wird vom Fortschrittsprofit abgehängt.

Kohle und Eisen, bisher eher marginale Rohstoffe, werden zu Schlüsselmaterialien der expandierenden Produktion. Der Eisenbahnbau löst einen Boom der Schwerindustrie aus, die es ein paar Jahre zuvor noch gar nicht gab. Das Lohndumping und damit das Elend der Arbeiter sind dabei systemimmanent: Denn der brutalste Lohndrücker hat den größten wirtschaftlichen Erfolg, weil er es doch ist, der seine Produkte am Markt am billigsten anbieten kann. Für die Arbeiterschaft bürgert sich schon Anfang des Jahrhunderts der Begriff Proletariat ein, von lateinisch *proles*, d.h. »Nachkommen«. Das Wort beschreibt nüchtern und sachlich, was der einzige Besitzstand dieser Menschen ist: ihre Kinder. Sonst nichts. Ein neuer, ein »Vierter Stand« ist geboren.

Wirtschaftliche Mechanismen funktionieren mit der Zwangsläufigkeit einer Rechenmaschine. Der sogenannte Manchester-Kapitalismus ist ein ebenso klassisches wie abschreckendes Beispiel für die »Freie Marktwirtschaft«: Weil in den Dreißigerjahren des 19. Jahrhunderts die Baumwollindustrie in Manchester die ausländische Konkurrenz zu spüren bekommt, senken die Fabrikbesitzer die ohnehin geringen Löhne. Trotz 15 Stunden täglicher Arbeit können Väter ihre Familien von diesem Lohn nicht mehr ausreichend ernähren, Kinder und Frauen müssen mitarbeiten. Das erste staatliche Arbeitsgesetz von 1833 gilt vielen Fabrikbesitzern schon deshalb als allzu arbeiterfreundlich, weil es die Arbeitszeit für Neunjährige auf neun Stunden täglich begrenzt und die Altersgrenze für schwerste Bergwerksarbeit auf zehn Jahre heraufsetzt. Forderungen werden laut, der Staat solle sich grundsätzlich nicht in wirtschaftliche Vorgänge einmischen. Vor allem solle er die Schutzzölle für Lebensmittel aufheben, um so eine billigere Ernährung der Proletarier zu ermöglichen. 1846 erfolgt tatsächlich die Aufhebung aller Getreidezölle. Doch die Ersparnis kommt bei den Arbeitern nicht an. Stattdessen werden die Produkte verbilligt. Ein neuer Preiskampf ist die unmittelbare Folge, an dessen Ende die Löhne der Arbeiter erneut gedrückt werden. Bald wird klar: Den Proletariern fehlt jede Möglichkeit, auf ihr Schicksal gestaltend einzuwirken. Und indem Hunger und pure Not die Menschen zwingen, gegeneinander um Arbeitsplätze zu konkurrieren, setzt sich die vernichtende Spirale der immer tieferen Löhne in Gang. Das freie Spiel der Wirtschaftskräfte, der totale Wirtschaftsliberalismus lässt die Schere zwischen Arm und Reich dramatisch auseinanderklaffen.

Viele Menschen der Zeit erkannten früh, dass die soziale Frage das bedeutendste Problem des 19. Jahrhunderts werden sollte. Gleichwohl herrschte keine klare Vorstellung darüber, wie der gesellschaftliche Umbruch in den Griff zu bekommen wäre. In England waren es nur wenige Vordenker wie der Fabrikbesitzer Robert Owen (1771–1858), die, wie auf dem Kontinent etwa der Firmengründer Alfred Krupp (1812–1887) mit seiner Idee einer Arbeiter-Krankenversicherung oder Ernst Abbé mit der Verpflichtung einer Arbeiterbeteiligung am Reingewinn der Zeiss-Werke, Lösungen ersannen, die der Verelendung des Proletariats entgegenwirkten.

Die Kirchen beider Konfessionen, weitgehend noch von Missions- und Bekehrungsideologie erfüllt und viel zu nah an Großbürgertum und Adel orientiert, verschlafen weitgehend die soziale Frage, was im weiteren Verlauf der Geschichte dazu führt, dass die Arbeiterschaft zur Kirche auf Distanz geht. Im rückwärtsgewandten Ersten Vatikanischen Konzil (1868–1870) geht es Papst Pius IX., der mit Leidenschaft die Marienverehrung vorantreibt, vor allem um die Zementierung seiner eigenen päpstlichen Unfehlbarkeit und die »Abwehr der modernen Irrtümer des Rationalismus«. Gleichwohl gibt es auf regionaler Ebene, bei Katholiken wie Protestanten, zahlreiche Einzelversuche, das Schicksal der Arbeiterschaft zu lindern. Der Bischof von Mainz, Wilhelm Emmanuel von Ketteler (1811–1877), spricht der Arbeiterschaft sogar das Recht zu, für gerechte Löhne zu kämpfen. Den großen Wurf in der sozialen Frage aber überlassen die Kirchen den Intellektuellen und Agnostikern.

Zum Beispiel dem Schriftsteller Ferdinand Lassalle (1825–1864). Dessen außergewöhnlich kämpferischer Eifer wird nicht nur durch die Tatsache belegt, dass er bereits als Zwölfjähriger einen Nebenbuhler zum Duell forderte und mit 39 Jahren schließlich infolge eines solchen Ehrenhandels auch zu Tode kam; sondern selbst der Kommunist Friedrich Engels, der Lassalle wegen seiner positiven Einstellung zum preußischen Staat eher kritisch gegenüberstand, sah in ihm »den einzigen Kerl in Deutschland, vor dem die Fabrikanten und Fortschrittsschweinehunde Angst haben«.

Lassalle ist ein Genie der freien Rede. Er versteht es, die Massen mit Worten zu faszinieren und zu mobilisieren. Mehrfach wandert er dafür ins Gefängnis. Er glaubt nicht an das freie Spiel der Wirtschaftskräfte und sieht nur eine Möglichkeit, »aus der Wüste herauszukommen«: Die Arbeiter müssten sich organisieren. Sie müssten eine eigene Partei bilden, die ihre Interessen politisch zur Geltung bringt. Voraussetzung dafür ist ein allgemeines, gleiches und direktes Wahlrecht, das nicht wie bisher nach Steuerklassen die jeweiligen Stimmen gewichtet. Dafür kämpft Lassalle. Denn seit 1849 gilt in Preußen das Drei-Klassen-Wahlrecht, das dem Geldadel, der gerade mal vier Prozent der Bevölkerung ausmacht, ein Drittel der Stimmgewalt bei der Besetzung des preußischen Abgeordnetenhauses zugesteht.

Lassalle geht den »parlamentarischen Weg«, nicht den einer

»APO«, einer »außerparlamentarischen Opposition«, oder gar den einer blutigen Revolution, wie sie die radikaleren Sozialreformer, zu denen etwa auch der Komponist Richard Wagner (1813–1883) zeitweise gehört, herbeisehnen. Das trägt ihm zwar die Gegnerschaft der Kommunisten ein, aber er erreicht in mehreren Gesprächen mit Bismarck Zugeständnisse. Das Verbot, sich als Arbeiter gewerkschaftlich zu organisieren, wird in Preußen freilich erst 1869 aufgehoben. Und das preußische Drei-Klassen-Wahlrecht wird erst 1919 fallen.

1863, ein knappes Jahr bevor Lassalle wegen eines abgewiesenen Heiratswunsches im Duell stirbt, gründet er den »Allgemeinen Deutschen Arbeiterverein«. Es ist die erste politische Arbeiterpartei, die später als SPD firmieren wird und heute die älteste im Bundestag vertretene Partei Deutschlands ist. Der frühe Tod aus Liebesleidenschaft verhinderte die Entfaltung seiner anderen großen Passion: des Kampfes für die soziale Gerechtigkeit. Aber die »Inventur meines Lebens«, die der 39-Jährige wenige Tage vor dem tödlichen Duell vornahm, fiel dennoch recht tröstlich aus: »Mein Leben war groß, brav, wacker, tapfer und glänzend genug!« Ein anderer Zeitgenosse hat noch weit mehr die Weltgeschichte beeinflusst. Und bis heute ist nicht entschieden, ob sein Vermächtnis eher ein Fluch oder ein Segen für die Menschheit ist: Karl Marx (1818–1883), der mit seinem schwer lesbaren, dreibändigen Buch »Das Kapital« zur Ikone aller Weltverbesserer wurde. Vergeblich versuchte übrigens Marx sein großes Werk dem Evolutionsforscher Charles Darwin zu widmen, der diese Ehre dankend ablehnte.

Marx selbst hat sich die epochale Wirkung, die von seiner Lehre ausging, durchaus theoretisch ausgemalt, denn er war ein Anhänger jenes Philosophen, der das 19. Jahrhundert beherrschte und damals schwer in Mode war: Georg Wilhelm Friedrich Hegel

(1770–1831). Hegel wiederum vertrat die Vorstellung, die Geschichte schreite »dialektisch« voran, d. h. die Weltgeschichte sei ein Kampf von Gegensätzen, der sich stufenweise vollziehe, mit dem Endzweck der Versöhnung von Natur und Geist. Die »Herstellung universaler Freiheit«, das Ende der Geschichte stehe bevor.

Karl Marx hat diese Vorstellung gleichsam materialisiert. In seiner Gesellschaftstheorie wird die Weltgeschichte als Abfolge von Klassenkämpfen gedeutet. Und der letzte Kampf sei unmittelbar zu erwarten: zwischen der herrschenden Klasse der Bourgeoisie (des Bürgertums) und dem Proletariat. Erst der Triumph der Arbeiterklasse werde in einer »klassenlosen Gesellschaft« den »ewigen Frieden« bringen. Und es könne keinen Zweifel geben: Nach dem dialektischen Gesetz der Geschichte werde das Proletariat das Bürgertum besiegen. Der Kommunismus sei »das aufgelöste Rätsel der Geschichte«.

Marx stellt die Ideenwelt Hegels, wie Engels sagte, »vom Kopf auf die Füße«. In seiner Philosophie ist es nicht unser Bewusstsein, das unsere Existenz gestaltet, wie bei Hegel, sondern es sind andersherum die materiellen Verhältnisse, die unser Bewusstsein prägen. Bei Marx tritt das Materielle in den bestimmenden Vordergrund der Existenz, den Himmel mitsamt der Religion will er getrost den Engeln überlassen. »Historischer und dialektischer Materialismus« ist denn auch der eigentliche Name jener Philosophie, die man heute gewöhnlich als Marxismus bezeichnet.

Karl Marx muss eine ebenso faszinierende wie beunruhigende Erscheinung gewesen sein. Temperamentvoll, zupackend, laut, groß gewachsen, vierschrötig, mit wilder Mähne, langem Rauschebart und schief zugeknöpftem Rock sprach er »in Imperativen, die keinen Widerspruch duldeten« – so schildern es Zeitgenossen. Auch er gehört zu den großen Gestalten des 19. Jahrhunderts, die gleichsam aus dem Nichts auftauchen, wie Darwin und Napoleon, aber eine Wirkung entfalten, die weit über ihr Jahrhundert hinauswächst.

Als Sohn eines Rechtsanwalts im provinziellen Trier geboren, studiert er Jura und Philosophie, um schließlich bei der Rheinischen Zeitung in Köln als Journalist zu arbeiten. Doch die Zensur in den restaurativen, rückwärtsgewandten 1840er-Jahren treibt ihn in die Emigration. Zuerst nach Paris, wo er den Fabrikantensohn Friedrich Engels (1820–1895) kennenlernt, jenen vermögenden Mitstreiter, der ihn zeitlebens finanziell unterstützen wird und der selbst ein aufrüttelndes Buch über das Arbeiterelend in England verfasst hat. Anschließend nach Brüssel, von wo er, als 1848 die französische Februarrevolution ganz Europa erschüttert, ausgewiesen wird. Marx reist als Berufsrevolutionär, wird zuletzt von der preußischen Regierung für staatenlos erklärt und ausgewiesen, emigriert erneut nach Paris und wird auch dort mit Verhaftung bedroht. Mit seiner Frau und seiner großen Kinderschar (von seinen sieben Kindern überleben ihn allerdings nur drei Töchter) bleibt ihm nur noch das Exil in London, wo er bis zu seinem Tode 1883 unter oft dürftigen Verhältnissen lebt.

Gemeinsam verfassen Marx und Engels im Revolutionsjahr 1848 eine 23-seitige Flugschrift, die in deutscher Sprache in London gedruckt wird und die heute zu den berühmtesten Schriftzeugnissen der Weltgeschichte zählt: das »Manifest der Kommunistischen Partei«.

Die Kommunisten, so heißt es unverblümt im letzten Absatz der Schrift, »erklären es offen, dass ihre Zwecke nur erreicht werden können durch den gewaltsamen Umsturz aller bisherigen Gesellschaftsordnung. Mögen die herrschenden Klassen vor einer kommunistischen Revolution zittern. Die Proletarier haben nichts in ihr zu verlieren als ihre Ketten. Sie haben eine Welt zu gewinnen. Proletarier aller Länder, vereinigt euch!«

Können wir uns heute die radikale Umsturzbegeisterung dieser Zeit annähernd vorstellen? Wohl kaum. Denn den Menschen des 19. Jahrhunderts fehlt unsere relativierende Erfahrung der späteren politischen Katastrophen. Sie sind ganz anders als wir. Von brutaler Technisierung und furchtbarer Vermassung des Mordens ahnen sie noch nichts. Das Grauen von Auschwitz und der Albtraum der Atombombe sind ihnen noch unvorstellbar. Der »Weltenbrand« ist in dieser Zeit immer noch reine Philosophie, mehr geistige Attitüde als wirkliche Tat. Und die Vorstellung vom Endkampf, vom endgültig »letzten Gefecht«, zu dem in der »Internationalen« aufgerufen wird, hat für die Menschen dieser Epoche noch keineswegs etwas Lächerliches. Es ist die Zeit, da sogar ein Schöngeist wie Richard Wagner, der in seiner Musik stets den Untergang als ästhetisches Erlebnis beschwört, beim Eisengießer Oehme in Dresden hundert Handgranaten bestellt. Es ist die Zeit, wo mit Pathos alles Alte »hinweggefegt« werden soll und »Gott tot ist«, wie der Altphilologe und Dichter-Philosoph Friedrich Nietzsche (1844–1900) kompromisslos behauptet. Aber noch nichts ist passiert. Eine Epoche, die fast hysterisch zwischen düsterer Endzeitfantasie und krassem Zukunftsoptimismus pendelt. In der alles »total« ist oder werden soll: das unüberbietbare »Gesamtkunstwerk« eines Richard Wagners ebenso wie das »letzte Gefecht« der Kommunisten, das unverbrüchliche Gottesgnadentum adliger Herrscher oder die idealistische Philosophie eines Hegel, die den krassen Anspruch erhebt, das Weltganze in all seinen Aspekten vollständig zu erfassen.

Die ungelöste soziale Frage des Vierten Standes hatte zunächst in Frankreich die Februarrevolution von 1848 ausgelöst. Die Ideenlosigkeit einer rückwärtsgewandten Politik hatte Philosophen und intellektuelle Revolutionäre auf den Plan gerufen. In der allgemeinen Unzufriedenheit gelang der Schulterschluss zwischen Volk, Intelligenz und Bürgertum, und zum ersten Mal in der Geschichte saßen in Frankreich Sozialisten in der Regierung. Aber nur kurz. Denn nun wuchsen wieder die Spannungen zwischen Arbeitern und Bürgern, die Ordnung herbeisehnten und sich vor der »roten Gefahr« zu fürchten begannen. So kam es, dass man erneut Altbewährtes suchte. Und das hatte in Frankreich immer noch den gleichen Namen: Napoleon!

»Napoleon« klang in vielen Ohren immer noch wie das Qualitätsversprechen schlechthin. Louis-Napoléon, ein Neffe des Kaisers, nutzte die Gunst der Stunde und ließ sich zum Präsidenten der Zweiten Republik wählen. Beim Volk beliebt, gelang ihm 1851 der Staatsstreich: Zunächst riss er, mit Zustimmung des Volkes, die parlamentarische Macht an sich und mit dem Versprechen »Das Kaiserreich ist der Friede!« dann noch die Kaiserkrone. Frankreich war wieder da, wo es schon unter Napoleon I. war. Die Franzosen lebten seit 1853, nunmehr unter Napoleon III., wieder in einer vom Volk gestützten Diktatur.

Gleichwohl durchschüttelt das französische Aufbruchssignal von 1848 zunächst ganz Europa, zumal da der restaurative Ausgang der Geschichte anfangs noch nicht abzusehen ist. Europa stürzt in einen nationalen Revolutionstaumel: In Süddeutschland folgen viele Menschen schon wenige Tage nach der Februarrevolution dem französischen Vorbild. In Österreich muss Metternich, die verpönte Symbolfigur der Monarchie, im Schutz der Dunkelheit Wien verlassen. Der Vielvölkerstaat ist drauf und dran auseinanderzubrechen, weil auch Tschechen, Italiener, Ungarn ihr Nationalgefühl entdecken. In Preußen kommt es zu Barrikadenkämpfen, die den König Friedrich Wilhelm IV. zwingen, eine demokratische Verfassung zu versprechen. In Frankfurt, wo die schwarz-rot-goldene Fahne zur Bundesflagge erklärt wird, versammeln sich frei gewählte Liberale aus allen deutschen Gebieten, um in der Paulskirche über eine gesamtdeutsche Bundesverfassung zu beraten. Eine vorläufige Zentralregierung unter Leitung eines habsburgischen »Reichsverwesers« wird eingesetzt.

Das schwerwiegende Problem: Die großen Einzelstaaten scheren sich wenig um die Beschlüsse der verfassunggebenden Nationalversammlung. Und der preußische König lehnt die Kaiserkrone, die man ihm von Frankfurt aus andient, rundheraus ab. Für ihn, der aus innerer Überzeugung noch an das Gottesgnadentum seiner Herrschaft glaubt, sei eine Krone aus der Hand des Volkes »aus Dreck und Letten gebacken«, wie er schreibt. Als legitimer König von Preußen würde er sich beschmutzen mit einer Kaiserkrone, an der »der Ludergeruch der Revolution« klebe.

Damit ist die Revolution in Europa vorerst abgesagt. Die Scherben, die jetzt noch aufzusammeln sind, kehren Adel und Militär mit der Macht ihrer Waffen weg.

34. Freiheitsfackel im Sturm

Wenn Sie mit einem der großen Ozeanliner über den Atlantik nach New York schippern und endlich in die Hudson Bay vor New York einbiegen, dann bekommen Sie eine gute Portion Frankreich zu sehen. Linker Hand erblicken Sie auf der kleinen Liberty-Insel 204 Tonnen Kupfer, die sich 93 Meter hoch in den Himmel recken: die Freiheitsstatue, die Frankreich 1886 der amerikanischen Nation als Sinnbild der Freiheit zum Geschenk machte.

Der französische Künstler Frédéric Bartholdi hat die Figur entworfen, und Gustave Eiffel, das Eiffelturm-Genie, zeichnet mit seiner eisernen Innenkonstruktion dafür verantwortlich, dass *Miss Liberty's* Freiheitsfackel selbst bei kräftigem Sturm um nie mehr als acht Zentimeter hin- und herschwankt. Und wenn Sie jetzt vom Schiff aus noch lesen könnten, was auf der Bronzetafel zu Füßen der Statue eingraviert ist, dann würden Sie sich hier sehr willkommen fühlen: »Schickt sie mir, die Heimatlosen, vom Sturm Getriebenen, / Hoch halt ich mein Licht am goldenen Tore«.

Dabei war die Freiheitsstatue ursprünglich gar nicht dazu gedacht, Sie und andere Reisende so freundlich zu begrüßen. Wenn Sie genauer hinsehen würden, dann entdeckten Sie unter ihrem Fuß eine zerbrochene Kette, die die Überwindung der Sklaverei symbolisieren soll. Das war es eigentlich, was mit diesem Werk gewürdigt werden sollte: die Befreiung vom Joch der Sklaverei, die den Amerikanern 1865 mit dem Ende ihres Bürgerkriegs gelungen war.

Außerdem wollten die stolzen Franzosen mit diesem Geschenk daran erinnern, dass sie es doch eigentlich gewesen waren, die im 18. Jahrhundert den Unabhängigkeitskampf der dreizehn Ostküstenstaaten unterstützt hatten. Das stimmte zwar, war aber bei genauerer historischer Prüfung alles andere als eine selbstlose Tat gewesen. Frankreich war in den Siebzigerjahren des 18. Jahrhunderts ja noch ein absolutistisches Königreich und alles andere als republikanisch gesonnen. Die Hoffnungen der Franzosen richteten sich damals hauptsächlich darauf, dass im amerikanischen Freiheitskampf ihr Erzfeind England empfindlich geschwächt werden würde.

Insgeheim spielte dabei wohl auch das schlechte Gewissen eine gewichtige Rolle, denn es war noch nicht lange her, dass Kaiser Napoleon III. seine Soldaten nach Mexiko geschickt hatte, um dort eine Monarchie zu installieren. Der Übergriff war letztlich mit dem Ziel erfolgt, die monarchische Herrschaftsform auf dem amerikanischen Kontinent wieder hoffähig zu machen und Frankreich in Amerika wieder Fuß fassen zu lassen.

Das Unternehmen widersprach gleichwohl ganz und gar der sogenannten »Monroe-Doktrin« von 1823, in der US-Präsident James Monroe ein für alle Mal festgeschrieben hatte, dass jeder Einmischungsversuch der »Alten Welt«, wie Europa seit damals genannt wird, in gesamtamerikanische Belange abgewehrt werden würde.

Napoleons mexikanischer Statthalter Kaiser Maximilian I. blieb denn auch nur deswegen zunächst ungeschoren, weil die Franzosen geschickt die Gunst der Stunde genutzt hatten: Bis

Mitte der Sechzigerjahre befand sich US-Amerika nämlich im Bürgerkrieg und konnte sich um das »Problem Mexiko« gar nicht kümmern. Doch mit Ende des Krieges 1865 forderten die USA sofort den Abzug der französischen Truppen, was unter diesem Druck dann auch geschah. Mit der Entmachtung und Hinrichtung Maximilians 1867 endete dieses Kapitel missglückter französischer Intervention reichlich dramatisch und bescherte Napoleon III. einen beträchtlichen Imageverlust. Als ihn dann vier Jahre später auch noch die Preußen im Verlauf des Deutsch-Französischen Krieges bei Sedan gefangen nahmen, war es mit seiner Kaiserherrlichkeit endgültig vorbei, und Frankreich entschied sich im September 1870, wieder Republik zu werden.

Insofern mag die Freiheitsstatue hauptsächlich eine Art Selbstvergewisserung der noch taufrischen Dritten Französischen Republik gewesen sein. Deren republikanische *Liberté, Egalité* und *Fraternité* standen in dieser unruhigen Zeit auf weit unsichereren Beinen als die gefestigte Republik der USA, zumal damals auf dem europäischen Kontinent außer San Marino und der Schweiz kein Staatswesen auf eine republikanische Verfassung setzte.

Der Krieg mit Preußen hatte nationale Leidenschaften geweckt, die in der Folge dazu führten, dass der schwelende Konflikt zwischen Bürgertum und Arbeiterschaft erneut mit großer Heftigkeit aufbrach. Der Aufstand der *Kommune*, einer von sozialistischen Arbeitern gewählten Pariser Gemeindevertretung, wurde von französischen Regierungstruppen blutig niedergerungen, wobei es mehr Tote gegeben haben soll als während der ganzen Französischen Revolution. In einer so chaotischen und unsicheren Situation war die Umarmungsgeste Frankreichs in Richtung Amerika doch eher so etwas wie der Versuch, durch Anbändelung mit gestandenen Republikanern sich selbst zu stärken.

Wenn Sie das bedenken, während Sie die enge Wendeltreppe

im Inneren der Statue bis zur Sonnenkrone hinaufklimmen, verstehen Sie vielleicht die latente Skepsis der Amerikaner gegenüber europäischen Freundschaftsgesten aller Art. Und diese Skepsis war denn wohl schon damals der eigentliche Grund dafür, warum es den amerikanischen Politikern nur unter großen Mühen gelang, bei ihren Bürgern die Spenden lockerzumachen, die notwendig waren, um den Fünfzig-Meter-Sockel der Statue aus 8000 Tonnen Wiesbadener Portlandzement zu finanzieren. Denn den sollten die Amerikaner auch noch selbst bezahlen.

Wenn Sie darüber hinaus bedenken, dass Bartholdis Entwurf bereits zu Zeiten des französischen Kaiserreichs entstand, nämlich schon 1869, und sein Werk ursprünglich für den Eingang des neu eröffneten Suez-Kanals gedacht war, dann müssen Sie es wirklich einer freundlichen Geschichtsvergessenheit zurechnen, wenn diese französische Statue heute als eines der stärksten Symbole Amerikas gilt und beinahe auf gleicher ideologischer Höhe wie das amerikanische Sternenbanner rangiert.

Dabei haben die Franzosen den Amerikanern doch ein viel wichtigeres Geschenk gemacht, von dem Sie wahrscheinlich kaum einmal gehört haben! Und dieser sogenannte *Louisiana Purchase* hat sich auf die Entwicklung der USA viel entscheidender ausgewirkt als alles andere. Im Lichte der Historie betrachtet war es aber auch hier das Eigeninteresse Frankreichs, das diesen größten Grundstückskauf aller Zeiten ermöglicht hat. Im Ergebnis kam dieser Handel für Amerika einem Lotto-Sechser gleich. Kein Geringerer als Napoleon I. war es, der im Jahr 1803 durch den billigen Verkauf Louisianas die Sympathie der Amerikaner im Kampf gegen England zu erwerben hoffte. Darüber hinaus hoffte er natürlich mit dem schnellen Deal seine Kriegskasse zu füllen. Denn die Zeit drängte: Napoleons Attacke auf ganz Europa stand unmittelbar bevor. Für den Schleuderpreis von nur 15 Millionen

Dollar, was heute in etwa der Kaufkraft von 300 Millionen entspricht, konnten die US-Amerikaner die Größe ihres Territoriums mit einer einzigen Vertragsunterschrift verdoppeln. Denn damals umfasste das französische Louisiana die gesamte Mitte der heutigen USA, vom Golf von Mexiko bis nach Kanada, vom Mississippi-Fluss bis zu den Rocky Mountains. Der Süden und Westen, zu Mexiko gehörig, wurden 1845 okkupiert.

Dieses günstigste Schnäppchen der Weltgeschichte zeigt, wie relativ unbedeutend noch vor 200 Jahren uns Europäern Amerika erschien. Dass sich hier der Keim zu einer neuen weltbeherrschenden Supermacht entfaltete, hatte noch keiner unserer Vorfahren auf der Rechnung. Napoleon setzte auf seinen Russlandfeldzug. Dass ein »Go West« möglicherweise zukunftsträchtiger gewesen wäre als sein »Go East«, wäre ihm nicht im Traum eingefallen.

Wie wenig wusste man seinerzeit über dieses Land. Und wie wenig wissen wir selbst heute über die Frühzeit Amerikas, bevor die ersten weißen Siedler amerikanischen Boden betraten. Während ältere Geschichtsbücher die Zahl der indianischen Ureinwohner auf wenige Hunderttausend schätzen, haben Historiker diese Zahl inzwischen deutlich nach oben korrigiert. Dennoch gehen die Schätzungen absurd weit auseinander und belegen die Geschichtsvergessenheit einer Kultur, die von Anbeginn auf Gegenwart und Zukunft setzte: Von drei bis zwölf Millionen Indianern, die dem Druck der Siedler weichen mussten, ist heute vage die Rede.

Gegenwartsorientierung war von Anfang an ein charakteristisches Merkmal der Besiedlungspolitik Amerikas. Blicke nie zurück; *Go on!* – das ist das Wort, das Sie vielleicht am häufigsten in Amerika hören. Das Land selbst war es, das den Pionieren des Westens seinen Stempel aufdrückte und sie zwang, den Blick stets auf das Nächstliegende zu richten. Zähigkeit, die Fähigkeit anzupacken, die Bereitschaft, Fehlschläge abzuschütteln und immer wieder aufzustehen, trotz Lebensgefahr es gleich noch einmal zu versuchen – diese Tugenden drängten zunächst jedes Hierarchiedenken, jedes althergebrachte Kulturinteresse und jede philosophische Reflexion, wie wir Europäer sie so gewohnt sind, in den Hintergrund. Angesichts der Herausforderungen war pragmatisches Handeln und Denken gefragt. Die Menschen, die hier anlandeten, hatten bewusst mit ihrem alten Leben gebrochen, waren politisch Enttäuschte, religiös Verfolgte, wirtschaftlich Notleidende. Ihrer alten Heimat weinten sie kaum eine Träne nach. Im völligen Neubeginn sahen sie ihre größte und vielleicht letzte Chance. Oder es waren Abenteurer, windige Geschäftemacher, die ganz bewusst die alten Bindungen gekappt hatten. Nicht selten auch Glücksritter, die zuhauf dem Lockruf des Goldes folgten, nachdem der Bauarbeiter James Marshall 1848 in einem Seitenarm des American River ein paar Goldnuggets gefunden hatte. Im Zuge des Kalifornischen Goldrauschs zogen Hunderttausende Richtung Westküste. Die Bevölkerung von San Francisco wuchs allein 1849 um das 25-fache. Alles war hier Gegenwart.

Entsprechend pragmatisch war auch die Politik. Bereits 1829 wurde mit Andrew Jackson ein einfacher Kleinbürger US-Präsident, der nur eine dürftige Erziehung genossen hatte, von dem aber der wichtige Impuls zur Gründung der Demokratischen Partei ausging. 1854 dann schufen die Republikaner mit ihrer Parteigründung ein Gegengewicht, das bis heute die politische Zwei-Parteien-Landschaft der USA prägt.

Der größte Konflikt, den dieses Land zu bewältigen hatte, entstand dort, wo Landschaft und Klima ein gewichtiges Wörtchen mitzureden hatten: der Konflikt zwischen Nord- und Südstaaten. Der Lebensstil, der sich in diesen beiden Welten ganz unterschiedlich ausprägte, war kein Ergebnis importierter Traditionen, sondern eine Folge der Naturgesetze: Während im heißen Süden riesige Plantagen für Tabak und Baumwolle entstanden, die von hitzempfindlichen Europäern zwar zu verwalten, aber kaum in eigener Feldarbeit zu bewirtschaften waren, entstand im viermal so dicht besiedelten Norden das Land der kleinen Farmer, der Kaufleute, des Handels und der Industrie. Die Wirtschaftsinteressen waren höchst unterschiedlich: War man im Norden darauf aus, mit Schutzzöllen das zarte Pflänzchen der eigenen Warenproduktion gegen die europäische Konkurrenz abzuschirmen, so plädierte der Süden im Gegenteil für totalen Freihandel. Denn die reichen Großgrundbesitzer waren auf billige Importe von Arbeitsmaterialien ebenso angewiesen wie auf billige Arbeitskräfte, die unter der gleißenden Sonne harte Feldarbeit zu leisten imstande waren. Sie kennen die typischen Szenen sicher aus einem der ersten Farbfilme, mit dem Hollywood diesen wichtigsten Teil seiner Geschichte dramatisch aufarbeitete: »Vom Winde verweht«.

Die gut 3,5 Millionen afrikanischen Negersklaven, durch deren Import im 18. und 19. Jahrhundert vor allem portugiesische Menschenhändler mit ihren Segelschiffen riesige Profite einfuhren, mussten eher früher als später zum Stein des Anstoßes werden in einer Gesellschaft, deren Mitglieder oft selbst noch unter dem Joch der Leibeigenschaft gelitten hatten. Zwar durfte bis in die 1860er-Jahre hinein jeder Bundesstaat die Gretchen-Frage selbst entscheiden, wie er es denn mit der Sklaverei halte. Aber spätestens seit Harriet Beecher-Stowe in ihrem Roman »Onkel Toms Hütte« 1852 das unmenschliche Schicksal der Sklaven angeprangert hatte, trat die große Mehrheit der weitgehend christlichen Menschen des Nordens für ein völliges Verbot der Sklaverei ein.

Es ist schon eine schöne Pointe der Geschichte, die wir alle vor

Kurzem im Fernsehen, vielleicht sogar mit etwas Gänsehaut, miterleben konnten: Im 200. Geburtsjahr des Sklavenbefreiers Abraham Lincoln (1809–1865) trat der erste afroamerikanische US-Präsident Barack Obama sein Amt an. Lincoln hätte seine Freude gehabt. Denn sein Vermächtnis, der 13. Verfassungszusatz vom 18. Dezember 1865, in dem es heißt: »Weder Zwangsarbeit noch Sklaverei ... sollen in den Vereinigten Staaten von Amerika existieren«, bildete erst die Voraussetzung für das moderne Amerika mit einem ersten »schwarzen« Präsidenten.

Abraham Lincoln, der später von sich selbst sagte, er habe als Kind nicht einmal ein Jahr lang die Schule besucht, war ein Farmersohn aus Kentucky. An der Siedlungsgrenze zur Wildnis aufgewachsen, hatte er die Härte des Pionierlebens schon mit der Muttermilch aufgesogen. Die Liebe zu Amerika entdeckte er bei seinen Reisen als Flößer auf dem Ohio und Mississippi. Später bildete er sich autodidaktisch zum Anwalt aus und entwickelte eine um Ausgleich und Gerechtigkeit bemühte Grundhaltung. Seine Ablehnung des Sklavenwesens setzte sich am Ende wohl deswegen allgemein durch, weil er seine Position höchst listig und kompromissbereit vertrat. Niemals vor Ausbruch des Bürgerkriegs bestritt er das Recht der Bundesstaaten, über die Sklavenfrage frei entscheiden zu dürfen; zum anderen entsprach seine liberale Haltung letztlich dem Gründungsgedanken der USA: Ein Land, das sich auf Demokratie gründe, müsse die individuelle Freiheit auch konsequent umsetzen, so formulierte er in seiner berühmtesten Rede, der *Gettysburg Address* von 1863. Und: Eine Demokratie könne nur überleben, wenn nicht eine Minderheit mit Gewalt eine Mehrheit unterdrücke.

Diese letzte Wahrheit war schließlich auch der Grund, warum Lincoln einer äußerst gewagten und eigentlich widersprüchlichen Maßnahme nicht auswich: Ausgerechnet ein Krieg sollte das richtige Mittel werden, um Nord- und Südstaaten zu versöhnen. Als bald nach der Wahl Lincolns zum US-Präsidenten Anfang des Jahres 1861 sieben Südstaaten aus der amerikanischen Union austraten und die »Konföderierten Staaten von Amerika« gründeten, war es immer noch nicht die Sklavenfrage, die Lincoln zum Thema machte. Vielmehr sei es, so argumentierte er unangreifbar, sein Amtseid, der ihn verpflichte, die Sezession, also die Spaltung des Landes, zu verhindern.

Als die Konföderierten dann verärgert den ersten Schuss abgeben, beginnt ein vier Jahre langes, verlustreiches Gemetzel. Nicht viel hätte gefehlt, und die inzwischen elf abtrünnigen Konföderierten hätten gewonnen. Zahlenmäßig unterlegen, aber wirtschaftlich potent, erzielten sie zahlreiche militärische Erfolge, die Lincolns Position gefährlich ins Wanken brachten, so dass er selbst an seiner Wiederwahl als Präsident zweifeln musste. Letztlich war es, wie so oft in der Geschichte, dann eine einzige Schlacht, die die Entscheidung brachte und damit verhindert hat, dass wir die USA heute »KSA« nennen müssten, eine Konföderation der Staaten von Amerika. Die Schlacht bei der Kleinstadt Gettysburg im Bundesstaat Pennsylvania dauerte im Juli 1863 drei furchtbare Tage. Aber es war einer der letzten, vergeblichen Versuche der Südarmee unter General Lee, auf das Gebiet der Union vorzudringen.

Gewiss, andere Szenarien wären damals denkbar gewesen. Unsere europäischen Vorfahren etwa hätten zugunsten der Konföderierten eingreifen können. Mit gutem Grund sogar, denn durch die Seeblockade der Nordstaaten kam die Ausfuhr von Baumwolle nach Europa vollständig zum Erliegen, was eine schwere Krise in der englischen Tuchindustrie zur Folge hatte. Aber auch für unsere Urururgroßväter ging die Zeit der Leibeigenschaft endgültig zu Ende. Waffenbrüderschaft mit einem Regime, das für die Sklaverei kämpfte, war einfach nicht mehr zeitgemäß und hätte in Europa eigene innenpolitische Krisen heraufbeschworen.

So kam es, dass der isolierte Süden am Ende des Bürgerkrieges wirtschaftlich ruiniert war, die Sklaven ihre Freiheit errungen hatten und sogar das Wahlrecht erhielten, aber noch bis heute die gewaltsam unterdrückten konservativen Vorstellungen der Südstaatler in einigen wenigen Köpfen der amerikanischen Gesellschaft herumspuken und sich gelegentlich sogar in obskuren Geheimbünden wie dem Ku-Klux-Klan Luft machen. Die geforderte und erkämpfte Gleichheit von Schwarz und Weiß ist in USA auch nach 150 Jahren immer noch ein gesellschaftlicher Dauerbrenner.

Dass die Wiedereingliederung der Südstaaten gleichwohl überraschend problemlos gelang, ist nicht nur der sanften Versöhnungspolitik Lincolns zuzurechnen (»Groll gegen niemanden!«), der übrigens das endgültige Ende des Krieges gar nicht mehr miterlebte, weil ihn ein Attentäter bei einem Theaterbesuch erschoss. Sondern es war wieder mal eine glückliche Fügung des Schicksals, die Amerika bald über Nacht zur wohlhabendsten Nation der Welt machte.

Sie wissen: Wohlstand ist immer ein großer Versöhner. Und gewaltige Bodenschätze wurden gleich nach dem Ende des Bürgerkriegs gefunden, darunter auch wieder große Mengen Goldes. In Titusville/Pennsylvania sprudelte ab 1859 die erste Ölquelle; und auch wenn dieser neue Rohstoff zunächst nur dazu geeignet erschien, das herkömmliche Walöl in den Lampen der Wohnstuben durch das moderne Petroleum zu ersetzen, so entdeckten die Menschen doch schon bald weitere, sensationelle Verwendungsmöglichkeiten für das »schwarze Gold«. Auch die Fertigstellung der Pazifikbahn 1869 erfolgte zur rechten Zeit: Das Innere der USA wurde ab sofort in Dampflok-Tempo erschlossen. 1867 gelang dann noch einer der cleversten Grundstückskäufe der Geschichte: Für 7,2 Millionen Dollar verschenkte der russische Zar das rohstoffreiche und riesige Alaska, mit 0,0004 Cent pro Quadratmeter der wohl billigste Landkauf aller Zeiten. Ihre Vorfahren hätten mitbieten sollen.

Amerika im Glück. Kein Wunder, dass sich in den fünfzig Jahren zwischen 1860 und 1910 die US-Bevölkerung durch Masseneinwanderung verdreifacht hat – auf damals 91 Millionen Einwohner.

Und wenn Sie jetzt aus einem der kleinen Fensterchen in der Krone der Freiheitsstatue schauen, dann werden Sie verstehen, warum die Skyline von New York, die Sie jetzt erblicken, so eine Riesenportion Zukunftsoptimismus ausstrahlt.

35. Nationaler Horrortrip

Ist es nicht ebenso faszinierend wie geheimnisvoll, dass viele Entwicklungen der Weltgeschichte fast gleichzeitig oder ähnlich verlaufen, auch wenn riesige Entfernungen zwischen den Orten der Geschehnisse liegen? So wie es schon vor 5000 Jahren mit der Erfindung der Schrift war, die fast zeitgleich von Ägyptern und Sumerern entwickelt wurde. Oder auch mit den ersten Stadtkulturen im Zweistromland, die der Harappa-Kultur am fernen Indus ähnelten. Oder mit den Pyramidenbauten, die in Costa Rica und Mexiko ebenso in den Himmel wuchsen wie zuvor am anderen Ende der Welt, am Nil.

Angesichts solch altehrwürdiger Kulturzeugnisse sollten wir uns eigentlich darüber freuen, dass dieses Phänomen der Parallelität, der globalen Gleichzeitigkeit sich in der jüngeren Geschichte wieder zurückmeldet. Wenn es sich nur nicht diesmal um das genaue Gegenteil kultureller Leistungen handeln würde, nämlich um ein gemeinsames Krankheitssymptom mit fatalen Folgen: das Herrschaftsgebaren, den Expansionsdrang und die Eroberungspolitik der Großmächte zu Anfang des vergangenen Jahrhunderts.

Wenn Sie im Theater aufstehen, können Sie besser sehen. Wenn im Theater aber alle aufstehen, kann niemand mehr sehen. Und dann kommt es schnell zum Streit. Ganz ähnlich geht es auch am Beginn des 20. Jahrhunderts zu im großen europäischen

Welttheater: Bei allen Völkern Europas hat sich jetzt der Nationalstaatsgedanke durchgesetzt. Das Streben nach Macht und Bedeutung auf der politischen Bühne wird zur Selbstverständlichkeit. War es zuvor vor allem England gewesen, das als *British Empire* seine Flügel weltweit und ungemein erfolgreich ausspannte, so beginnen nun auch alle anderen Nationen hemmungslos ihr übersteigertes Nationalgefühl über den gesamten Globus zu stülpen. In der Maske weltmissionarischer Beglückung kommt diese Politik daher, bedeutet aber in Wirklichkeit die brutale Ausbeutung der kolonialisierten Völker. Da werden vollmundige Sätze gesprochen, die Mord und Raffgier als Gutmensch-Tat verbrämen. Eine kleine Auswahl zum Erschrecken:

»Ich behaupte, dass es umso besser für die menschliche Rasse ist, je mehr wir von der Welt bewohnen ... Gott hat offenkundig das englisch sprechende Volk zu seinem auserwählten Werkzeug geformt ...« (Cecil Rhodes, englischer Kolonialpolitiker)

»Die französische Ausdehnung hat zu allen Zeiten zivilisatorischen und religiös-missionarischen Charakter. Es handelt sich darum, unsere Sprache, unsere Sitten, unser Ideal inmitten der Konkurrenz der anderen Rassen zu schützen.« (Gabriel Hanotaux, französischer Außenminister und Historiker)

»Wir wollen die Finsternis durchstoßen, die ganze Völker umhüllt: Das ist ein würdiger Kreuzzug ...« (Leopold II., belgischer König)

»Wir denken noch an etwas Höheres, an unsere Religion und die Verteidigung und den Schutz unserer Brüder in den Kolonien, welche zum Teil mit ihrem Leben für ihren Heiland eingetreten sind.« (Wilhelm II., deutscher Kaiser)

»Jedes große Volk, das lange leben will, glaubt und muss glauben, dass ... nur in ihm allein das Heil der Welt ruhe.« (Fjodor Dostojewski, russischer Schriftsteller)

Mit dem Wort Imperialismus hat man später diese Politik beschrieben, durchaus mit Bezug auf das antike *Imperium Romanum,*
das auch seine eroberten Länder wirtschaftlich beglückte und dabei das gute Gewissen hatte, eine Schicksalsmission zu erfüllen.

Ein vorausschauender Politiker wie der deutsche Kanzler Fürst
Otto von Bismarck (1815–1898) hat früh die Gefahr erkannt,
die von Kolonialbesitz ausgeht. Er ahnte, dass der machtgierige
Zugriff auf überseeische Besitztümer über kurz oder lang das
fein austarierte Machtgefüge der europäischen Staaten aus dem
Lot bringen musste. Bismarck, dessen ganze Politik darauf gerichtet war, die nationalen Gewichte in Europa auf dem Stand
von 1871 auszubalancieren, vermied ein allzu großes Engage-
ment Deutschlands bei diesem Wettlauf der Nationen, ohne sich
letztlich dem Zeitgeist völlig entziehen zu können. Spätestens der
renommiersüchtige, prestigeliebende Kaiser Wilhelm II. entwand
sich in dieser Sache gänzlich seinem ungeliebten und dann auch
schnell entlassenen Kanzler.

So kam es, dass wieder einmal, wie so oft in der Weltgeschichte, eine böse Ironie am Ende einer wirtschaftlichen Erfolgsstory steht: Nach einer über vierzig Jahre währenden Phase
des gigantischen Aufschwungs, der nicht zuletzt durch die Ausbeutung der Kolonien befeuert wird, zerbomben unsere ziemlich nahen Vorfahren ihren Wohlstand in den Schützengräben des
Ersten Weltkriegs. Der lange europäische Frieden und die wirtschaftlichen Errungenschaften, die das Resultat nationalen Eifers
sind, fallen zuletzt eben diesem übersteigerten Eifer zum Opfer.
Die machtgeile nationale Überheblichkeit mündet in zwei furchtbaren Feuerstürmen, die man auch als einen einzigen, modernen
Dreißigjährigen Krieg verstehen könnte. Denn das tiefenpsycho-
logische Motiv für das Grauen des Ersten wie des Zweiten Weltkriegs ist in beiden Fällen identisch: Es ist nationaler Wahn.

Dabei hatte insbesondere für Deutschland nach dem preußischen Sieg über Frankreich alles so ermutigend begonnen. Deutschland war 1871 als einheitlicher Staat gegründet worden, sozusagen als später Nachzügler, der nicht wie England oder Frankreich stolz auf eine bereits jahrhundertelange nationale Identität zurückblicken durfte, sondern im Bedürfnis nachzuholen nun kräftig auf die Pauke hauen wollte. Und das auch tat. Die militärische Erfolgsgeschichte Preußens, das in den Sechzigerjahren des 19. Jahrhunderts den Sieg in Serie zunächst über Dänemark, dann Österreich und schließlich 1870/71 auch über Frankreich errang, begründete die herausragende Stellung des preußischen Königs Wilhelm I., der allerdings die Kaiserwürde des neu gegründeten Deutschen Reiches nur zögerlich annahm, weil er seine ererbte preußische Königskrone weit höher einschätzte.

Für die besiegten Franzosen war es ein frecher Streich, dass die deutsche Kaiserproklamation am 18. Januar 1871 noch während der letzten Phase des Deutsch-Französischen Krieges ausgerechnet im Spiegelsaal des Schlosses von Versailles stattfand, dem gefühlten Herzen der französischen Nation. Diese Demütigung wog weit schwerer als die Wiederinbesitznahme des von Ludwig XIV. einst requirierten Elsass-Lothringen, weil damit die nationale Seele der Franzosen eine tiefe Kränkung erfuhr. Bismarck war bis zu seinem Tode 1898 davon überzeugt, dass Frankreich diese Schmach niemals vergessen würde, und er lag damit nicht falsch. Zeitlebens versuchte er, ein Bündnis anderer europäischer Staaten mit Frankreich zu verhindern, um Revanchegelüste schon im Keime zu ersticken. Tatsächlich sollte im weiteren Verlauf der Geschichte aber Versailles der Name werden, an dem sich die europäischen Katastrophen des 20. Jahrhunderts symbolisch festmachen lassen.

Die Kaiserproklamation im Prunksaal Ludwigs XIV. hatte den deutschen Stachel tief ins französische Fleisch getrieben. Aber es gab darüber hinaus noch viele andere Probleme, die aus kolonialen Begehrlichkeiten erwuchsen und Europa gefährlich destabilisierten: Österreich-Ungarn rang mit Russland um die Frage, wer auf dem Balkan das Sagen habe; Russland und England konkurrierten um die asiatischen Fleischtöpfe; Frankreich versuchte in Übersee und Afrika seinen schrumpfenden Einfluss gegen England zu behaupten; Italien blickte begierig auf türkische Besitztümer. Deutschland unter Wilhelm II. schlug mit der Bagdadbahn die Brücke zum Osmanischen Reich. Und alle zugleich wollten China.

Innenpolitisch kämpfte Bismarck an zwei Fronten: gegen die immer einflussreicheren Sozialisten, die bald zur stärksten Fraktion im Reich heranreiften, und gegen den politischen Katholizismus: Im protestantisch geprägten Preußen-Deutschland sollte allein der Kaiser den Kurs angeben und sicher nicht der Papst, so Bismarcks Doktrin. Als halbwegs gescheiterter »Kulturkampf« ist in die Geschichtsbücher sein Versuch eingegangen, den katholischen Einfluss in Politik, Kultur und Lehre gänzlich auszuschalten.

Auch die Auseinandersetzung mit den Sozialisten war wenig erfolgreich, dafür aber sozialpolitisch fruchtbar und im Ergebnis gesellschaftlich wegweisend. Denn in seinem Bemühen, die Arbeiterschaft stärker an das Kaiserreich zu binden, führte Bismarck das erste große Sozialgesetz ein: Unfallschutz, Krankenkasse, Rente. Ein enormer Fortschritt für Arbeiter und Angestellte.

Das Gift des übersteigerten Nationalismus, das übrigens auch in die Länder des Ostens als Panslawismus einsickert, wird in dieser Zeit noch in keiner Weise als größte Gefahr erkannt. Mit der »Alldeutschen Bewegung« kristallisiert sich aber schon jetzt ein gefährliches Denken heraus, in dem Neuzeit und Konservatismus, Wissenschaft, Aberglaube und Nationalpathos eine verquere Beziehung eingehen. Die Anhänger nehmen Wörter wie Nation, Rasse, Vererbung, Ehre, Juden, Verschwörung, Blut zeitgleich in den Mund und träumen von der Wiederauferstehung des Heiligen Römischen Reiches Deutscher Nation: »Wir gehören einem Herrenvolk an, das seinen Teil von der Welt sich selber nimmt und nicht von der Gnade eines anderen Volkes zu empfangen sucht.« Darwins Theorie von einem evolutionären Wettbewerb unter allen Geschöpfen (*survival of the fittest*) wird vulgär-politisch umgemünzt in einen rohen Sozialdarwinismus: Im Kampf »aller gegen alle« überlebe nur die stärkste Rasse, und das meint die eigene.

Von diesem Gedanken geht die monströse Destruktion aus, die den Nationalsozialismus vorbereitet und ideologisch unterfüttert hat. Aber kaum ein Zeitgenosse ahnt damals schon die Dimension der furchtbaren Gewalt, die in diesem Gedankengut steckt. Fünfzig Jahre später wird dieses Denken sechzig Millionen Tote kosten.

Wie schon angedeutet, erweist sich der Imperialismus als ein Phänomen, das in einer bestimmten Epoche den Menschen weltumspannend »zustößt«: Sogar das freiheitsliebende Amerika entwickelt zeitgleich mit den Europäern starke imperialistische Tendenzen und zwingt Japan, das seit Jahrhunderten völlig abgeschlossen lebt, mit Kanonenbooten zur wirtschaftlichen Öffnung. Auch Amerika startet seinen Welthandel mit vorgehaltener Waffe. Japan seinerseits lernt schnell von den Imperialisten und richtet seinen erwachenden Expansions- und Machtdrang sogleich aggressiv gegen Korea und China. Die Vereinigten Staaten wiederum versuchen ihre Stellung im pazifischen Raum weiter auszubauen und requirieren Flottenstützpunkte auf Hawaii und Kuba, Puerto Rico und den Philippinen. Mit dem Bau des Panamakanals, der übrigens insgesamt über 28 000 Arbeiter vor allem durch Gelbfieber und Malaria hinrafft und an dem sich zunächst französische Ingenieure die Zähne vergeblich ausbeißen, sichern sie sich ihre starke Stellung in Mittelamerika.

Die Welt wurde damals verteilt unter den »Starken«. Kaum hundert Jahre ist das jetzt her. Und die Tatsache, dass damals kaum ein Mensch Anstoß daran nahm, lässt erahnen, wie anders doch die Welt war vor den großen Katastrophen des 20. Jahrhunderts. Und wie schnell sich Zeiten und Verhältnisse ändern.

Das Land, das sich heute zur neuen führenden Weltmacht aufschwingt, war vor hundert Jahren noch das am meisten geschundene: China. Kaum eine imperialistische Nation, die sich nicht auf dieses appetitliche Filetstück stürzte. Von Norden fielen die Russen ein, vom Osten stürmte Japan heran, an den Küsten landeten englische, französische und schließlich auch deutsche Kriegs- und Handelsschiffe. Dass das Reich der Mitte eine uralte Nation war und bereits im 2. Jahrtausend v. Chr. ein funktionierendes Staatswesen besaß, imponierte den europäischen Newcomern und selbsternannten »Herrenvölkern« nicht im Geringsten.

Bereits Anfang des 19. Jahrhunderts hatte England China als idealen Absatzmarkt für Opium entdeckt, im Austausch für wertvolle Waren wie Seide und Tee, die es in großen Mengen von hier bezog, aber nicht mit kostbaren Silberdevisen bezahlen wollte. Viel lieber tauschte man gewinnbringend, wenn schon nicht gegen Glasperlen, so doch gegen Opium, das man aus Indien billigst bezog. Als die Chinesen die ruinöse Wirkung des Rauschgifts erkannten und ihre Handelsgrenze schließen wollten, erzwang England im Opiumkrieg 1840–1842 die weitere Geschäftsbeziehung und heimste bei der Gelegenheit auch noch Hongkong ein. Das

Geschäftsmodell machte halb China süchtig, aber die Dealer aus London wurden keineswegs von Skrupeln gequält.

Jeder Widerstand der »unzivilisierten Rassen« wurde rücksichtslos gebrochen. Als um 1900 ein Aufstand der traditionellen chinesischen Faustkämpfer losbricht, der als »Boxeraufstand« in die Geschichte eingegangen ist, sendet Kaiser Wilhelm II. eine internationale Strafexpedition nach China, der er martialische Worte mit auf den Weg gibt: »Pardon wird nicht gegeben, Gefangene werden nicht gemacht!... Und so möge der Name Deutscher in China auf tausend Jahre durch euch in einer Weise betätigt werden, dass niemals wieder ein Chinese es wagt, einen Deutschen auch nur scheel anzusehen.«

Geht man heute am Westwall durch die musealen Reste, die an die erste große industriell geführte Völkerschlacht, den Ersten Weltkrieg, erinnern, dann ist man versucht, in sich selbst nachzuforschen, inwieweit nationales Pathos den eigenen Kopf verdrehen könnte. Aber kann man überhaupt, wenn man vom Ausgang des Ersten und Zweiten Weltkriegs weiß, der Spur dieses nationalen Taumels noch fühlend nachgehen und wirklich gerecht urteilen? »Jeder Schuss ein Russ, jeder Tritt ein Brit, jeder Stoß ein Franzos, jeder Klaps ein Japs«, so hatten sie es in geradezu kindlicher Unbedarftheit gleich zu Kriegsbeginn auf Postkarten und Truppentransporter gekritzelt. Sie wussten nichts und hatten alles noch vor sich. Der Krieg bot ihnen in Zeiten gesellschaftlicher Desorientierung vermutlich eine wohltuende Option auf Klarheit und Durchblick. Wie schön war es doch, genau zu wissen, wo der Feind steht. Wie wärmend ist Gewissheit. Wie unerträglich Ziellosigkeit. Die große Erleichterung darüber, endlich ein gemeinsames gesellschaftliches Band knüpfen zu können, ist auch den Worten Kaiser Wilhelms vor dem Reichstag klar abzulauschen: »Ich kenne keine Parteien mehr. Ich kenne nur noch Deutsche!«

Ist es da Zufall, dass ausgerechnet in dieser Epoche die Darmstädter Firma Merck eine Droge auf den Markt bringt, die jedes Gefühl intensiv verstärkt und den Allmachtstaumel der Menschen rauschhaft befeuert: Kokain. Selbst ein so nüchterner Wissenschaftler wie Sigmund Freud schickt seiner Verlobten eine ganze Menge dieser »Trips«, um ihre Stimmung aufzuheitern, wie er sagt. Es ist eine Zeit, in der man nach technischen Katapulten sucht, die in eine neue Welt schleudern sollen.

Ob unsere Köpfe und Herzen heute anders denken und fühlen? Das Bedürfnis nach Gemeinschaft und nationaler Zugehörigkeit scheint zur Grundausstattung aller Menschen zu gehören. Sich als Gruppe zu definieren heißt zumeist Gegensätze gegenüber anderen zu konstruieren. Es ist für Menschen schwer, ohne Krieg zu leben.

Es war ja damals keineswegs so, dass es nur verblendete Politiker waren, die nach den Schüssen von Sarajewo, welche den österreichischen Thronfolger töteten und damit an einem schönen Sommertag Ende Juli 1914 die Kettenreaktion des Untergangs auslösten, die allgemeine Kriegsbegeisterung entfachten. Der Erste Weltkrieg begann in fast allen europäischen Ländern als Volksbewegung. Als Volksfest. Man muss sich ins Gedächtnis rufen, dass selbst ein so feinsinniger Lyriker wie Rainer Maria Rilke am Tag der Mobilmachung über den Münchner Odeonsplatz rannte, laut rufend: »Endlich wieder ein neuer Gott!« Damit meinte er den Krieg, den neuen Krieg, den industriellen Krieg, den selbst die Sozialdemokraten begrüßten, ohne ihn zu kennen. Grobe Fahrlässigkeit oder kollektiver Wahn?

Nationales Gefühl in Überdosis wird zur gefährlichen Droge. Das ist die Erkenntnis, die von dieser Epoche ausgeht. Und es ist wohl nicht falsch, wenn man behauptet, dass damals jeder Politiker, der sich dem nationalen Sturm entgegengestemmt hätte,

von der entfesselten Begeisterung des Volkes hinweggefegt worden wäre, ob in Deutschland, England oder in Frankreich. Die
industrielle Gewalt dieses Krieges hat dann aber gleichwohl alle
überrascht und geschockt. In den Materialschlachten bei Verdun
wurde mehrmals an nur einem einzigen Tag so viel Munition ver-
schossen, wie man im gesamten Deutsch-Französischen Krieg von
1870/71 verbrauchte. Am Ende liegen 17 Millionen Tote auf
den Schlachtfeldern. Und Deutschland, dem nach Siegermanier
die Alleinschuld an diesem europäischen Fiasko zugeschrieben
wird, wird mit den Versailler Verträgen eine Reparationslast auf-
gebürdet, die alle Möglichkeiten des verwundeten Landes übersteigt. Zu Recht haben die Historiker in Hinblick auf den Ersten Weltkrieg von der »Ur-Katastrophe des 20. Jahrhunderts«
gesprochen. Denn alles, was folgte, ist Konsequenz dieser Völkerschlacht, die das Ergebnis eines fahrlässigen nationalen Säbel-
rasselns war: die Oktoberrevolution in Russland, der sowjetische
Kommunismus, die Inflation, die Weltwirtschaftskrise, der Aufstieg des Nationalsozialismus, der Faschismus, die strategische
Blockbildung von Ost und West nach dem Zweiten Weltkrieg.

36. Der große Knall und die Kraniche

Diese herzzerreißende Geschichte kennt in Japan jedes Kind: Als die zehnjährige Sadako Sasaki im Jahre 1955 an Leukämie starb, hatte sie über 1600 Papier-Kraniche nach der japanischen Origami-Tradition gefaltet. Ihre beste Freundin hatte ihr zuvor davon erzählt, dass die Götter demjenigen seinen sehnlichsten Wunsch erfüllen würden, der es schaffe, mindestens tausend Kraniche zu basteln. Aber Sadakos Wunsch, einfach weiterleben zu dürfen, wurde ihr dennoch nicht erfüllt. Sie starb 1955 an den schrecklichen Spätfolgen eines Knopfdrucks, der nicht nur ihr Leben und das hunderttausend anderer vernichtete, sondern die Welt im Ganzen völlig veränderte.

Es war der Knopfdruck des amerikanischen Piloten Oberst Paul Tibbets, der am 6. August 1945 um 8 Uhr 15 an einem schwülheißen Sommertag in 9450 Metern Höhe über den Dächern Hiroshimas eine drei Meter lange Atombombe ausklinkte. Nach 45-sekündigem freiem Fall explodierte der 4000 Kilogramm schwere Stahlzylinder in 580 Metern Höhe. Ein Feuerball von über einer Million Grad Celsius ließ die Menschen und die traditionellen Holzhäuser im Umkreis eines Kilometers gleichsam verdampfen. Die nachfolgende Druckwelle machte innerhalb von einer Minute achtzig Prozent der Stadtfläche Hiroshimas dem Erdboden gleich. Noch in zehn Kilometern Entfernung vom Detonationszentrum setzten Temperaturen von 6000 Grad Celsius ganze Wälder in Brand. 92 000 Menschen starben sofort. Am Jahresende zählte man 130 000 Tote, zumeist Zivilisten, darunter zehn Prozent koreanische und chinesische Zwangsarbeiter. Aberzehntausende wurden wie Sadako Sasaki noch Jahrzehnte später Opfer des radioaktiven Fallouts, der sich zwanzig Minuten nach der Explosion als staubiges Leichentuch über Stadt und Umland legte.

Die psychologische Wirkung dieses Bombenabwurfs von nie zuvor gesehener Wirkung zusammen mit dem zweiten, ähnlichen Schreckensereignis drei Tage später in Nagasaki veranlasste den japanischen Kaiser zur bedingungslosen Kapitulation im Kampf mit den Alliierten. Am 2. September war der verlustreichste Krieg aller Zeiten, der Zweite Weltkrieg, damit endgültig beendet.

Durchstreifen Sie heute die zentrale Insel im Fluss Ōta, die in der wiederaufgebauten Stadt Hiroshima als *Peace Memorial Park* ausgestaltet wurde, dann begegnet Ihnen gleich neben dem Kinderfrieden-Denkmal der Sadako Sasaki, an dem Abertausende von Papier-Kranichen von Kindergruppen aus aller Welt lagern, die sogenannte Atombombenkuppel, jenes ausgebrannte Stahlgerippe, das einstmals die stolze Handelskammer von Vorkriegs-Japan darstellte. In einiger Entfernung davon brennt noch eine Flamme, die man freilich lieber heute als morgen gerne auslöschen würde. Denn dieses Feuer soll so lange weiterbrennen, wie es noch Atombomben auf der Welt gibt. Die solide Umfassung des Mahnmals macht aber deutlich, dass man sich angesichts der politischen Realitäten auf eine lange Brenndauer eingestellt hat.

Es ist ein schauerlicher Kontrast, der sich auftut zwischen den erschütternden Ausstellungsbildern im »Friedenspark«, die entstellte und verwüstete Menschenleiber zeigen, und den berühmten Fotografien vom Atompilz, der wie ein gewaltiges kosmisches

Naturereignis anmutet und geradezu ästhetische Gefühle wachrufen kann.

Ist dieser Kontrast nicht wie ein Symbol für die besondere Gefährlichkeit dieser allerneuesten Errungenschaft der Menschheit? Für ihre Zwiespältigkeit und Doppelbödigkeit? Die Kraft der Sonne zu beherrschen – gereicht das der Menschheit nun zum Fluch oder zum Segen? Über die Antwort wird seit jenem Augusttag des Jahres 1945 heftig gestritten. Wohl keine andere Erfindung der Geschichte hat so unterschiedliche Reaktionen und Meinungen hervorgerufen wie die im 20. Jahrhundert erworbene Fähigkeit von uns Menschen, Atome zu spalten.

Für die einen lag und liegt heute in der Atomkraft der Schlüssel zum Fortschritt und zur Lösung all unserer Energieprobleme, selbst wenn die Atomeuphorie der Sechziger- und Siebzigerjahre einen schweren Knacks bekam, als die Welt 1986 den Ortsnamen Tschernobyl buchstabieren lernen musste. Für die anderen scheint mit der Kernkraft die Büchse der Pandora weit geöffnet, deren todbringender Inhalt das baldige Ende der Menschheit heraufbeschwört, und die Katastrophe von Fukushima im März 2011 scheint ihnen recht zu geben. Selbst was die rein kriegerische Nutzung der Atomkraft angeht, so sind die Ansichten durchaus geteilt. Nicht wenige behaupten, dass die Menschheit in den letzten sechzig Jahren nur deswegen einem Dritten Weltkrieg entging, weil die Atommächte, die sich lange Zeit als waffenstarrende Machtblöcke namens NATO und Warschauer Pakt lebensbedrohlich gegenüberstanden, mit ihren Tausenden von Atombomben ein »Gleichgewicht des Schreckens« errichtet hatten. Und selbst für die beiden Bombenabwürfe auf Hiroshima und Nagasaki, für die es allen Grund gäbe, sie nachträglich als Massenmord an Zivilisten zu brandmarken und die Verantwortlichen vor ein Weltkriegsgericht zu bringen, fanden und finden sich Verteidiger.

Die Sache ist eben alles andere als eindeutig. Niemals haben sich die USA bei den zivilen Opfern des Angriffs auch nur entschuldigt. US-Politiker und Abschreckungstheoretiker gehen bis heute offiziell davon aus, dass die zwei Atombomben Menschenleben »gerettet« haben, indem sie es waren, die das schnelle Kriegsende mit dem kampfbesessenen Japan herbeiführten. Bereits nach dem Erfolg des *Trinity*-Tests, des ersten Atombombenversuchs in der Wüste Nevadas, hatte der englische Premier Winston Churchill angesichts des Albtraums bevorstehender, extrem verlustreicher Landschlachten gegen die zu allem entschlossenen Japaner erleichtert notiert: »Jetzt ist mit einem Mal dieser Alb vorbei, und an seine Stelle tritt die helle und tröstliche Aussicht, ein oder zwei zerschmetternde Schläge könnten den Krieg beenden.«

Statt der erwarteten sieben bis acht Millionen Opfer, mit denen man nach den ersten schweren Inselkämpfen und den traumatisierenden Erfahrungen mit den selbstmörderischen Kamikaze-Fliegern rechnete, hatte dieser Krieg schließlich »nur« eine halbe Million Opfer gekostet. So glaubten und glauben heute viele, nicht nur in den USA, von einem »Verdienst« der furchtbarsten Waffe aller Zeiten sprechen zu dürfen.

Am 17. Juni 1967 versammeln sich begeisterte Chinesen vor einem gewaltigen Atompilz und recken euphorisch ihre Hände mit Mao-Bibeln in den Himmel. Sie bejubeln die erste geglückte chinesische Wasserstoffbomben-Explosion. Gleiches geschah Jahrzehnte später auch in Indien und Pakistan. Die Wasserstoffbombe galt und gilt vielen als Fortschritts-Symbol für nationale Kraft und Stärke. Aktuell bastelt das Terrorregime des Iran an einer praktischen Umsetzung dieses perversen Fortschrittsdenkens.

Das revolutionäre Rot-China, das Anfang der Sechzigerjahre mit gut 800 Millionen Einwohnern das bevölkerungsreichste

Land der Erde war, rechnete bereits damals bei der Zahl von Kriegsopfern nicht mehr in Hunderten wie bei Schlachten in antiken Zeiten; auch nicht mehr in Tausenden wie im Mittelalter oder in Zehntausenden wie in der frühen Neuzeit. Nein, jetzt waren es Millionen und gar Milliarden von Menschen, die zu kriegspolitischer Manövriermasse erklärt wurden. Wie hatte der »große Vorsitzende« Mao Tse-tung seinen Volksgenossen seinerzeit geradezu tröstlich vorgerechnet: »Kann man denn voraussehen, wie viele Menschenopfer ein künftiger Krieg fordern würde? Möglicherweise wird es ein Drittel von 2,7 Milliarden Erdbewohnern sein, also nur 900 Millionen Menschen. Falls die Hälfte der Menschheit vernichtet wird, bliebe ja noch eine Hälfte übrig, dafür aber würde der Imperialismus vollständig vernichtet.«

Absurd erscheinen solche Bilanzierungen von ideologisch vernagelten Diktatoren im 20. Jahrhundert, dem aufgeklärtesten und zugleich blutigsten und auch lebensgefährlichsten Jahrhundert der Menschheitsgeschichte. Ähnliche Visionen wie Mao hat auch Stalin verfolgt. Sogar ein kleiner Insel-Revolutionär wie Fidel Castro hatte noch in den Sechzigerjahren Weltrevolutionsfantasien, für die er bereit war, Atomwaffen wirklich einzusetzen, wenn ihm die Sowjets nur den Finger am Abzug dieser Massenmordwaffen gelassen hätten. Die Geschichtsschreiber der Zukunft werden in ihrer Rückschau als besonderes Kennzeichen des 20. Jahrhunderts herausheben, dass es jenes Jahrhundert war, in dem einzelne Machthaber zum ersten Mal unter Einsatz all ihrer technischen Möglichkeiten bereit waren, für ihre politischen Utopien mindestens die halbe Menschheit zu opfern. Ideologien reifen in dieser Epoche der technischen Rationalität besser heran als schlichte menschliche Gefühle. Das ist vielleicht die dunkelste Frucht der Aufklärung, die dazu neigt, sich selbst zu überschätzen. Der Philosoph Jürgen Habermas hat einmal zu Recht darauf hingewiesen, wie wichtig es sei, dass die Aufklärung allmählich über sich selbst aufgeklärt werde.

Der furchtbarste und radikalste unter den ehrgeizigen Menschheitsschlächtern des 20. Jahrhunderts aber war der Sohn eines gewissen Alois Schicklgruber aus dem niederösterreichischen Döllersheim, der sich in »Hitler« umbenannt hatte und in dritter Ehe mit seiner 23 Jahre jüngeren Cousine Klara Pölzl sein fünftes Kind zeugte: Adolf Hitler, ein selbst ernannter »Kunstmaler«, der schon früh mit der Polizei Schwierigkeiten bekommt, weil er sich hochstapelnd als »akademischen Maler« ausgibt, aber in Wirklichkeit niemals auch nur irgendeinen Beruf erlernt hat, niemals einer regelmäßigen Arbeit nachgegangen ist und sich seiner österreichischen Wehrpflicht durch Flucht nach München entzogen hat; der als 25-Jähriger im Februar 1914 zur Musterung in Salzburg zwangsvorgeführt wird und als »schwächlich« und »waffenunfähig« gilt, seine österreichische Staatsbürgerschaft aufgibt und mehrere Jahre durch Männerwohnheime und billige Absteigen vagabundiert; ein Staatenloser ohne jeden Schulabschluss, der sich zuerst mit seiner Waisenrente und später dann mit Zeichnungen populärer Gebäude finanziell über Wasser hält, die er, menschenscheu und eigenbrötlerisch, wie er ist, von seinem jüdischen Spezi Siegfried Löffner verkaufen lässt; der aber nach etlichen Jahren der Erfolglosigkeit mit seinen hervorstechendsten Eigenschaften, seiner Egozentrik, seinem Rednertalent und seinem erwachenden wahnhaften Machtwillen zur einflussreichsten und folgenschwersten Persönlichkeit des 20. Jahrhunderts aufsteigt: zum Reichskanzler, »Führer des Deutschen Volkes« und Begründer des »Dritten Reiches«.

Seine deutsche Staatsbürgerschaft erreicht der vorbestrafte Staatenlose übrigens erst 1932 in einem dubiosen Hauruck-Verfahren: Der Innenminister des Freistaates Braunschweig Dietrich Klagges, neben Wilhelm Frick in Thüringen damals der einzige NSDAP-Landesinnenminister in Deutschland, ernennt den völlig unqualifizierten »Schriftsteller« kurzerhand zum Regierungsrat der Braunschweigischen Gesandtschaft in Berlin, mit dem diffusen Auftrag, die Braunschweiger Wirtschaftskontakte zu verbessern; einer Aufgabe, der Hitler natürlich keinen einzigen Tag nachkommt und die er auch schon einige Monate später wieder offiziell aufgibt, die ihn aber als Beamten zum deutschen Staatsbürger macht.

Die Biografie Adolf Hitlers zerfällt in zwei Teile, die so gegensätzlich verlaufen sind, wie es sich in der Rückschau kaum begreifen lässt. Er ist der Mann, von dem Historiker gesagt haben, dass erst der Erste Weltkrieg und seine Folgen ihn eigentlich gemacht hätten. Oder wie es der große Publizist Sebastian Haffner einmal geschrieben hat: Hitlers Fronterfahrung als Freiwilliger und Gefreiter im Ersten Weltkrieg war sein bestimmendes Bildungserlebnis, allerdings auch sein einziges.

Es ist der Mann, der vor 1919 weder durch besondere politische Ambitionen noch durch antijüdische Einstellungen, noch durch eine besondere Lust an Gewalt aufgefallen wäre – über fast die gesamte Zeit des Ersten Weltkriegs ist er Meldegänger, also ein Soldat, der sich durch feindliche Linien schleichen muss und dabei weniger schießt, als dass vielmehr auf ihn geschossen wird. Eher passiv, einzelgängerisch und abgesondert als aktiv und anführend. Es ist nicht überliefert, dass Hitler sich jemals geprügelt hätte oder im persönlichen Gegenüber einen Menschen geschlagen oder gar getötet hat. Es ist aber derselbe Mann, der nach 1920 einen Machthunger und rabiaten Politwillen entwickelt, für dessen Stärke es in der Geschichte wohl kaum eine Parallele gibt; der ohne jeden Skrupel die industrielle, massenhafte Ermordung der

europäischen Juden initiiert, ebenso die Vernichtung Hunderttau-
sender Oppositioneller, Homosexueller, Sinti und Roma, geistig
und körperlich Behinderter in sogenannten Konzentrationslagern.
Der Mann, der den Zweiten Weltkrieg mit seinen über sechzig
Millionen Opfern auslöst und am 16. Juli 1941 seinen Generälen den ultimativen Befehl gibt, »alles auszurotten, was sich gegen uns stellt« und »jeden, der nur schief schaue, tot(zu)schie-
ßen«. Der an seinen Sieg nachweislich bereits 1943 selbst nicht
mehr glaubte, aber dann noch zwei Jahre lang den Untergang der
Welt inszenierte, inklusive der völligen Zerstörung wunderbarer
Städte und bedeutender Kulturgüter. Derselbe Mann, der romantische Opern liebte, angeblich aus Respekt vor Tieren fleischlose
Kost bevorzugte, nicht rauchte, nicht trank, sexuelle Ausschwei-
fungen verabscheute und von dem seine Privatsekretärin Traudl
Junge später zu Protokoll gegeben hat, dass in seiner Umgebung
niemals Schnittblumen stehen durften, weil er »nichts Totes um
sich haben wollte«.

Absurd und furchtbar war dieses Leben. Aber noch absurder
und noch furchtbarer ist ein anderes Phänomen, über das nach-
zugrübeln wir wohl niemals fertig werden: Wie konnte es sein,
dass Millionen von Menschen den Visionen und Befehlen dieses
Mannes folgten?

37. Wer oder was sind wir?

Das Beste kommt zum Schluss, heißt es. Das wird auch bei uns so sein, im letzten Kapitel. Aber wir sind noch nicht fertig mit dem Absurden. Und schon gar nicht mit dem Furchtbaren. Dafür versprechen wir Ihnen anschließend – ganz individuell, ganz exklusiv – einen Raumflug ins All, um aus großer Entfernung auf die Erde zurückzublicken. Es gilt Distanz zu gewinnen, die Voraussetzung aller Erkenntnis.

Es war Georg Wilhelm Friedrich Hegel – Sie sind ihm bereits mehrfach begegnet –, der in der Vorrede zu seinen »Grundlinien der Philosophie des Rechts« (1821) die Mythologie und die Ornithologie zu Hilfe nahm, um in einem großartigen Bild zu verankern, dass Einsicht und Erkenntnis erst mit einem gewissen Abstand zu den Ereignissen möglich ist. »Die Eule der Minerva«, der Vogel der Einsicht und der Weisheit, so Hegel, beginne »erst mit der einbrechenden Dämmerung ihren Flug«, wenn die größte Sehschärfe zu erzielen sei. Das vergangene Jahrhundert, auf das noch einmal zurückzukommen ist, war so reich an Weltuntergangsszenarien, so gesättigt mit Düsterkeit und »Menschheitsdämmerung«, dass vielleicht auch hier Hoffnung auf Klarsicht gegeben ist, wenn wir entsprechende Distanz gewinnen.

Rufen wir uns deshalb die Bilder des 20. Jahrhunderts mit

ihren himmelschreienden Absurditäten noch einmal ins Gedächtnis. Darunter auffallend viele deutsche Bilder.

Und wenn es ein besonders überraschendes Verdienst der neu
erfundenen psychoanalytischen Forschung des Wiener Doktors
Sigmund Freud gibt, dann doch dieses: dass Freud schon vor der
großen Katastrophe des Zweiten Weltkriegs erkannt hat, wie gefährlich dünn der Boden der menschlichen Kultur ist, auf dem
wir scheinbar so selbstsicher wandeln. Und dass unter dieser zivilisatorischen Eierschale die Bilder des Grauens und der trieb-
haften Niedrigkeit lauern, vor denen zu warnen und zu schützen
man nicht müde werden darf.

Betreten wir also die Wohnung des von den Nazis aus Wien
vertriebenen Sigmund Freud im Londoner Stadtteil Hampstead,
Maresfield Gardens 20, heute ein Museum. Alles sieht noch genauso aus, als wäre der 1939 verstorbene Psychoanalytiker nur gerade mal eben außer Haus gegangen. Nutzen wir die Gelegenheit.
Legen wir uns schnell mal auf seine berühmte Couch. Vielleicht
gibt es keinen besseren Ort, um sich die Bilder wachzurufen, mit
denen wir den Absurditäten und Widersprüchlichkeiten des gerade vergangenen Jahrhunderts nachspüren. Bilder, mit denen wir
an die Hässlichkeit menschlicher Existenz rühren. Und immer
wieder nach dem »Warum« oder dem tieferen Sinn unserer jüngsten Geschichte fragen müssen.

Ein pfauenartig herausgeputzter Kaiser und Senfgaswolken
über den elenden Schützengräben von Verdun zum Beispiel.
Oder: Die Druckmaschine während der Inflation von 1923, die
kaum noch die vielen Nullen auf den Geldscheinen unterbringen
kann. Die vermeintlich »Goldenen Zwanziger«, ein Jahrzehnt, in
dem Hungerelend, politisches Chaos, Weltwirtschaftskrise, De-
mokratieverwirrung und Josephine Bakers Bananentanz zu einer
merkwürdig beklemmenden Melange zusammenfließen. Der Ex-

pressionismus hat in kantiger Frechheit und provokativer Aufge-
kratztheit die schroffen Widersprüche dieser Epoche künstlerisch
verschmolzen.

Und dann die Dokumentarbilder des sogenannten Dritten Reiches: Parteitags-Tableaus der Vermassung. Tausende von Menschen,
degradiert zur geometrischen Figur: Der Einzelne ist nichts, die
Volksgemeinschaft alles. Die »Herrenrasse« und der Judenstern –
welch haarsträubender Zynismus steckt darin, wenn ausgerechnet eines der schönsten Symbole der Menschheit, der Stern, dazu
dient, Menschen als unwert auszusondern? Die Industrialisierung
des Mordens in den Konzentrationslagern, die schon am Eingang
ihre Opfer mit dem Spruch verhöhnten: »Arbeit macht frei«,
markiert den absoluten moralischen Tiefpunkt des 20. Jahrhunderts, der in der Weltgeschichte keine Parallele kennt.

Aber noch viele andere irritierende Fotografien gehen uns
durch den Kopf, wenn wir gedanklich durch die Weltgeschichte
des 20. Jahrhunderts wandern: Hingemeuchelte Schwarzafrika-
ner, die wie Jagdtrophäen neben belgischen Soldaten aufgereiht
liegen. Inder in pompösen englischen Uniformen und gleich daneben ein entsagungsvoller Prediger des Friedens, den ein religiöser Fanatiker ermorden wird: Mahatma Gandhi. Dokumentarbilder stalinistischer Schauprozesse in den Dreißigerjahren, in denen
sich verdiente Kommunisten auf Befehl Stalins selbst als Staats-
verbrecher bezichtigen müssen und für sich die Todesstrafe fordern. Der Horror des Archipels Gulag, der russischen Arbeits-
lager, wie ihn Alexander Solschenizyn oder zuletzt Herta Müller
plastisch beschrieben haben. Fleischerhaken im Nazi-Gefäng-
nis Berlin-Plötzensee, an die die Widerständler gegen Hitler gehängt wurden. Mittelalterlich verhüllte Ku-Klux-Klan-Fanatiker
in den Südstaaten der USA, die Menschen ermorden, nur weil
sie eine andere Hautfarbe haben. Eine Mauer mit Schießbefehl,

die mitten durch Deutschland geht und angeblich dem Frieden dient. Atomraketen auf Kuba, die um ein Haar den atomaren Holocaust ausgelöst hätten. Sowjetische Panzer, die Prager Frühlingsträume überrollen. Ein schreiendes nacktes Kind aus Vietnam, das vor Napalm-Feuer flieht. Fanatische Steinzeit-Kommunisten, die Roten Khmer in Kambodscha, die jeden Brillenträger als Intellektuellen identifizieren und ihn deswegen sogleich auf offener Straße mit Kopfschuss töten. Maoistische Funktionäre, die begeistert die großen Traditionszeugnisse chinesischer Kultur zerschlagen und diese Revolution den »großen Sprung nach vorne« nennen. Süd- und mittelamerikanische Militärjuntas, die unliebsame Kritiker massenhaft in Folterkellern verschwinden lassen. Die einstige »Perle des Orients«, Beirut, in Trümmern. Blutige Konflikte zwischen Israelis und Palästinensern. Oder zwischen afrikanischen Hutus und Tutsis, die im vermeintlichen Musterland Ruanda plötzlich beginnen, sich gegenseitig mit Macheten die Köpfe abzuschlagen. Schwarze Südafrikaner, denen man brennende Autoreifen um den Hals gehängt hat. Taliban, die in Fußballstadien öffentlich »ungehorsame« Frauen hinrichten und Kunstschätze von welthistorischer Bedeutung in die Luft jagen. Hungernde Kinder in der sogenannten »Dritten Welt«. Notschreiende Gesichter, herausgegriffen aus der unvorstellbaren Masse jener zwei Milliarden Menschen, die auf unserer Welt noch nicht einmal Zugang zu sauberem Trinkwasser haben, obwohl doch weltweit täglich Lebensmittel für 14 Milliarden Menschen produziert werden. Riesige Bagger, die Gemüseberge der europäischen Agrar-Überproduktion zermalmen. Die Flugzeugtrümmerteile von Lockerbie. Im ehemaligen Jugoslawien »ethnische Säuberungen« — ein Wort, das allein deswegen die Menschheit beschämen müsste, weil es nach den Gräueln des Zweiten Weltkriegs überhaupt noch existiert und tatsächlich in den Mund genommen wird. Brennende, einstürzende *Twin Towers* in New York. Das geplünderte Museum von Bagdad. Humoristische Mohammed-Zeichnungen, die mit Mordaufrufen und blutigen Anschlägen quittiert werden. Radikale Islamisten, die als Selbstmordattentäter nicht nur in Bagdad oder Alexandria christliche Kirchen in die Luft jagen.

Diese Bilder sind nicht nur geschichtliche Zeugnisse, sondern sie ragen direkt in unsere Gegenwart hinein. Sie sind nicht bloß Geschichte. Sie sind Aufgabe und Auftrag. Wegweiser für unsere Zukunft. Hinweis auf das, was zu tun ist.

Viel Unversöhnlichkeit, viel Hass, viel Fanatismus und bodenlose Brutalität haben das 20. Jahrhundert geprägt. Aber auch zahllose Ansätze und Impulse gibt es, die unsere Welt schöner, erträglicher, freundlicher machen könnten. Das 20. Jahrhundert ist zweischneidig: Große technische, zivilisatorische und humanitäre Fortschritte gibt es da; gleich daneben aber die gewaltigen Störfeuer schrecklicher Kriege, die in diesem Jahrhundert die unvorstellbare Zahl von mindestens 185 Millionen Gewaltopfern gekostet haben, wie es der ehemalige US-Präsident Jimmy Carter einmal hat hochrechnen lassen.

Wie enttäuschend müsste trotz aller Fortschritte das 20. Jahrhundert auf die frühen Aufklärer wirken, wenn sie heute, nach über 200 Jahren, zurück auf die Erde kämen. Auf den Philosophen Immanuel Kant etwa, der noch optimistisch erfüllt war von der Vision, dass die Menschheit mit der Entdeckung der Vernunft endlich allen Aberglauben und allen dummen Fanatismus abschütteln könnte. Dass Hexenwahn, Religionskriege und politischer Wahnsinn nach Jahrtausenden menschlicher Verirrung nun ihr Ende fänden und endlich der Verstand die Welt regieren würde. Wie absurd müsste es ihm erscheinen, dass ausgerechnet mit der vernunftgesteuerten Revision einer von schwersten Irrtümern geplagten Geschichte das blutigste Jahrhundert der gesamten Historie anbrechen sollte. Dass die Menschenverachtung vielerorts zum gesellschaftlichen Programm heranreifen würde. Und dass der religiöse Glaubensfanatismus in manchen Teilen der Welt so sehr erstarken würde wie im tiefsten Mittelalter. Wie konnte es dahin kommen? Wer sind wir, und warum sind wir so, wie wir sind? Das ist die Schlüsselfrage, die uns Menschen am Anfang des 21. Jahrhunderts vielleicht am nachhaltigsten beschäftigt und beschäftigen muss.

Man kann auch anders fragen: Wie viel Veränderung erträgt der Mensch? Vermag die Menschheit überhaupt mit der rasanten Entwicklung der letzten hundert Jahre Schritt zu halten, ohne dass es zu heftigen Verwerfungen kommt? Denn was uns Menschen im letzten Jahrhundert an revolutionären Erkenntnissen und Veränderungen geradezu überrollt hat, das spottet im Vergleich zu den vergangenen Epochen jeder Beschreibung.

Gesellschaftswissenschaftler haben einmal grob ausgerechnet, dass die Zahl der menschlichen Erfindungen in den vergangenen hundert Jahren den Gesamtbestand solcher Innovationen in den davor liegenden 40 000 Jahren übersteigt. Einen auch nur annähernd vergleichbaren Entwicklungsschub innerhalb von zwei, drei Generationen hat es niemals zuvor in der Menschheitsgeschichte gegeben. Und ganz gewiss müssen wir erst lernen, mit der tagtäglichen Neuerung, mit dem schnellen Ablegen überkommener Vorstellungen und Gewohnheiten und der Akzeptanz neuer Denkmodelle umzugehen. Wie schnell können wir uns verändern und anpassen, ohne dass es zur individuellen und gesellschaftlichen Havarie kommt?

»Bereitschaft zum Paradigmenwechsel« nennen die Wissenschaftler diese neue, von der Moderne geforderte Überlebensformel, die die alten festen Gewissheiten oft beunruhigend erschüttert und ein neues hohes Maß an Toleranz und Flexibilität verlangt – auch in Hinblick auf die neue Zumutung, dass selbst die größten Wahrheiten offenbar ein Verfallsdatum haben. Unsere Welt ist geistig, moralisch, ethisch unsicherer geworden. Was gestern unmöglich erschien, ist heute bereits große Mode. Alle Gewissheiten müssen in unserer globalisierten Welt tagtäglich neu ausgehandelt werden. In dem Rucksack, den der moderne Mensch auf seinen Schultern trägt, wiegt nicht allein die Geschichte schwer oder die Gegenwart mit ihren täglichen Problemen, sondern vor allem die Ungewissheit über ein Morgen, das vielleicht so ganz anders wird, als es das Heute ist.

Konstruktiv ertragen lässt sich diese neue existenzielle Unsicherheit nur auf dem Fundament solider Information, Bildung und halbwegs ausgeglichener Wirtschaftsstrukturen. Aber weltweit gelten immer noch nahezu eine Milliarde Menschen als Analphabeten. Und nach Zahlen der Welternährungsorganisation FAO leiden derzeit 925 Millionen täglich an Hunger und Unterernährung. Die Ohren dieser Menschen sind besonders offen für die Einflüsterungen fanatischer Hassprediger. Die Hauptaufgabe der Zukunft muss es sein, Armut zu beseitigen und Bildung zu schaffen. Demokratie gedeiht nur auf dem Fundament einer aufgeklärten Aufklärung.

Vor allem eines gehört ganz an die Spitze der *To-do*-Liste unserer Zukunft: Wir müssen uns selbst neu denken. Uns selbst müssen wir nachhaltig verändern, weniger die Welt, bei der es uns eher um Bewahrung gehen muss.

Einer radikalen Veränderung des Lebens geht meistens eine tief greifende Kränkung voraus. So hat es schon Sigmund Freud gewusst, der diesen Beichtstuhl der Moderne, seine »Couch«, auf der wir immer noch liegen, erfand, um ins Unbewusste vorzudringen und in das Dunkel unseres Seins zu leuchten.

Freud erkennt – fast bedauernd – an, dass die Neuzeit uns Menschen eine schwere, kaum zu bewältigende Last auf die Schultern gelegt hat: die tiefgreifende »Kränkung des Menschengeschlechts«. Der moderne Mensch, der selbst ernannte Chef-Erdenbürger gewissermaßen, müsse sich, so Freud, bereits seit Galileo Galilei damit abfinden, dass er und sein Erdkreis nicht mehr im Mittelpunkt des Universums stünden. Das sei eine fundamental neue Erfahrung, die mit der beruhigenden Welt- und Gottesgewissheit unserer Vorfahren schmerzlich aufräumt. Damit aber nicht genug: Seit Darwin müssen wir außerdem zur Kenntnis nehmen, dass wir vom Affen abstammen. Wermutstropfen auf Wermutstropfen, Enttäuschung auf Enttäuschung. Eine noch tiefere Kränkung aber sei es endlich, dass »der Mensch noch nicht einmal Herr in seinem eigenen Hause« sei, sondern dass unter der Oberfläche seiner Vernunft und Kultur unbeherrschbar das Unbewusste brodelt, wie die Psychoanalyse zeige.

Freud demontierte mit seiner Analyse das stolze Selbstbild seiner Zeitgenossen und provozierte damit heftigen Widerspruch. Die furchtbaren Weltkriege des 20. Jahrhunderts mit ihren barbarischen, kulturspottenden Exzessen aber lieferten prompt den Praxisbeweis für den freudschen Skeptizismus, sein »Unbehagen an der Kultur«. Spätestens jetzt musste die Menschheit sich endgültig von der alten, lieb gewordenen Vorstellung verabschieden, sie sei die Krone der Schöpfung, habe ihre Triebe und Emotionen im Griff und stünde intelligent und souverän im Zentrum des Kosmos.

Hat Freud schon geahnt, wie sehr die allerneueste wissenschaftliche Forschung seinen Ansatz vertiefen und sogar noch radikalisieren würde? Etwa durch die Erkenntnisse der modernen Biogenetik? Da wird die Frage, wer wir eigentlich sind, zu einer immer schwerer lösbaren Rätselaufgabe.

Nur ein Beispiel: Die Molekularbiologen rechnen uns heute vor, dass unser Körper aus etwa 10^{13} – also 10 Billionen – Körperzellen besteht. Ist nun damit unsere Identität medizinisch ausreichend beschrieben? Ist dieser Zellbestand unser materiell definierbarer Besitz? Sind wir das?

Nicht nur, sagt die moderne Biologie. Und uns wird dann erklärt, dass in und auf unserem Körper etwa zehnmal so viele Bakterienzellen, also 100 Billionen körperfremde Lebewesen, siedeln. Zwar sind sie viel kleiner und mit einem Gesamtgewicht von etwa einem Kilo pro Mensch auch viel leichtgewichtiger als unsere Körperzellen – aber doch zahlenmäßig deutlich in der zehnfachen Überlegenheit.

Ist diese »fremde« Mehrheit, die im Übrigen ja auch eine viel größere Anzahl an Genen beinhaltet, als es unser eigenes Erbgut tut, nun Bestandteil unserer Identität? Sind wir diese Fremden? Die Biologen würden sagen: Ja! Denn ohne die Bakterien würden wir nicht überleben können. Sie übernehmen wichtige Arbeiten in und an uns, die unser genetisches Programm gar nicht leisten kann. Etwa in der Darmflora die Zerlegung der aufgenommenen Nahrung in Eiweiß-, Zucker- und Fettmoleküle, die Voraussetzung für unseren Stoffwechsel. So ist jeder Einzelne von uns genetisch gesehen eine Ansammlung von vielen. Bedenkt man weiter, dass etwa neunzig Prozent unserer gesamten Körperzellen innerhalb eines Jahres absterben und immer wieder erneuert werden, wir uns also in einem steten Prozess der Verwandlung befinden, dann wird die Frage, wer wir sind, aus biologischer Sicht jede Minute neu zu stellen sein.

Neueste Erkenntnisse der Psychologie unterstützen diese Vorstellung von einem steten »Wandel-Wesen Mensch« auch innerpsychologisch: Ging die Menschheit jahrtausendelang davon aus, dass die Identität jedes Wesens als kontinuierlich aufsteigende

Entwicklungslinie zu verstehen sei, so wird heute von einer eher punktuellen, lebensgeschichtlich ständig wechselnden Identität gesprochen. Offenbar sind wir in unseren Entscheidungen und Vorlieben viel weniger von objektiven Einsichten geleitet als vielmehr von biografischen Zuständen, die sich fortwährend ändern. Unser wechselhaftes Schicksal verurteilt uns zu jeweiligen Meinungen und Taten, die wir gleichwohl für souveräne Entscheidungen halten. Wir agieren aber viel weniger vernünftig, als wir denken. Wir handeln hauptsächlich biografisch determiniert. Und so kommt es, dass wir in der Jugend ganz andere Interessen haben als im Alter. Dass Selbstmordattentäter zu 99 Prozent jünger sind als 23 Jahre und neunzig Prozent der alten Menschen gerne Mozart hören. Oder dass man viel mehr Zeit mit der Auswahl seines Rasierwassers zubringt als mit der viel sinnvolleren Planung der Altersversorgung. Unvernünftig ist das, aber zutiefst menschlich.

Wo beginnen wir zu sein? Wo enden wir? Die neue Offenheit dieser Fragen schafft zweifellos gewaltige Freiheiten. Aber Freiheiten sind immer auch Zumutungen. Denn sie verunsichern. Sie ziehen den festen Boden unter den Füßen weg. Das 20. Jahrhundert lehrt uns jedoch, dass wir den Umgang mit dem schwer zu tragenden, großen Fragezeichen lernen müssen. Und wie steht es mit der seit Urzeiten postulierten Überlegenheit des Menschengeschlechts?

Die alten Völker hegten die Vorstellung, mit Erschaffung des Menschen sei Gott sein Meisterstück geglückt. Dieser Gedanke prägte das menschliche Denken über Jahrtausende hinweg, in fast allen Kulturen und im europäischen Raum maßgeblich noch bis ins 19. Jahrhundert hinein. Mit der Erschütterung der alten großen Religionswahrheiten im 19. und 20. Jahrhundert war dann aber plötzlich der Startschuss gegeben für die absonderlichsten, oft auch vulgär-biologistischen Erklärmodelle, die sich als schneller Ersatz anboten in dem Moment, da die alten Wahrheiten wegbrachen.

Insbesondere der Nationalsozialismus predigte eine Rassenideologie, die den »Wettkampf des Erbguts« zum gesellschaftlichen Programm erhob und skurrile Erkenntnisse aus der Geflügelzucht auf die menschliche Gemeinschaft übertrug. Auch der Kommunismus unter Lenin und Stalin sprach von »der Erschaffung des Neuen Menschen« und glaubte innerhalb von zwei bis drei Generationen durch Umerziehung eine Art neuer, dauerhafter genetischer Disposition des Menschengeschlechts zu schaffen. Alle Nachgeborenen würden automatisch Kommunisten werden, so die sozialoptimistische Vorstellung. »Selektion« war dabei das aus der darwinschen Biologie gerne übernommene Wort. In seiner politischen Auslegung meinte es aber zunächst einmal die Massenvernichtung aller Andersdenkenden.

Doch die moderne Evolutionsbiologie muss alle dogmatischen Weltverbesserer, die so wie einst Darwin der Natur »ewige Gesetze« ablauschen wollen, enttäuschen. Es gibt kein Gesetz, das da lautet: »Das Leben ist Kampf, und der Stärkste wird siegen!«

Natürliche Selektion schert sich in keiner Weise um Qualität, so lehren uns heute die Erkenntnisse der Biologie. Alle Lebensformen kommen zustande durch Variabilität, also die Fähigkeit, sich selbst ständig zu verändern. Dabei treten genetische Variationen bei uns und bei allen anderen Lebewesen ganz unabhängig davon auf, ob sie die Überlebenschancen des Individuums erhöhen, vermindern oder überhaupt nicht tangieren. Die Überlebensfähigkeit hängt davon ab, wie weit die Anpassung an die sich ständig verändernde Umwelt gelingt. Wer heute existiert, der existiert nicht, weil er intelligenter, kräftiger, geschickter oder gar umweltschonender ist, sondern einzig und allein, weil er von den derzeit herrschenden Zuständen nicht verdrängt wurde. Er lebt in einer Nische, die zufälligerweise sein Überleben zulässt. Er lebt sein Nischen-Dasein. So was nennt man Glück.

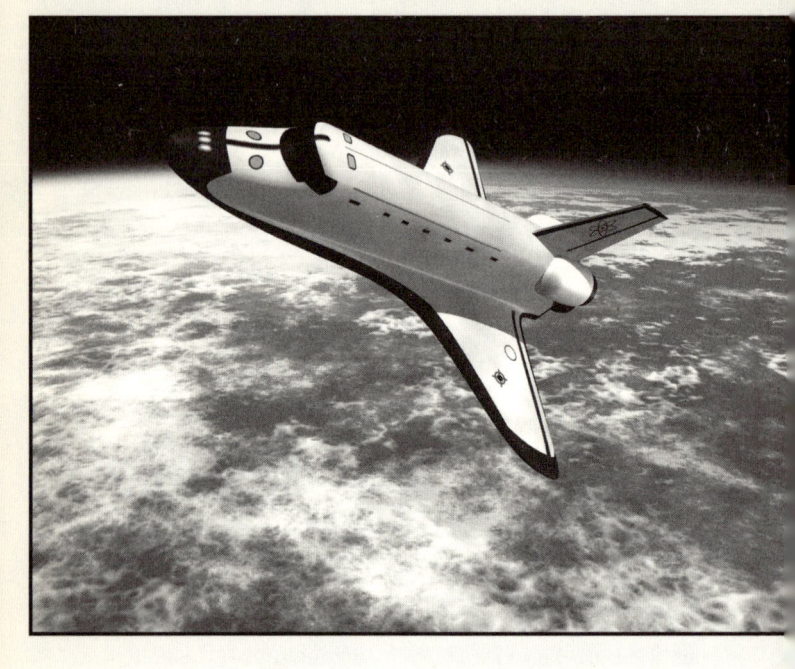

38. Aufbruch ins 21. Jahrhundert

Steigen Sie nun ein zur letzten Etappe unserer Reise durch die Weltgeschichte!

Um diese Zeit, in der wir leben und die uns prägt, in den Blick zu nehmen, empfiehlt sich die Aussicht von ganz oben. So aus einer Höhe von etwa hundert Kilometern. Von da aus lässt sich die Erde gut überschauen. Und das Gefühl, sich in der Schwerelosigkeit zu befinden, entspricht doch haargenau unserem modernen Lebensgefühl.

Die Reise zu unserem letzten Ziel, dem Weltraum, ist freilich noch nicht ganz billig, aber tatsächlich schon ab November 2011 zu haben. So um die 170 000 Euro kostet die etwa einstündige Reise im *XP Spaceplane* beim amerikanischen Reiseanbieter *Rocketplane Global* oder auch bei Europas führendem Raumfahrtkonzern *Astrium*, der die erste Touristentour ins All für 2012 plant. Fahrkarten können Sie übrigens seit Oktober 2009 bereits bei Ihrem Penny-Discounter um die Ecke erwerben.

Vom *Oklahoma Spaceport* heben wir ab und steigen in 17 Minuten wie bei einem ganz normalen Flug auf gute 12 500 Meter. Dann geschieht es: Der Pilot legt den kleinen roten Hebel um, und mit einer heftigen Beschleunigung von tausend Metern pro Sekunde katapultiert uns die Rakete vertikal eine unendliche Minute lang weit ins All. Plötzlich wird es still werden, wenn der Antrieb

erlischt, und wir werden zum ersten Mal erfahren, wie sich Schwerelosigkeit wirklich anfühlt. Doch nur kurze Zeit können wir verwundert und berauscht dieses sensationelle Gefühl auskosten, bevor der Rücksturz zur Erde beginnt.

Worüber könnten wir nachdenken während dieser sieben, acht
Minuten, in denen wir losgelöst sind von aller Erdenschwere?

Der Blick aus dem *Spaceplane*-Fenster wird uns die Schönheit
unseres Blauen Planeten unvergesslich vor Augen führen. Wir werden fasziniert sein von der Zartheit der Farben und der Duftig-
keit der kleinen Wölkchen, die sich über dem tiefen Azurblau des
Atlantiks strahlend weiß abheben. Wir werden Europa ausmachen
können und über die gewaltige Ausdehnung Asiens staunen. Die
Sonnenreflexion im Amazonas wird uns kurz streifen, und deutlich können wir fruchtbare Landstriche von riesigen trockenen
Steppen unterscheiden.

Und wir wissen: Dort unten streben derzeit fast sieben Milliarden Menschen danach, glücklich zu sein. Und jährlich kommen
gut achtzig Millionen dazu. Noch vor fünfzig Jahren zählte die
Weltbevölkerung kaum mehr als drei Milliarden und um das Jahr
1800 herum gerade mal eine Milliarde. Zu Zeiten von Christi
Geburt bevölkerten lediglich 300 Millionen Menschen die Erde,
die meisten Landstriche waren noch unbesiedelt.

Allen Untergangspropheten und Unkenrufen zum Trotz: Wir
Menschen haben uns bis heute als ungeheuer erfolgreiches Le-
bensmodell erwiesen. Unsere Erfolgsgeschichte, die ganz bescheiden irgendwo in Afrika beginnt, ist atemberaubend. Aber wie
lange wird das weitergehen?

Noch einmal ein Blick aus dem Fenster: Die Verletzlichkeit
und rührende Verlorenheit unseres kleinen Planeten im schwarzen Nichts weckt in uns ein warmes Gefühl für die Menschheit.
Wir wollen nicht vergessen: Der Mensch ist unendlich aufwendig

hergestellt; allein deswegen soll man ihn mögen. Über vier Milliarden Jahre hat es gebraucht, um jeden Einzelnen von uns über den komplizierten Weg der Evolution aus Kohlenstoffeinheiten, also aus bloßem Sternenstaub, zu schaffen. Und dieses Phänomen an sich bleibt ein wunderbares, ewiges Rätsel, das auch unsere kausalitätssüchtige Wissenschaft niemals durchschauen kann. Denn der Vorgang unserer Entstehung und der Entstehung unserer Welt mag geschichtlich beschreibbar sein – wissenschaftlich ist er keineswegs ergründbar, denn hier lässt sich nichts im Experiment wiederholen. Die Abläufe dieser Geschichte sind *einmalig*, kontingent, zufällig. Und es stört uns jetzt auch nicht, dass wir von diesem Geheimnis sicher wissen, dass wir nichts wissen *können*. Würde nicht die Naturwissenschaft auch das wirkliche Geheimnis des Lebens trivialisieren, wenn sie monoton nach dem Warum fragte? Letztlich, so müssen wir uns eingestehen, werden wir doch dadurch erst richtig selbstständig, dass wir uns von den Bedingungen des eigenen Entstehens emanzipieren und einfach »sind«. Mit allem Recht des Seienden. Und dem naturgegebenen Anspruch, auf eine gute Zukunft für uns zu hoffen. Wir nehmen uns also vor, eine positive Bilanz zu ziehen und optimistisch nach vorn zu blicken, so wie es der Philosoph Karl Popper einmal gefordert hat, als er von der menschlichen »Pflicht zum Optimismus« sprach.

Wir leben! Und das trotz jährlich neu angesagter Katastrophen: trotz der Kubakrise 1962, die die Welt an den Rand des atomaren Untergangs brachte. Trotz der düsteren Zukunftsszenarien des *Club of Rome* in den Siebzigerjahren. Trotz der letzten furchtbaren Kriege im Nahen Osten oder auch der schrecklichen Völkermorde in Afrika und auf dem Balkan. Trotz Klimawandel und Eisschmelze. Trotz Waldsterben, Schweinegrippe, AIDS und Terrorismus. Und immerhin wissen wir: Noch zu keiner Zeit gab es so wenig Kriegsopfer wie in der gegenwärtigen Welt, die wir jetzt von hier oben betrachten. Gewiss, immer noch sterben viel zu viele Menschen durch Gewalt und Kriege. Noch immer gibt es viel zu viel himmelschreiende Armut und ungelindertes Elend. Aber tatsächlich gab es kaum jemals eine friedlichere Zeit als heute.

Seit dem Jahr 2000 gelingen weltweit unglaublich viele Wohlstandsprojekte, vor allem in Asien, Indien und Südamerika, so rechnen uns die Statistiker des Weltwährungsfonds vor. Und auch was in den fünfzig Jahren davor geschah, war wirklich nicht immer zu beklagen: Mit der Bildung der Europäischen Gemeinschaft etwa gelang nach 1950 in nur ein paar Jahrzehnten die Zusammenführung und die Befriedung eines über Jahrhunderte kriegsverwüsteten Europa, wie es noch für unsere Urgroßeltern ganz unvorstellbar war. Auch Asien erholte sich vom japanischen Zusammenbruch. China stieg aus kolonialer Ausbeutung und Knechtschaft zu einer führenden Weltwirtschaftsmacht auf. Mit der Abrüstung in Ost und West geschah etwas geschichtlich Einmaliges: Noch niemals zuvor haben Völker ihre teuersten Waffen einfach unbenutzt verschrottet. Zum ersten Mal gelang es, einen Krieg, der bereits in den Köpfen vorbereitet war, einfach ausfallen zu lassen. Und mit Einrichtung der UNO in New York wurde endlich, nach der tragischen Versagensgeschichte des Völkerbundes in den Dreißigerjahren, ein halbwegs funktionierender Versuch gemacht, die Völker dieser Welt zu einer friedlichen Koexistenz anzuleiten.

Von den enormen überraschenden Technikfortschritten ganz zu schweigen, gerade auch im Bereich von Medizin, Lebenszeitverlängerung und »Care-Providing«, einem Begriff, unter dem in Zukunft alle Instandhaltungsdienstleistungen, auch die am Menschen, gebündelt werden. Die Fachleute nennen die ungewöhnlich vielen technischen Meilensteine, die in den letzten dreißig Jahren die Welt revolutionierten, »disruptive Innovationen«, wie etwa den Supraleiter, den Computerchip, das Internet oder neuerdings auch das *iPhone*, das die weltweite Kommunikation von Grund auf verändert. Seit Kurzem zählt auch schon die sogenannte »Greenobalisierung« dazu, die rasante Entwicklung weltweiter Umwelt- und Recycling-Technologien, die in den kommenden Jahren einen gewaltigen Boom erleben werden, wie es viele Zukunftsforscher voraussagen. »Die nächste industrielle Revolution wird grün sein!«, so sind sich viele Ökonomen sicher. Und die Welt der Elektroautos und CO_2-freier Energien wird eine schönere werden.

Selbst die Bankenkrise wird inzwischen von vielen als Chance zur positiven und notwendigen Veränderung begriffen. Analytiker sehen diesen Crash vor allem als das Ergebnis einer veralteten, hierarchisch geprägten Finanzwelt, die ihr Risiko-Verhalten nach frühkapitalistisch-männlichen Maßstäben ausrichtet. Aber weltweit seien längst »weibliche« Lösungsstrategien in Politik, Kultur und Wirtschaft auf dem Vormarsch: Intuition, emotionale Intelligenz, Kooperationsbereitschaft, Risikovermeidung.

Der soziodemografische Wandel und die neuen Arbeitsbedingungen einer globalisierten Welt zwingen zu intensiven Beziehungskonzepten. Wirtschaftliche Verflechtungen aber sind der Königsweg zur Förderung des Weltfriedens. Dabei werden in der Arbeitswelt lebenslange Firmenbindung, starre Hierarchien und lineare, frustrierende Arbeitsabläufe abgelöst werden durch Selbstständigkeit, schöpferische Gestaltung und »Multijobbing«. Die Zukunftsfähigkeit von Arbeitsangeboten wird sich bald schon daran bemessen, inwieweit es einem Unternehmen in einer immer stärker automatisierten Welt gelingt, den Arbeitnehmern kreatives, motivierendes Potenzial zur Selbstverwirklichung anzubieten. Derart kreative und lebensnahe Jobs ermöglichen dann auch die freiwillige Fortführung der Arbeit über das 65. Lebensjahr hinaus.

Vor der Auslagerung von Dienstleitungen und Produktionsabläufen in Billiglohnländer wie China, Brasilien oder Indien braucht sich bald niemand mehr zu fürchten, so belegt eine neueste Untersuchung des Wiener »Zukunftsinstituts«: Weil die Löhne in den Schwellenländern bereits kontinuierlich steigen, Transportkosten aber aufgrund von Energie- und Umweltauflagen immer höher ausfallen, wird es zu einer Rücklagerung der Arbeitsplätze kommen. China und Indien werden keineswegs mit dauernden Dumpinglöhnen die Weltwirtschaft dominieren, denn bereits der nächste asiatische oder indische Boom dürfte von einer anspruchsvolleren Mittelschicht betrieben werden und nicht, wie bisher, von verarmten Wanderarbeitern, denen jeder Arbeitsplatz recht ist. Auch in den Schwellenländern steigen die Ansprüche der Arbeitnehmer, zumal da weltweite Medien den Standard des Westens ständig vor Augen führen. Besonders China wird damit beschäftigt sein, viele hausgemachte, in der Eile des Aufschwungs bislang »übersehene« Probleme zu meistern: den vermehrten Umweltverbrauch, die ethnischen Spannungen und vor allem auch die Probleme, die auf eine schnell alternde, relativ geburtenschwache Nation zukommen, die bis jetzt keine Altersversicherung und kein zukunftsträchtiges Gesundheitssystem kennt.

Und noch ein wesentliches gesellschaftliches Verhalten sehen die Zukunftsforscher in positivem Wandel: Hatte man nach dem Zweiten Weltkrieg in allen führenden Industriestaaten auf gigantische Produktionssteigerung, wirtschaftlichen Aufschwung und vermehrten Konsum gesetzt, so scheint mit der Jahrtausendwende eine langfristige Trendumkehr eingeläutet: Der Jagdtrieb der Konsumenten im Sinne einer »Geiz-ist-geil«-Mentalität erschlafft. Der moderne Mensch wird es allmählich leid, nur noch und ausschließlich als Konsument verstanden zu werden, zu dem ihn die zweite Hälfte des 20. Jahrhunderts gemacht hat. Von der Rückkehr zu geistig-kulturellen Werten, einer »Back-to-Basic«-Strategie, versprechen sich nicht nur satte Wohlstandsbürger eine Reduktion ihres Alltagsstresses, sondern ganz messbar wächst weltweit der Sinn für die altbekannte Tatsache, dass der Mensch eben nicht vom Brot allein lebt.

Noch etwas ist gerade dabei, die Welt zum Guten zu revolutionieren: Die Speicherung und Weitergabe von Informationen wird durch die neuen technischen Möglichkeiten radikal entgrenzt und demokratisiert. In Zukunft wird es für Politiker und sonstige Machthaber kaum mehr möglich sein, Dinge zu tun, die unentdeckt bleiben oder bei denen sie auf dauernde Verschleierung hoffen dürfen. Sogar die unvergleichlichen Gräueltaten eines Adolf Hitlers wären wahrscheinlich anders verlaufen, wenn vor siebzig Jahren die enorm wachsende mediale Transparenz für ihn und seine Spießgesellen schon absehbar gewesen wäre. Denn liest man in den historischen Dokumenten, was Hitler am 22. August 1939 unmittelbar vor Kriegsbeginn seinen fünfzig Generälen aller Waffengattungen auf dem Obersalzberg unverblümt diktierte, muss man daraus schließen, dass Hitler tatsächlich davon ausging, sein furchtbarer Völkermord würde im Bewusstsein der Menschen schnell verblassen und letztlich ungesühnt bleiben. Schon damals benannte er seine bereits in »Mein Kampf« klar definierte Absicht der »Schaffung neuen Lebensraums im Osten für die arische Rasse« als eigentliches Kriegsziel, für das es notwendig sei, »einstweilen nur im Osten Mann, Weib und Kind polnischer Abstammung und Sprache in den Tod zu schicken«. Und er fügte hinzu: »Wer redet heute noch über die Vernichtung der Armenier?!«, also den Völkermord, den das Osmanische Reich in den Jahren 1915 bis 1917 an bis zu 1,5 Millionen Armeniern begangen hatte. Nebst der Tatsache, dass die Führung der Deutschen Wehrmacht Hitlers verbrecherische Pläne von Anfang an gekannt hat, machen diese Worte deutlich: Hitler rechnete offenbar mit der Möglichkeit eines ungestraften Genozids – eine Hoffnung, die sich zuletzt sogar noch in Politiker- und Generalsköpfen in den Kriegen Ex-Jugoslawiens halten konnte, die aber angesichts der neuen medialen Möglichkeiten glücklicherweise keiner Realität mehr entspricht.

Wikileaks ist nur ein schwacher Vorbote für den enormen, begrüßenswerten Zuwachs an Transparenz bei politischen Vorgängen aller Art in der Zukunft. Warum auch sollte es »Hinterzimmer-Diplomatie« geben in demokratischen Gesellschaften, deren Bürgern zu Recht im Alltagsleben tagtäglich gepredigt wird, wie wichtig Ehrlichkeit, Unbestechlichkeit, Wahrheitsliebe und Transparenz sind? Die »kleine Moral« muss auch Maßstab für die »große Moral« sein. Und die Mächtigen dieser Welt müssen ab sofort die Öffentlichkeit all ihrer politischen Handlungen mit bedenken. Der Rechtfertigungsdruck für politisches Verhalten wächst enorm. Schon jetzt gibt es weltweit kaum ein Ereignis, das nicht von irgendeiner Handykamera dokumentiert wird. Die Gewissheit, dass Ungerechtigkeiten oder gar Untaten über das Internet sekundenschnell die weltweite Öffentlichkeit erreichen, steigert das emanzipatorische Selbstbewusstsein der Bevölkerung überall auf unserem Erdball und schwächt die gefühlte Unantastbarkeit der Herrschenden. Für Diktatoren aller Couleur wird es in dieser Atmosphäre kontrollierender Transparenz immer enger. So wird die erste Hälfte des 21. Jahrhunderts die Zeit der »Diktatoren-Dämmerung« werden, wie es sich in der arabischen Welt bereits abzeichnet. Und »Fairness« wird im Miteinander der vernetzten Völker ein immer häufiger gehörter, bestimmender Begriff sein.

Und dann sind plötzlich die acht Schwebeminuten um, und wir werden beim Eintritt in die Erdatmosphäre heftig in die Polster unserer Sitze gedrückt. Die Schwerkraft hat uns wieder. Die heikle, aber auch schöne Aufgabe, unsere Zukunft gemeinsam zu gestalten, ist wieder physisch spürbar. Und wenn wir aus dem *XP Spaceplane* aussteigen, dann werden wir »von Familienmitgliedern und Freunden erwartet, die darauf brennen, von unseren tollen Erfahrungen etwas zu hören« – so verspricht es jedenfalls die Website von *Rocketplane Global* (www.rocketplane.com).

Wir werden ihnen von unseren Zukunftshoffnungen erzählen. Und dann und wann, wenn wir nicht so recht weiterwissen, werden wir wieder in den dicken Geschichtsbüchern blättern, um zu sehen, was unsere Vorfahren richtig oder falsch gemacht haben.

Wir werden wieder in der Geschichte unterwegs sein, um zu sehen, was ihr Schicksal uns rät. Denn wie hatte der Universalgelehrte und Gründer der Berliner Universität, Wilhelm von Humboldt, schon gewusst: »Nur wer die Geschichte kennt, hat eine Zukunft.«

Dank

an die Co-Autoren dieses Buches:

Dr. Hans-Helmut Hillrichs, studierte Germanistik, Psychologie und Philosophie in Göttingen und Mainz. Er leitete die Hauptredaktion Kultur und Wissenschaft, einen der größten Programmbereiche des ZDF. Er ist Autor und Herausgeber zahlreicher historischer Bücher und kulturgeschichtlicher Veröffentlichungen.

Dr. Ingo Hermann, Träger des deutschen Journalistenpreises, war Leiter der ZDF-Redaktion Kultur, Bildung und Gesellschaft und hat als Hörfunk- und Fernsehautor zahlreiche Arbeiten zu historischen, religionsgeschichtlichen, medien- und bildungspolitischen Themen veröffentlicht. Zuletzt erschienen seine Biografien »Hardenberg«, »Knigge« und »Casanova«.

Günther Klein, studierte evangelische Theologie, Journalistik, Kunstgeschichte und Jura in München, Wien und Mainz. Er ist freier Autor und Filmemacher und war zuvor Redaktionsleiter der IFAGE-Filmproduktion, spezialisiert auf Prime-Time-Dokumentationen. Zahlreiche Veröffentlichungen zu historischen Themen. Bayerischer Filmpreis für die zwölfteilige Reihe »2000 Jahre Christentum«, Filmprofessor an der Hochschule Rhein-Main.

Dank auch an den Fachbearater Prof. Dr. Alexander Demandt, Autor vieler historischer Fachpublikationen und Sachbücher, u. a. »Kleine Weltgeschichte«.

Personenregister

(*kursiv* gesetzte Zahlen verweisen auf Abbildungen)

Sachregister

(*kursiv* gesetzte Zahlen verweisen auf Abbildungen)

445

Bildnachweis